옐로우 퍼시픽

서울대학교 아시아연구소총서 기초연구시리즈 21

옐로우 퍼시픽

다중적 근대성과 동아시아

초판 1쇄 발행 2020년 7월 10일
초판 2쇄 발행 2021년 4월 10일

지은이 조영한·조영헌
펴낸이 오세정
편집 정성숙
디자인 장혜원
인쇄 네오프린텍(주)

펴낸곳 서울대학교출판문화원
주소 08826 서울 관악구 관악로 1
도서주문 02-889-4424, 02-880-7995
홈페이지 www.snupress.com
페이스북 @snupress1947
인스타그램 @snupress
출판등록 제15-3호

ISBN 978-89-521-2010-6 94330
978-89-521-1475-4 (세트)

이 연구는 2014년도 서울대학교 아시아연구소 아시아기초연구사업의 지원을 받아 수행되었음.

서울대학교 아시아연구소총서
기초연구시리즈 21

옐로우 퍼시픽

다중적 근대성과 동아시아

조영한 · 조영헌 지음

서울대학교출판문화원

The Yellow Pacific

Multiple Modernities and East Asia

Younghan Cho & Younghun Cho

Seoul National University Press

머리말

본 연구는 동아시아인이자 한국인이라는 현지인의 입장에서 동아시아 근대성의 특질을 이론화하는 시도이다. 동아시아에서 근대성이 형성된 과정은 18세기 후반부터 그 조짐이 발생하여 19세기에 접어들면서 본격화된 중화적 국제질서의 와해, 서구 열강들과의 경쟁과 충돌, 19세기 후반부터 시작되어 20세기로 이어졌던 일본 제국주의의 확장, 그리고 미국의 헤게모니 장악으로 요약할 수 있다. 이와 같은 동아시아의 근대성 형성과 동아시아인의 근대성에 대한 역사적 서사를 설명하기 위해서는 민족 혹은 국가 단위의 접근이 아닌 지역사회의 초국가적 역사를 바탕으로 한 이론화 작업이 필요하다. 본 연구는 문화연구자와 역사학자의 공동 저술을 통해 동아시아의 근대 형성에 대한 역사적 정서 구조를 이론화하는 작업이자 새로운 대화를 위한 초대이다.

머리말에서는 '옐로우 퍼시픽'이라는 개념을 한 권의 책으로 이론화하고 구체적인 의제를 통해 구성해 나갔던 연구자들의 입장으로 이야기를 시작한다. 두 연구자는 한 가정에서 성장했지만, 이번 작업 이전에는 서로의 교차점이 크지 않다고 생각하였다. 개인적인 성향 및 기질이 다를 뿐 아니라 학부 시절부터 다른 전공 그리고 다른 공간에서 연구를 진행해 왔다. 하지만 두 저자가 한국의 대학에서 학생들을 가르치고 연구하는 일을 시작하고, 다른 나라의 사람들과 교류하는 과정에서 구체화된 문제의식은 동아시아와 근대성이라는 두 가지 주제를 중심으로 연결되었다. 현대 대중문화와 명·청 시대 역사를 각자의 연구 분야로 간주해 오던 두 저자가 한국이라는 지정학적 공간 속에서 학문을 실천하던 와중에 동아시아 근대성이라는 문제 앞에 마주친 것이다. 2014년 서울대학교 아시아연구소의 아시아연구 저술지원에 선정되는 과정에서부터 저자들은 기존의 각 연구를 새로운 하나의 시각으로 다시 접근하기 위해 서로의 공간을 채우고자 하였다.

이 책은 한국 사회의 식민성에 대한 성찰에서 시작되었고, 식민성의 핵심이 한국의 현재와 과거를 성찰하고 해석하는 학문의 식민성에서 기인하고 있음을 드러내고자 한다. 학문의 식민성은 근대로 접어드는 시간부터 서구의 모형으로부터 유래된 근대성, 즉 서구식 근대를 유일한 근대성의 원형으로 삼고 이를 모방하고 내재화하려는 데에 기인하고 있음을 드러낸다. 이를 극복하기 위해 동아시아의 지금 그리고 여기의 관점에서 다양한 근대성이 가능함을 드러내고자 한다. 그리고 다양한 근대성의 하나의 가능태로서 '옐로우 퍼시픽'이라는 개념과 이를 구성하는 세 가지 내러티브를 제안한다. 옐로우 퍼시픽은 동아시아의 유일하고 대안적 근대성이 아니라, 새로운 관점에서 동아시아를 논의할 수 있는 탈식민 실천의 가능성으로 제안한다. 동아시아의 역사, 체험, 그리고 현존에 바탕을 둔 접근을 통해 동아시아 근대성의 이론화를 시도함과 동시에 이 이론화가 대안적이고 유일한 이론 체계가 아니라 앞으로 더 많은 가능성과 다양한 이론적 시도가 가능함을 논증하고자 한다. 동아시아 근대성의 이론화를 기반으로 한 다중적 근대성의 논의는 단순히 동아시아의 특수성만 강조하는 것이 아니라 다른 지역과 사회에서도 다양한 방식의 근대적 경험이 가능할 뿐 아니라 다양한 근대성에 대한 이론화가 가능함을 웅변한다. 아울러 이러한 다중적 근대성에 대한 탐색이 서구의 근대성이 지닌 우연성 및 지역성을 발견하는 데도 일조하기를 기대한다.

하지만 고백하건대 두 저자는 책을 집필하는 과정에서 동아시아와 근대성이라는 거대 담론을 이론화하는 작업에 대한 부담감과 한계를 계속하여 경험하였다. 동아시아가 여전히 유효한가? 아직도 근대성인가? 그리고 '옐로우 퍼시픽'이라는 개념이 동아시아와 근대성이라는 거대 담론의 대화에 의미 있는 말을 걸고 공헌할 수 있을까? 책이 출판되는 순간부터 위의 질문들에 대한 대답은 저자가 아닌 독자의 몫일 것이다. 결론에서 강조했듯이 '옐로우 퍼시픽'은 동아시아 근대성에 대한 완결된 서사로 제안된 것이 아니라 새로운 시각에서 더 풍성한 토론을 위한 실천이자 초대를 위하여 기획되었다. 위대한 결론 대신 '옐로우 퍼시픽'의 개념화 시도가 한국 학계의 탈식민적 학문 실천으로 이해되길 기대해 본다.

본 연구는 동아시아 근대화 과정의 역사 및 오늘날의 한국 사회의 인식을 '지금' 그리고 '여기'라는 시공간에서 재구성한다. 이를 통해 한국과 동아시아에서 형성된 근대 및 미국에 대한 인식은 세계 체제의 변동과 같은 역사적인 체험의 결과일 뿐 아니라 감정적이고 이데올로기적인 동기에 기인한 것임을 논의한다. 우리는 동아시아의 경험을 중심으로 하여 동아시아 근대성의 서사를 설명하는 거대 서사로 "옐로우 퍼시픽(Yellow Pacific)"을 제안한다. 옐로우 퍼시픽이란 단일 국가와 민족의 경계를 넘어서 동아시아의 경험들을 상호 비교하면서 동아시아라는 공간에서 근대성이 형성되는 과정을 설명하는 개념이자 거대 서사라고 할 수 있다. 동아시아 근대성의 경험을 '옐로우 퍼시픽'으로 이론화하면서 '지금 그리고 여기'의 관점에서 실존적, 물질적, 그리고 감성적인 역사성을 강조한다. '옐로우'는 사회진화론적인 관점에서 폄하와 차별의 의미를 넘어서 스스로에 대한 능동적이며 자기 승인을 하는 동아시아인을 가리킨다. 그리고 '퍼시픽'은 동아시아의 근대화 과정, 냉전과 탈냉전, 그리고 세계화와 신자유주의화 과정 가운데 미국이 이 지역의 주요 타자임을 의미한다. 옐로우 퍼시픽은 미국이라는 외부의 타자와 지역 내 타자와의 이중적인 구속의 관계에서 물리적 이동보다는 역사적으로 살아온 현장과 관계 속에서 형성된 동아시아의 근대성 그리고 근대적인 주체성의 형성을 의미한다. 이러한 특징은 탈식민주의에서 주목했던 블랙(black) 혹은 브라운(brown)의 제국-식민-탈식민의 경험과 유사하면서도 차이가 난다. 후자는 아프리카, 남미 혹은 인도에서 출생했지만 제국과 식민의 기간 동안 강제적인 이주를 통해 유럽과 미국의 대도시에 재정착하면서 출생의 문화권과 정착지의 문화권 사이에서 생존과 적응을 위한 새로운 삶의 방식을 구성해야 하였다. 동아시아의 근대에 대한 경험은 중국이라는 역사적인 대문명 국가의 존재, 일본이라는 지역 내 제국의 부상, 세계대전 이후 냉전 구도의 시작 등으로 기존의 논의와는 차별점을 가지게 된다. 이후 탈냉전, 세계화, 심지어 신자유주의 물결 속에서도 동아시아에서 역사적으로 형성된 주변국과 서양에 대한 관계와 문화적이고 경제적인 미국 헤게모니 질서는 여전히 유지되고 있음을 관찰하게 된다. 이를 위하여 본 연구는 19세기 중화질서의 변동 지점부터 21세기 동아시아 담론의 형성까지 검토할 것이다. 이와 같은 장구한 동아시아의 역사적 시간을 시계열(時系列)에 따라 포괄적으로 분석하기보다 제1장에서 설명한 '옐로우 퍼시픽'의 중요한 내러티브를 반영하는 국면들을 중심으로 내용을 구성하였다. 근대성 논의에서 서구중심주의에 대한 비판적 점토를 통해 현재 동아시아에서 동아시아인에 의한 이론 구성의 가능성을 시도하고자 한다.

이 책은 상이한 전공, 다른 학문적 훈련, 다른 성품을 바탕으로 한 두 명의 연구자가 서로에게 말을 걸고 설득하는 과정을 통해 하나의 공동 저작을 추구한다. 조영한은 문화연구를 조영헌은 역사학을 전공했고, 두 학문 분야는 많은 차이가 있다. 역사학은 유구한 시간적 축적과 전통을 가지고 한국을 포함하여 전 세계의 대학 및 교육기관에 독자적인 학과와 학문 분야로 자리매김한 학문이다. 반면 문화연구는 1970~1980년대 영국을 중심으로 기존의 사회학 연구에 대한 반발로 시작된 신생 학문 분야이다. 역사학은 근거에 대한 명확한 출처, 사료 탐색, 원전의 엄밀성을 강조하는 반면에 문화연구는 대상에 대한 맥락화와 의미 탐색을 강조한다. 역사학자의 시각에서 문화연구자의 작업은 근거와 자료가 불명확할 뿐 아니라 자의적 해석을 만드는 것처럼 볼 수 있는 반면, 문화연구자의 시각에서 역사학자의 작업은 엄청난 공을 들였음에도 불구하고 자료나 원전의 나열에 그치는 것으로 간주되기 쉽다. 우리는 이러한 학문의 차이와 시선을 충분히 인정하고 각자의 언어와 방법으로 대화를 건네기 시작하였다. 의욕이 넘치고 동시에 부족함이 발견되는 프로젝트임에도 두 저자를 붙잡아 주었던 것은 역사학자와 문화연구자가 서로 엇갈리는 대화를 통해서도 이것이 단순한 엇박자로 끝나는 것이 아니라 양자가 동의 가능한 절충적인 결과물이 상당히 '신선하게' 만들어질 것이라는 '희망'이었다.

문화연구자인 조영한에게 이 연구는 한국 사회와 문화를 중심으로 간헐적으로 흩어져 있던 연구들을 동아시아와 근대성이라는 두 개의 키워드로 함께 묶어 보는 계기가 되었다. 연구 초기에는 한국 스포츠 팬, 주로 미국 프로야구 리그(Major League Baseball)를 즐기는 팬들의 미국 지향성과 한국 스포츠 재현에 나타난 민족주의적 경향을 연구하였다. 추후 조영한의 연구는 야구가 한반도에 처음 소개된 개화기 그리고 일본을 통해 동아시아에 소개된 근대 문물로서 야구의 식민/근대성 특성으로 확대되었다. 이처럼 조영한의 연구는 태평양을 중심으로 미국의 영향력을 한국과 동아시아에서 검토하는 것이 한 축이었다. 연구의 또 하나의 축은 한류의 동아시아 확산과 동아시아 내 다양한 팬과 문화 흐름들 사이의 상호작용에 대한 연구이다. 한류를 통한 동아시아 대중문화의 역사적 형성에 대한 고찰은 미국의 영향력을 인지하면서 동시에 이에 함몰되지 않는 동아시아 내의 다양한 가능성을 확인하는 것이다. 옐로우 퍼시픽이라는 내러티브를 개념화하는 작업은 기존의 두 가지 연구의 축을 하나의 개념으로 엮어 내는 시도가 되었다.

역사학자인 조영헌에게 이 연구는 과거 왕조로는 명과 청 시대, 세기로는 14세기에서 19세기에 대한 관심이 21세기까지 확대되는 계기를 마련해 주었다. 물론 조영헌은 기존의 명·청 시대라는 왕조 중심의 간편한 시대 구분보다는 수도 북경의 연속성을 근거로 '북경 수도론'을 주장하며 원-명-청 시대의 지속과 변화에 주목할 필요성을 주장한 바 있다(조영헌, 2011b). 하지만 이 역시 전근대의 핵심인 'late Imperial China', '초기 근대(early modern)'에 대한 관심에 집중되었지 근대를 넘어선 현대까지 시야가 확대된 것은 아니었다. 그러나 이번 작업은 불가불 역사학자의 관심을 21세기 초반까지 연장시켰고, 과거 강의와 독서를 통해서만 접촉했던 19세기 후반부터 20세기 후반까지 중국의 근대화 과정과 현대 중국의 지향까지 더듬게 되었다. 공간적인 관심 역시 중국에 국한되거나 가끔 해안과 항구도시에서 활동했던 경계인인 해상(海商)과 선교사들의 이동로에 국한되어 있었으나 이번 작업을 통해 미래의 가치가 내재된 '동아시아' 담론까지 폭이 넓어졌다. 또한 옐로우 퍼시픽이라는 개념어에 대한 고민을 통해 명·청 시대 동서 교류의 다른 한 축이 유럽에서 아메리카로 확대되었는데, 이는 'G2 시대'로 불리는 오늘날의 세계를 역사적으로 고찰함에 있어 적지 않은 통찰력을 제공해 주었다고 자평한다.

협업의 과정에서 우리가 취한 첫 번째 접근 방식은 각자의 문제의식과 연구 결과에 대한 존중을 바탕으로 대화하는 것이었다. 본 연구는 초고를 작성한 조영한이 조영헌에게 초고와 함께 대화를 시도하면서 본격적인 궤도에 오르게 되었다. 초고를 통한 대화의 시작은 각자의 연구 영역을 옐로우 퍼시픽이라는 명제와 세 개의 내러티브를 통해 다시 점검하는 과정으로 이어졌다. 그리고 각자의 연구들 가운데 본 연구 프로젝트의 문제의식으로 묶을 수 있는 구체적인 성과물들에 관한 의견을 나누면서 본문의 구성을 시작하였다.

두 번째 접근 방식은 서로의 연구 분야에 대하여 외부인의 시각에서 낯선 질문을 던지는 것이었다. 본문에서 '중화질서의 와해', '21세기 중국 굴기와 〈청사공정〉 미래', '동아시아사 교과서'를 다루는 장은 조영헌이 초고를 작성하였고, '일본 제국주의', '식민 근대성과 한국 지식인의 딜레마', '동아시아 대중문화로서의 한류', '동북아시대 속의 한국의 동아시아 담론'은 조영한이 초고를 작성하였다. 우리는 서로 외부자의 관점에서 초고를 읽으면서 질문을 던지고, 이를 통해 공동 저작물로 발전시켰다. 외부자의 관점에서 던지는 질문은 내부자에게 때로는 당연한 것을 되짚어보게 해 주었고, 비판보다는 현재의 성과물을 확장하는 방식으로 진행하였다. 이 과정에서 완전한 의견 일치를 추구하기보다 각자의 관점을 존중하면서 각자의 고민과 사유의 폭이 확장될 수 있는 전략을 취하였다. 서로 공감할 수 있는 문제의식과 영역을 확보하고, 그것을 바탕으로 앞으로의 대화를 요청하는 방식으로 협업을 진행하였다. 본문의 각 장이 접근 방식과 원전, 그리고 논증 방식에서 차이가 느껴지는 것은 공동연구자가 취한 협업 방식의 특징이라고 볼 수 있다.

세 번째 접근 방식은 제1장과 제9장을 통해 공통된 입장과 문제의식을 분명히 보여주는 것이다. 저자들은 이미 출판된 연구 성과물을 다중적 근대성의 동아시아라는 새로운 인식 틀로 끌어내는 과정을 통해 각자의 연구를 납득시키는 기회로 삼았다. 본문에서 발견되는 일정의 차이를 넘어서서 제1장과 제9장을 통해 공동연구자의 주요 입장 및 문제들을 본격적으로 드러내고자 하였다.

물론 실제 집필 과정이 순탄하게만 진행된 것은 아니었다. 대화 속에서 만들어진 결과물은 절충적이면서 때로는 만족스럽지 않았다. 중간에 포기하고 싶은 마음이 생겼음에도, '미완의 합작품'을 내어놓을 수 있었던 것은 우리의 시도를 신선하게 평가하고 아낌없는 격려와 후원을 아끼지 않았던 서울대학교 아시아연구소 측의 기대가 있었기 때문일 것이다.

이 책은 모두 아홉 개의 장으로 구성되었다. 다음과 같은 관련 글들을 전체적인 책의 구조와 논리 전개에 맞추어 수정 보완했고, 영어 논문의 경우 번역과 함께 한국의 독자에 맞추어 논문을 재구성하고 있음을 밝혀둔다. 구체적으로 제2장은 조영헌(2014)(「'대운하시대'(1415~1784), 중국의 상업과 변경 정책」, 『사총』 81: 209-247), 제3장은 Cho, Y.(2016)("Double Binding of Japanese Colonialism: Trajectories of Baseball in Japan, Taiwan, and Korea," *Cultural Studies* 30(6): 926-947), 제4장은 Cho, Y.(2012)("Colonial Modernity Matters?: Debates on Colonial Past in South Korea," *Cultural Studies* 26(5): 645-669), 제5장은 조영헌(2012)(「淸史工程 10년의 빛과 그림자」, 『민족연구』 52: 4-34), 제6장은 Cho, Y.(2011)("Desperately Seeking East Asia Amidst the Popularity of South Korean Pop Culture in Asia," *Cultural Studies* 25(3): 383-404), 그리고 제8장은 조영헌(2013)(「『동아시아사』 교과서의 '은 유통과 교역망': 주제의 설정과 그 의미」, 『동북아역사논총』 39: 142-182)

과 조영헌(2014)(「'17세기 위기론'과 중국의 사회 변화: 명조 멸망에 대한 지구사적 검토」, 『역사비평』 107: 168-200)의 논의를 바탕으로 하였다.

이 책의 주요 내용은 이론적 입장을 서술한 제1장과 크게 두 부분의 본문으로 구성되었다. 제1장은 이론적인 논의로서 옐로우 퍼시픽이라는 거대 서사를 개념화하고, 거대 서사를 이루는 세 가지 내러티브를 논의한다. 동아시아인이 그들의 입장에서 동아시아 근대성 및 근대적 주체에 대한 이론화를 진행할 필요성과 가능성을 진단한다.

제1부는 동아시아 근대성에 대한 역사적인 배경과 동아시아 지식생산에 대해 설명한다. 특히 동아시아 근대성 형성의 특징을 미국과 일본이라는 두 타자와의 관계 속에서 살펴보고 동아시아 근대성의 중요 특징을 '이중적 구속(double binding)'으로 개념화한다. 제2장은 동아시아의 근대화 과정의 시작을 알리는 중화질서의 와해 과정과 그 구조적 계기를 검토한다. 19세기 중화질서의 와해와 해양력의 관계를 이해하기 위해 해양력에 대한 중국의 관점과 정책적 태도가 15~18세 동안 사회경제적으로 어떤 기능을 수행했으며, 이것이 19세기적 국면 전환에서 어떤 방식으로 한계에 봉착했는지를 검토한다. 이 논의를 바탕으로 19세기 이후 동아시아 사회변화가 소위 '근대'와 길항 및 적응의 관계를 형성했는지를 조망하는 근거로 제시한다. 제3장은 동아시아의 근대화 과정에서 근대 스포츠로 아시아에 도입되어 널리 행해진 야구의 궤적을 통해 식민 지배 및 피지배, 그리고 근대화의 과정을 동시에 경험한 동아시아의 근대적 의식의 특징을 이론화한다. 동아시아의 근대적 의식은 아메리카와 일본이라는 두 개의 제국이 동아시아에 대한 동시적인 지배 상태와 그로 인해 지배자와 피지배자의 이중적 과정에서 형성되었음을 논의하다. 제4장은 글로벌 지식생산의 장에서 주변부로 위치 놓인 한국 학계의 딜레마를 다룬다. 식민지 근대성 이론에

대한 한국 지식인들의 일치하지 않는, 때로는 모순적이면서 동시에 매우 현실적인 반응에 대한 고찰을 통해 한국 지식인들의 탈식민 시도의 한계와 딜레마를 살펴본다. 식민/근대성에 대한 논의에서 한국 지식계가 경험하는 주변적인 위치에 대한 인식을 '존재론적 딜레마(ontological dilemma)'라는 관점에서 설명한다.

제2부는 동아시아에 대한 담론의 변화와 새로운 가능성을 탐색한다. 제5장은 2002년부터 중국 정부가 시도한 새로운 『청사(淸史)』 만들기 과정과 그 역사적 의미를 고찰한다. 청조를 중화제국의 마지막 왕조이자 현중국이 영유하고 있는 영토적·민족적 유산의 근원으로 파악하는 〈청사공정〉이 서구권에서 활발하게 진행되는 '신청사(New Qing Hitory)'의 탈(脫)중화적 시각을 수용하는 과정에서 적지 않은 길항 관계와 논리적 모순이 드러남을 논의한다. 제6장은 한국 및 동아시아의 일상을 반영하는 동시에 대중의 정서를 민감하게 재구성하는 대중문화를 살펴본다. 이를 위해 우선 동아시아 대중문화의 형성 및 현상을 역사화하고, 그 가운데 동아시아 대중문화의 최근 흐름 중 하나인 한류를 통해 동아시아를 모색하는 이론화 작업을 진행한다. 제7장은 노무현 정부가 동북아시대를 구상하는 시기에 학계에서 동아시아론이 부상했던 맥락을 살펴보고, 특히 동아시아론이 주류 담론을 차지하던 시기에 한국 사회가 구상했던 동아시아의 구체적인 모델들을 분석한다. 현재 시점에서 2000년대의 한국발 동아시아론을 되돌아보면서 동북아시대 동아시아 담론의 한계를 지적하는 동시에 현재와 미래의 동아시아 담론의 가능성을 모색해 본다. 제8장은 2007년 한국에서 고등학교 역사과 선택과목으로 신설된 『동아시아사』 교과서의 가능성과 그 속에서 끄집어낼 수 있는 문제의식을 살펴보았다. 『동아시아사』 교과서의 등장 과정과 '은 유통'이라는 내용을 '글로벌 히스토리(Global

History)'라는 비교적 최신의 연구 관점과 연결해 고찰하면서, 한국사와 세계사의 이분법을 넘을 수 있는 지역사 교과서의 가능성과 이를 뒷받침해 줄 수 있는 새로운 동아시아사 연구의 관점을 제시한다. 결론을 대신하는 제9장에서는 동아시아 근대성 형성 과정을 정직하게 직면하고, 지금 그리고 여기의 경험과 언어로 동아시아 근대성을 개념화하여 자신의 언어로 주변과 더 많은 대화를 통해 자기 분석과 성찰을 지속할 것을 제안한다.

이 책에서 제안한 동아시아 근대성에 대한 거대 서사, 즉 옐로우 퍼시픽은 서양에서 발달해 온 근대성의 논의를 단순히 거부하거나 초월하고자 하는 시도가 결코 아니다. 근대성이라는 단어를 폐기하지 않으면서 동시에 동아시아를 통해 다시 '지금' 그리고 '여기'의 경험을 옐로우 퍼시픽이라는 새로운 개념으로 재해석하고자 한다. 우리가 극복하고자 하는 이론적 과제는 단순히 유럽/미국/서양이라는 타자와 그 영향력을 지워 버리는 것이 아니라, 동아시아 경험과 동아시아 학자들의 논의를 상호 참조하는 과정을 통해 근대성을 이론화하는 데 있다. 동아시아 근대성 논의 속에 있는 서구의 중심성을 객관화하여 바라보고 인식하는 것은 동아시아인으로서 자신의 과거 및 현존을 직면하는 것이고, 더 나아가 서구의 중심성을 넘어설 수 있는 가능성으로 연결될 것이라 기대한다.

책을 준비하고 마무리하면서 연구자에게 필요한 것은 끈기와 꼼꼼함임을 또 한 번 되새기는 기회가 되었다. 책이 담고 있는 오류는 전적으로 연구자의 몫임을 깨닫게 된다. 연구 계획서 단계의 포부와 전투력은 때로는 원고를 준비하고 심사를 받고 수정을 거치면서 저하되었고, 한편으로는 아직 미완성의 결과물을 세상에 내어놓는다는 두려움 또한 생긴다. 그럼에도 불구하고 연구자를 그리고 옐로우 퍼시픽이라는 개념의 가능성을 믿고 지지해 준 분들이 계시기에 작은 결과물에 이를 수 있었다. 우선 본 연구의 출판을 가능하게 해 주신 서울대학교 아시아연구소의 지원에 깊이 감사를 드린다. 연구 기획의 단계에서 지적이고 물리적인 지원을 해 주신 강명구, 강태웅, 유선영, 이상길, 조문영, 최정봉 선생님과 Chua Beng Huat, Lawrence Grossberg, John Lie, 그리고 Rob Wilson 선생님께도 감사를 드린다. 또한 수업 및 논문 지도 과정에서 많은 것을 생각하게 해 주신 한국외국어대학교 코레아노폰 연구센터의 연구원들과 학생들에게도 많은 것을 빚졌다. 또한 연구자의 문장을 검토하고 교정해 준 서울대학교출판문화원의 수고에 감사를 표한다. 마지막으로 형제가 함께 준비하는 책이라고 만날 때마다 기대하고 응원해 주신 부모님과 가족들, 그리고 공부의 소명을 부여해 주신 하나님께 감사를 드리고 싶다.

2020년 6월, 또 다른 희망을 기대하며

두 저자를 대표하여 조영한

차례

제1장 옐로우 퍼시픽: '지금 그리고 여기'에서 바라보는 동아시아 근대성

1. 누가 동아시아 근대성을 서술할 수 있나?

이 책은 동아시아 근대성의 성격을 동아시아인의 위치에서 설명하는 새로운 거대 서사를 제안하는 시론(試論)이자 앞으로 더 치열하고 풍성한 토론을 위한 초대이다.

왜 근대성인가? 그리고 또 동아시아인가? 주지하다시피 동아시아와 근대성이라는 두 용어는 상당히 많이 논의된 이론적 개념이자 동시에 역사적 개념이다. 그동안 다양한 정의가 이뤄졌기에 모든 사람이 동의하는 단일한 정의가 존재하기 쉽지 않아 보이는 복잡하고 다루기 어려운 개념들이다. 유럽 중심적인 근대성에 대한 비판은 탈식민주의 이론의 중심에서 전 세계 많은 연구자가 제시해 왔다. 그리고 동아시아에 대한 논의 역시 20세기 초부터 아시아, 특히 일본에서 시작하여 최근에는 한국에서 많이 논의되던 의제이다. 관련 연구에 관심 있는 연구자들에게, 근대성과 동아시아를 함께 논의하려는 우리의 시도는 이미 식상해진 논쟁에 또 한 권의 책을 더하는 덧없는 수고로 간주될 수 있다. 다른 한편으로 기존의 수많은 연구로 너덜너덜해진 두툼한 주제에, 두 개의 거대 담론을 연결하는 호기 어린 시도로 보일 수도 있을 것이다.

그런데도 근대성, 동아시아, 그리고 무엇보다 '근대성과 동아시아'라는 융합된 주제에 천착한 것은 근대화, 산업화, 세계화라는 과정을 압축적으로 겪어 낸 동아시아라는 공간에서 살아가는 오늘날 동아시아인들의 심상 구조를 설명해 주는 이론적 개념이 요청된다고 체감하기 때문이다. 즉, 존재론적인 위치에서 서술하는 인식론적 이론의 필요성은 여전히 그 유효성이 있다고 확신하였다. 차분하게 돌아보면, 근대성이 형성되는 시간, 공간에 대한 경험을 체화한 이론화 작업, 즉 연구자(들) 개인이 처한 물리적·상황적 한계와 입장이 정직하게 반영된 이론적 시좌(視座)는 여전히 꽉 찬 느낌이 적다.

몇 가지 예를 들어 생각해 보자. 김영삼 정부 시절 세계화라는 국가주의적 구호를 내세우던 순간 외환부족으로 주변의 몇몇 아시아 국가들과 함께 경제위기에 빠진 상황에서도, 미국에서 활동하던 박찬호와 박세리의 활약에 열광하는 동시에 학교와 직장에서 영어를 배우며 개개인이 무한 경쟁, 글로벌 스탠다드를 내면화하던 경험을 어떻게 설명할 수 있을까? 일본 정치인들의 독도 영유권, 위안부 배상, 과거사 발언에는 분노하면서 한국과 일본의 스포츠 경기에는 자동적, 집단적으로 열광하거나, 중국의 경제적 성장은 경계하면서도 중국과 일본, 아시아로 확산되는 한류 현상에 내심 흐뭇해하는 감수성은 자연스러운 것인가? 국가 중심적이고 민족의 순혈을 강조하면서도 미국 혹은 서구와 유사해지고 싶은 욕구를 감출 수 없거나 이를 도저히 따라잡을 수 없다는 열등감이 생기는 것은 또 어떠한가? 그뿐 아니라 아시아의 연대를 주창하면서도 그 속에서 사실상 중심이 되고자 하는 욕망은 한국을 포함한 동아시아 3국에서 쉽게 발견된다.

이처럼 모순적으로 보이지만, 구조화된 동아시아의 모순적 심상 구조 혹은 망탈리테를 이론화하는 시도는 충분하지 않았다. 일반화의 오류를 감수하고 말하자면, 우리는 혼종성(hybridity)과 서벌턴

(subaltern), 세계시민성(cosmopolitanism)과 같은 탈식민주의의 거대 담론들만으로 동아시아의 '지금(now)' 그리고 '여기(here)'의 경험과 주체성을 충분히 설명할 수 없다는 생각이 들었다. 동아시아인이라는 시공간적 위치에서 근대성 형성과 동아시아인의 현존을 개념화하려는 이론적 작업이 충분하지 않다는 문제 인식이었다. 따라서 이 책은 연구자가 속해 있는 '지금'과 '여기'를 이해하고 싶은 호기심과 열정에 대한 경험적이면서도 이론적인 답변을 제시하려는 목적을 가지고 집필되었다.

물론 동아시아를 동아시아의 경험과 동아시아인의 언어로 이론화하고자 하는 시도가 그동안 없었다는 것은 결코 아니다. 이미 1세기 전, 즉 서구 제국주의 세력이 동아시아와 만나서 충돌하던 19세기 말, 동양에서 동아시아를 인식하고자 한 진지한 노력이 시작되었다. 주지하듯이 동양에 대한 서양인의 규정이 시작되고, 서양이라는 규범 혹은 문법으로 동양 사회와 동양인을 판단하던 시기에 이미 동양인 스스로 동양을 이론화하는 시도가 개시되었다. 대표적인 예가 일본의 메이지 초기 지식인들이, 유럽의 세계사를 받아들이되 보편주의적 역사 틀 속에서 일본의 우월성을 설명하기 위해 개발한 '동양사(東洋史)'이다. 다나카(Tanaka, 2004)는 20세기 초반 동경제국대학의 시라토리 구라키치(白鳥庫吉) 교수가 랑케(Ranke)의 객관적 방법론을 통해 동양사를 과학적인 역사학 분야로 만들어 낸 프로젝트를 분석하면서 다음과 같이 평가한다.

> "동양사의 창출은 유럽과 아시아에 대한 일본 특유의 시각에 권위를 부여하였다. '동양사'는 근대 일본이 아시아의 최선진국으로서 유럽과 대등한 나라이며, 중국과 다를 뿐만 아니라 문화적, 지적, 구조적으로 더 우월하다는 점을 확립하였다."(시라토리 구라키치, 재인용 다나카, 2004: 31)

서구에 의해 동양이 '발견'되고 침략당했던 시기, 동양 혹은 아시아를 다시 인식하고자 하는 노력은 비단 일본뿐 아니라 당시 조선 및 청나라 지식인들에게서도 발견된다. 가령 오카쿠라 텐신(岡倉天心)의 "동양의 이상", 다케우치 요시미(竹內好)의 "방법으로서의 아시아", 류스페이(劉師培)의 "아시아 헌정제", 쑨원(孫文)의 "대아시아주의", 안중근(安重根)의 "동양 평화론", 그리고 일본과 조선 개화파의 "아시아 연대론" 등을 떠올릴 수 있다.[1] 유럽에서 이슬람 세계에 관한 관심으로 발생한 동양학(Oriental Studies)이 연구 대상인 아시아에 대한 동경과 경멸이라는 두 이미지를 만들어 내면서 유럽과 대비되는 정체되고 부패한 사회로 '동양'과 '아시아'를 규정한 것과 달리, 일본 제국의 동양학과 다양한 아시아론은 자신의 경험과 언어로 자신의 역사와 현재를 해석하려고 하였다. 하지만 이 시기 동아시아 담론은 서양의 기준을 받아들여 서양 사회와 대등해지는 것이 주된 목적이었고, 이념적으로는 사회진화론적 사상을, 방법론으로는 서구의 실증적 방법에 편중되어 진행되었다. 그 결과 제국 시기의 동아시아론은 시작부터 동아시아인들의 시공간적 현실로부터 상당히 괴리될 수밖에 없었고, 점차 일본 제국의 정치 목표에 직간접적으로 봉사하게 된다.

제2차 세계대전의 종식과 함께 제국/식민의 구조는 동아시아에서 공식적으로 종결되었지만, 미국과 소련의 대결 그리고 그로 인한 냉전(冷戰)의 구조 속에서 서양은 여전히 아시아를 서술하는 주체(主體) 역할을 하였다. 달라진 것은 유럽을 대신하여 미국이 중심이 된 것이고, 군사력을 바탕으로 한 제국주의가 아니라 정치·경제적 영향을 바탕으로 한 학회, 연구소, 재단, 장학금 등 학문적·문화적 영향력으로 아

1 최원식과 백영서가 편집한 『동아시아인의 '동양' 인식』(2010)과 유길준의 『서유견문』(2004) 참조.

시아 서술이 이뤄지게 된 것이다(야마무로 신이찌, 2003). '극동(Far East)'이라는 명칭이 동아시아로 대체된 것은 "영국에서 미국으로 세계체제의 헤게모니가 옮아간 현실을 반영"하는 것으로 생각해 볼 수 있다(김경일, 1998: 135). 상징적인 예로 1948년 미국의 극동학회(Far Eastern Association)가 1957년 남아시아까지 추가하여 아시아학회(Association for Asian Studies)로 개편된 것을 생각해 볼 수 있다. 예일 대학과 콜롬비아 대학 등 명문 대학에서 시작된 미국의 동아시아 연구는 냉전 동안 포드 재단과 록펠러 재단의 지원과 미국 정부의 전폭적인 지원으로 급격한 팽창이 있었다(김경일, 1998).[2] 같은 시기에 패전의 멍에와 책임을 짊어지기보다 미국에 적극적으로 협력하면서 경제적으로 회복 및 급격한 성장을 거둔 일본은 포드 재단의 자금 원조를 받아 동남아시아 연구센터를 세우고, 1968년부터는 국비유학생을 아시아 국가로 파견하였다(야마무로 신이찌, 2003). 일본학 연구의 확산을 위해 설립한 일본국제교류기금(Japan Foundation)과 다양한 학술지원 역시 냉전 시대 혹은 식민 이후 아시아에 대한 새로운 지식을 재구성하고 일본의 입지와 위치를 재편하기 위한 시도라고 볼 수 있다.

그 이후 역사 서술에 있어 아시아의 경험과 아시아인의 시각으로 설명하고자 하는 또 하나의 시도는 중국사 연구와 중국을 중심으로 한 장기적인 역사 서술에서 찾아볼 수 있다. 『중국 제국을 움직인 네 가지 힘』이라는 저서에서 미조구치 유조(溝口雄三)는 중국의 역사를 일본 혹은 유럽화된 일본의 개념이나 틀로 바라보는 일이 많았음을 지적하면서, 그 결과 "중국은 오랜 기간 서양중심주의 시각에 의해 역사가 왜곡

2 냉전 기간 문화통치에 관한 연구가 활발히 진행되고 있는데, 최근 냉전 문화에 대한 학회가 새롭게 조직되어 연구 활동을 하고 있다(기시 도시히코 · 쓰치야 유카, 2012).

당하고 심하게는 탈취당하여, 때로는 근대의 결여태 혹은 역사 자체의 불완전태로 간주당했다."라고 평가하였다(미조구치 유조, 2012: 351). 이를 극복하기 위해 저자들은 근대라는 용어를 사용하기보다 중국 역사의 숨겨진 동력을 통해 중국을 이해하고자 하였다. 이것이 중국 내부의 시점에서 그리고 중국에 내재해 있는 역사의 논리로 중국과 중국사상사를 구성하는 자세라는 것이다(미조구치 유조 외, 2012).[3] 중국사 서술에 있어서 오리엔탈리즘과 학문의 제국주의를 비판한 코헨(Cohen) 역시 1950~1960년대 서구 중심적인 인식 틀을 비판하면서 '중국 자신에 입각한(China-centered)' 접근법을 제안했고, 미국의 중국 연구자들 역시 서양식 규범을 버리고 대상에 입각한(other-centered) 역사 연구를 시작한다고 평가한다(Cohen, 2013). 코헨에 따르면 "중국 자신에 입각한 접근법의 핵심적인 특징은 [중략] 중국의 역사적 궤적과 자신들의 문제에 대한 중국인들의 인식에 더 긴밀한 관심을 기울이는 식으로, 중국사 자체의 맥락에서 중국사를 이해하기 위해 진지하게 노력한다는 점"이다(Cohen, 2013: 55). 앞의 두 저작이 중국이라는 하나의 국가 혹은 사회를 중심으로 한 연구가 갖는 의의와 한계를 보여 준다면, 두아라(Duara, 2004)는 근대 중국의 새로운 해석을 위해 중국과 인도를 비교하고 종교 분야를 집중적으로 논의한다. 두아라는 역사적 주체로서의 민족과 헤겔적 관념에 속박된 역사 해석을 비판하면서, 서구 학계에서 정형화된 단선론적·인과론적 역사 논의에 도전하였다.

최근 미국 사학계에서는 장기적인 역사 서술의 흐름 가운데 유럽

3 미조구치 유조 등 저자들은 근대라는 용어의 난점을 "아무리 '중국의 독자적인 것'이라 말하려 해도 일단 '근대'라는 용어를 사용하면 '저항의 근대'이든 '반격의 근대'이든, 그 독자성이라는 것은 유럽 근대화의 연관에 이미 속박되어 '독자적'이라는 말이 본래의 실질을 상실하거나, '근대'라는 정형화된 이름의 장애에" 부딪힌다고 설명한다(미조구치 유조 외, 2012: 213).

중심주의를 벗어나고자 하는 장기적인 관점의 경제사적인 접근이 돋보인다. 기존의 문명사 연구는 유럽 중심적인 역사관에서 근세 유럽의 산업화, 도시화, 그리고 자본주의화 과정을 중심으로 인류의 문명사를 해석하였다. 즉, 근대화 과정에서 서구 모델과의 비교를 통해 다른 지역에서 부족한 것을 탐색함으로써 자연스럽게 서구는 우월하고 비서구는 열등하다는 인식을 갖게 하는 연구들이다. 이와 같은 서구 중심적인 역사 서술에 의문을 제기하는 새로운 학문적 시도로 장기적 경제사를 중심으로 중국사와 함께 세계의 정치·경제 변동을 재해석하는 작업이 최근 두각을 나타내고 있다. 이러한 저작들에서 발견할 수 있는 유사한 특징은 유럽 중심적인 역사 서술에 대한 재고(再考)이다. 즉, 근세 이후 유럽과 미국의 정치경제적 우위를 역사 발전의 '자연스러운' 과정 혹은 인과론적으로 해석하게끔 하거나 아시아를 포함한 주변의 부족, 결여 실패에 주목하게 하는 기존 해석에 의문을 제기한다. 포머란츠(Pomeranz)는 19세기에 대한 전통적인 사회 이론이 유럽중심주의에 치우쳐 있음을 비판하면서 '대분기(great divergence)'라고 부를 수 있는 유럽과 아시아의 역전이 19세기에 이르러서야 발생한 것이고, 그 요인 역시 근본적이고 필연적이라기보다는 석탄 원료와 물 등 생태적 요인과 신세계의 발견 등 외부적·우연적 요인이 주요했다고 주장한다(강진아, 2008; Pomeranz, 2000). 프랑크(Frank, 2003)는 장기적이고 세계적인 시점에서 세계 체계의 시작은 유럽의 성장에서 비롯된 것이 아니며, 유럽의 우세 역시 '최근'의 현상이며 그 기간 역시 매우 짧은 것이라고 평가한다. 프랑크(Frank, 2003)에 따르면 18세기 이전까지 중국은 세계 무역과 경제에 주도적인 영향력을 발휘했을 뿐만 아니라 당시 중국의 장점이 오히려 그 이후 중국의 쇠락과 유럽의 부흥을 가져오게 된 계기라고 주장한다. 아리기(Arrighi)는 15세기 이후 자본주의 역사의 장기적인 순환을 분석하면서 20세기 세계적 규모로 이뤄진 자본축적의 특징을 '장기 20세기'로 명명한다. 아시아와 관련하여 아리기는 '장기 20세기' 축적 체계의 변화에서 동아시아 자본주의 국가들, 즉 일본과 네 마리 용이 부상하는 동시에 전 지구적 체제에서 중국의 경제적 위상이 높아질 것으로 예측한다(Arrighi, 2010). 장기 시계열과 경험주의적 통계를 중심으로 한 그의 해석은 유럽의 근대화 과정을 역사의 필연으로 간주하거나 동양에 대한 서양의 경제적·군사적 우위를 당연한 것으로 여기는 시각을 상당히 교정해 준다.

동아시아를 서술하고 규정하는 데 있어 유럽의 시각에서 벗어나고자 하는 시도가 19세기부터 현재까지 지속하고 있다는 점은 그만큼 동아시아의 역사를 서술함에서 유럽중심주의가 체계적이고 내재적이었음을 역설적으로 보여 준다. 동시에 일본 제국주의 시절 '동양학'의 탄생과 정치에 복속된 현상은 동아시아의 입장에서 스스로를 서술하는 것이 꼭 바람직한 결과를 가져오는 것이 아님을 알려준다. 동아시아의 입장에서 동아시아를 서술하더라도 스스로를 낭만화하는 것은 아닌지, 자민족중심주의로 회귀하는 것은 아닌지 또한 본질주의적 해석에 매몰되지 않는지를 유의해야 한다. 동아시아를 낭만화화는 것은 '동아시아' 자체가 선한 것을 담보하고 있다는 생각으로 연결 짓는 것이고, 본질주의적 해석은 아시아에 역사적이거나 문화적으로, 또 본질적으로 (영원히) 내재하는 사상이나 특성을 찾으려는 시도를 말한다. 낭만주의적이고 본질주의적인 해석을 벗어난다는 것은 동아시아에서 근대라는 변화의 다양한 국면을 인지하고, 그 속에서 변화하는 동력을 찾는 작업을 포함한다. 절대 단일하지 않은 다양한 국면을 인지하고 내부의 상호 동력을 추적하는 가운데, 동아시아사의 역사 흐름과 현대로 이어지는 사회구조적 맥락을 우리의 시각에서 이해하고 해석하려는 시도가 이번 '옐로우 퍼시픽'이라는 개념화 작업의 주요한 지적 자원이 되었다.

2. 서구중심주의로부터 근대성 구출하기

유럽중심주의를 반복하지 않으면서 동아시아의 근대성을 설명하는 것이 가능할까? 물론 서구중심주의를 극복하고자 동아시아의 역사적·현존적 경험을 근대성이라는 개념으로 설명하는 것은 모순적인 시도처럼 보인다. 동아시아와 마찬가지로 근대성 담론 역시 서구중심주의 역사, 이론적 시각, 그리고 세계 체계를 상징하고 구성하는 주요한 개념이기 때문이다. 중국 역사 연구에서 서양 중심적인 시각의 왜곡을 비판하는 코헨(Cohen)은 "근대적인 것은 곧 서양적인 것이라고 생각"하는 시각이 내재해 있음을 지적한다(Cohen, 2013: 89). 중국을 포함한 동아시아 근대의 시작을 아편전쟁과 같은 서양 제국주의의 침입과 충격에서부터 규정하는 시각에서도 쉽게 서구중심주의적 사고를 찾아볼 수 있다. 그와 더불어 서양 근대의 역사에서 생기는 문제를 동아시아에 적용하거나 서양의 영향력에 대한 아시아의 대응, 반응, 그리고 전유를 중심으로 한 사고 역시 전형적으로 유럽 중심적인 근대성을 사고하고 내재화하는 방식이다(Cohen, 2013).[4] 한국에서 1980년대 사회구성체의 논쟁 속에서 한국 사회의 반제(反帝)적이고 반봉건적(半封建) 성격을 논의하면서 한국 사회의 제국주의적 규정성 문제와 특수성 문제를 논의한 사고의 축에는 근대를 중심으로 한 한국 사회의 판단이 담겨 있다(조희연, 1997).

서구의 경험을 중심으로 산업화, 도시화, 자본주의화라는 근대화 과정을 설명하는 접근 역시 근대성의 서양중심주의를 지탱하는 주요한 요소이다. 이와 같은 관점에서 19세기 이후 서구의 산업화와 함께

4 코헨(Cohen, 2013)은 이와 같은 중국 근현대사 인식 속에서 서양 중심적인 왜곡을 충격-반응론, 근대화론, 제국주의론이라는 세 가지 명제로 설명한다.

제국주의의 성장은 정상 모델로 인식되고, 서구의 침탈을 받거나 식민지배를 받는 지역은 서구와 비교하면 부족한 무엇으로 인식된다. 서구중심주의적 관점은 전후 동아시아의 경제 성장을 유교 자본주의로 설명하고, 그 근간을 유교적 가치에서 찾는 논의에서도 찾아볼 수 있다. 해방 후 동아시아의 사회 변동에서 일본을 포함하여 한국, 대만, 싱가포르 등 일본의 구 식민지들이 냉전 시기를 거치면서 매우 짧은 시간 동안 산업화 및 자본주의 과정을 거쳤다. 해방 후 동아시아의 경제 성장을 설명하기 위해 일본 제국의 식민통치 방식과 구 식민지에 대한 영향력에 주목하면서 일본 제국의 식민통치 방식이 영국, 프랑스, 스페인 같은 전형적인 19세기 제국 국가들의 식민통치와 달랐음에 주목한다. 이와 같은 접근법은 서구자본주의 성장의 모델을 동아시아에 적용하여 유사한 것과 부족한 것을 설명하는 시도이다(Chua, 2010). 또한 동아시아 내 전통적인 요소들이 경제 성장의 원인이라고 주목하고 아시아 가치(Asian values)를 규정하려는 시도 역시 유사한 이론적 지점에 서 있다고 할 수 있다.

이에 탈식민이론을 중심으로 서구의 모델을 이상향으로 삼는 근대성 논의에 대한 다양한 비판이 서구 학계를 중심으로 진행되었다. 특히 유럽과 미국을 중심으로 한 서구 지역 이외의 공간이 경험한 근대화 과정 혹은 근대성 형성의 역사적 특성을 이론화하기 위한 노력이 이어졌다. 대표적으로 대안적 근대성(Gaonkar, 2001), 다중적 근대성(Eisenstadt, 2002; Grossberg, 2010), 유동적 근대성(Bauman, 2000) 등이 있다. 또한 비서구 공간의 근대성 특질을 이론화하기 위한 식민지 근대성(Barlow, 1997a), 굴절된 근대성(Kikuchi, 2007), 근대/식민성(Escobar, 2007; Mignolo, 2011) 등의 논의가 있다. 이와 같은 논의들은 서구의 역사적 경험과 다른 형태의 근대성 가능성을 보여 주었을 뿐만 아니라 동시에 다른 형태의 근대성을 형성하기 위한 다른 경로들이 존재함을 역설하고 있다(Dirlik, 1994).

탈식민이론은 특히 제국지배와 식민, 그리고 탈식민이라는 근대성의 핵심 과정에서 다양한 비서구인의 정체성 구성 과정을 이해하고자 한다. 제국주의적 팽창과 식민지배, 그리고 해방이라는 구조의 변화 속에서 새로운 지역과 도시에서 정체성을 재구성하는 이들의 주체와 그들의 근대 경험을 설명하려는 이론의 흐름을 탈식민주의라 할 수 있다. 탈식민주의 이론은 제국과 식민을 넘어서서 세계화 시대에 다양한 형태로 구성되는 정체성의 형성 과정, 특히 서구 사회에서 다양한 민족과 인종 공동체의 형성 및 정체성의 정치에 관한 논의를 주도하였다. 혼종성(hybridity), 흉내 내기(mimicry), 하위계층(subaltern), 세계시민주의(cosmopolitanism) 등 다양한 개념어를 통해 탈식민주의 이론은 근대 사회 형성 과정에서 다양한 인종적·민족적 그리고 하위문화집단의 주체 및 정체성을 해석하는 주요 이론 틀을 제공하였다. 탈식민주의 이론은 마르크스주의에 기반을 둔 경제결정론이나 비서구 사회의 빈곤을 구조 및 체계의 문제로 이해하는 종속이론 및 세계체제론의 결정주의 한계를 넘어서 문화적인 담론적 층위에 주목함으로써 '정체성의 정치(politics of identity)'를 새로운 주요 문제의식으로 이끌어 내었다. 그런데도 탈식민주의 이론의 주요 논의들은 아프리카 혹은 아시아로부터 유럽 및 미국의 대도시로 (강제) 이주된 집단의 경험에 집중되어 있고, 담론적인 영역에 주목하는 경향성이 강하다. 기존의 연구는 이주자들의 정체성, 언어, 생활 방식 등 원 거주지의 문화 양식과 서구 사회, 특히 대도시의 속도, 경제구조, 삶의 방식 등 새로운 거주지의 문화 양식과의 충돌, 협상, 타협, 재구성을 연구한다. 즉, 이주를 통한 두 개의 문화 양식 및 심성의 만남을 해석하고 설명하는 인식의 틀을 효과적으로 제공해 왔다. 이처럼 탈식민주의와 다양한 논의는 식민 해방 이후 서구와 비서구의 문화 양식이 경합하면서 재구성되는 가운데 탈근대적 주체의 새로운 가능성을 적극적으로 보여 준다. 하지만 탈식민주의는 정체성의 문제를 중심으로 한 담론의 영역에만 비판의 지점이 집중되어 있다는 한계를 갖는다. 다시 말해 탈식민주의는 세계의 구조적인 변화, 특히 자본주의 체제의 확장과 세계 체계의 재구성에 대해 의미 있는 비판과 해석을 내놓지 못하고 있다. 그 결과 탈식민주의는 미국을 중심으로 한 자본주의의 새로운 양식의 확산에 대해 침묵하거나 오히려 동반했다는 비판을 받기도 한다.

다양한 근대성의 형태와 탈근대적 주체의 가능성에 대한 논쟁들은 근대성이라는 개념이 내포하고 있는 서구중심주의의 한계를 명확히 보여 주는 데 의의가 있다. 동시에 여전히 근대성이라는 개념을 통해서만 비서구 지역의 경험을 정의한다는 점에서 복수의 혹은 대안적 근대성 논의 역시 근대중심주의라는 재귀적 특성이 있다는 비판을 받는다(배항섭, 2015a).[5] 하지만 근대성 논의와 서구중심주의에 대한 비판은 나누어서 생각하기 힘든 문제이다. 유럽중심주의와 근대성은 생성 단계부터 필수 불가결한 관계에 있고, 동아시아는 유럽중심주의와 근대중심주의가 착종된 상태에서 부각된 대상이기 때문이다. 제2차 세계대전 이후 그리고 탈냉전 이후에도 미국을 중심으로 한 서구중심주의와 발전주의는 동아시아 근대성과 근대적 주체로서 동아시아인을 규정짓는 중요한 요소로 작동 중이다.

동아시아 근대성을 설명하고 개념화하는 과정에서 빠져나갈 수 없는 뫼비우스 띠 같은 유럽중심주의에 대한 우리의 선택은 유럽 중심

5 동아시아의 근대를 이해하는 데 있어 서구중심주의와 근대중심주의를 비판하면서 배항섭은 "근대중심주의에 대한 근원적 비판은 바로 그와 같은 특권적 근대가 왜곡한 전근대와 근대의 역사상을 바로잡는 데서 시작"할 것을 강조하면서 동아시아의 19세기 연구의 필요성을 강조한다(배항섭, 2015b: 79).

성을 단순히 인정하거나 그 반대로 근대성을 단순히 폐기하는 것에 있지 않다. 우리가 당면하고 극복하고자 하는 이론적 과제는 동아시아 근대성 그리고 근대적 주체 형성을 설명함에 있어서 단순히 유럽이라는 타자와 그 영향력을 지워 버리는 것이 아니라 동아시아 경험과 동아시아 학자들의 논의를 상호 참조하는 과정을 통해 근대성을 이론화하는 데 있다(Dirlik, 2011). 동시에 이를 통해 구성하려는 이론적 틀, 즉 거대 서사는 단지 동아시아뿐 아니라 다른 지역의 다양한 형태의 근대성과 근대적 주체의 형성을 설명하고 논의하는 데 유용한 이론적 자원으로 기능할 것을 기대한다. 이 과정에서, 동아시아 근대성에 내재된 서구의 중심성을 객관화하여 바라보고 인식하는 것은 동아시아인으로 자신의 과거 및 현존을 직면하는 것이고, 이를 통해 서구의 중심성을 넘어설 가능성이 열릴 수 있다. 그러하기에 우리는 단순히 동아시아 논의에서 근대성이라는 단어를 폐기하거나 근대 이전의 시기를 집중하는 선택에 반대한다. 이러한 선택은 근대성을 외면함으로써 일견 근대중심주의에서 거리를 두는 것 같지만, 여전히 근대중심주의, 즉 서구중심주의에 사로잡힌 사유의 결과이다. 또한 단순히 외면하는 작업을 통해서는 여전히 근대성에 존재하는 서구중심주의는 흔들리지 않을 뿐만 아니라 이를 넘어서기 위한 시도 자체를 포기하는 셈이 된다.

그러한 의미에서 여기서 개념화하고자 하는 옐로우 퍼시픽은 서양에서 발달해 온 근대성 논의를 단순히 거부하거나 초월하고자 하는 시도가 결코 아니다. "유럽중심주의가 거기 있다면 당신은 그걸 무시하는 것으로 거기에서 벗어날 수는 없다는 것입니다. 당신은 자기의 용어로 어떻게 도전할지 생각해야만" 한다는 역사학자 포머란츠의 조언은 우리의 문제의식을 잘 표현해 준다(강진아, 2008: 260 재인용). 그리고 이것이 우리가 여전히 근대성이라는 단어를 폐기하지 않으면서 동시에 동아시아를 통해 다시 '지금' 그리고 '여기'의 경험을 옐로우 퍼시픽이라는 새로운 개념으로 재해석하는 이유이기도 하다.

3. 『블랙 애틀랜틱(The Black Atlantic)』에서 '옐로우 퍼시픽(The Yellow Pacific)'으로

이미 독자 중에는 이 책의 제목인 '옐로우 퍼시픽'을 처음 본 순간 영국의 사회학자이자 흑인 연구자인 길로이(Gilroy)의 명저 『블랙 애틀랜틱(The Black Atlantic: Modernity & Double Consciousness)』(1993)을 떠올리며 '혹시', '설마'라는 의문을 가진 이들이 있을 것 같다. 결론부터 말하자면 '맞다'이다. 옐로우 퍼시픽이라는 단어를 처음으로 상상한 것은 2007년 서구 근대성 비판에 대한 자료를 찾던 중 길로이의 『블랙 애틀랜틱』을 읽으며 책 가장자리에 메모를 남겼던 시점이다. 혹자는 '블랙'을 '옐로우'로 바꾸고 '애틀랜틱'을 '퍼시픽'이라고 치환한 것을 단순히 말장난 혹은 패러디라고 느끼거나 지적 흥미를 끌기 위한 꼼수라고 생각할 수도 있다. 실제로 저술 기간 중 우리가 만난 미국 대학의 한 사회학자는 옐로우 퍼시픽이라는 의도는 충분히 공감하지만, 너무 "선정적"이라는 이유로 제목으로 삼기에 무리가 있다는 의견을 표출하기도 하였다. 이처럼 옐로우 퍼시픽은 『블랙 애틀랜틱』에서 파생된 개념이지만, 쉽게 자연스러워 보이지 않는 그 연결고리가 오히려 이 논의를 시작하는 지점이 된다.

『블랙 애틀랜틱』은 아프리카에서 유럽과 미국의 대도시로 강제 이송된 흑인 디아스포라의 삶과 문화적 정체성의 재구성을 탐색하였다. 길로이는 제국과 식민의 기간 아프리카로부터 유럽과 미국의 여러 도시로 강제 이송되어 정착하는 흑인 노예들의 삶을 반영한 문학 작품들을 재조명하면서 『블랙 애틀랜틱』을 "근대성의 대안문화

(counterculture)"로 명명하였다. 기존 삶의 공간에서 강제로 쫓김을 당하여 새로운 도시에 적응하고, 또 다른 트랜스내셔널(transnational)한 문화 정체성을 구성해야 하는 흑인들의 삶을 묘사하면서 "유럽인이면서 동시에 흑인으로 살아내기 위해서는 특정한 형태의 이중적 자의식(double consciousness)이 요청"됨을 강조한 것이다(Gilroy, 1993: 1). 트랜스내셔널한 문화 구성체에 초점을 두고 대서양 횡단이라는 경로(routes)를 동시에 상상하는 길로이의 인식은 기존의 민족 혹은 에스닉(ethnic) 중심으로 구획하거나 정태적인 문화 구성체에 대한 이해에서 벗어날 수 있는 통찰력을 준다. 그는 서구의 대도시에서 흩뿌려지듯 구성된 흑인 디아스포라의 정체성을 "변화하는 동일성(a changing same)"이라는 상호 모순적인 두 용어로 제시하면서, 안정되기보다는 늘 새롭게 구성되는 그들의 불안정하고 변화하기 쉬운 정체성에 주목하였다(Gilroy, 1993: xi).

제국과 식민의 과정에서 형성된 정체성은 필연적으로 근대성의 착종성을 야기한다고 파악하며, 다양한 지역에 강제 이주된 흑인 디아스포라의 이중적 자의식을 "변화하는 동일성"으로 해석하는 길로이의 통찰력은 적절한 해석의 도구를 제공했을 뿐만 아니라 새로운 질문을 던진다. 즉, 18~19세기에 서구 제국주의에 따라 조상의 땅 아프리카에서 강제로 징발되어 서구 도시로 이주해야 했던 역사, 해방 이후에도 노예의 후손으로 유럽 근대 문명의 질서에 적응해 나가며 새로운 문화적 정체성을 구성해야 했던 흑인들의 삶, 그들에 대한 이해가 동아시아의 '황인'들을 이해하는 데 얼마나 기여할 수 있을까? 유럽과 아프리카라는 상이한 문화 구성체(cultural assemblage)의 간극을 좁혀 가야 했던 그들의 '이중적 자의식'이라는 무게가 동아시아에서도 유사하게 발견되지 않는가?

안드라데(Andrade)가 지적했듯이 17세기 대만의 원주민들은 남중국해로 경쟁적으로 진출한 스페인과 네덜란드라는 유럽인들의 식민지배뿐 아니라 중국인들의 식민지배까지 함께 받으며, 이른바 "이중적 식민화(co-colonization)"를 경험한 바 있다(Andrade, 2009: 2). 19세기 동아시아의 황인들도 서구 열강의 침략은 받았지만, 국가 단위의 식민화 혹은 강제 이주의 경험은 상당히 제한적이었다. 하지만 19세기 이전에는 중국이라는 강력한 힘의 질서를, 20세기 초에는 일본 제국의 부상과 일본인들에 의해 식민지배를 내부적으로 경험하며 서구라는 외적 지배와 중국/일본이라는 내적 지배를 이중적으로 체험한 것이다. 제2차 세계대전과 이후의 냉전 혹은 실질적으로는 '열전(hot war)'을 경험한 뒤, 탈냉전과 세계화 시기를 급속하게 거치면서 동아시아인들에게는 어떠한 자의식이 복잡하게 중첩되어 있었을까? 유럽과 미국에 강제로 흩뿌려진 흑인들을 디아스포라라고 인식하듯이 근대성의 형성 과정에서 동아시아 다양한 지역에 거주하는 황인들의 감성 구조 혹은 자의식도 일종의 디아스포라로 볼 수 있지는 않을까?

길로이(Gilroy)의 통찰력 있는 분석은 우리에게 한국과 동아시아가 경험하는 근대성, 현대성, 세계화를 그곳에 거주하는 사람들의 복잡하고 부단히 재구성 중인 자의식과 연결해 주었다. 흑인들의 새로운 정체성 형성의 구조와 조건들을 "근대성의 대안 문화"라고 평가했던 길로이의 분석은 동아시아인들의 경험과 인식을 근대성과 연결하는 고리가 되었다. 그뿐 아니라 '블랙 애틀랜틱' 개념은 역사적으로 구성된 동아시아의 근대성 형성의 양상을 개별 국가가 아닌 지역에 산재한 다양한 주체들과 그들의 의식 형성, 그리고 대서양/태평양과 같은 대양을 중심으로 한 상징적이고 실질적인 이동을 주목하게 해 주었다.

옐로우 퍼시픽(Yellow Pacific)이라는 개념에서 태평양을 가리키는 '퍼시픽(pacific)'이라는 단어를 사용한 것은 '지금'의 시각에서 동아시아인의 이동과 주체성 형성에 유럽보다 미국이 결정적인 타자였다고 판단하기 때문이다. 즉, 태평양은 근대 동아시아인에게 관계성과 이동성을 상징하는 공간이 된다. 한편 '옐로우(yellow)'는 동아시아 지역에서 역사적으로 함께 살아왔고, 현재까지 동시대성을 가지고 살아가는 동양인을 가리킨다. 그리고 흑인 혹은 블랙이라는 단어가 해당 사회와 이 용어의 사용 주체에 따라 매우 다른 함의를 가진 것처럼 황인 혹은 옐로우 역시 그러하다.

물론 옐로우는 논쟁이 많은 용어임이 틀림없다. 인종을 지칭하는 옐로우는 블랙과 유사하게 인종차별적인 요소를 가지고 있을 뿐만 아니라, 정작 옐로우라는 단어가 지칭하는 동양계 사람들과 동양 사회 내부에서도 그리 환영받지 못하는 단어이기 때문이다. 왜 굳이 옐로우라는 단어를 써야 하는가? 블랙만큼 옐로우에도 인종차별의 역사성뿐 아니라 그것을 극복하려 했던 집단적 노력과 사상적 투쟁이 뚜렷했는가?

옐로우라는 개념에 대한 고민이 깊어지는 가운데, 국제학술지인 *Cultural Studies*의 2010년 특집호(24권 2호)에서 「브라운: 정체성에서 신원확인까지(Brown: From Identity to Identification)」라는 특집호 주제와 논문들을 발견하였다. 이 특집호는 인도계 남아시아인을 가리키는 단어인 '브라운(Brown)'을 중심으로 한 문화 정체성 및 인종을 다각도로 살펴보는 것이었다(Kymqrini, 2010). 독서의 결과 "브라운은 되는데 옐로우는 안 되는가?"라는 질문이 나올 수밖에 없었다. 아직 미국 학계와 사회에서는 옐로우라는 단어를 사용하는 것이 금기 혹은 시기상조라고 하지만, 오히려 그렇기에 한국 학계에서 먼저 황인이라는 화두를 안과 밖에서 조망하는 작업의 시작은 의미가 있다고 여겼다. 이는 주로 서구 학계에서 제시한 개념을 한국과 동아시아 맥락에 단순히 적용하거나 현지화하는 것에 주력했던 한국 학계의 관성에서 조금이나마 벗어나려는 의욕의 발로이기도 하다. 또한 동아시아에서 황인이라는 이슈를 먼저 제시하고, 태평양을 중심으로 거대하게 작동하는 미국중심주의 그리고 세계질서의 구조 변화 속에서 옐로우/황인의 문제를 논의하는 것은 추후 미국에서 옐로우/황인의 인종 문제를 본격적으로 논의하게 하는 데 작은 동력이나마 되었으면 하는 바람도 담겨 있다. 각 사회에서 옐로우가 가지고 있는 역사적 배경과 인종차별, 그리고 서양인들이 만들어 놓은 열등한 인종이라는 함의가 분명히 존재하는 한, 단순히 그것이 없는 것처럼 행동하는 것보다는 적극적으로 직면하고 인식하는 것이 수용과 극복을 위한 첫걸음이다.

4. '옐로우 퍼시픽'과 세 가지 서사들

'옐로우 퍼시픽'은 동아시아에서 근대성의 출현 및 형성 과정에서 구성된 동아시아인의 주체 특성을 효과적으로 담아내기 위해 제안하는 개념이다. 옐로우 퍼시픽의 이론적 틀은 민족 혹은 국가 단위의 접근이 아니라 지역사회의 초국가적 역사성을 바탕으로 하고 있다. 앞에서 약술했듯이 여기서 '옐로우'는 기존에 폄하 및 인종차별의 의미로 사용된 '황색' 혹은 '황인종'이라는 함의를 담지하면서, 동시에 현존의 위치에서 스스로에 대한 능동적이고 자기 승인적인 의미를 포괄하는 동아시아인을 가리킨다. '퍼시픽'은 지역의 제국/식민화 과정, 냉전 시기의 도시화, 산업화, 자본주의화 과정, 그리고 세계화 과정에서 미국 헤게모니가 결정적인 대립항이자 타자였음을 의미한다. 동아시아라는 지역의식과 동아시아인이라는 정체성은 서구 세력과의 만남 과정에서 그리고 이른바 근대화 과정에서 형성되었다는 점에서 지역의 근대성 형성을 반영하고 있다.

옐로우 퍼시픽이라는 동아시아의 근대성이자 동아시아인의 주체성을 구성하는 세 가지 서사는 다음과 같다. 첫째로 동아시아의 근대적 주체는 물리적 이동 없이도 자신이 살아가는 현장, 지역, 그리고 역사적이고 현실적인 조건들 속에서 형성된다. 식민과 제국의 시대처럼 강제적으로 이동을 당하거나 세계화 시대에 이익을 위해 자발적으로 이주하지 않은 대부분의 동아시아인은 그들의 일상생활 속에서 근대화 과정과 근대성의 가치들을 자발적으로 때로는 강제로 받아들여야 하였다. 이처럼 내재적이고 현장의 문제들과 역사성을 그대로 품은 채 근대성을 받아들이고 내면화시켜야 하는 삶의 내러티브가 첫 번째 서사이다. 둘째로 동아시아의 근대적 주체는 외부와 내부의 이중적 타자와의 관계 가운데 형성된다. 동아시아와 동아시아인은 미국을 포함한 서양이라는 타자에 대응하면서 동시에 주변 아시아 국가 및 아시아인과 경쟁, 협력해야 하였다. 중화질서가 유지되는 시간에는 중국이 주요 내부의 타자라면, 제국주의 시대에는 일본이 유일한 비-백인 제국으로 성장하였다. 동양과 서양이라는 이분법적 구도가 아닌 제국 혹은 중진국(middle power)으로서 민족적-지역적-세계적이라는 삼중적 의식이 형성되는 것이 두 번째 서사이다. 셋째로 동아시아 근대성은 유럽이 아닌 미국을 타자로 하여 형성된다. 식민과 제국의 시기에 동아시아인에게 가장 선진적이고 이상적인 존재로 부각된 것은 미국이었고, 미국의 헤게모니는 냉전과 탈냉전을 지나면서 건재해졌다. 정치-군사-경제의 카르텔뿐 아니라 할리우드를 상징으로 한 대중문화의 영역을 통해 동아시아인의 세계관과 인식의 재구성에 결정적인 영향을 주었다. 태평양을 중심으로 한 정치경제적 관계 그리고 문화 및 인식의 영역에서 미국의 중심적인 위치가 세 번째 서사이다.

옐로우 퍼시픽이라는 개념을 구체화하기 위한 세 가지 서사들이 현저하게 드러나는 역사적인 과정들, 논의의 지점들, 그리고 일상생활의 모습을 추적하고자 한다. 옐로우 퍼시픽은 제국/식민 등 어느 특정한 역사적 시점만을 설명하기보다 역사적 서사라는 측면을 강조하여 동아시아 내 다양한 민족과 사회, 시기에서 현저하게 간취될 수 있는 정서의 구조를 설명하는 분석적인 개념이다. 세 가지 서사는 동시에 발견되기도 하지만 맥락과 시점에 따라 특정한 서사가 현저하게 나타날 수 있는데, 이는 개념의 역사적인 계보와 함께 현재적인 다양성을 상징적으로 보여 준다. 그런데도 옐로우 퍼시픽이 동아시아의 모든 민족, 지역, 그리고 사회에서 동일하게 나타나거나 동아시아를 옐로우 퍼시픽 개념으로 대변할 것으로 생각하지 않는다. 옐로우 퍼시픽은 그동안 서양과 동양에서 동아시아 근대성과 그 과정을 살아나가야 하는 주체들의 정체성을 설명하는 다양한 개념을 보완해 가는 하나의 제안이다.

1) 첫 번째 서사: 동아시아의 근대성은 물리적 이동 없이 자신의 로컬 영역에서 형성되었다.

동아시아 근대성의 특질, 즉 옐로우 퍼시픽을 구성하는 첫 번째 서사는 동아시아인은 물리적인 이동을 통해서가 아니라 자신들이 살아온 현장과 실존의 공간에서 근대성을 형성한다는 것이다. 19세기부터 본격화된 서구 열강들과의 교류, 경쟁 및 전쟁, 20세기 초 일본 제국주의 국가의 확장, 그리고 해방 후 미국의 헤게모니의 영향력 속에 동아시아는 근대화 과정을 거쳤다. 식민과 탈식민의 과정에서 지리적이고 강제적인 이동을 경험하고 새로운 공간에서 근대적인 정체성을 재구성해야 했던 서구의 유형 혹은 흑인들의 경험과 달리 동아시아인은 자신과 선조들이 살아온 공간에서 식민과 탈식민, 서구 세력과의 경쟁, 주변 국가와의 연합과 갈등을 겪어 나가면서 나름의 삶의 방식을 구성하고, 근대화 과정에 강제로 연루되거나 자발적이고 적극적으로 참여하였다. 냉전과 탈냉전, 전 지구화 시기를 거치면서 급격한 경제 성장 모델을 보여 준 동아시아 사회에서 서구, 특히 미국 모델을 선진국 혹은 글로벌 스탠다드로 이상화하는 모습을 발견할 수 있다. 한국을 포함한 동아시아에서는 여전히 민족, 민족주의, 그리고 민족-국가의 의미가 중요한 항수이고, 국가 사이의 역사적인 관계가 현재와 미래를 구성하는 중요한 변수인 이유이다. 우리는 서구의 근대성으로 상징될 수 있는 세계적인 것(the global)이 동아시아 근대성과 동아시아인의 현존에 더는 외부의 충격이나 영향력으로 남아 있는 것이 아니라 민족적인 것(the national)과 지역적인 것(the regional)에 착종(embedded)되어 있는 것으로 본다. 강조하고 싶은 것은 동아시아의 근대성 형성에서 서양과 동양 혹은 세계적인 것과 지역적인 것의 이분법적인 접근을 넘어서야 한다는 것이고, 그 근거는 자신의 현장에서 근대성을 형성하고 재구성한 역사적인 차이점에서 찾을 수 있다. 홀(Hall, 1993)의 표현을 인용하면 서구적 근대성의 근간을 이루는 서양적인 것 혹은 세계적인 것은 동아시아 근대성 형성에 기항상적(already and always)으로 존재한다.

동아시아 근대의 시작을 설명하는 전통적인 연구들은 19세기 말 서구 제국주의 세력이 중국과 충돌한 시점, 즉 영국과 중국의 아편전쟁을 주목한다. 서구의 충격으로 인한 중화질서의 붕괴 그리고 동양의 반응을 근대화의 시작으로 보는 관점으로, 이후 서구 열강들의 동아시아로의 진출과 전쟁, 그 결과 불평등한 국제 조약을 맺고 해양 세력에 문호를 개방하는 것을 동아시아 근대의 시작으로 해석한다. 페어뱅크 등 미국의 아시아 학계의 논의로 공고해진 동아시아의 근대화를 해석하는 시점은 전형적인 충격-반응의 관점을 강화시킨다. 그뿐 아니라 서세동점을 중심으로 한 관점은 서양과 동양이라는 양자 구도에서 우월한 서양과 열등한 동양이라는 이분법적인 시각을 공고히 한다. 다시 말해 서양의 근대가 아직 전근대적인 동양에 대한 우위, 즉 전쟁의 승리를 당연한 것으로 여길 뿐 아니라 사회와 개인을 바라보는 관점에서도 동양인은 서양인과 비교하면 근대성이 부족한 무엇으로 규정된다. 20세기 초 동양의 제국주의자뿐 아니라 민족주의자들 역시 서양과 근대화를 이상으로 여기고 서양을 닮아 갈 것을 요청한 것은 이러한 이분법적 사상을 기초로 한 것이다. 여기에는 헤겔식 역사관이 기반이 되어 있고, 사회진화론을 바탕으로 집단, 민족, 그리고 인류의 문명을 해석하는 인식론적 전제가 있다.

이러한 전제에서 우리는 충격-반응론을 중국사 해석에 있어서 서양 중심적인 왜곡이라고 비판한 코헨의 견해와 같은 입장에 있다. 동시에 충격-반응론에 기반을 둔 인식론은 중국뿐 아니라 동아시아의 역사와 근대성 형성에 존재하는 서양중심주의의 대표적인 예로 바라본다. 따라서 동아시아 근대성을 현지인의 관점에서 재해석하는 작업은 필연적으로 충격-반응론을 되돌아보는 작업을 필요로 한다. 우리는 동아시아의 근대화 과정을 재해석하는 가운데 내적 질서의 변동, 즉 운하체계로 대표가 되는 중화질서의 와해 지점에 주목한다. 중국의 대운하는 단순히 지방의 물품을 당시 수도였던 북경으로 옮기는 물자 유통의 통로였을 뿐만 아니라 조공무역과 함께 중화질서를 유지하는 주요한 요소였다. 대운하와 이와 연계된 양자강 등의 내지 수로를 통해 이뤄진 장거리 상업과 무역의 발달은 국가가 필요로 하는 물자를 자족적으로 충족시킬 수 있었던 중국의 힘을 상징할 뿐만 아니라, 해금 조치 및 제한된 무역항을 통제할 수 있게 함으로써 시간이 갈수록 해양 세계에서 서구 열강에 뒤처지는 원인이 되기도 하였다. 운하 시스템으로 유지되고 있던 해금 정책이 청나라의 다양한 내적 모순과 위기의 지점들로 인해 더는 정상적으로 작동하지 못하게 되는 시점이, 전 지구적 관점에서 보면 유럽 국가들의 경제적·군사적 역량이 중국의 그것을 압도하기 시작하는 시기와 맞물려 있다(Arrighi, 2010; Frank, 2003).

우리는 현재 동아시아인의 주체를 규정하는 중요한 국면의 시작을 19세기로 접어들면서 동아시아 지역사회에서 발생했던 청조(淸朝)의 경제적·외교적 영향력과 네트워크의 몰락으로 보고, 그 이후 20세기 초 일본 제국주의 성장과 제국 이데올로기의 확산, 해방 후 미국 헤게모니의 급속한 확대, 빠른 경제 성장을 바탕으로 진행된 동아시아 대중문화의 성장과 동아시아 역사 다시 쓰기 등을 검토할 것이다. 주요 논의는 제국-식민의 시기부터 현재까지의 동아시아를 시간의 흐름에 따라 검토하기보다 중요 지점들을 재맥락화함으로써 동아시아 내 민족과 국가들의 관계성 측면에서 그리고 현재의 지정학적 위치에서의 연관성을 중심으로 살펴보고자 한다. 대운하 시대의 몰락에서 다시 동아시아의 근대화 과정을 검토하는 것은 기존의 서세동점의 관점을 반대하거나 그것보다 더 탁월한 해석이라고 주장하려는 것이 아니다. 기존의 관점에서 전제하고 있는 서양의 침입 또는 영향력의 일방향적인 요소가 아닌, 중국과 중화질서로 대표되는 동아시아 내부의 측면에서 근대화 시작의 전조를 찾아보려는 것이다. 비록 대운하 시대의 몰락이 근대적인 성격을 전면적으로 보여 주는 것은 아니지만, 중화질서를 유지하는 근간의 몰락으로 인해 다시는 기존의 체제를 유지할 수 없게 되었다는 점에서 중요하다. 또한 동아시아에서 근대화 과정은 단순히 서양 체계의 이식이라기보다는 항상 타협적으로 진행되어 왔다. 일본의 메이지 유신이나 중국의 양무운동(洋務運動), 조선의 동도서기론(東道西器論)과 같은 구체적인 운동 방향과 사상적인 기반은 동아시아의 근대화 방향과 근대성에 대한 인식을 규정짓는 중요한 요인이다. 동아시아의 근대화 과정, 특히 그 시작의 역사적 기원과 동력을 단순히 서구 열강으로부터의 충격으로 설명하지 않고 동아시아 내부의 변동과 함께 설명하는 것은, 단지 동아시아를 변호하거나 서구 근대의 충격으로부터 구원하려는 시도는 아니다. 그보다는 서구 열강이라는 보편적 근대의 영향과 동아시아의 특수한 근대 모형이라는 이분법적 설명을 뛰어넘어 동아시아 근대화 과정을 인식하려는 인식론적 전환을 보이고자 함이다. 강제적 이주의 과정이나 서양 국가로부터 일방적 식민지배를 받지 않은 동아시아의 근대화 과정을 설명하기 위해서는, 동양과 서양 그리고 특수와 보편이라는 이분법적인 인식 틀을 벗어나 오랜 기간 거주한 역사적 축적물들과 지리적·공간적 조건들 속에서 근대화 과정을 해석할 필요가 있다.

물리적 이동 없이 로컬에서 진행된 동아시아의 근대성 특성에 대한 강조는 동양과 서양을 특수와 보편으로 접근하는 이분법적 시각을 지양하면서 동아시아의 경험을 설명하고 이론화하는 작업을 요구하는 것이다. 물리적 이동이 없음을 강조하는 동아시아 그리고 동아시아인의 근대 경험에서 중요한 차별점은 민족주의에 대한 다른 이해, 감각 그리고 현존성에 있다. 민족주의는 크게 근대주의적 접근과 원초론적 접근으로 나뉘어 논의되었는데, 한국을 포함하여 일본과 같은 민족에서 민족주의에 대한 이해는 원초론적 접근이 전통적으로 우세하였다. 하지만 탈냉전과 세계화를 경험하면서 한국과 동아시아에도 민족주의의 종언이 선포되고, 근대주의적 접근에 기반을 둔 민족주의에 대한 이해가 강조되었다. 그러나 나폴레옹 시기의 전쟁과 시민혁명, 그리고 자본주의 체제의 형성을 기반으로 이론화된 민족주의에 대한 근대주의적 접근을 한국과 동아시아에 일방적으로 적용한 것은 여전히 불편함이 남는다. 동시에 원초론적인 접근은 한국과 일본에 존재했던 단일민족과 혈통적으로 순전한 민족이라는 신화에 동조하는 것처럼 들릴 수 있다. 동아시아의 민족 그리고 민족주의를 설명하는 데 근대주의적 접근과 원초론적 접근 가운데 무엇이 더 적절한가를 묻는 것은 답이 없는 질문일 수 있다. 왜냐하면 근대론과 원초론 역시 서구 유럽의 경험을 바탕으로 구성된 이분법적 접근이기 때문이다. 그리고 이와 같은 보편론을 사고의 틀로 삼아 동아시아의 경험과 역사를 설명하는 것은 보편적인 모델의 이론을 특수한 사례에 적용하는 방식으로, 전형적으로 서구중심주의가 재생산되는 구조이다. 다시 말해 두 가지 접근법 속에서 동아시아와 한국의 민족주의를 설명하려는 시도는 보편론과 특수론의 이분법 속에서 서구중심주의를 강화시킬 뿐이다. 동시에 한국과 동아시아의 민족과 민족주의의 경험은 특수한 것이기에 이론적 논의를 거부하거나, 한국의 민족을 'minjok'으로 표기하여 특수성만을 강조하는 것 역시 서구 경험의 중심성에서 자유롭지 못한 사고방식일 것이다.

동아시아와 한국의 민족과 민족주의는 각 민족-국가와 지역의 역사와 관계, 그리고 현재의 상호 인식을 기반으로 하여 적극적으로 설명될 필요가 있다. 동아시아의 민족주의는 서양 제국의 확장뿐 아니라 중화질서의 붕괴와 일본 제국의 성장 과정에서 본격적으로 구성된 것임을 강조하는 것이다. 동시에 동아시아의 민족주의는 일본 제국의 패망 이후 소련과 미국을 중심으로 한 냉전 체제의 시작과 미국을 중심으로 한 반공주의의 확산을 연결해서 이해되어야 한다. 이러한 역사적 구조 속에서 민족과 민족주의를 바라볼 때, 탈냉전 및 세계화의 시대, 그리고 일본 대중문화와 한류 등 동아시아 내 활발한 대중문화의 교류가 있음에도 불구하고 여전히 강렬한 민족주의가 국가적으로 발현되는 것을 이해할 수 있다. 제국과 식민의 시기 그리고 냉전과 탈냉전의 시기에 각 민족-국가 및 구성원들이 경험한 역사적 상처, 주변 국가와 민족에 대한 적대감은 역사책과 역사교육을 통해, 대중문화와 미디어의 재현에서 재창조되면서 확대 재생산된다. 여전히 남과 북으로 분단된 한반도와 이를 둘러싼 미국과 중국의 대결 양상은 다양한 형태의 국토 분쟁, 역사 해석의 문제와 군사적·경제적 관계에서 실존 및 미래에 대한 실질적인 위협과 영향력으로 발현된다. 탈식민/탈냉전 시기에도 동아시아에서 민족주의 경향이 절대로 줄어들지 않은 것은 같은 방식으로 이해할 수 있다. 일본 제국은 패전/패망과 동시에 그 권력을 미국에 넘겨 주는 과정에서 전쟁에 대한 책임과 사과의 의무를 다하지 않은 채 냉전 체제로 넘어갔다. 그 과정에서 동아시아에서는 여전히 강한 반일감정이 나타난다. 또한 중국의 민족주의 역시 중국의 굴기 과정과 함께 과거 중화질서와 같은 모습을 보인다. 한국 역시 경제 성장과 함께 분단과 전쟁이 지속하는 가운데 반일, 때로는 반중국 그리고 반공/반북의 정서로 한국의 민족주의를 더욱 강화한다. 그리고 동아시아 국가들의 정치인과 주요 매체들은 민족주의적이고 주변 민족 및 국가에 대한 부정적인 묘사와 언술을 지속해서 쏟아낸다. 동아시아에서의 민족주의는 민족국가의 설립과 산업화 및 자본주의 과정에서 동원된 이데올로기의 역할을 담당했을 뿐만 아니라 식민과 해방 그리고 냉전과 내전의 과정을 거치면서 생존 및 생존에 대한 위협이라는 실존적인 의미가 되기도 한다. 동아시아의 민족과 민족주의는 각 민족-국가 단위의 검토와 함께 지역적인 차원에서 논의하고 대안을 찾으려는 노력이 필요한 것이다.

동아시아 근대화 과정에서 미국의 위치를 이해하기 위해서는 동아시아에서 미국으로 혹은 미국에서 동아시아로 실제 이주한 사람들보다, 동아시아에서 미국을 다양한 통로로 소비하고 미국을 상상한 방식에 주목할 필요가 있다. 동아시아가 근대화 과정에 들어서는 19세기 중엽부터 서서히 동아시아인에게 서구는 곧 미국, 즉 아메리카를 의미하게 되었다. 20세기에 급격한 산업화, 도시화, 자본주의화 과정을 경험한 동아시아인에게 미국은 가장 발전되고 풍요로운 국가로 상상되었는데, 그 과정에서 할리우드를 대표로 한 미국의 대중문화가 중요한 요소로 작동하였다. 1970~1980년대 일본의 경제적 성장과 동아시아 네 마리 용으로 불리는 지역 국가들의 경제적 성장은 각 국가의 텔레커뮤니케이션과 방송 산업의 성장으로 이어졌다. 그리고 동아시아 지역 내 방송 기술과 위성 방송의 성장은 각 국가의 대중문화 형성과 지역 간 활발한 문화 유통을 가능하게 하였다. 동아시아인에게 미국 대중문화의 중심적이고 이상적인 위치는 시간이 흐름에 따라 매우 익숙하고 당연한 것으로 변하는 가운데, 동아시아 지역 대중문화의 성장은 미국 대중문화를 다양한 문화 흐름 중 하나로 여기게 하였다. 1980년대 이후 동아시아 내 다양한 지역 대중문화 상품의 활발한 유통과 수용 양상은 동아시아 대중문화를 역사적이고 다양한 흐름 속에서 구성하게 하였다. 미국 대중문화의 압도적인 영향력 속에서도 동아시아는 국가별로 나눠진 대중문화 시장에서 모국어를 중심으로 한 문화 상품을 만들어 내었다. 80년대 후반 이후 방송 기술과 시장의 변화 속에서 동아시아 대중문화는 국경을 넘어 주변 국가 및 사람들에게 영향을 주며 인기를 누리기도 하였다. 그 결과 동아시아 내 직접적인 이동과 만남, 그리고 교류가 급격히 증가하였다. 그 가운데 동아시아인에게 미국 대중문화는 더는 외부이거나 이상적인 타자의 무엇이 아닌 것으로 기능하게 되었다. 동아시아 내에 다양한 형태의 대중문화 유통 및 흐름이 발생하면서 일종의 근대에 대한 감성 구조가 형성되어 갔다. 대중문화를 매개로 한 동아시아 간의 교류에 주목하면서 문화지리로서 동아시아를 구상해 보고, 이 문화지리 속에서 새롭게 부상하는 감정 구조를 동아시아 감성으로 이해하고자 한다. 동아시아 감성을 단지 글로벌한 요소가 로컬 혹은 지역적인 요소 간의 혼용 결과로 설명하기보다 글로벌한 것들이 이미 로컬과 지역에 내재하고 있는 조건 속에서 형성된 것으로 설명한다.

탈냉전 시기에 동아시아와 한국에서 일어난 (미국식) 영어 배우기 열풍과 미국식 자본주의 체제의 일상화 역시 동아시아 근대성과 동아시아인의 근대적 주체의 심성과 특징을 상징적으로 보여 준다. 경제적·문화적 세계화의 흐름은 동아시아의 많은 국가가 IMF(International Monetary Fund) 관리 체제를 통해 강제적으로, 때로는 자발적으로 WTO(World Trade Organization)에 가입하고, FTA(Free Trade Agreement)를 체결하면서 적극적으로 가담하였다. 그 과정에서 동아시아인에게 글로벌은 로컬의 준거점이 되었고, 여기서 글로벌은 대부분 미국, 즉 아메리카를 가리킨다. 한국의 예는 매우 극적인데 1994~1995년 김영삼 정부가 세계화 선언을 하고, OECD(Organization for Economic Cooperation and Development)와 WTO에 가입하면서 영어 열풍이 불기 시작하였다. 한국 정부와 한국인의 적극적인 세계화 과정에서, 1997년 외환위기와 IMF의 구조조정을 거치면서 위로부터의 세계화 및 경제 영역의 구조조정을 시행하게 되었다. 그 과정에 오히려 영어 교육은 대부분 한국인의 필수조건이 되기도 하고, 글로벌 스탠다드와 선진화는 영역 및 부서와 상관없이 따라야 할 절대 명제가 되었다. 해외로의 이주뿐 아니라 여행을 생각하지 않는 이들에게도 영어는 필수로 배워야 할 언어가 된 것이다. 신자유주의와 세계 경제의 위기를 통해 동아시아가 공통으로 경험한 불안함 역시 결코 내재적인 요소만이 아닌 외재적인, 다시 말해 지역적인 일, 국가적인 요소뿐 아니라 세계적인 영향력이 혼재하면서 견고화되었다.

옐로우 퍼시픽의 첫 번째 서사를 통해 우리가 집중하고자 하는 논리는 '이중적 각인(double inscription)'이다. 앞서 언급한 것처럼 동아시아의 근대성 그리고 근대적 주체의 역사적 형성 과정을 통해 현재의 조건에서 서양/글로벌은 동양/리저널과 더는 이분법으로 보기 어렵다. 특히 지리적 이동 없이 서구의 영향력과 상호작용하고 동시에 근대화 과정을 거치는 동안 글로벌한 것은 '이미 그리고 언제나' 동아시아를 규정하는 요소가 되었다. 이러한 이중적 각인의 조건은 동아시아를 피동적인 상태로 인식하려는 것이 아니다. 오히려 글로벌한 요소가 내재적이고 항시적으로 작동한다는 점에서 글로벌한 것은 이미 민족적이고 지역적인 것의 또 다른 유형이 되었음을 암시한다. 동아시아 대중문화의 역사적 서사 속에서 할리우드를 포함한 미국 대중문화의 흐름이 하나인 것과 유사한 논리이다. 궁극적으로 민족적이고 지역적인 것, 즉 동아시아를 서양과 글로벌한 것의 대안 혹은 모방으로 접근하는 인식 틀을 거부하는 것이다. 글로벌을 동아시아의 이미 그리고 언제나 착종된 요인으로 파악하고, 동아시아의 주체 형성을 통해 체계적·이론적 논의를 생산하는 것은 동아시아 인식에서의 서구중심주의를 넘어서는 하나의 시도로 여길 수 있다.

2) 두 번째 서사: 동아시아의 근대성은 외부와 내부의 이중적 타자와의 관계성 속에서 형성된다.

옐로우 퍼시픽의 두 번째 서사는, 동아시아의 근대성은 서양으로 대표되는 외부의 타자와 지역 내 타자와의 동시적인 경쟁 속에서 형성된다는 것이다. 이와 같은 서사는 근대화 과정에서 서양이라는 외부 타자와의 대결 속에서만 형성된 다른 비서구 지역의 근대성과 근대적 주체와는 차별적인 지점을 상징적으로 보여 준다. 즉, 동아시아의 근대는 외부와 내부의 타자라는 다층적인 관계성 속에서 경쟁 및 타협의 과정을 통해 구성되었다. 여기서 외부의 타자는 미국으로 대표되는 서구 열강과 그들의 제도와 문물을 가리키고, 내부의 타자는 중국의 왕조와 일본 제국주의 등 아시아 내 권력과 지역적인 요소들을 의미한다. 19세기 이후 지역 내 타자는 다양한 주체로 대변되었는데, 오랜 시간 동아시아의 세력을 규정했던 중화주의가 청일전쟁 이후 쇠퇴하면서 일본 제국주의가 부상하였다. 해방 이후 냉전 구도 속에서는 미국이라는 거대한 우산 속에 일본의 경제 성장과 아시아의 네 마리 용으로 불리는 국가들이 지역 내 주요한 타자로 올라서려는 욕망을 보여 준다. 그리고 새 천 년이 시작되면서 중국의 굴기는 내부의 타자의 새로운 전개이다. 이와 같이 외부와 내부의 타자와의 지속적인 교류, 경쟁, 갈등, 타협이라는 이중적 관계성은 동아시아 근대성의 핵심적인 특징이다. 우리는 이와 같은 이중적 관계성의 특징을 '이중적 구속(double bind)'이라 개념화하고 구체적인 발현과 함의를 논의한다.

동아시아에서 전개된 제국과 식민의 역사는 전 지구적인 시각에서 다른 대륙의 경험과는 매우 다르다. 19세기 동아시아의 변동에서 가장 주목할 차별점은 중국의 왕조가 조공과 책봉의 방식을 통해 담당한 지역 내 패권 국가 역할을 서양 제국이 아닌 일본이 이어서 구사했다는 것이다. 즉, 같은 대륙 구성원이자 같은 황인종에 속하는 일본이 지역 패권자뿐 아니라 제국이 되어 동아시아와 동남아시아에 걸쳐 식민지를 건설하며 대륙을 대변하게 된 것이다. 일본의 제국으로서의 성장은 동아시아에 다른 지역과 다른 방식의 반제국 및 탈식민 운동의 동력을 가져오게 하였다. 또한 동아시아 국가와 민족이 수행한 일본 제국과의 반식민 및 반제국 운동은 단지 19세기 제국의 팽창 과정뿐 아니라 훨씬 더 긴 역사적인 관계성을 반영하였다. 해방 이후 현재까지 동아시아 내 복잡하고 치밀한 관계는, 근대성 형성과 근대적 주체의 구성 과정에서 서구라는 외부의 타자와 일본을 포함한 내부의 타자와의 지속적인 긴장과 협의 속에서 진행된 것이다.

우리는 동아시아 근대성을 규정하는 중요한 맥락으로 19~20세기 개화기와 일본 제국주의 성장 및 식민통치기에 주목한다. 유선영은 "개화기에서 일제 식민시대까지의 집단적인 문화정체성의 변화 과정"에 초점을 맞추면서 당시의 심리구조를 황색 식민지라고 개념화한다(유선영, 1997: 82). 당시에 미국, 영국 혹은 프랑스와 같은 백인종을 대표하는 서구의 세력이 아닌 일본에 의한 제국과 식민의 형성은 동아시아 내에 독특한 관계와 심리적 구조를 배태하였다. 즉, 같은 인종이 제국의 지배자로 등장함으로써 일본이라는 동아시아의 식민지배자는 다른 아시아인을 대표하여 서구의 세력과 경쟁하고 때로는 아시아를 보호하는 역할을 자임하였다. 일본은 여전히 서양이라는 외부의 타자를 욕망하면서 동시에 자신의 피지배자인 아시아인과 공존, 경쟁하는 위치에 놓이게 된다. 즉, 일본인은 피지배층과 피부색 등 외부의 지표로 구별되지 않기에 끊임없이 자신의 제국으로서의 위치를 서구의 시선을 통해 인정받고자 하였다. 반대로 동아시아의 피지배인들은 근대성을 추구함으로써 일본인과 경쟁하거나 동일시하고자 했는데, 서양, 특히 미국을 근대의 이상적인 타자로 설정함으로써 일본을 넘어서는 욕망을 보이기도 하였다.

일본 제국주의로 대표되는 내부의 근대적 타자와 미국으로 대표되는 외부의 근대성 이상과의 관계는 동아시아 근대성 형성에 중요한 요소이다. 동아시아에서 둘의 위상과 역할은 유사하면서도 차이점이 나타나는데, 내부의 타자이자 식민자인 일본은 동아시아에서 실질적인 지배력을 행사하는 주체이자 독립과 탈식민을 위한 직접적인 저항의 대상이었다. 반면 외적 타자이자 식민의 주체였던 미국은 국제 관계뿐 아니라 문화적이고 심리적인 영역에서 동아시아인의 이상적인 대상이었다. 두 개 타자와의 관계 안에서 일본 제국주의와 일본인은 피지배층과 똑같은 황인종들과 구별되기 위해 서구의 제도, 관습, 개념, 그리고 신체의 발달과 위생을 발전시키기 위한 제도를 적극적으로 도입하였다. 즉, 얼마나 근대성을 완성하느냐가 동아시아에서 타자의 위치를 결정하는 요소였고, 일본은 종족적 우수성을 인정받고자 근대화를 식민통치의 주요 수단이자 기본으로 삼았다. 하지만 이러한 일본 제국의 논리는 때로, 일본은 아시아인이지만 황인종에 속하지 않는다는 모순을 배태하기도 했고, 서양의 기준과 시선에 자신을 맡기는 이중성을 띠게 되었다. 유선영이 황색 식민지 개념에서 "식민자 일본을 지칭하는 동시에 백인 문명에 대한 환상을 내재화한 식민지 한국인의 피부색"이라 평가한 황색의 의미는 이중적 구속의 상황을 잘 나타내 준다

(유선영, 1997: 85). 일본은 서양 제국의 담론과 우월주의를 그대로 받아들이고 그것을 식민통치를 통해 동아시아에 전파하게 된다. 일본의 이러한 역할은 서구의 근대화 문물을 전파하면서 굴절된 근대성이라는 동아시아의 특성을 드러내는 동시에 사회진화론과 같은 문명론적·단선적, 그리고 확장적인 담론을 제국과 식민지에 당연한 것으로 만들었다.

이와 같은 이중성은 동아시아에서 이중적 책무(double obligations)와 동시에 아시아에 대한 이중적 욕망으로 나타난다. 근대화 과정에서 동아시아의 이중적 책무는 지배자와 피지배자의 측면에서 나누어 생각해 볼 수 있다. 지배자로서 일본은 다른 아시아 민족 혹은 자신을 제외한 황인종으로부터 우월적인 위치를 유지해야 하는데, 그 승인과 인정은 서구 열강으로부터 받아야 하는 이중적 책무인 것이다. 20세기 전반 근대화 과정의 미국은 전 지구적 근대화 과정에서 또 하나의 "지배받는 지배자"의 위치로 해방 이후 일본, 대만, 그리고 한국에서도 유사하게 발현된다(김종영, 2015). 한편 지역 내 제국의 피지배 대상인 동아시아는 내부의 경쟁자이자 제국인 일본과 대결하면서 외부 식민자인 서양을 이상적인 타자로 인식하는 이중적 인식 구조를 갖는다. 미국은 사회진화론적 인식 체계 속에서 황인종보다 인종적으로 우월한 종족이었을 뿐만 아니라 내부의 지배자인 일본과 달리 직접적인 억압과 지배를 행사하지 않았기 때문이다. 이중적 책무 속에서 미국적 근대화를 이상향으로 삼는 동아시아의 심리적 구조는 동아시아 사회 또는 구성원들에게 아시아에 대한 모순적이며 이중적인 욕망으로 표현된다. 즉, 동아시아는 전근대와 비문명이라는 정체성에서 벗어나고자 하는 '탈아'의 욕망을 보이면서 동시에 자신보다 덜 근대적이라고 여겨지는 대상에 대해서는 멸시와 무시의 태도를 보인다. 해방 이후에도 경제적 성장을 기반으로 한 동아시아 민족-국가 혹은 지역 내 유사 제국주의적 욕망의 발현은 이와 맥을 같이한다.

내부와 외부의 타자라는 이중적 구속 가운데 형성된 동아시아의 근대에 대한 심상 구조는 해방 이후 근대화 및 탈식민의 과정에서도 여전히 영향력을 발휘하였다. 특히 종전 및 해방의 과정에서 동아시아의 국제질서는 급속히 미국 중심의 냉전 체제로 변화되면서, 일본은 전쟁의 책임을 진 패전국에서 원자폭탄의 공격과 미국의 지배를 받는 피해자가 되었다. 그 사이에서 일본은 미국과의 공모를 통해, 동아시아에서의 식민지배에 대한 적절한 배상 및 책임을 지지 않게 되면서 동아시아에는 진정한 의미의 탈식민이 충분히 이뤄지지 못하였다. 오히려 냉전 구조 속에서 미국의 원조와 특혜를 받으며 경제 성장을 이룬 일본, 대만, 그리고 한국과 같은 민족-국가들은 여전히 이중적 구속의 심상 구조를 주기적으로 반복한다. 미국을 중심으로 한 글로벌 스탠다드를 자신의 기준으로 삼으며 지역 내 인접한 국가들과의 관계와 경쟁 체제를 강화하면서, 민족-국가 내에서는 민족주의를 강화하면서 유사-제국주의적 욕망을 직간접적으로 표출한다. 이러한 역사적 관점에서 보면 천꽝싱(Chen, 2000)이 논의한 대만에서 동남아를 향한 지배 욕구를 담은 남진 담론과 미국의 새로운 주(state)로 편입되고자 하는 욕망이 동시에 발견되는 것은 놀랄 만한 것이 아니다. 또한 유사-제국주의적 욕망은 자신이 경험한 식민 및 통치의 상처와 갈등이 적절하고 합당한 방식으로 해소되지 않은 상황과 불편함을 또 다른 대상에게 쏟아내는 방식으로 나타내기도 한다. 세계화 및 다문화 시기에서 나와 다른, 특히 비주류 집단에 대한 동아시아 주류 사회의 폭력적이고 인종차별적인 담론들은 근대화 과정에서 형성된 이중적 구속의 또 다른 얼굴이라 할 수 있다.

우리는 옐로우 퍼시픽의 두 번째 서사를 통해 동아시아의 현재는 이중적 구속으로부터 적극적으로 벗어나기 위해 이중적 탈식민(double de-colonization)화가 필연적으로 요구됨을 보여 주고자 한다. 반복하여

기술하면 여기서 이중적 구속이란 내부와 외부, 그리고 일본과 서구라는 두 개의 제국주의로 인해 식민화 및 근대화 과정을 거치면서 생성된 식민-근대성의 조건이자 현재 동아시아의 주요한 심성적 특성을 가리킨다. 동시에 이중적 탈식민 과정은 동아시아에서 탈식민은 일본 제국주의로부터 해방되는 것만이 아니라 미국과 서양이라는 제국주의에 대한 심리적 종속으로부터 해방되어야 함을 강조한다. 즉, 이중적 탈식민은 통치, 영토, 주권의 문제를 넘어서 심리적·정신적 해방을 수반한다. 즉, 자발적이고 심리적인 피식민 상태를 적극적으로 인지하고 벗어날 것을 요청한다. 이중적 탈식민은 제국주의와 발전주의로 대표되는 근대주의적 프로젝트로부터의 해방을 의미하며, 필연적으로 자신을 또 다른 제국주의자로 만들지 않는 탈제국주의적이어야 함을 논의하고자 한다.

3) 세 번째 서사: 동아시아의 근대성은 이상적인 타자를 아메리카로 여긴다.

동아시아 근대성을 이해하고 상상하는 데 있어서 결정적인 타자는 미국이고, 근대화 과정에서 중요한 관계성은 태평양에서 형성되었다는 것을 옐로우 퍼시픽의 세 번째 서사로 설정한다. 앞에서 반복적으로 언급한 바와 같이 동아시아의 근대화 과정에서 서양을 대표로 하여 근대를 상징한 것은 유럽이 아닌 아메리카로 대표되는 미국이었고, 종전 이후 아시아-퍼시픽은 동아시아의 새로운 질서 형성의 주요 배경이 되었다. 19세기 말 이후 미국의 영향력은 동아시아의 정치와 경제뿐 아니라 문화와 주체성 형성에 매우 강력한 요소였다. 냉전과 세계화를 거치면서 아메리카라는 타자의 영향력은 자본주의 체제와 소비문화 형성, 신자유주의 질서 수립에 이르기까지 광범위하게 영향을 미쳤다. 아시아-퍼시픽이라는 새로운 세계질서의 핵심 공간은 아메리카를 한 축으로 삼아 반대편의 동아시아 민족, 사회 그리고 국가 간의 조우, 협력 및 경쟁의 관계를 형성해 왔다. 이러한 서사 속에서 동아시아 주체성은 서구와 비서구 간의 이중적 의식(double consciousness)을 구성하기보다는 민족-지역-세계 혹은 민족국가-아시아-아메리카라는 '삼중적 의식(triple consciousness)'을 형성했다고 본다. 삼중적 의식 관계는 동아시아가 세계를 바라보고 인식하는 인식 지도와 글로벌 위계질서를 형성하는 데 결정적인 영향을 주었다.

근대 문물 및 사상, 풍요로운 이미지로 치장된 아메리카는 냉전 시기 동아시아에 군사적, 정치적으로 절대적 타자로 부상하였다. 탈냉전 시기에도 제국으로서 미국은 경제뿐만 아니라 대중문화와 지식의 체계에서 패권적인 영향을 미치며, 동아시아가 상상하는 세계적 질서의 정점에 위치할 뿐만 아니라 근대성에 대한 상상력을 거의 독점하는 지위에 이르렀다. 최근 중국의 굴기는 미국의 패권적인 지위에 대한 가장 실질적인 도전을 의미하기도 하지만, 중국 역시, 미국을 대척점으로 하는, 태평양을 중심으로 한 세계관 구축에 참여하는 것을 상징하기도 한다. 아메리카가 동아시아의 근대적 심성에 이상향으로 떠오를 수 있었던 것은 아편전쟁과 청일전쟁을 지나오면서, 중화주의가 군사적 의미에서뿐 아니라 문명의 근원지라는 상상의 측면에서 몰락한 것과 밀접한 관련이 있다. 동아시아의 지식인들은 아시아 내에서 문명과 기술을 배우기 위해 여진히 관계를 맺기는 했지만, 이 시기에는 유럽과 미국으로 직접 건너가 다양한 형태의 서양 문물과 제도를 배웠고, 그것들은 근대적인 것 그리고 발전적인 것으로 포장되었다.

유럽의 영향력보다 미국의 영향력이 동아시아에서 커진 것은 일본이 아메리카의 군함과 처음 수교를 맺게 된 것으로 상징될 수 있다. 다시 말해 동아시아에서 근대화에 성공하여 또 하나의 제국으로 성장하게 된 일본이 다른 유럽 국가가 아닌 미국과 수교를 맺게 되었던 것이다. 그 결과 미국의 근대성은 동아시아에 직접, 때로는 일본을 통해 영향을 미칠 수 있게 되었다. 개항 시기 일본의 주요 무역 거점인 요코하마에서는 시간이 갈수록 영국인들을 중심으로 한 럭비를 즐기는 인구가 미국인들을 중심으로 한 야구를 즐기는 인구에 비해 그 수가 줄어들었고, 종국에 야구가 일본에서 서양의 스포츠를 상징하는 게 된 것은 시사하는 바가 크다.

일본 제국 및 식민 시기 아메리카의 근대성 위치는 당시 동아시아 지식인들 사이에 유행했던 사회진화론적 사상에 의해 추동되기도 하였다. 헤겔적이며 단선론적인 역사관 속에서 유럽 문명은 뒤떨어진 아시아가 좇아 가야 하는 대상으로 여겨졌으며, 풍요롭고 자비롭게 표상된 아메리카는 서양 문명의 정점에 놓인다. 사회진화론에 근거한 문명론과 근대론, 발전주의는 동아시아 사회를 부족, 뒤짐(backwardness), 그리고 열등한 것으로 여기게 되는 전형적인 인종주의적 세계관을 형성하게 되었다.

아메리카를 대타자로 위치 짓게 한 또 하나의 요인은 할리우드로 대표되는 미국의 대중문화이다. 미국의 대중문화는 20세기 초부터 동아시아 사회에 영향을 끼치게 되는데, 대표적인 매체는 영화이다. 일본을 포함한 조선, 싱가포르 등 식민지에서도 영화 보기는 가장 전형적인 여가 형태이자 일반인들이 근대 문물을 만나는 통로였다. 시기에 따라 차이가 있지만, 당시 상업적으로 상영된 영화 대다수는 할리우드에서 만들어진 미국 영화들이었다. 영화 속 미국의 도시와 자동차 등의 발전된 모습들, 그리고 글래머러스한 백인들의 이미지는 동아시아인의 심상에 깊이 뿌리 내리게 된다.

내전 및 냉전의 시기에도 아메리카의 대중문화는 여전히 동아시아인의 마음에 중요한 모델로 작동하였다. 영화, 텔레비전 프로그램,

애니메이션과 같이 미국에서 만들어진 문화 상품뿐 아니라 미국의 일상생활 이미지들을 가장 세련되고 근대적인, 즉 이상적인 삶의 방식이자 실천으로 묘사되었다. 1960~1970년대 일본 및 아시아 국가들이 산업화와 자본주의 성장을 거두면서 스위트 홈, 마이카와 같이 미국에서 비롯된 소비문화는 동아시아 사회, 가정, 그리고 개인의 정체성을 구성하는 핵심 요소가 되었다.

동아시아에서 아메리카의 지위는 이처럼 사회진화론적·인종적·대중문화적 영역에서만 이뤄진 것이 아니다. 종전 이후 미군은 일본과 한국에서 군사 지배를 하고, 한국과 베트남의 내전에는 군사를 직접 파견하여 군사와 정치의 영역에서도 절대적인 타자로 등장한다. 종전 이후 일본과 한국에 미국 군대가 항상 거주하면서, 미국 군대가 머문 지역은 때때로 폭력 및 범죄의 공간이 되었다. 또한 한국에서는 80년대를 거치면서 반미 정서가 강하게 등장했고, 그 과정에서 아메리카의 모습이 폭력의 상징으로 만들어지기도 하였다. 미국은 때로는 자비롭고 풍요로운 아저씨와 같은 이미지로 동아시아인의 심상을 유혹하는가 하면, 때로는 군사력으로 상징되는 강한 힘과 폭력의 상징으로 절대적인 타자 역할을 자임하였다.

탈냉전과 전 지구화 과정에서 동아시아와 미국의 관계는 어떠한가? 미국의 군사적·정치적 위세, 그리고 신비롭고 경외의 대상인 미국 대중문화와 일상의 모습은 과거보다 영향력에서나 절대성에서 상당히 약화되었다. 80년대 말 이후 동아시아 내 다양한 형태의 지역 내 대중문화의 교류가 있었고, 2000년 이후 한류 등의 인기는 하나의 징후라 할 수 있다. 그런데도 미국은 새로운 제국의 모습으로 아시아-퍼시픽을 중심으로 새로운 경제 질서를 주도하고 있고, 그것은 직간접적으로 동아시아에 영향을 준다. 신자유주의 확산 등 경제 질서의 변화와 FTA와 TPP(Trans-Pacific Partnership) 등 다자간 경제 협상을 주도하면서 미국이 동아시아와 맺는 관계에 관해서는 이 책에서 현재 다루지 않고 있지만, 동아시아의 현재 그리고 미래의 근대성을 사고하는 데 있어서는 매우 중요한 변동이다. 특히 굴기의 과정을 거치면서 지역과 세계의 강대 세력으로 떠오른 중국은 탈냉전과 전 지구화 과정을 거치면서 미국과 직접 경쟁 및 관계를 형성하게 되었다. 중국에서도, 항미원조(抗美援朝) 전쟁에서 상징되듯이, 군사적 대결의 대상만이 아닌 경제, 문화, 그리고 다양한 영역과 세계적 질서의 재편에서도 미국과의 관계 형성은 매우 중요한 대상이 되었다.

동아시아 근대성 형성에 있어 아메리카를 이상적 발전의 정점으로 보는 서사는 경제 성장기와 전 지구화 과정을 거치면서 여전히 유효하다. 선진화와 글로벌 스탠다드를 외치는 모습에서 발전주의적 멘탈리티와 심지어 사회진화론적인 세계관이 간취된다. 이러한 서사는 중국과 일본이 세계적인 강자로 부상하고, 한국, 대만 등이 아시아의 네 마리 용으로 불리는 등 경제 성장을 이룬 지금도 변형 반복된다. 경제 성장과 일정한 위세를 갖추게 된 동아시아임에도 불구하고 여전히 동아시아는 세계 혹은 발전의 모델을 달성해야 한다는 의식에 시달린다. 발전 혹은 완전한 근대에 대한 동아시아의 끊임없는 추구는 스스로에 대한 열등의식이 충분히 극복되지 않았음을 상징한다.

내재된 발전주의에 대한 열망과 부족감은 동아시아 사회가 경제적·군사적 혹은 문화적 성장과 성과를 이루면서 또 다른 대상, 민족-국가 혹은 인종에 대한 제국주의적 욕망으로 변화하는 현상을 보여 준다. 일본 제국 식민의 경험과 종전 후 부족했던 탈식민의 과정이 동아시아 사이의 관계 및 정서의 구조에 남긴 흔적과 현재의 영향을 검토하고자 한다. 구체적으로 냉전 동안 먼저 경제 성장을 이루고 이른바 선진국에 진입한 일본과 그 이후 경제 성장의 경로를 따라갔던 한국과 대만의 모습은 탈식민 시대에 여전히 산업화와 선진국이라는 근대화 과정을 반복하고 있음을 주목한다. 그 결과 일본은 해방 후에도 동아시아 밖에 머물거나 아니면 근대를 초극하고자 했고, 그들에게 한국, 대만, 중국은 시선에 남아 있지 않았다.

여전히 미국을 정점으로 하는 서구, 선진 혹은 근대, 글로벌을 발전의 정점으로, 그리고 주변 국가 간의 경쟁 및 비교를 중심으로 여기는 의식이 작동하고 있다. 또한 증후로서 동아시아에서는 민족-지역-세계라는 세 가지 의식이 항상 경쟁, 협상 혹은 중첩되는 주체 구성의 결과를 발견할 수 있다. 옐로우 퍼시픽은 동아시아 민족-국가 및 사회가 보여 주는 하부-제국주의적 욕망과 민족-지역-세계 속의 삼중적 의식 형성의 서사를 보여 주고자 한다. 이를 통해 동아시아에서는 탈식민, 탈제국, 그리고 탈냉전의 성찰이 필요함을 보여 주고자 한다.

제1부

동아시아 근대성의 역사적 조망

제2장 중화질서의 와해: '대운하시대'의 종언과 아메리칸 임팩트

이 장은 동아시아에서, 전근대에서 근대로의 이행 과정에 대해 검토한다. 이를 위해 중국의 동아시아 질서, 즉 중화질서가 어떻게 와해되어 가는지를 실증적으로 검토하면서, 기존 질서가 와해하면서 생겨난 '틈'으로 침투하는 외부적 힘으로 신흥 국가인 미국에 주목하였다. 기존 질서를 파악하는 방법론과 시각은 여러 가지가 있겠지만, 후술하듯이 '대운하시대'로 개념화할 수 있는 내부적 장거리 유통망과 이를 중심으로 재편된 대내외적 통제 국면에 주목하였다. 새로운 질서를 파악하는 시각으로는 유럽의 여러 나라를 주목하는 기존의 견해를 바탕에 두고 신흥 세력인 미국을 개념화하였다. 이는 기존의 유럽 전통을 수용하면서 20세기까지 이어지는 국면을 설명하는 데 적실한 해석의 틀을 확보하기 위한 것이다.

1. 중화질서의 와해와 해양력

1968년 페어뱅크(J. K. Fairbank)가 중심이 되어 편집 출간한 『중국적 세계질서: 전통시대 중국의 대외관계(The Chinese World Order: Traditional

China's Foreign Relations)』는 근대 이전 조공 체제(tributary system)를 기본으로 운영되는 중화질서가 19세기 중엽 아편전쟁을 계기로 조약 체제(treaty system)로 변화되었음을 체계적으로 제시하였다(Fairbank, 1968). 이후 이에 대한 수많은 논란과 이견이 이어졌음에도 불구하고 페어뱅크의 조공체제론은 전근대에서 근대로 변화되는 동아시아의 국제 관계나 질서를 고찰함에서 여전히 기본적인 논의의 출발점을 제공할 정도로 영향력이 심대하였다. 요컨대 아편전쟁이라는 서구의 '충격'으로 인해 중화질서의 핵심인 조공 체제가 와해되고 이후 중국의 대외관계는 조약 체제로 대체되었다는 것이다(Fairbank, 1953).

아편전쟁이라는 외부의 충격이 기존 질서에 타격을 가한 것은 부인하기 어려운 사실이지만, 오히려 중국을 비롯한 동아시아 내부의 구성원에게 더 큰 충격이 되었던 사건은 그로부터 50여 년 뒤에 발생한 청일전쟁과 그 결과일 것이다. 기존에 중화질서에 포함되지 않았을 뿐만 아니라 중국의 주된 관심에서 벗어나 있던 영국이라는 '외부의 타자'와 달리, 오랜 기간 중화질서에 포함되거나 일정한 길항 관계를 유지하던 일본이라는 '내부의 타자'로부터 당한 패배였기 때문이다. 일본은 한때 중국의 조공 체제에 포섭되었으며, 조공 체제에서 이탈된 16세기 중엽 이후에도 중국의 문화적·경제적 우월성 아래 지속적인 영향권 안에 있었다고 간주되던 주변국이었다. 게다가 300여 년 전에 '정명가도(征明假道)'를 주창하며 도요토미 히데요시의 일본군이 조선을 침공했으나, 당시 원정군으로 온 중국 명나라의 군대와 군사력은 파죽지세로 올라오는 일본군의 기세를 꺾는 데 적지 않은 영향력을 발휘한 바 있었다. 청일전쟁 이전까지만 해도 중국에 대한 '존경'의 마음을 품고 있던 일본인들은 전쟁의 승리 이후 중국을 '경멸'하고 자신을 높게 평가하는 배외 감정이 강해지는 동시에 서양을 '경외(敬畏)'하는 감정이 커졌다(原郎, 2015: 96-99). 청일전쟁을 전후로 황준헌(黃遵憲)과 양계

초(梁啓超) 등 중국 내 개혁파들부터 혁명파의 영수인 손문(孫文)에 이르기까지 일본을 학습하는 과정에서 자연스럽게 일본의 '아시아주의'에 접근하거나 공명하게 되었던 것도 일견 자연스러운 결과였다(배경한, 2016).

청일전쟁의 결과는 일회적인 사건으로 그치지 않았다. 청일전쟁의 패배로 동아시아 내에서 청조의 위상은 급속하게 실추되었으며, 아편전쟁으로 시작된 서구 제국주의의 침탈도 더욱 거세졌다. 무엇보다 청일전쟁 이후 기존 중화질서에 포섭되었거나 그 영향력 아래 있던 주변국의 동요가 본격화되었고, 오랜 기간 변함없이 중국의 종주권을 인정해 오던 조선의 중국 조공도 종결되고, 곧 조선은 일본의 식민지배로 들어갔다. 중국과 일본 사이의 역학 관계에서 일종의 '대역전(Great Reversal)'이 발생한 것으로, 동아시아의 국제 관계 이념과 실제에 새로운 변화가 가시화된 것이다.

1894~1895년 청일전쟁이라는 '대역전' 이후 중국의 실패와 일본의 성공을 대비적으로 설명하려는 노력이 이어져 온 것은 자연스러운 반응이었다. 가장 직접적인 요인으로 거론되는 것은 일본의 급속한 메이지유신과 대비되는 중국 양무운동의 애매한 근대화였다. 게다가 당시 중국은 태평천국의 반란 이후 거세진 지방분권화의 영향으로 대규모 자본과 기술력의 집중이 필요한 서양식 화포 제작, 해군 양성, 전함 제작 등에 일본만큼 효율성을 보이지 못했고, 이것이 해전에서 일본에 대한 중국의 패배를 야기했다고 보았다. 또한 보다 장기적인 관점에서, 그 이전 시대인 청조와 에도막부 시기 지도층의 서양 과학과 기술에 대한 수용 태도의 차이도 간접적인 요인으로 손꼽힌다. 청조 시기에도 예수회 선교사들이나 후반부 개신교 선교사들을 통해 서구의 과학과 기술 지식이 전달되기는 하지만, 종교성이 배제된 채 나가사키를 통해 유입되는 난학과 이를 수용하는 일본 사무라이 지식인들과는 큰 차

이가 존재하였다. 어찌 되었든 흥미로운 사실은 중화질서의 와해를 촉발시키거나 강화시켰던 아편전쟁과 청일전쟁에서 중국은 모두 해전(海戰)에서 패배했다는 점이다. 다시 말해 해양에서의 경쟁에서 실패했던 것이다. 이것은 단순히 해군의 무장력, 즉 전선의 보유량이나 해군의 숫자로 비교될 수 있는 단순한 영역이 아니었다. 청조는 육상에서의 경계(border)에 대해서는 끊임없는 관심과 전투를 통해 대부분 지역에서 경계를 확장하고 확정했으나 해양의 경계에 대해서는 큰 관심을 기울이지 않았다(Kang, 2010: 157). 마한(Mahan)이 적절하게 지적한 것처럼 민족국가의 총체적인 "해양력(sea power)"의 집결이 전쟁의 결과로 연결되었다고 볼 수 있는데(Mahan, 1987), 당시 중국의 청조는 해양력 증강에 국력의 우선순위를 두지 않았다.

문제는 역사적으로 해양력에 대한 중국 조정의 관심 결여가 곧 중국이 해양에서 약하다는 점을 반영하는 것은 결코 아니라는 사실이다. 이미 송대와 원대 중국 동남 지역에는 동남아시아와 멀리 인도양에서 온 상인들과 무슬림들의 활동 거점이 마련된 바 있으며, 이를 기초로 명초에는 무슬림 환관 정화(鄭和)가 이끄는 대규모 선단이 인도의 캘리컷을 지나 호르무즈 해협과 아프리카 동부 해안까지 수차례 왕래하였다. 물론 정화의 원정단은 1433년 정화의 죽음과 함께 막을 내리고 더는 유사한 원정이 이뤄지지 못했으나 당시 개척된 항로와 기항지를 중심으로 수많은 중국인 상인 공동체(화교)가 형성되는 계기가 마련되었다. 이후 16세기 왜구 세력이 동남 연해에 창궐했을 때 초반에는 무력해 보이던 명의 해군이 끝내 왜구 세력을 종식시켰고, 이어지는 임진왜란에도 중국의 병력이 조선에 파병되어 일본군 격퇴에 적지 않은 공헌을 하였다(Swope, 2009: 150-186). 물론 이러한 과정에서 일본 내부의 정세 변화와 조선 수군의 역할 등 변수가 많았다고는 하지만, 정화의 원정 이후에 명조의 해군력이 유명무실하게 약화되었다고만 보기 어려운 대목이다. 명조의 몰락 이후 남명 세력이 해양으로 도주하고, 정성공(鄭成功) 세력이 대만을 거점으로 반청(反淸)을 주장했으나, 결국 청조는 거듭된 해군 파견으로 대만 정복을 성공시켰다. 이후 세세한 해양에서의 분쟁이나 서구 사절단의 도래로 인한 의례 논쟁이 부각되었지만, 전체적으로 보아 청조가 전력을 쏟아야 할 해양의 문제는 아편전쟁 이전까지 뚜렷이 부각되지 않았다.

여기에 중국의 해양력을 파악하는 딜레마가 있다. 15세기 초 정화의 원정단이 끊어진 이후, 국가 주도의 해양력 증진은 시도되지 못했을 뿐만 아니라 오히려 해금 정책이 강고하게 추진되었다. 그런데도 당시 중국의 해양 교역은 침체 국면으로 접어들기보다 활황 국면을 이어갔고, 오히려 전 지구적인 교역량의 확대 속에서 18세기 후반까지 전 세계의 은은 중국으로 유입되고 있었다. 게다가 이념적으로 '천하(天下)'를 아우르는 중화질서에는 육상의 인접국뿐 아니라 해상의 인접국도 포함되는 것이 마땅하였다. 그리고 16세기 초반부터 등장하는 포르투갈을 비롯한 유럽 세력과의 만남과 그 처리 방식을 놓고 새로운 전례를 만들어야 하는 고민이 시작되었다. 해상에 대한 적극적인 진출을 '조공'과 '해금'이라는 해묵은 기치로 최대한 억제하려는 조정의 의도에도 불구하고 동남 연안 지역에서 이뤄지는 다양한 방식의 외국과의 교류와 교역의 현상을 어떻게 이해해야 할까? 이른바 '초기 근대(early modern)'(주경철, 2008: 머리말) 혹은 '초기 지구화(early globalization)'(Hopkins, 2002: introduction)나 '근세(近世)'에 해당하는 15~18세기 중국은 해양 정책에 있어 안보와 이윤의 딜레마를 어떻게 절충시켜 왔는가?

이는 바다로의 진출을 가장 '효과적'으로 억제하던 시기, 이 거대한 제국의 내부에서는 어떠한 교역망이 번영했고, 또 교역의 욕망이 어떻게 충족되었는가 하는 질문으로 연결된다. 바꿔 말하면 유럽이 범선과 대포를 앞세워 바다 세계로 상업적 팽창을 하던 시기(Cipolla, 1965),

중국은 어떤 메커니즘으로 상업의 욕구를 해소했는지에 대한 문제의식을 담고 있다.

다음에서는 15~18세기 수도 북경과 경제 중심지 항주를 남북으로 연결하는 1,780km가 넘는 경항대운하(京杭大運河, 이하 대운하)라는 장거리 교역망에 초점을 맞추어, 당시 중국 조정의 안보(security) 이슈와 연해민의 이윤(profit) 이슈가 어떻게 절충되는지를 먼저 살펴보고, 이러한 과정에서 해양력에 대한 전반적인 관심 저하가 19세기적 국면과 어떻게 연결되는지를 해석해 보고자 한다. 즉, 해양력의 저하가 중화질서의 와해를 초래했다는 도식적인 접근이 아니라, 해양력에 대한 중국의 모순적인 것처럼 보이는 관점과 정책적 태도가 15~18세기 동안 사회경제적으로 어떤 기능을 수행했으며, 이것이 19세기적 국면 전환에서 어떤 방식으로 한계에 봉착했는지를 역사적·장기적 관점에서 검토할 것이다. 이는 곧 19세기 이후 동아시아 사회 변화가 어떤 역사적 관성과 새로운 자극 속에서 소위 '근대'와 길항하고 적응하는지를 조망하는 전제가 될 것이다.

2. 초기 근대 중화질서의 상징, 대운하시대(15~18세기)

19세기 중화질서의 와해와 해양력의 관계를 이해하기 위해 우선으로 규명해야 하는 이전 시기가 15~18세기 초기 근대/근세 시기이다. 이러한 시대 구분에 있어 세계 경제에서 중국의 역할 및 세계 경제와의 통합 여부뿐 아니라 중국 내부의 경제적 상황, 즉 중국 내부에서 이뤄지는 물자의 생산·유통·소비 상황을 함께 고려할 필요가 있다. 이미 코헨(Cohen)이 지적했던바, 외부적 충격 이전의 내재적 변화, 즉 중국적 상황, 지역연구, 복잡한 기층 사회를 중시하는 "중국 자신에 입각한

(china-centered)" 관점이 필요한 것이다(Cohan, 2010). 이는 "19세기 중국과 서구의 상호작용은 모든 것들이 서구에서 동아시아로 흘러들어오는 일방적인 통행이었다고 전제"하곤 했던 유럽중심주의 혹은 '서구의 충격-중국의 반응' 접근법에 대한 한 가지 대안적 담론의 모색이라고 할 수 있다. 이를 위해 물자의 대외 유통뿐 아니라 대내 유통을 함께 고려하기 위한 분석의 틀이자 경제사적 시대 구분을 위한 새로운 용어로 '대운하시대(大運河時代)'를 제시하고자 한다.

이와 관련하여 일찍이 일본의 미야자키 이치사다(宮崎市定) 교수는 중국의 경제발전사를 '한지(旱地) 관개(灌漑)의 시대' → '습지(濕地) 간척(干拓)의 시대' → '운하(運河) 경제의 시대' → '해안(海岸) 경제의 시대'로 정리하면서, 운하 경제의 시대를 송대 이후부터 서구와의 본격적인 만남이 시작되는 19세기 중엽까지로 파악했던 바 있다(宮崎市定, 1976). 그는 인공수로인 대운하가 가진 특징을 세 가지(㉠ 대운하의 폭이 좁아 대형 선박의 이용이 불가함, ㉡ 수위 조절을 위한 갑문(閘門)으로 인해 선박 운행에 시간과 노력이 낭비됨, ㉢ 황하와의 교차로 인해 황하 범람 때마다 경제 대동맥이 정지되는 상황이 반복됨)로 정리했는데, 19세기에 운하 경제가 한계에 도달하면서 해안 경제로 변화되었다는 지적은 정확하였다. 다만 그는 대운하로 국내시장이 단일화된 운하 시대를 11~19세까지 너무 광범위하게 설정함으로써 그 사이에 발생했던 중요한 사회경제적인 변화를 구별할 수 없게 만들었다. 대표적으로 수도의 변경(해안으로부터 거리가 먼 개봉(開封)에서 해안과 인접한 북경(北京)으로)과 이로 인한 회통하(會通河, 해발 고도 40m의 인공수로에 일정한 수심을 유지하기 위한 갑문과 관개 시설이 필요)의 증설, 각 지역 상인 집단의 형성과 경쟁, 그리고 해금 정책에서 말미암은 해도(海道) 조운의 폐지 등이 그것이다. 송·원대와 15세기 이후의 운하 경제는 이처럼 차이가 분명하였다.

따라서 '대운하시대'라는 용어를 사용함에 있어 수당(隋唐) 이후

19세기 이전까지를 아우르는 광의(廣義)의 '대운하시대'와 1415~1784년까지 370년을 지칭하는 협의(狹義)의 '대운하시대'로 구분하고자 한다. 광의의 '대운하시대'는 대운하가 남·북의 경제적 통합을 통해 그 물자 유통의 규모를 확대한 결과 거대한 중화제국을 성립시키는 초석이 되었다. 중화제국은 유사 이래로 줄곧 세계 인구의 1/3~1/4을 차지했고, 대운하를 통해 남과 북이 통합된 이후 중화제국의 경제는 통합된 경제 규모만큼 세계사에 영향을 미쳤다고 보아도 크게 무리는 없을 것이다. 가령 수당 세계제국은 북쪽의 호(胡) 세력과 남쪽의 한(漢) 세력이 융합되면서 형성된 광대한 영역의 경제력에서 나온 것으로 해석이 가능하고(박한제, 2015), 더욱 광대해진 몽골 세계제국 역시 그 속으로 통합된 중국 경제력이 기초하고 있음은 주지의 사실이다. 그리고 앞으로 제시하려는 대략 15~18세기에 해당하는 '대운하시대'의 논거 역시 남북으로 통합된 중국의 경제력과 이를 안정적으로 운영하기 위한 대외적인 전략에 기반을 두고 있다.

3. 대운하시대의 두 가지 특징

이 책이 주목하는 협의의 '대운하시대(1415~1784)'는 광의의 '대운하시대'와 구별하여 다음과 같은 두 가지 시대적 특징을 가지고 있다. 첫째, 협의의 '대운하시대'란 대내적으로 수도로의 국가적 물류 체계인 조운(漕運)이 북경과 항주를 남북으로 연결하는 대운하로 일원화된 시기를 지칭한다(특징 ①). 즉, 조운에 있어 해운(海運)이 의도적으로 금지된 시기이다. 둘째, 대외적으로는 타국과의 물류가 해금 정책과 조공 체제의 기조하에 밀무역이나 국가권력의 통제하에 이뤄지는 제한된 무역의 틀을 유지하였다. 이러한 무역에는 책봉하의 조공무역, 책봉 없는 조공무역 또는 호시(互市) 무역이 모두 포함된다(특징 ②). 즉, 국가 주도의 적극적인 대외 교류는 아니지만, 제한된 형식이나 사적인 방식의 대외 교류는 '암묵적으로' 활발하게 진행되고 있었다.

대체로 15세기 전반부터 18세기 후반에 해당하는 협의의 '대운하시대'는 지구적인 차원으로 진행된 '대항해시대'와 시기적으로 중첩될 뿐만 아니라 유럽의 적극적인 해양 진출과 극명하게 대비를 이루는 것처럼 보인다. 하지만 후술하듯이 이 시기 중국의 해안은 완전히 닫혀 있지 않았으며, 최근에는 청조가, 국가 주도의 무역은 아니지만, 사적인 해상 무역업자를 이용해서 이전의 어느 왕조보다 가장 개방적인 해양 무역 정책을 추진했다는 파격적인 주장까지도 제기되었다(Zhao, 2013: 187-194). 리드(Reid)는 15세기 중반부터 시작되어 17세기 후반까지 동남아시아 역내·외에서 진행된 교역을 포착하여 '교역의 시대(The Age of Commerce)'라고 불렀는데, 중국 상인들은 이 교역권에 광범위하게 참여하고 있었다(Reid, 1988). 에스파냐는 아메리카와 태평양을 경유하여 1571년 마닐라(Manila)에 무역 거점을 마련하였다. 이를 계기로 형성된 갤리온(Galleon) 무역의 중요성에 오랫동안 천착했던 기랄데즈(Giraldez)는 갤리온 무역으로 역사상 전례 없이 활성화된 태평양을 횡단하는 지구적 차원의 교류에 주목하여 16~18세기를 '무역의 시대(The Age of Trade)'로 이름 붙였다(Giraldez, 2015). 갤리온 무역의 동쪽에 포토시 은광 등지에서의 은 공급이 있었다면 그 서쪽에는 조세의 은납화를 신행하며 '블랙홀'처럼 은을 빨아들였던 중국의 경제력이 자리 잡고 있었다(이 책의 제8장 참조).

물론 이 370년 동안 중국의 경제와 상업은 단일한 형태를 유지하지 않았다. 끊임없는 대내외적 변화에 대응하는 변용이 이 기간에 이뤄진 것이 사실이고, 앞의 특징 ①과 ②는 국가권력의 의지이자 지향일 뿐, 실제로 이에 대한 변칙적인 적용과 예외도 적지 않았다. 또한 대운하는 북경과 강남 지역을 연결하면서 황하(黃河), 장강(長江), 회수(淮水) 등 주요 하천과 연동되어 포괄하는 범위가 넓었지만, 청대에 확장된 내륙 지역까지 빠짐없이 포괄하는 수로는 아니었다. 그럼에도 불구하고 370년 동안 대운하시대의 두 가지 구조적 특징(①, ②)은 비교적 강고하게 유지되면서 정치경제적으로 내적 통일성과 외적 차별성을 유지하였다. 따라서 '대운하시대'를 상징적인 의미가 강한 시대 구분의 용어로 사용하려고 한다. 결국 조운이라는 국가적(national) 물류에서는 철저히 해금의 정책적 기조를 유지하면서도, 국제적(international) 물류에서는 통제된 거점과 암묵적인 밀무역을 허용했던 모순적인 구조와 특징이 15~18세기 중국의 대외관계나 중화질서에도 적지 않은 영향을 미쳤다고 판단한다.

우선 대운하시대의 기점으로 상정했던 1415년과 종점인 1784년에 발생했던 괄목할 만한 몇 가지 사건의 역사적 의미를 추출해 보고, 그다음 이 시기에 이뤄진 교역의 특징을 국가권력이 추진했던 동남 해양과 서북 육상의 변경 정책과 관련하여 고찰해 보고자 한다.

1) 대운하시대의 기점, 1415년

이 책이 주목하는 대운하시대의 기점은 1415년이다. 당시 중국은 명의 영락제(永樂帝, 치세 1403~1424)가 자신의 조카 건문제(建文帝)를 '정난(靖難)의 변(變)'으로 불리는 쿠데타로 몰아내고 제위에 오른 지 13년이 흐른 시점이었다. 1415년에 괄목할 만한 사건이나 변화가 발생했다고 보기는 어렵다. 다만 대운하에 대한 두 번째 정비 사업인 회안의 청강포(淸江浦) 건립이 완료되었다. 4년 전에 정비된 회통하(會通河)와 함께 대운하 유통로에서 가장 취약한 두 구간에 대한 정비 작업이 완료된 셈이다. 1415년의 치수 사업이 이후 전개될 대운하시대의 기점이 되는 까닭은 크게 세 가지 측면에서 당시 진행되고 있던 수도 이전 프로젝트 및 물류의 흐름과 밀접하게 관련되어 있었기 때문이다.

첫째는 수도 이전 프로젝트와의 관련성이다. 북평(北平)에서 연왕(燕王)으로 세력을 확장했던 영락제는 수도 남경에서 황위에 올랐으나, 황성에서 마주해야 했던 조야(朝野) 관리들의 태도는 결코 우호적이지 않았다. 명조를 개창했던 부친 홍무제(洪武帝)의 뜻을 어기고 쿠데타를 통해 황제에 오른 영락제이기에, 유교적 이념을 지닌 문관들에게 통치의 정당성을 확보하기란 여간 어려운 일이 아니었다(朱鴻, 1989: 81-102). 영락제는 이러한 정치적 문제를 거국적인 국가 프로젝트 사업과 외교적 과시를 통해 극복하려 하였다. 정화의 원정단 파견, 몽골에 대한 다섯 차례의 친정(親征), 베트남 정벌, 일본과 책봉-조공 관계의 재개, 티베트 라마 승려에 대한 후원 등은 그 대표적인 사례이다.

무엇보다 남경에서 북경으로의 성공적인 천도(遷都) 여부가 정치 분위기를 쇄신하고 새로운 통치 정당성을 확보하는 데 절실하였다. 그렇지만 북경으로의 수도 이전은 결코 쉬운 문제가 아니었다. 요(遼)·금(金)·원(元)의 공통된 수도였던 북경에 대한 정치적인 저항감이 강했고, 무엇보다 남경에서 북쪽으로 900km 이상 떨어진 곳이어서 경제 중심지로부터의 물자 조달에 큰 어려움이 예상되었기 때문이다. 이 문제를 극복하기 위해 영락제는 황폐해져 있던 대운하의 대대적인 재건을 명령했고, 1415년 항주에서 북경을 이어주는 1,800여 km에 달하는 대운하가 새롭게 개통되었다. 이듬해인 1416년 영락제는 북경 천도를 자신 있게 선포했고, 다시 5년 뒤인 1421년 자금성(紫禁城)을 완성하면서 남경의 각종 관서(官署)와 제단(祭壇)이 모두 북경으로 이전된 것을 상징하는 의식이 북경에서 거행되었다(新宮學, 2004: 제3, 4장). 북경 천도를 통해 영락제의 명조는 '강남 정권'이라는 꼬리표를 떼어낼 수 있었으나, 정치 중심지와 경제 중심지가 분리되어 강남과 북경을 잇는 대운하 없이는 제국이 유지되기 어려운 경제적 구조가 성립되었다(조영헌, 2008: 127-139).

둘째는 해양 정책과의 관련성이다. 1415년 청강포의 개통과 함께 주목해야 할 조치가 바로 바다를 이용하는 조운을 금지시킨 것이다. 몽골의 쿠빌라이 칸이 수도를 대도(大都: 북경)로 정한 1272년 이래로 경제력이 풍부한 강남에서 북경으로의 물자 공급은 해운(海運), 운하를 이용하는 하운(河運), 그리고 육운(陸運)이 겸용되었다. 오히려 원대에는 해도 조운이 대세였으며, 명초에도 1414년까지 해도 조운이 하운 및 육운과 병행되었다. 하지만 1415년 9월 "비로소 해운을 정지하게" 된 이후 해도 조운은 향후 19세기 중엽까지 금지되었다. 따라서 1415년은 수도로의 국가적 물류 체계인 조운이 북경과 항주를 남북으로 연결하는 대운하로 일원화되고, 해도 조운이 금지된 시점이 된다. 이에 수반하여 중국의 해양력이 쇠퇴하게 된 것은 자연스러운 결과였다(신웨어우, 2005: 48-51). 이러한 해양 정책의 전개는 개봉(開封)이나 대도(大都)에 수도를 두었던 송·원대와 확연한 차이를 보인다. 그 결과 대운하에 대한 명조의 의존도는 이전의 어떤 시대와도 비교할 수 없을 정도로 높아졌다(黃仁宇, 2005: 15-16).

셋째는 국가가 주도하는 해양 진출과의 관련성이다. 1415년은 2년 전 영락제가 파견했던 정화의 네 번째 선단이 아프리카까지 왕래하고 무사히 귀환한 해였다. 이전까지 정화가 진출했던 지역은 인도의 서해안에 있는 코친(Cochin, 柯枝)과 캘리컷(Calicut, 古里)까지였으나, 4차 원정에서는 페르시아만의 호르무즈(Hormuz, 忽魯謨斯)를 경유해서 아프리카 동해안의 모가디슈(Muqdisho, 木骨都束)와 마린디(Malindi, 麻林)까지 도달하였다. 비록 그들은 기존에 무슬림 상인들이 인도양에서 오랫동안 이용해 오던 해로를 따라 이동했을 뿐이지만, 중국 정부가 후원하는 대규모 선단이자 황제가 공식적으로 파견한 정사태감(正使太監), 관료(868명), 군대(26,800명)로 구성되었다는 사실은 특기할 만하다.

그러나 환관이 주도하는 원정단 파견에 따른 재정적 부담과 이에 대한 문신 관료들의 부정적인 인식, 정화 원정 종료 이후 불거진 북변의 위험, 결정적으로 황제가 몽골군에게 사로잡히는 토목보(土木堡)의 변(變)(1449)이 발생하면서 정화의 유산은 계승되지 못하였다. 북경 천도가 확정된 1441년 이후 '북쪽 오랑캐[北虜]'의 위험과 두려움이 해양세계에 대한 확대된 관념과 지식의 활용 가능성을 압도해 버린 것이다(Dreyer, 2007: 121-122, 165-171).

2) 대운하시대의 종점, 1784년

대운하시대의 종점을 1784년으로 잡은 이유 역시 세 가지이다.

첫째, 1784년은 건륭제가 대운하를 이용한 강남 지역으로의 마지막 순행(巡幸. 이하 남순이라 지칭)이 이뤄진 해였다. 1684년 시작된 청조 황제들의 남순은 1784년까지 모두 12차례 이뤄졌다. 강희제와 건륭제가 각각 6차례 남순을 거행했지만, 그 사이에 재위했던 옹정제는 단 한 차례의 남순도 떠나지 않았다. 명대에도 1415년 대운하 정비를 완료했던 영락제가 1416년과 1417년 각각 대운하를 이용해 북경과 남경을 왕래했고, 정덕제(正德帝, 치세 1506~1521) 역시 1519년 대운하를 이용하여 남경을 왕래하는 남순을 한 차례 거행한 바 있다(조영헌, 2016). 남순의 숨겨진 목적에는 여러 가지가 있지만, 공식적인 목적은 명 정덕제의 경우 반란 진압과 치안 유지에 있었고, 청 강희제와 건륭제는 하공(河工)에 대한 정비와 민정(民情) 시찰에 있었다. 전통시대 수천 명에 달하는 황제의 거대한 남순단이 대운하를 이용하여 남북을 이동한다는 것은, 그렇지 않아도 유일한 조운로(漕運路)로 중시되던 대운하에 대한 대대적인 관심과 보수 작업 및 과중한 압력과 긴장감이 동반됨을 의미하였다. 더 나아가 황제가 잠시 체류하는 행궁(行宮)과 거점 도시에 활력을 불어넣는 계기가 마련되었음을 물론이다.

역으로 해석하면, 1784년을 끝으로 황제의 남순이 더는 이어지지 않았다는 것은 곧 대운하에 관한 관심을 환기하며 활력을 제공하는 계기가 사라졌음을 의미하였다. 공교롭게도 이후 황하의 불안정한 움직임과 동반해서 위기를 맞게 되는 대운하의 물류 체계와 이에 대한 치수 정책은 점차 효력을 잃어 갔다. 수도를 경제 중심지로 옮기지 않고 북경에 두는 한, 수도 물자를 책임지는 대운하를 우선으로 안정시키려는 시도로 인해 다른 수리 체제, 특히 황하의 치수 체제는 더욱 악화되었다.

이에 대해 18세기 후반에 이르러 중국의 수리경제(water-control economy)가 전근대적인 '기술적 속박(technological lock-in)'에 직면했다는 엘빈(Elvin)의 지적은 적절하다(Elvin, 2004: 229-230, 236-282). 엘빈이 사용하는 '기술적 속박'이란 경제학 개념으로 비록 최고의 기술은 아니지만, 이전 체제에서 비롯된 장점으로 인해 지속해서 우위를 차지하고 이를 계속 유지해야만 하는 경우를 지칭한다. 가령 대운하나 항주만(杭州灣)에 설치된 해당(海塘)처럼 한때 새로운 기술을 기반으로 한 수리 체제가 들어서게 된 후, 새로운 기술로의 전환 없이 (혹은 그러한 전환이 불가능하기에) 노동력과 자원 투자를 통해 지속해서 그 수리 체제의 유지에 자원을 소비해야 하는 상황이 이에 해당한다. 급기야 1824년 고가언(高家堰)의 붕괴로 대운하가 막히자 임시방편적으로 1826년 해도 조운이 실시되고(Leonard, 1996), 1841년 하남성 상부(祥符)에서 시작된 황하의 범람으로 인해 1846년 해도 조운이 다시 시행되었다(Dodgen, 2001: chs. 4-5). 이후 황하의 대규모 개도(改道, 1853년 시작되어 1855년 완료), 태평천국(太平天國) 군대의 남경 점령 및 양자강 하류 유통망의 파괴로 인해 1853년 이후 대운하의 물류 기능은 사실상 상실되고 기선과 철도가 그 기능을 대체하였다.

둘째, 1784년에 광동무역체제(廣東貿易體制, Canton trade)의 유일한 대서양(對西洋) 무역항이었던 광주(廣州)에서 18세기 최대 교안(教案, anti-christian movement)으로 불리는 사건이 발생하여, 대대적인 천주교도 수색 작업과 이들과 공모하던 공행(公行)에 대한 벌금 부과가 이뤄졌다(이준갑, 2011; 이준갑, 2012). 당시 서양인들과 회교도들을 하나로 인식하고, 양자 간의 연계 가능성에 노심초사하는 건륭제(乾隆帝)의 언급이 주목된다. "근자에 서양인과 회인(回人)은 본래 하나의 종교에 속한다고 들었다. 금년(1784)에 감숙성(甘肅省)에서 거스르는 회족(回族)들이 사건을 일으켰고 서양인은 섬서성(陝西省)까지 들어와 전교(傳教)하니 마침 연결될 좋은 기회를 만나게 되었다. 또한 섬서성과 감숙성의 두 성은 일반 백성들과 회족들이 어울려 사는 곳으로 (선교사들과) 결탁하여 미혹된 일을 선동하여 분란을 일으킬까 염려된다(『乾隆朝上諭檔』, 1998: 第12冊, 414-415, 乾隆49年12月17日戊戌)." 서양인들과 회교도들의 만남 가능성을 극도로 우려했던 건륭제는 최측근 군기대신(軍機大臣) 화신(和珅)으로 하여금 이 사건을 엄격히 조사하게 하였다.

하지만 이미 이 사건이 발생하기 전인 1770년대부터 사교 집단에 관한 법률은 가톨릭을 토착 종교 집단과 마찬가지로 경계하기 시작하였다. 이는 청조가 가톨릭을 이슬람과 제대로 구분하지 못할 뿐만 아니라 다른 토착 이단의 형태와도 정확하게 구분하지 못했음을 보여 주는 것이다(Waley-Cohen, 1991: 97-98). 이처럼 18세기 후반 중국 내부에서는 '서양(the West)'에 대한 '위기의식'이 고조되기 시작했고, 1784년의 교안을 계기로 대외적으로 더욱 보수화되었다. 아이러니하게도 이때부터 오히려 서양과 중국 사이의 무역액은 증가하기 시작하였다.

셋째, 1784년은 360톤급의 미국 상선 'Empress of China(中國皇后)'호가 최초로 중국을 방문한 해였다. 즉, 중국과 미국의 직접 교역은 1784년부터 시작된 것이다. 뉴욕에서 출발하여 대서양과 인도양을 거쳐 6개월여 동안 1만3천 마일 이상을 항해한 'Empress of China'호는 광주에 입항하였다. 당시 'Empress of China'호를 통해 인삼, 모직물(camlet), 모피, 호초(胡椒), 납 등 시가 13만 6천여 냥의 물품이 중국으로 유입되었고, 반대로 차, 자기, 비단, 남경포(Nankeen) 등 시가 7만 1,700여 냥의 물품이 미국으로 유출되었다. 당시 미국이 획득한 순이익은 투자액의 25% 정도였다(Morse at al., 2000: 94-96). 이후 중국과 미국 사이의 해양 교역에 대한 욕구와 기회는 급증하게 되었다(Smith, 2007: 3-4).

또한 1784년은 영국과의 관계에서도 큰 변화를 야기한 해로 기억된다. 영국 의회는 1784년 귀정법(歸正法, Commutation Act)을 통과시켜 종래 차 가격의 120%에 달하던 세금을 12.5%로 인하하였다. 본래 밀무역을 막기 위해 제정된 이 법안을 통해 동인도회사의 중국차 무역은 급격하게 증가하였다(Mui, 1963). 그뿐 아니라 1784년 광주 황포항(黃埔港)에서 발생한 영국 동인도회사의 선박 'Lady Hughes(赫符斯號)'호 사건으로 인해 영국 내부에서는 기존의 광동무역체제에 불만을 품고 황제를 직접 만나 무역에 관해 담판을 짓는 것으로 여론이 급변하였다. 10년 후인 1793년 영국 최초의 전권대사 매카트니(George Macartney, 1737~1806) 경의 파견과 건륭제와의 만남, 다시 20여 년 뒤인 1816년 애머스트(William Pitt Amherst, 1773~1857) 경의 파견과 가경제와의 접견 실패 등 일련의 과정은 1840년에 시작된 아편전쟁의 발단이 1784년 'Lady Hughes'호 사건과 잇닿아 있음을 보여 준다. 마침 18세기 후반은 중국에 대한 유럽 지식인들의 인식이 우호적인 입장에서 멸시로 변화되는 과정과도 맞물려 있었다(Mungello, 2009: 206-214).

요컨대 1784년은 대운하에 대한 국가권력의 관심과 활력이 마지막으로 제공된 시기이자 내부적으로는 바다에서 접근하는 서양 세력에 대한 '의구심'이 고조되는 한편 외부적으로는 서양과의 해양 교역이 급증하는 전환점이었다. 즉, 1415년을 전후하여 급증했던 대운하에 대한 국가권력의 관심이 1784년 이후 급속하게 하락하고, 남북을 연결하는 국가적 물류라는 대운하의 핵심적인 기능이 약화되기 시작한 반면 해양으로의 교역 확대는 거부할 수 없는 시대 과제가 된 것이다. 이런 측면을 종합적으로 고려하여 1784년을 대운하시대를 지탱하는 동력이 쇠퇴하는 시점인 동시에 대운하시대의 종점으로 파악할 수 있다.

4. 대운하시대의 물자 유통

전근대 중국에서 물자 유통의 규모와 범주는 대체로 서로 다른 두 가지 동력 사이에서 결정되었다. 하나는 물자 유통을 국가권력이 통제하려는 힘으로, 이는 제국의 안보(security)를 최우선 가치로 두고 있다. 다른 하나는 공간과 시간의 차이에 따른 수요·공급의 불균형을 이용해서 이윤을 극대화하려는 힘으로, 민간 상인들의 이동성(mobility)과 이윤(profit) 추구를 최우선 가치로 두고 있다(이성규, 2004: 62-63). 따라서 대운하시대의 물자 유통과 상업을 이해할 때에도 국가권력의 정책, 특히 상업과 밀접하게 관련된 대외정책을 고려하지 않을 수 없다. 가령 당대(唐代) 이래, 특히 남송 정부가 해외무역을 장려하여 관세 수입을 중요한 재정 기반으로 삼아 동남 연해 지역의 해안 도시가 동남아시아 및 동아시아 각지와 연결된 무역으로 발전하였다. 또한 원대에는 수도인 대도(=북경)를 중심으로 육로와 해로를 이용한 유라시아 교역권이 형성되고, '대항해시대'에 선행하는 '대여행의 시대'라고 불릴 정도로 인적 교류가 활발했던 점을 고려할 때 더욱 그러하다(김호동, 2010: 제3장; 스기야마 마사아키, 1999: 제4장). 중국의 대외정책이 체현되는 공간이 곧 동남의 해안 지역과 서북의 변경 지역이므로, 이를 해양과 대륙에 대한 통합적인 변경 정책으로 살펴보고자 한다.

대운하가 재개통된 1415년 무렵 중국의 상업은 이전 송·원 시대에 비할 때 내부적으로나 대외적으로 모두 침체기라고 할 정도로 저조하였다. 이는 기본적으로 14세기 중엽 계속된 자연재해와 전란, 그리고 새롭게 세워진 명조 정부가 상업 활동을 억제하며 민간의 해외무역을 금지하는 강력한 해금 정책을 추진했기 때문이다. 명초 홍무제가 시행한 강력한 해금 정책은 당대부터 원대까지 750여 년의 개방적인 해양무역을 고려할 때 그 전례를 찾아볼 수 없는 '새로운' 정책이었다(Li, 2010: 5-20). 명초의 정부는 왕조 교체기의 내전으로 인해 휴한지(休閑地)로 변해 버린 지역에 인구를 재배치하면서 농업 생산을 진흥시키기 위한 노력을 경주하였다. 홍무제가 강행했던 향촌에서의 이갑제(里甲制) 질서나 원의 전례를 따라 발행했던 고액 지폐인 대명통보(大明寶鈔)가 곧 그 가치를 잃어버린 것 등은 이러한 정황과 맥을 같이한다.

하지만 명조의 경제는 홍무제가 기획했던 이갑제적 질서 또는 철저한 '통치경제'의 틀에 국한되지 않았다. 즉, 명조는 그 시작부터 일종의 '통치경제(command economy)'를 시도했으나 사적 경제와의 조화를 추구했고, 명조의 재정과 독점적 이해관계를 훨씬 넘어설 정도로 생산과 무역이 활성화되었다. 이러한 상태를 브룩(Brook)은 "농업제국의 혼합경제(the Mixed Economy of Agrarian Empire)"라고 불렀다(Brook, 2010: 107-110). 가령 정부가 설립하고 유지했던 교통 체계인 역참(驛站)과 대운하를 통해 상품이 유통되었다. 정부는 세금 징수의 편리함을 위해 점차 은납화(銀納化)를 확대했고, 이에 따라 물건의 교환 가치가 은으로 결정되는 조건이 마련되었다. 정부는 소금과 귀금속에 대한 전매제를 시행했고, 국가의 재정 활동이 사적 경제의 방향을 결정하고 백성들의 삶의 방향을 결정지을 정도로 많은 세금을 징수하였다. 정부는 기근 시에 식량 부족의 위협을 완화하기 위해 곡물 시장에 개입하고 곡물을 축적하였다. 또한 황실의 수요를 충당하기 위해 특히 강남의 경제 중심지에 직물 제조 작업장을 운영하였다. 궁전을 건립하고 장식하기 위해 도자기 가마로 유명한 강서성 경덕진(景德鎭)과 벽돌 가마로 알려진 대운하 연변의 임청(臨淸)에도 특별한 작업장을 운영하였다. 외형으로는 소극적으로 보이지만, 정부는 실제로 경제를 운영하는 데 큰 역할을 감당하였다.

전근대 대량의 물자 유통에는 육로보다 수로가, 수로보다 해로가 경제적이었다. 하지만 해금 정책으로 해로를 자유롭게 이용하지 못하는 상황에서 곡물 수송과 대량의 상품 유통을 위해 강과 운하보다 효과적인 수단은 없었다. 중국의 자연 하천이 대부분 서쪽 산맥에서 동쪽 해안으로 흘러갔으므로, 물자 유통을 활성화하려는 정부의 가장 큰 과제는 남과 북을 연결하는 수로 교통로, 즉 대운하의 유지와 보수였다. 남북을 연결하는 안정적인 유통망이 확보되면 동서 방향의 유통은 비교적 용이했기 때문이다.

명대 대운하를 통해 유통되었던 물자는 크게 네 종류(漕糧, 朝貢品, 土宜, 私貨)로 구분할 수 있다(조영헌, 2007). 1415년 대대적인 재건이 완료된 이후 대운하는 일차적으로 남북 방향의 곡물 운송, 즉 조운(漕運) 루트로 사용되었다. 15세기 중엽이 되면 약 만 2,000척의 조운선에 12만 1,500여 명의 운군(運軍)이 북경의 황실 창고를 채우기 위해 대운하를 왕래하는 인원으로 동원되었다. 또한 변동 폭이 컸던 운송량 역시 1472년에 400만 석으로 확정되었다. 즉, 15세기 중엽에 가서야 수도 북경의 규모와 이에 필요한 조운이 현실적인 적정 수준에 도달했으며, 이러한 규모는 1415년 완성된 대운하가 수용할 수 있는 현실적인 물동량을 반영하는 것이다(黃仁宇, 2005: 70-76). 하지만 400만 석의 조량 운송을 위해 그 3~4배에 달하는 1,500만 석 이상의 운송 비용이 소모되었으므로 인공수로인 대운하의 물류가 '효율적'이라고 보기는 어려울 듯하다(王培華, 2005: 195-201).

더 큰 문제는 이후 조량을 제외한 물자나 다른 용도의 선박 운항이 급증한 것이다. 대표적인 물자로는 일본 및 동남아 등지에서 온 조공품(유럽에서 온 물품도 포함), 토의(土宜. 운송업자들의 사적인 매매 활동을 제어하기 위해 그들에게 세금 징수 없이 매매할 수 있도록 허용해 준 사적인 물건. 청대에는 조운액만큼 토의 운반이 증가하여 운송의 폐단이 되었음), 그리고 각종 상품이 있었다. 조운선 이외의 선박도 급증하였다. 대표적인 선박으로 관선, 조공선, 그리고 수많은 상선이 포함된다. 그 결과 대운하의 갑문이 위치한 중요 결절점마다 병목현상이 상존했고, 황하 범람이나 홍수 등으로 인해 제방이 터지면 물자 유통의 차단으로 북경이 공황에 빠지곤 하였다.

물자 유통 외에도 대운하는 남과 북의 인적 교류와 정보 교류의 역할을 담당하였다. 운군, 관원, 상인뿐 아니라 북경에서 거행되는 과거에 응시하기 위한 수험생과 여행객, 심지어 황제까지 대운하를 이용해서 남북을 왕래하였다. 황하, 장강의 지류, 그리고 '광동 체제'의 형성 이후에는 광주(廣州)-주강(珠江)-대유령(大庾嶺)-감강(贛江)-장강(長江)을 거쳐 북경까지 왕래하는 각종 물자는 대부분 대운하를 경유하였다(오금성, 2007: 제3장). 국가정책과 관련하여 수도 북경에서 흘러나오는 고급 정보에서 각지의 시장에서 형성되는 물건의 매매 가격, 각종 '주워 들은 이야기[小道消息]'까지 다양한 정보가 대운하를 따라 움직이는 사람들의 입소문과 저보(邸報)와 같은 관영 매체를 통해 남북으로 전달되었다. 결국 대운하의 재건으로 인해 상업 유통망은 각 지역을 통합된 경제로 연결시키는 중추를 확보한 셈이 되었다(Brook, 2010: 111).

대운하의 북쪽 끝에는 수도 북경과 북변으로 연결된 방대한 상비군과 관료들이 거대한 상품의 수요자 군을 형성하게 되었다. 영락 연간 이후부터 홍치 연간에 이르는 시기에 북변의 구변진(九邊鎭)에는 80여만 명의 상비군이 주둔했고, 이들을 위해 매년 약 250만 석의 식량 조달이 필요하였다. 이미 명초부터 제기된 북변 주둔 군대에 대한 물자조달의 필요성을 해결하기 위해 명조는 상인에게 물자공급을 위탁하는 개중법(開中法)을 실시하였다. 개중법이란 홍무제가 1370년(洪武3)에 공포한 염운법(鹽運法)으로, 상인으로 하여금 북변의 지정된 장소로 곡물을 운송시킨 대가로 소금의 운송 및 판매권인 염인(鹽引)을 지급하는 체제로, 이후 1617년(萬曆45) 새로운 강운법(綱運法)으로 대체되기까지 줄곧 염법의 모체가 되었다. 이처럼 군향 조달을 소금 유통과 연결지은 까닭은 북변 방어 문제의 중요성에 비해 명 정부의 물자조달 능력에 한계가 분명했기 때문이었다. 즉, 국가의 물자조달 임무를 상인에게 위탁한 것으로 소금이 국가의 전매품이었기 때문에 가능했던 일종의 관(官)-상(商) 사이의 '거래'라고 볼 수 있다(Huang, 1974: 제5장). 즉, 개중법은 국가 안보를 위한 국방 정책의 일환으로 설계되었으나, 실제로는 낙후된 변경에 활력을 제공하고 전국적으로 상업이 발전하게 되는 예상치 못한 효과가 발생하였다.

5. 대운하시대의 변경 정책:
안보(security)와 이윤(profit)의 긴장과 절충

대운하시대 중국의 변경 정책은 조공과 무역 사이의 긴장과 절충 속에서 결정되었다. 즉, 조공이라는 형식을 유지하되 실질적으로는 무역이 진행되는 방식이었다. 조공과 무역은 국가의 외교력과 외국과의 무역이 갈등을 빚지 않는 한 공존이 가능하였다. 갈등이 발생하는 것은 주로 밀수로 인해 관세 수입에 허점이 뚫리거나 통제 불가능한 '해적' 활동으로 확장되었을 경우였다. 이때 명조 정부가 취한 대응 가운데 하나는 해안을 비우는 것이었다. 가령 왜구(혹은 밀수업자)가 해안을 노략하자 홍무제는 절강성의 주민을 내륙으로 이동시켜 그들을 굶주리게 했고, 건문제(建文帝) 역시 해안 주민에게 외국인과의 사적인 접촉이나 외국 물품을 팔거나 보관하는 행위를 금지시켰다. 16세기 초반 영파(寧波)에서 일본의 호소카와(細川)씨와 오우치(大內)씨 세력 사이의 과도한 감합(勘合) 무역 경쟁으로 인한 쟁투[寧波爭貢]가 발생하면서, 명조는 "한 장의 널빤지조차 바다로 나가는 것이 허용되지 않"는 강력한 해안 봉쇄 정책을 시행하였다. 청조 역시 집권 초기에 해상 반청(反淸) 집단인 정씨(鄭氏) 세력을 압박하기 위해 해안을 비우는 강력한 천계령(遷界令, 1661~1683)을 22년 동안 실시하였다.

해안 경계선을 차단하는 조치가 단기적으로는 효과가 있었는지 몰라도 장기적으로는 무역업자들로 하여금 밀수에 종사하면서 더 강력한 해적 행위를 하도록 조장하였다. 무엇보다 광범위한 해안을 완전히 차단하는 것은 불가능했고, 해금의 집행은 종종 엄청난 재정적 압박을 야기하였다. 16세기 밀수업자들 사이의 경쟁이 심화되면서 그들은 무력으로 무장했고, 결국 해안을 따라 폭력 행위가 다시 증가하기 시작하였다. 16세기 중엽 왜구의 폭발적인 증가는 이러한 교역의 욕구가 왜곡되어 표출된 것이다. 이처럼 해안 지역에 상존하는 안보와 이윤 추구 사이의 긴장 관계는 대운하시대 대외관계의 대표적인 특징이지만, 그 가운데 양자의 절충이 이뤄진 시기로 1567년, 1684년, 1757년이 주목된다.

1567년 명조는 복건성 장주(漳州)의 월항(月港)을 개항하고, 일본과의 무역을 제외한 해양 무역을 허용하였다. 이는 16세기 초반부터 지속된 복건성 연안의 지역 신사(紳士) 엘리트와 상인들의 요청을 통해 이뤄진 것이다. 흥미로운 것은 당시 복건 지역 엘리트들은 새 행정구역인 신현(新縣) 설치도 함께 요청했다는 사실이다. 그 논리는 신현 설치를 통해 행정 비용이 들어가지만, 치안 유지 강화를 통해 그동안 누락되던 세금을 징수함으로써 전체적인 경제에는 이득이라는 것이다(乾隆『海澄縣志』, 1968: 卷21). 결국 1566년 월항에 해징현(海澄縣)이 설치되고, 그 이듬해인 1567년 월항이 다시 개장되자 밀수는 무역이 되고 해적질은 무역으로 변화되었다(Brook, 2010: 42).

그로부터 5년 뒤인 1572년에는 해징현에 시박사(市舶司)가 다시 설치되면서 복건 경제는 해외무역의 중심지인 장주를 중심으로 활력을 되찾았다(원정식, 2003: 47). 1572년은 해도 조운이 실험적으로 시행된 해이기도 하다. 당시 조량 해운을 추진했던 직접적인 계기는 대운하의 단절로 인해 야기된 북경으로의 물자조달의 위기였지만, 그 이면에는 해금의 이완과 해양 무역의 증가라는 시대 분위기가 깔려 있었던 것이다. 이미 15세기 후반부터 해남도(海南島) 출신의 경세가 구준(丘濬)은 조운을 함에 있어 대운하 이외에 해도를 병용해야 할 필요성을 주장했음을 상기할 때(丘濬, 「漕運之議」(通海運), 『明經世文編』 卷71. 16a-18b), 1567년 월항 개항을 전후한 해금의 이완과 해양 무역의 증가는 중앙의 안보 추구와 지역의 이윤 추구 사이에 이뤄진 타협이라고 할 수 있다.

16세기 후반 동남 해안이라는 '해변(海邊)'에 대한 명조의 개방적인 정책은 북방 '육변(陸邊)'에도 적용되었다. 1571년 명조는 타타르부의 알탄 칸과 융경화의(隆慶和議)를 맺고, 무력 대치의 국면을 피하는 대신 변경 무역을 확대함으로써 안보를 유지하고자 하였다(城地孝, 2004; 小野和子, 1986). 이는 당대(唐代) 이래 중원 왕조가 북방 왕조에 마시(馬市)라는 물물교환의 창구를 개설함으로써 군사적 안보를 확보했던 전통의 일환이지만, 명대는 마시가 가장 활성화된 시기였다(谷光隆, 1972). 확실히 16세기 후반 서북 변경에서 발생한 몽골과의 교역 확대 국면은 동남 해안에 대한 개방적인 변경 정책과 맞물린 전면적인 대외무역 정책의 재점검 속에서 이뤄졌다. 명초 경직된 대외무역 정책 속에서 시작된 바다와 서북 변경에 대한 강경책이 200여 년 만에 사회경제적인 변화와 동반한 내부적 동력의 변화 속에서 완화된 것이다(Li, 2010: 11-20, 164-171, 177-178).

이러한 개방적인 변경 정책과는 역설적이게도 정덕 연간(正德年間, 1506~1521)에 편찬된 『명회전(明會典)』에 명문화되지 않았던 「해금」 조항이 1587년(萬曆15) 편찬된 『명회전』에 등장하였다(檀上寬, 2013: 195-202). 따라서 16세기 해금 정책의 표면적인 강화는 사실상 상업적인 생산의 급격한 확대라는 현실적인 욕구와 대외무역을 차단하려는 국가적 욕망이 충돌하는 과정에서 형성된 일종의 굴절현상이라고 할 수 있다(Brook, 1999: 147-152).

월항 개항 후 15년이 지난 1582년 마카오를 통해 중국에 입국한 예수회 선교사 마테오 리치는 이러한 변경 정책과 현실 사이의 모순을 감지하였다. 30여 년간 중국에 머물면서 만력제를 알현하고 서광계(徐光啓), 이지조(李之藻) 등 상층 지식인들과 폭넓은 교류 관계를 형성했던 그는 1600년 환관들과 함께 대운하를 이용하면서 바닷길 대신 대운하를 고집하는 중국인을 이해할 수 없다는 듯 다음과 같은 기록을 남겼다.

> “대운하에 들어가는 비용은 대부분 선박을 원활하게 운송하는 유지비용으로, 어느 수학가는 1년에 100만 냥에 달하는 돈이 소요된다고 계산하였다. 이것은 유럽인에게는 다소 이상하게 보인다. 유럽인이 지도를 통해 보건대, 북경까지 보다 짧고 보다 경제적인 해로를 선택할 수 있다고 판단하기 때문이다. 이는 분명 사실이지만, 바다와 해안을 침범하는 해적에 대한 두려움이 이토록 중국인들의 마음에 깊이 뿌리박혀 있기에, 그들은 해로를 통해 물자를 조정으로 운송하는 것이 더 위험하다

고 믿고 있다."(Ricci, 1953: 306)

이것이 "왜 중국은 편리한 해운을 이용하지 않고 대운하에 집착하는가?"라는 '마테오 리치의 난제[利瑪竇難題]'였다(樊鏵, 2009: 1-6). 여기서 마테오 리치가 언급했던 해운이란 월항 등지에서 이뤄지는 남양(南洋) 무역이 아니라 강남과 북경 사이의 해도 조운이었다. 즉, 그는 점차 활성화되는 동남 연해 지역의 해양 무역과 달리 여전히 대운하에 집착하는 조운 방식의 경직성을 지적하는데, 이는 곧 조운이라는 국가적 물류에서는 철저히 해금의 정책적 기조를 유지하면서도, 국제적 물류에서는 통제된 거점과 암묵적인 밀무역을 허용했던 대운하시대의 모순적인 구조와 특징을 보여 준다.

마테오 리치와 교류하며 기독교로 개종했던 서광계(1562~1633)는 유럽의 최신 천문학 기술을 수용할 필요성을 역설하면서, 명조의 안보를 위협하는 두 가지 측면인 북쪽의 육상 변경과 동남의 해상 변경 가운데 어느 쪽이 더 위협적인지를 비교하였다. 그러고는 바다를 통해 해안으로 침입하는 유럽인과 일본인보다 북쪽 변경을 압박하고 있던 여진족이 우려하고 대응해야 할 대상이라고 결론지었다(Brook, 2008: 153-167). 당시 지식인들이 모두 그의 결론에 동의했던 것은 아니지만, 서광계의 문제 제기는 대운하시대 중국인들의 변경 의식이 대체로 서북 지역으로 포괄되는 육상 세력과 동남 지역으로 포괄되는 해상 세력으로 구분될 뿐만 아니라 일정 부분 상호 연동되고 있음을 알려준다. 이른바 16세기 '북로남왜(北虜南倭)' 문제로 요약되는 변경 문제로 이후 시대에도 이러한 양상은 반복적으로 나타났다.

다음으로 1684년은 청조가 해상 반청 세력인 정씨 세력을 진압하고 천계령을 해제한 뒤 네 곳의 항구에 해관(海關)을 설치한 해이다. 청초 22년간 지속된 천계령은 사실상 1567년 월항 개항 이전까지 시행되었던 명조의 해금 정책보다 더 강력한 효력을 발휘하며, 정씨 세력의 근거지였던 복건을 비롯한 연해 지역 경제에 큰 타격을 입혔다(원정식, 2003). 안보 유지를 위한 청조의 의지가 연해 지역의 경제적 이해관계를 압도한 것이다. 하지만 일단 시랑(施琅)이 이끈 청조의 수군이 1683년 팽호(彭湖) 열도와 대만을 정복하자 청조는 이듬해 광동, 절강, 강남, 산동, 북직예(北直隸)의 5개 성(省, 복건에 대한 천계는 3년 전에 해제되었음)의 연해 지역에 대한 천계령을 해제하였다. 그리고 이듬해인 1684년부터 강희제는 복건성 천주부(泉州府)의 하문(厦門)을 시작으로 광주, 영파, 상해에 각각 해관[閩海關, 粵海關, 浙海關, 江海關]을 설치하여 세관 조직망을 갖추고, 연해의 "상민인(商民人)"에 대한 "출양무역(出洋貿易)"을 허락하였다(『淸會典事例』, 1991: 卷629, 兵部88, 海禁1).

이른바 4개 항구의 개항, 즉 사구통상(四口通商) 이후 해상무역이 많이 증가하는데, 여기에 적극적으로 참여했던 주체는 조공국의 지위를 추구하지 않았던 포르투갈, 네덜란드, 스웨덴, 영국과 같은 유럽의 상인들과 연해 지역 중국 상인들이었다. 이미 명 중엽부터 활발하게 진행되던 사적인 중국의 해상무역은 1684년 이후 더욱 번성했을 뿐만 아니라 합법적으로 진행된 것이다. 하지만 1684년의 사구통상을 완전한 해금의 '개방'이라기보다는 해금의 '완화'로 볼 수도 있다. 연해와 해양의 치안 확보를 위한 최소한의 조치는 유지되었을 뿐만 아니라 중국인의 해외 이민과 국내 미곡의 해외 유출을 금지하는 조치는 오히려 강화되었기 때문이다(홍성구, 2007). 그렇다면 1684년의 4개 항구 개방 역시 정씨 세력의 진압 이후 한결 유연해진 국가권력의 안보적 필요와 연안 지역의 절실한 경제적 필요가 '절충'된 결과라고 볼 수 있다.

이 장의 주제와 관련해서 흥미로운 사실은 동일한 1684년, 강희제가 대운하를 이용하여 왕래하는 첫 남순(南巡)을 거행한 것이다. 이는 서순(西巡), 북순(北巡)과 함께 군사적 정복이 완성된 중국 대륙을 직접

순방하려는 강희제의 거대한 프로젝트의 일환이었다(조영헌, 2010). 내륙의 삼번(三藩)과 해양의 정씨(鄭氏) 세력을 진압한 강희제가 대외적으로는 사구통상을 추진하고 대내적으로는 남순을 통해 남방 지역의 한인에 대한 지배력을 확대하려는 시도라고 볼 수도 있다. 이를 시작으로 강희제와 건륭제는 각각 여섯 번의 남순을 거행하였다. 1684~1784년까지 100년 동안 모두 열두 황제가 대운하를 왕복하게 되면서, 대운하는 국가적 물류의 핵심 루트라는 기능 외에 황제의 어도(御道)라는 기능까지 추가된 셈이다. 하도총독(河道總督)과 조운총독(漕運總督), 관련 지역의 지방관들은 대운하의 하드웨어 정비에 촉각을 곤두세우게 되었고, 화려한 황제의 행궁(行宮)이 건립된 회안(淮安), 양주(揚州), 진강(鎮江), 남경(南京), 소주(蘇州), 항주(杭州)는 대운하 유통망의 핵심적인 도시로 연계되며 발전하였다(조영헌, 2011a: 277-294, 310-337).

1684년을 전후하여 청조의 서북 변경에 대한 태도 역시 적극적인 확대 국면으로 변화하기 시작하였다. 남방 지역의 반란과 분란 세력의 진압에 성공한 청조는 1683년부터 흑룡강 지역의 러시아 세력과 치열한 공방전을 벌이기 시작하였다. 이후 서몽골의 갈단이 할하를 침공하자 강희제는 몽골과 러시아와의 동맹을 차단하기 위해 1689년 러시아와 네르친스크 조약을 체결하였다. 네르친스크 조약은 라틴어를 공통된 조약의 언어로 사용하고, 각국은 러시아어와 만주어로 각각 조약문을 만들었다. 만주어 조약문을 보면 양국의 평등성이 뚜렷이 드러나는데, 1727년에 체결된 캬흐타 조약에서도 마찬가지였다. 이처럼 청이 러시아와 호혜·평등의 성격이 두드러진 조약을 맺은 것은 몽골의 준가르가 러시아와 동맹을 맺을 가능성에 대한 '불안'이 그만큼 강했음을 반영한 것이다(구범진, 2012: 제4장).

마지막으로 1757년에는 4개 항구에서 1개 항구로 대외무역의 창구가 제한되면서 광동무역체제(Canton Trade, 1757~1842)가 형성되었다. 1684년의 개방적인 대외정책은 그리 오래 지속되지 못하였다. 강희제는 치세 말기에 외국에 진출한 중국인들이 외부 정권과 결탁할 것을 우려하기 시작했고, 옹정제(雍正帝)는 서양과의 무역을 광주로 제한하려 했으나 대외무역이 관할 지역의 민생을 유지하는 데 필수적이라고 여겼던 복건과 다른 지방 관료들의 반대로 시행에 옮기지 못하였다. 하지만 건륭제는 1757년 이후로 서양이 청조와 무역할 수 있는 항구는 오로지 광주뿐이라고 공포했고, 1759년 양광총독(兩廣總督) 이시효(李侍堯)가 올린 〈방범외이조규(防犯外夷條規)〉 5개 조를 승인하였다. 이후 광주로 일원화된 대외무역 체제는 아편전쟁으로 1842년 남경조약이 체결되기 이전까지 서양과의 무역을 규제하는 실효성을 지니게 되었다(Van Dyke, 2007; 梁嘉彬, 1999).

광주로 대서양 창구를 일원화하는 일구통상(一口通商)에 관한 구체적인 논의는 1757년 건륭제가 2차 남순을 마치고 북경으로 돌아온 직후부터 시작되었다. 이미 1755년부터 시작해서 1757년과 1759년까지 모두 세 차례에 걸쳐 영국 상인 제임스 플린트(James Flint, 洪任輝)가 이끄는 영국 선박은 강남과 인접한 절강의 영파로 진입하여 무역할 것을 시도하였다(唐文基, 1994~1996). 이 문제에 대처하기 위해 건륭제는 양광총독 양응거(楊應琚)를 민절총독(閩浙總督)에 임명했는데, 양응거는 강남은 국가 경제의 중심지이므로 서양 선박이 자유롭게 왕래하지 못하게 해야 한다는 주장을 펼쳤다. 즉, 해방(海防)이라는 치안 유지의 입장에서 영국과의 해양 무역에 대처한 것이다. 결국 건륭제는 양응거의 의견에 동의했고, 양광총독 이시요와 민절총독 양응거에게 "항구를 광동으로 제한하고 서양 선박이 다시는 절강성으로 올라오지 못하게 하라"는 명령을 하달하였다.

일견 청조의 해양 정책은 명조에 비하면 훨씬 유연해 보인다. 입관(入關) 이전부터 만주족 엘리트들이 중국의 동북 지역에서 상업 활동을 기반으로 그 세력을 키워 왔던 점도 이와 무관하지 않을 것이다(Zhao, 2013: ch. 3). 물자 유통에 대한 통제 정책을 시행하려다 실패한 공백에 시장의 힘이 팽창했던 명조와 달리 청의 만주족 엘리트들은 통치 초반부터 시장의 원리를 통제하기보다는 이를 이용하려고 하였다(Rowe, 2001: chs. 5-6). 사구통상이든 일구통상이든 해양으로의 교역 창구를 마련해서 재정을 확충하고 지역의 민생에 도움이 되도록 유도했던 것도 마찬가지 방식으로 이해가 가능하다.

하지만 이로 인해 중국의 대외무역에 질적인 변화가 생긴 것은 아니라는 점에 유념할 필요가 있다. 조공 체제는 여전히 외형적으로 유지되어 있었고, 이는 통치자의 구미에 맞지 않을 경우 언제든 외부의 요구를 거절할 수 있는 기제로 기능하였다. 이러한 현실은 1793년 매카트니 사절단이 방문했을 때 교환된 양국의 칙서(勅書)와 고두(叩頭) 의례를 둘러싼 갈등을 통해서 분명히 드러났다(Hevia, 1995). 또한 1750년대 광동 체제가 성립되는 배경에는 서북 지역에서 발생한 준가르 정복전에 군사력을 총동원하고 있었다는 점, 즉 북경뿐 아니라 강남 등지의 국내 질서를 안정시켜야 한다는 전략적 고려가 깊이 개입되어 있었다(曹雯, 2006).

이처럼 대운하시대 동남 연해에 대한 상품 교역과 관련한 해양 정책은 사실상 국가 안보와 이를 뒷받침해 주는 물적 기반에 대한 고려 속에서 변화되는 변경 정책의 일환이었다. 이는 서북 지역의 육상 변경에 대해서도 마찬가지였다. 동남 지역의 해상과 마찬가지로 서북 지역의 육상 무역에서 18세기 초기까지 조공 체제가 외형적으로 유지되었으나 동시에 사적인 교역도 활발하게 진행되었다(Rowe, 2009: 133-137).

마테오 리치가 언급했던 동남 해양 경계 너머 세계에 대한 불안과 의구심 못지않게 서북 변경 너머 세계에 대한 불안과 의구심 역시 대운하시대에 상존하였다. 물론 이러한 불안감은 서북 지역으로 쫓겨 간

몽골 세력과 대치 국면을 이어갔던 명조의 관료들에게 더 강하게 나타났다. 북변의 막대한 상비군을 먹여 살리기 위해 시행된 개중법과 1449년 황제가 몽골에 사로잡힌 토목보의 변, 1550년 수도가 몽골군에게 포위된 후 건설된 북경 외성(外城)과 새롭게 증축된 만리장성 등으로 인해 서북 변경은 중앙 재정을 축내면서 발전을 저해하는 요소로 각인되었다. 명조 문인 관료들에게서 자주 발견되는 '변경 지역에 대한 심기증(心氣症, borderlands hypochondria)'의 근원이 바로 여기에 있었다 (Woodside, 2012: 20-22).

만주족의 입관 이후에도 서북 지역의 변경 문제는 말끔하게 해결되지 않았다. 복속했던 몽골인을 팔기제(八旗制)에 포섭하고 여러 부족으로 나뉜 몽골족을 우익으로 포섭하려는 만주 지배층의 기대와 끈질긴 노력에도 불구하고 서몽골의 갈단(Galdan, 1649~1697) 세력과 준가르 부족은 1750년대까지 중국의 통치로부터 독립 유지를 맹렬히 고수했고, 청조는 서몽골 정복을 위한 군사 원정에 엄청난 재정 투자를 해야 하였다. 결국 준가르 부족의 아무르사나(Amursana)가 1757년 시베리아로 피신하다 병으로 사망하자 청군은 동투르키스탄 지역에서 준가르 부족을 완전히 '초멸(剿滅)'하는 학살을 자행했고, 건륭제는 1759년에 이르러서야 준가르 원정을 완수했다고 선포할 수 있었다(Perdue, 2005: ch. 7).

1750년대 서북 변경에 대한 정책은 동남 연해에 대한 정책과 연동되어 있었다. 퍼듀(Perdue)는 청조가 준가르 정복을 통한 서북 변경에서의 승리에 도취한 나머지 서북 변경의 정책을 동남의 해양 변경 정책에 적용했다고 해석하였다. 즉, 1760년대부터 1830년대까지 청의 관리들은 서북에서 만들어진 선례를 따라 영국 상인을 통제했다는 것이다. 신강(新疆)으로 상품을 보내는 강남의 비단 공방들이 얻은 이윤은 광동 무역에서 얻은 이윤과 마찬가지로 내무부(內務府)로 귀속되었다. 서북 지역에서 복무한 많은 순무(巡撫)와 총독(總督)들이 남부 해안에서도 복무하였다. 인적 연관성, 동일한 정책, 그리고 동일한 언어로 변경 정책들은 통합되어 있었다(Perdue, 2005: 702-707). 서북 변경과 동남 해안에 대한 정책의 연동성은 19세기 후반 새방파(塞防派)와 해방파(海防派) 사이의 논쟁에서도 확인이 가능하다(Elman, 2007: 41).

6. '육지의 아시아'에서 '바다의 아시아'로

이상과 같이 장기간에 걸친 물자 유통과 변경 정책 사이의 관련성을 통해 우선 확인할 수 있는 것은 다음과 같다. 1415~1784년까지 370년에 달하는 협의의 '대운하시대' 중국은 국가가 주도하거나 후원하는 해양 진출이 '효과적으로' 억제되었으므로 해양력이 상대적으로 약했던 시기라는 사실이다. 이는 광의의 '대운하시대'에 포함되는 당·송·원대와는 현저한 차이를 보이는 것으로 해양력의 약화는 상대적으로 내륙의 경제 동맥인 대운하의 중요성을 한층 높여 주었다. 즉, 긴 국경을 통한 육지 방어에는 익숙했으나 해양력이 약했다는 점에서 대운하시대 중국은 동시대 오스만 제국이나 제정 러시아와 유사하였다(Ebrey, Walthall, & Palais, 2009: 321).

김호동은 이것이 '실력'의 문제라기보다는 '의지'의 문제이자 내륙과 해양을 어떻게 인식하고 있었느냐의 멘탈리티(mentality)의 차이로 파악하였다. 즉, 몽골제국의 붕괴 이후 아시아에 들어선 명과 청을 비롯한 오스만 왕조, 사파비 왕조, 무굴제국 등은 모두 몽골제국의 정치적 카리스마를 모방하는 '육상 제국(continental empire)'을 지향했다는 것이다. 이것이 유럽의 해양 지향성과 대비를 이루는 아시아의 내륙 지향성이라는 것이다(김호동, 2010: 238-244). 엘만(Elman) 역시 '육상에 기반을 둔(land-based)' 청조에게 해상 세계는 "정복해야 할 중심(center of subversion)"일 뿐이었다고 보았다. 즉, 마테오 리치의 〈곤여만국전도(坤與萬國全圖)〉로 촉발된 해양 세계에 대한 지식인들의 관심은 17세기 만주족의 지배 이후 중국에서 사라졌다. 따라서 예수회의 지도제작술은 18세기까지 고증학의 발전과 연동되어 서북(西北) 지역에 대한 지리학 방면에 기여하지만, 아편전쟁 이전까지 해양 세계에 관한 진지한 탐구는 예수회가 중국에 처음 도래했던 명말 수준에서 조금도 진보되지 않았다고 평가하였다(Elman, 2007: 39-52).

하지만 질문을 바꾸어 볼 필요가 있다. 15~18세기까지의 중국이 반드시 서양처럼 바다로 적극적으로 진출하면서 해양력을 키워야 할 필요가 있었을까? 기존 연구에서 밝혀진 것처럼 대운하시대 국내 무역은 동서로 연결된 양자강, 황하, 회수(淮水), 전당강(錢塘江)과 이를 남과 북으로 통합하는 대운하를 중심으로 한 초지역적 네트워크가 활발하게 작동하고 있었다(조영헌, 2011a: 결론; Finnane, 2004: 34-39; Rowe, 1984: 54-62). 또한 앞서 지적한 것처럼, 서북 변경 지역과 동남 해양 지역의 대외무역 역시 비록 통제된 거점과 암묵적인 밀무역의 형태 속에서 이뤄졌으나 끊임없이 확대되는 국면이었다. 특히 16세기부터 은을 매개로 중국 경제는 '지구적' 무역과 밀접하게 연동하기 시작했고, 예수회를 매개로 한 동-서 간의 교류가 확대되면서 이윤 추구를 위한 상인들의 욕구와 외부 세력과의 교류 기회 역시 더욱 증가하였다(Brook, 2010: 126-128). 즉, 국가가 주도하는 해양력의 증대 없이도 중국은 18세기 후반까지 세계 경제의 '공장'이자 '시장'의 역할을 충분히 감당했을 뿐만 아니라 교역과 이윤의 욕망 역시 대운하를 중심으로 한 국내 네트워크를 통해 충족시키고 있었다. 게다가 광대한 영토의 구석구석까지 연결된 상업 네트워크를 활주하는 10여 개에 달하는 거대한 동향 상인 집단 간의 경쟁이 적절하게 통제되었기에 제국의 질서는 왕조가 바뀌는 위기 속에서도 4세기 가까이 강고하게 유지될 수 있었다.

이제 앞(이 책 47쪽)에서 제기했던 물음에 답할 때가 되었다. 조운이라는 국가적 물류에서는 철저히 해금의 정책적 기조를 유지하면서도, 변경 지역의 국제적 물류에서는 통제된 거점과 암묵적인 밀무역을 허용했던 '대운하시대'의 모순적인 구조와 특징을 어떻게 이해할까? 이미 몇 차례 언급한 것처럼, 대운하시대의 모순적 특징은 안보를 최우선 가치로 생각하는 국가권력의 지향성과 이윤 추구를 지향하는 지역사회와 상인들의 이해관계라는 두 가지 역학(dynamics)의 '절충(negotiation)' 속에서 형성되었다. 사실상 안보와 이윤은 밀접한 관련성을 지녔기에, 국가권력은 사회안정을 추구하면서도 세금 징수를 극대화하려 했고, 상인 역시 장거리 유통의 안정성 제고를 위해 회관(會館), 종족, 민간신앙 등 다양한 사회보장망을 추구하였다. 하지만 상인의 이윤 추구가 국가안보나 사회안정을 저해하는 수준에 도달한다고 느껴질 때 국가권력은 이에 대한 통제를 가하였다. 1415년 대운하를 개통하여 남북 방향의 국가적 물류를 활성화시키는 동시에 해도 조운을 금지한 것, 왜구나 정씨(鄭氏) 세력이 동남 연안에서 세력을 확대하자 강력한 해금령을 시행한 것, 그리고 서구 세력의 확대와 기독교의 전파로 안보에 불안을 느끼고 4개 항구를 1개 항구로 일원화시킨 광동무역체제의 형성은 그 대표적인 사례이다. 서북 변경에서 이뤄진 청조와 티베트와의 오차(鰲茶) 교역에서도 상업이 얼마나 강하게 안보적 고려에 영향을 받는지 확인할 수 있다(Perdue, 2005: 335-342).

문제는 19세기로 접어들면서 대운하시대까지 유효했던 국가권력의 안보와 지역 상인들의 이윤 사이의 절충이 효력을 상실하였다. 즉, 18세기 중반까지 균형을 유지하던 대운하시대 안보와 이윤 사이의 절충 관계를 19세기까지 연장하는 과정에서 한계에 봉착한 것이다. 이는 한때 경제발전에 크게 기여했던 수리 통제(water control) 기술이, 시간의 흐름과 함께 경제구조의 원활한 재혁신을 방해하는 구속 장치

(straitjacket)가 된 것과 유사하다(Elvin, 2004: 283-286). 한때의 강점이 약점의 근원으로 바뀌는 역설이 18세기 후반에서 19세기로 접어들면서 발생한 것이다. 결국 대운하시대의 두 가지 특징은 모두 해체되었다. 대운하로 일원화되었던 남북 방향의 조운 대신 해운이 활성화되었고, 해금[혹은 해방(海防)]과 조공의 형식으로 제한된 무역의 틀과 음성적인 대외 교류는 조약과 연해 지역의 완전한 개방으로 대체되었다. 이처럼 장기적으로 15~19세기가 '육지의 아시아'에서 '바다의 아시아'로 그 화두가 변화되는 시기였음을 상기할 때(白石隆·ハウ、カロライン, 2012: 152-166), 적어도 1415~1784년까지 370년 동안의 중국은 '대항해'에 대한 의지가 단순히 결여된 시기가 아니라 그야말로 외부적인 '대항해시대'에 대응되는 '대운하시대'였다고 부를 수 있을 것이다.

7. '아메리칸 임팩트'

마지막으로 18세기 후반 대운하시대의 종언과 동시에 '바다의 아시아' 시대로 돌입하기 시작할 때 체감되기 시작한 '아메리칸 임팩트(American impact)'에 대한 언급을 하며 이 장을 마치고자 한다. 앞서 언급했듯이 대운하시대의 종점인 1784년 미국 상선 'Empress of China호'를 통해 미국과 중국과의 직접 교역이 시작되었다. 16세기 전반부터 시작하여 이른바 대항해시대의 흐름 속에서 동아시아에 진출한 포르투갈, 에스파냐, 네덜란드에 비하면 미국은 그야말로 아주 늦은 후발주자에 불과했다. 이미 주변국과의 오랜 교역의 역사를 지닌 광주(Canton)와 마카오, 도쿠가와 막부의 유일한 대외 항구였던 나가사키, 동남아시아의 무역 거점인 마닐라와 바타비아 등지에는 이미 중국 상인을 매개로 한 포르투갈, 에스파냐, 네덜란드 상인들 사이의 긴밀한 교역 네트워크가 형성되어 있었다. 남중국해를 중심으로 포진한 유럽인들의 진출기지였던 광주, 나가사키, 바타비아의 세 항구도시를 검토한 블루세(Blusse)는 "중국인, 일본인, 그리고 네덜란드인들이 1780년대부터 1790년에 걸쳐 아시아로 진입하기 시작한 새로운 미국인들을 맞이한 곳이 바로 이 세 항구도시"였으며, 따라서 18세기에서 19세기로 넘어가는 약 30년은 동아시아 지역사뿐 아니라 세계적으로도 '터닝포인트'가 될 만한 시기라고 지적하였다(Blusse, 2008: 6). 유럽에서 진행된 프랑스혁명과 나폴레옹전쟁의 여파로 남중국해에서 네덜란드의 역량은 현저하게 약화되었고 그 자리를 미국이 대체하기 시작하였다. 이후 새로운 국제교역 항구로 싱가포르, 홍콩, 상하이, 요코하마가 부상하기 시작하였다.

미국과 중국 사이의 교역 루트는 다양해졌다. 1784년 'Empress of China'호는 뉴욕에서 출발했지만, 이미 이전부터 필라델피아에서 아시아로 출발하는 선박이 출항했으며, 이후에는 매사추세츠의 보스턴(Boston)과 세일럼(Salem) 등지로 다변화하였다. 1790년까지 광주에 도달한 미국 선박은 28척으로 증가했고, 1800년에는 100척을 넘어섰다. 당시 광주에 도달한 서구 선박 가운데 미국은 영국 다음으로 많았고, 1790년대 중국 무역품은 미국 수입품의 7분의 1을 차지하였다. 1839년 출간된 『월해관지(粵海關志)』에 따르면 "미국 선박은 영국 선박만큼 많았다. 하지만 미국 선박은 다른 어떤 나라의 선박보다 작아서, (음력) 8월에서 9월 사이에만 항구에 진입 가능한 다른 나라 선박과 달리 언제라도 항구로 들어올 수 있었다"고 한다. 미국의 2대 대통령인 존 애덤스(John Adams, 1735~1826)는 1785년 존 제이(John Jay)에게 "미국의 상인들에게 줄 수 있는 최고의 조언으로 동인도를 향하여 가능한 한 빠르고 멀리 장사하러 떠나라는 것만 한 것이 없다"고 조언하였다(Dudden, 1992: 4). 이후 미국은 중국의 차 수입과 아편 밀수에 점차 깊숙이 개입하기 시작했고, 결국 아편전쟁 직후인 1844년 마카오의 교외인 망하(望厦)에서 미국과 중국 청조 사이에 첫 조약이 체결되었다. 물론 그 내용은 최혜국 대우에 따라 영국이 체결했던 난징조약, 오구통상장정(五口通商章程) 등을 준용하는 수준이지만, 미-중 관계의 새로운 차원을 상징하는 조약이었다.

네덜란드가 독점하던 일본과의 교역에 대한 미국의 개입 역시 18세기 후반부터 시작되었다. 1795년 이후 더는 네덜란드 선박의 입항이 허락되지 않은 일본 나가사키로 네덜란드 깃발을 꽂은 덴마크와 미국 선박이 왕래하기 시작하였다. 1797년부터 제퍼슨 대통령이 통상금지법(embargo)을 선포한 1807년까지 모두 11척의 미국 선박이 나가사키의 데지마를 방문하였다. 1853년 페리가 이끄는 미국 함대가 우라가(浦賀)에 들어가 개항을 요구하면서 미-일 관계는 새로운 차원으로 접어들었다. 1854년 미일화친조약이 체결되고 1858년에는 미국의 주일 총영사 헤리스에 의해 미일 수호통상조약이 체결되었다. 1850년대가 되면 일본의 공식적인 국제학문 용어가 화란어에서 영어로 바뀌게 되는데, 19세기부터 일본의 대표적인 대외 교역의 대상이 네덜란드에서 미국으로 전환되었음을 상징한다(Blusse, 2008: 92).

1853년 이전 미국의 아시아에 관련한 인식에, 일본에 대한 지식과 인식은 대단히 한정되어 있었지만, 일본을 직접 경험한 페리와 그 부하들은 일본이 "동양 모든 국가 가운데 가장 도덕적이고 개명한 국가"라는 데에 쉽게 동의했고, 이러한 평가에 기반을 두어 일본에 대한 미국의 선호는 제2차 세계대전 시기를 제외하고 20세기 말까지 지속되었다. 특히 1900년 10월 "나는 미국이 태평양 방면에서 지배적인 강대국이 되는 모습을 보고자 한다"고 주장하며 대형 해군 설립을 계획했던 대통령 루스벨트 시기에 일본에 대한 미국의 선호도는 더욱 강화되었다. 태평양을 미국의 호수로 만들고자 진출한 미국에 1895년 청일전쟁에서 승리한 일본은 이미 강력한 해양국가이자 미국의 중요한 파트너였다. 1900년 이후 대부분의 미국 투자자들 사이에서 중국에 관한 관심이 하락했던 것과 20세기 전반기 유럽 열강과 달리 중국을 "유능과 무능 사이의 절묘한 수준"에 붙잡아두려는 미국 지도자들의 행보 역시 이러한 변화를 유리하게 이끌었다. 물론 1901년 『일본과의 임박한 전쟁(The Coming War with Japan)』이라는 책이 나올 정도로 해양국가 일본의 군사적·경제적 성장을 우려하는 목소리가 제기되지 않은 것은 아니었다. 하지만 하워드 태프트(Howard Taft), 프랭클린 루스벨트, 리처드 닉슨이 잘 보여 주었듯이, 이따금 "중국 우선" 정책이라는 카드를 만지작거리다 결국 앞선 기술과 선진 산업 기반을 가진 일본이 동아시아에서는 더 중요한 강대국이라는 냉엄한 현실로 되돌아가는 미국 외교의 패턴이 반복되었다(커밍스, 2015).

제2차 세계대전을 전후하여 잠시 일본과 태평양을 둘러싼 경쟁 구도가 형성되었지만, 미국은 동아시아에서 미 제국의 열도(U. S. archipelago of empire) 형성을 위해 경쟁 구도 대신 협력관계를 구축하였다. 동아시아에서 미국은 역내 비공산 국가들과 축과 바큇살(hub and spoke) 형태의 비대칭적 체제로서 한국, 일본, 대만, 필리핀의 양자 방위조약이 공고화되고, 4개국 외무부 위에 미 국무부가 서 있는 수직적 구조를 형성시켰다. 이 체제의 유일한 균열은 중국의 부상이었고, 중국의 도전 속에서도 미국의 동아시아 역내 패권은 일본을 중심으로 한 미 제국의 열도 네트워크를 통해 지속되고 있다(커밍스, 2015: 218-229).

서학과 천주교를 통한 서구의 한국(조선)에 대한 영향력은 18세기 후반부터 시작되지만 영국, 프랑스, 미국을 비롯한 열강의 직접적인 영향력과 관심은 중국이나 일본보다 다소 늦은 19세기부터 본격화되었다. 19세기 전반 대미(對美) 인식은 두 갈래로 나뉘는데, 하나는 부강하고 공평한 국가라는 호의적 의식이고, 다른 하나는 괴상한 인종이라는 부정적 인식이었다. 전자는 1840년대 중국에서 유입된 『해국도지(海國圖志)』 등 서구 소개서를 통해 형성되었고, 후자는 1850년대 조선 연해에 표착한 미국인들과 접촉한 결과였다. 대원군이 집권한 1864년 이후에는 미국이 미개국이고 금수(禽獸)의 나라라는 화이론적 대미 인식이 팽배하였다. 반면 일부 개명한 관리들은 미국이 영토에 야심이 없는 나라라고 인식하였다. 1866년 제너럴셔먼호 사건은 무력이 동원된 충돌 사건이었지만 한국과 미국의 관계를 한 단계 진전시키는 결정적인 계기를 마련하였다. 미국은 제너럴셔먼호 사건에 대한 문책과 동시에 조선과의 통상관계를 열기 위해 1871년 군함을 출동시켰으나 대원군은 단호하게 교역 불가의 태도를 취하였다. 당시 몇 차례의 작은 해전 이후 미군이 철수하자 대원군은 전국에 척화비를 건립하는 등 쇄국을 강화하였다(현광호, 2010: 29-32).

하지만 고종의 즉위 이후, 19세기 후반 문명으로서의 중화의 지위가 위태롭게 흔들리는 반면 부국강병과 서구화는 조선 사회에서도 빠르게 '문명'의 지위를 획득하였다. 서구 문명 자체가 보편적이라는 관점이 형성되는 과정에서 유교의 정신적 가치와 체계에 위협이자 대안으로 기독교가 빠르게 새로운 문명의 기초로 인식되기 시작하였다. 특히 18세기 후반에 유입된 천주교와 달리 19세기 중엽부터 유입된 개신교는 선교 초기부터 근대 문명의 옹호자이자 주역임을 내세웠다. 가령 미국 선교사들은 병원과 학교에서 서양 지식을 가르치고 서구화와 자유화를 시도하였다. 선교사들의 복음은 종교 행위이자 선교 대상의 마음, 습관, 가정, 민족을 개조하여 결국은 새로운 국가를 만드는 것을 목표로 삼았다. 선교사들의 노력과 기독교에서 사회 변혁과 우수한 문명을 향한 새로운 동력을 발견한 한국 지식인들의 조우는 새로운 기독교 국가에 대한 희망을 낳기도 하였다(안종철, 2009). 이러한 인식을 지니고 1890년대 이후 사회의 지도자로 부상한 대표적 인물이 윤치호와 이승만이다. 이처럼 기독교가 문명의 핵심 가치라는 지위를 확보하고 보편 종교로까지 영역을 확장하는 과정은, 유교가 문명의 지위를 상실하고 이어 종교 영역에서마저 축소되는 흐름과 궤를 같이하고 있었다(이경구, 2013: 210-217). 양란 직후 위기의식을 느낀 17세기 조선 지식인들 사이에서 '조선중화주의' 혹은 '소중화주의'를 통해 중화의 내면화와 동일시가 시도된 것처럼, 19세기 한층 강화된 전 지구적 차원의 위기 상황에서 문명개화론자들 사이에 기독교에 대한 쏠림 현상이 강하게 발생했고, 미국 장로회를 비롯한 미국의 영향력이 20세기 들어 강해지기 시작하였다.

여기서 미국을 포함한 서구적 근대를 수용하는 조선과 일본의 차이가 나타난다. 즉, 일본은 서구와 다른 점(전전의 천황제나 '근대의 초극', 전후의 일본적 경영 등)에서 아이덴티티를 찾으려는 경향이 강했던 반면, 식민지기 조선에서 현재 한국에 이르기까지 한반도에서는 사회주의나 기독교라는 서구 기원의 사상이나 종교가 일본과는 비교할 수 없을 정도로 강한 영향을 발휘하였다. 이는 주자학을 둘러싼 수용에서도 유사했는데, 도쿠가와 일본에서는 탈주자학 등 중국과 차이를 강조함으로써 아이덴티티를 확립하는 경향이 있었던 반면, 조선에서는 중국 이상으로 중국적인 것에서 아이덴티티의 근거를 찾으며 주자학 일원화를 이루었다. 모두 중국이라는 중심의 존재를 강하게 의식하며 생겨난 주변적 존재의 상이한 대응 방식이었다(미야지마 히로시, 2015: 55-58).

여러 가지 의미에서 18세기 후반 동아시아의 내외적 질서는 동요하기 시작하였다. 15세기 이래 300년 가까이 효율적으로 운영되던 대운하를 중심으로 한 장거리 교역망의 번영과 해금 정책과 조공 체제의 기조하에 밀무역 혹은 국가권력의 통제하에 이뤄지는 제한된 국제무역의 틀은 18세기 후반 모두 위기를 맞이하였다. 대운하시대에 최적화된 국가 운영의 패러다임이 해양을 향하여 전향적으로 변화되지 않는 한 인도양과 태평양을 통해 압박해 들어오는 해상 세계의 위협과 요구 속에서 중화질서가 와해되는 것은 시간문제였다. 따라서 19세기 중엽 아편전쟁에서의 패배와 19세기 후반 청일전쟁에서의 잇단 패배는 한때의 강점이 약점의 근원으로 급속히 전환되었던 18세기 후반의 역설적인 상황에서 기인했다고 해석할 수 있는 것이다. 특별히 1784년은 청조의 황제가 대운하를 이용하여 강남 지역을 순행하는 마지막 시기, 즉 대운하시대의 종점인 동시에 미국과의 상업 교류 및 영향력의 교차가 시작되는 시점이 된다. 즉, 중국적 세계질서의 쇠락과 해양으로부터 미국의 영향력이 비집고 들어오기 시작하는 두 사건을 상징적으로 보여 주는 터닝포인트라고 할 수 있다.

제3장 일본 제국주의: 태평양을 횡단한 야구의 궤적을 통해 본 동아시아의 이중적 구속

1. 근대 스포츠 야구, 태평양을 가로지르다

제2장에서 중화질서의 와해를 운하라는 내부 질서의 혼란과 미국의 등장을 통해 동아시아의 근대성 형성의 역사적 맥락에서 살펴보았다면, 제3장은 미국과 일본이라는 두 개의 타자 속에서 역사적으로 형성된 동아시아 근대성 형성의 특징을 검토한다. 동아시아의 근대화 과정에서 근대 스포츠로 아시아에 도입되어 널리 행해진 야구의 궤적을 통해 식민지배 및 피지배, 그리고 근대화의 과정을 동시에 경험한 동아시아인의 근대적 의식의 특징을 이론화하고자 한다. 근대적 의식의 특징을 이중적 구속(double binding)이라고 개념화하는 가운데 지역 내 유일한 근대적 국민국가이자 제국으로 성장한 일본과 서구적 근대의 이상향으로 상상된 미국의 의미를 고찰한다. 이중적 구속은 옐로우 퍼시픽이라고 명명한 동아시아 근대성을 구성하는 서사의 한 형태로서 크게 세 가지 의미로 나누어 볼 수 있다. 첫 번째로 이중적 구속은 미국과 일본이라는 두 개의 제국이 동아시아에 대한 동시적인 지배의 상태와 그로 인해 지배자와 피지배자의 이중적 과제가 부여된 상태를 의미한다. 두 번째로 이중적 구속에 대한 고찰은 동아시아에 탈-식민화(de-colonial)

과정이 진정성 있게 진행되기 위해서는 탈-제국화(de-imperial) 과정이 필요함을 보여 준다. 세 번째로 근대인의 의식으로 이중적 구속은 근대적 삶의 형태가 다양할 뿐만 아니라 고유한 특성에 따라 다르게 전개될 수 있음을 보여 준다. 특히 이중적 구속은 동아시아에서 일본과 미국이라는 제국에 의한 완벽한 지배가 불완전할 뿐만 아니라 피식민자에 의한 전복이 가능한 상태임을 알려주는 조건을 보여 준다. 이중적 구속을 넘어서는 것은 내적 지배자인 일본을 극복하는 탈-식민뿐 아니라 외적 지배자인 미국에 대한 열등감과 욕망을 극복하는 탈-제국의 과정이 필요한 상태임을 가리킨다.

동아시아인의 근대적 의식으로 이중적 구속을 개념화하기 위해 동아시아에 (서양)제국의 진입 및 (동양)제국이 등장하는 국면이라는 특질에 주목한다. 주지하다시피 19세기부터 20세기 초까지 많은 아시아 국가와 지역은 완전한 식민 상태 혹은 반식민의 상태에서 다양한 형태의 근대적 문물과 제도가 도입되었다. 서구 및 아시아의 학자들이 식민과 근대의 과정이 동시에 발생하는 것에 주목하여 식민화와 근대화 과정이 분리 불가능한 조건임을 주장하였다. 구체적으로 동아시아의 역사적 경험을 설명하기 위해 미국 학계의 학자들을 중심으로 '식민지 근대성(colonial modernity)' 개념이 제안되어 많은 논의를 주고받았다(Barlow, 1997a; Lee & Cho, 2012; Shin & Robinson, 2001a).

식민지 근대성 논의는 한국 학계에서도 긍정적이고 때로는 회의적인 반향을 일으키면서, 식민지 수탈론과 식민지 근대화론이라는 기존의 이분법을 뛰어넘고자 하는 연구들을 촉발하는 계기가 되었다. 식민지 근대성에 대한 한국 학계의 반응과 세계지식 체제 속에서 한국의 딜레마에 대해서는 이 책 제4장에서 자세히 논의할 것이다.

아시아의 식민과 근대의 과정이 동시에 진행되는 역사적 구조 속에서 특히 주목한 것은 일본이라는 같은 동아시아인으로 구성되어 있는 지역 내 국가가 지역 내 제국으로 부상한 국면이다. 19세기 제국의 시대에 전형적인 제국-식민의 구도가 유럽인과 비유럽인이라는 점에서, 동아시아에서 지역 내 일본이 제국으로 부상한 것은 매우 독특한 측면이 있다. 전 지구적으로 유일한 비서구 제국주의를 추구했으며, 같은 대륙에서 같은 인종의 제국주의자가 출몰한 것이다(Ching, 1998). 이러한 특성이 있는 일본 제국은 동아시아 내 식민지 및 지배의 대상이 된 피지배자들과 독특한 관계를 맺게 된다. 동아시아 근대화의 시기에서 이와 같은 일본 제국의 독특한 위치로 인해 동아시아 피식민지 그리고 서양과 맺게 되는 이중적인 의식을 탐색하고자 미국 스포츠인 야구가 태평양을 건너 일본과 동아시아에 도입된 궤적을 추적하려고 한다. 동아시아 맥락에서 야구의 역사적인 궤적이 나타내는 역사적 상징성은 크게 두 가지 차원으로 논의될 수 있다. 하나는 야구가 근대 스포츠의 일환으로 동아시아에 도입되면서 근대적인 문물의 상징, 즉 근대성의 척도를 나타낸 것이다. 다른 하나는 야구가 동아시아에 확산되는 과정은 미국과 일본이라는 두 개의 제국이 동시적으로 관계 맺는 과정의 상징이라는 점이다. 근대의 상징이자 미국과 일본이라는 두 개의 제국을 나타내는 야구는 동아시아의 피지배자들에게도 이중적인 의미로 다가왔다. 피지배자들에게 야구는 제국주의자들과 경쟁하는 수단인 동시에 제국주의자들에게는 통치의 도구, 즉 그들의 우월함을 증명할 수 있는 수단으로 작동되었다. 이러한 야구의 이중적 상징들을 태평양을 가로지르며 형성된 근대화의 특성과 동아시아의 이중적 의식을 설명하기에 효과적인 도구이자 동아시아의 근대성을 이론화하기에 의미 있는 역사적 자원으로 위치 짓고자 한다.

동아시아에서 근대 스포츠는 19세기 후반부터 근대적인 제도, 지식, 육체에 대한 관념 그리고 생활 습관 등과 함께 도입되어 전파되었다(Guttmann, 1994). 또한 근대 교육기관 및 교육 과정의 설립과 확장 속에 체육 과목이 신설되면서, 학생들이 육체를 단련하고 근대적인 훈련을 받는 방식을 통해 지역의 근대화 과정에 깊숙하게 관여하였다(Cho & Leary, 2012). 그리고 동아시아 사회에서 전통적으로 계승되어 온 운동을 대체하면서 일종의 스포츠 문화를 형성하기도 하였다. 이처럼 제도로서 문화로서 근대화 과정에 깊숙이 관여된 다양한 근대 스포츠 가운에 야구는 동아시아에서 다음의 두 가지 측면에서 더욱 주목할 만하다. 첫째로 야구는 미국의 전통적인 운동(American Pastime)으로서 유럽이 아닌 미국의 근대성, 즉 아메리칸 모더니티를 상징한다. 둘째로 야구의 도입 및 전파에 있어서 미국인뿐 아니라 일본인도 결정적인 역할을 하였다. 다시 말해 야구를 동아시아의 각 사회에 처음 도입한 것은 미국 선교사였지만, 야구가 전국적으로 널리 전파되고 다양한 지역 및 구성원이 실행하는 데까지 큰 역할을 한 것은 일본 관료와 교육자였다. 그 과정에서 제국 가운데 유일한 비서구인이자 동양인인 일본은 미국으로 대표되는 서구 세력들과 경쟁했고, 야구에서의 승리는 근대적인 주체로서 일본인의 우수성을 드러낼 수 있는 주요한 수단으로 작동하였다.

동아시아에서 야구의 궤적을 추적하는 것은 단지 과거뿐 아니라 "전 지구의 다양한 영역에서 불균등하게 펼쳐지는 매우 장기적인 과정으로서" 세계화라는 현재의 문제점을 성찰하는 데 기여할 수 있다(Maguire, 1999: 3). 1990년대부터 촉발된 미국 스포츠의 세계화는 다양한 지역의 학자들에게 스포츠를 "통치와 상업적인 지식/권력의 다양한 형태로 대중들을 매개하는 중요한 현장으로" 탐색하게 하였다(Miller et al., 2001: 2). 예를 들어 마이클 조던-나이키-미국프로농구(NBA)의 삼각 편대를 통해 미국 스포츠의 전 지구화에 대한 논의에서부터 스포츠 민족 스타를 통한 미국 프로야구(MLB)의 아시아에서의 인기를 탐색한 연구를 들 수 있다(Andrews, 2001; Cho, 2010). 따라서 문화적·경제적 세계화 과정에서, 미국 스포츠의 역할이 증대되는 국면에서 태평양을 가로지르는 첫 근대 스포츠의 궤적을 탐색하는 것은 더욱 큰 의미가 있을 수 있다.

2. 일본 제국주의 부상과 이중적 식민화

동아시아의 근대화 과정에서 중요한 격변기였던 19세기 후반부터 20세기 초까지를 설명하는 이론적 논의 가운데 '식민 근대성(colonial modernity)' 개념이 있다. 식민 근대성 논의는 동아시아의 많은 사회에서 근대화 과정이 식민 혹은 반식민 상태에서 진행된 특성, 즉 식민성과 근대성의 분리 불가능한 관계성을 강조한다. 동아시아의 식민지 근대성에 관한 연구는 발로우(Barlow)가 편집한 『동아시아에서 식민 근대성의 형성(Formations of Colonial Modernity in East Asia)』(Barlow, 1997a)이라는 제목의 책과 초대 편집인으로서 창립한 『포지션스(positions: Asia critique)』라는 학술지를 통해 다양한 논의가 전개되었다. 발로우는 편저의 서문을 통해 식민 근대성(colonial modernity)이라는 개념을 자본주의를 세계화하는 동력으로 언급하고 있는 편만한 담론적 권력을 탐색하기 위한 사유의 틀로서 제안한다(Barlow, 1997b). 그 이후 동아시아에서 식민 근대성이 다양한 방식의 근대성 형성 탐색에 유용한 이론적 도구로 활용되었는데, 발로우는 최근 논문에서 식민 근대성이 던지는 근원적인 질문은 "식민지 관계를 형성하는 가운데 일본과 미국이라는 거대한 권력의 역할"에 대한 탐구였다고 밝히고 있다(Barlow, 2012: 632).

발로우와 함께한 연구자들이 주목한 식민 근대성의 특징, 즉 식민화와 근대화 과정이 동시에 진행되는 역사적인 경험은 동아시아에만 국한된 것은 아니다. 식민화와 근대화는 유럽이라는 일부 지역을 제외한 세계의 대부분 대륙 및 지역에서 시기와 정도의 차이를 보이면서 동시에 진행되었다 해도 과언이 아니다. 동아시아 외에 식민화와 근대화의 동시적 진행에 관하여 두드러진 연구 성과를 보인 지역은 남미이다. 대표적으로 남미의 근대성 형성을 탐구한 미뇰로(Mignolo)는 식민성을 "근대성의 반대적이면서 불가피한 측면, 즉 근대성의 어두운 측면(its darker side)"으로 설명한다(Mignolo, 2011: 22). 미뇰로(Mignolo, 2000; Mignolo, 2007)와 에스코바(Escobar, 2007) 등 남미 근대성에 대한 일군의 연구자들은 근대성과 식민성이 동전의 양면처럼 형성된 양상을 '근대/식민성(Modernity/Coloniality)'이라는 개념으로 설명한다. 이들은 기존의 식민 근대성 테제가 여전히 식민이라는 상태, 즉 근대성에 종속적인 형태로 서술된 것은 여전히 근대 중심성을 벗어나지 못한 것으로 평가하고 있다. 구체적인 결은 달리하지만, 비서구 지역에서 근대성 형성에 있어 식민성을 더는 배타적인 것으로 인식하지 않는 학문적 접근은 다양한 토론을 거치면서 많은 공감을 얻고 있다.[1] 자본주의의 전 지구화 과정, 특히 산업자본주의의 지구적 확산에 있어서 식민성과 근대성의 분리 불가능한 특성은 동아시아 및 남미와 같은 지역별 연구뿐 아니라 지역 간의 구조적 상동성을 이해하기 위해 의미 있는 지점이라고 할 수 있다.

이처럼 동아시아의 근대화 과정에서 일본 제국이 지역의 지배적인 세력으로 부상하면서 많은 서양식 제도, 관습, 개념은 일본 근대주의자들에 의해서 처음 수입되고, 다시 중국, 대만, 한반도로 재전유되

1 예를 들어 한국 및 동아시아의 분단 체제에 대한 대표적인 연구자인 백낙청은 동아시아의 식민 근대성의 특징은 "남미, 아프리카, 그리고 아시아의 다른 지역에서 발견할 수 있는 특징과 다른 측면을 드러낼 것"이라고 주장하기도 한다(Paik, 2000: 74).

는 과정을 거쳤다. 다시 말해 동아시아 근대성의 모습들은 “서양과 일본의 사상들이 혼융된 것에서 자라난 것”으로 근대 일본에 의해서 먼저 차용, 전유, 그리고 적응된 결과로 설명되기도 한다(Kichuchi, 2007a: 8). 이처럼 서양의 근대적 문물이 일본에 의해 굴절되어 동아시아에 재전유된 방식을 설명하기 위해 키쿠치(Kichuchi)는 ‘굴절된 근대성(refracted modernity)’이라는 개념을 제시한다(Kichuchi, 2007a). 키쿠치의 논의에서 동아시아 근대성의 굴절된 상태는 우선 동아시아 근대성의 다층적일 뿐만 아니라 전이 가능한 특성을 상징한다. 즉, 굴절의 과정 및 방식에 따라 각 지역에서 다양한 방식의 수정이 가능한 것을 전제로 하는 것이다. 동시에 동아시아 근대성의 특성에 일본 식민지인 “다른 아시아 지역에 일본인들의 오리엔탈리즘을 부과하는 과정”을 포함하는 것을 의미한다(Kichuchi, 2007b: 222). 다시 말해 아시아에서 근대적인 제도와 실천이 도입되어 확산되는 과정은 일본 제국에 의해 굴절되었을 뿐만 아니라 식민통치의 수단으로 일본 식민지에 확산되었고, 일본 제국의 이름 아래 정상화되었다.

근대화 과정의 매개자인 일본인이 제국주의자 가운데 유일한 비서구인이라는 사실을 인식하는 것은 단지 식민-근대성 형성의 측면뿐 아니라 식민을 벗어나고자 하는 탈-식민화(de-colonization) 과정을 탐색하는 데 도움을 준다. 제국 일본이 식민지가 같은 대륙에 속했기에 일본 식민지에서 지배자와 피지배자 간에 피부색과 골격과 같은 인종적인 특성이나 문화적인 차이는 크게 나타나지 않는다(Ching, 1998). 대신 일본 제국과 제국주의자 일본인들은 피지배자들과의 구별을 지식·기술·신체적 능력 등 근대적인 성취를 통해 나타내고자 하였다. 때로는 피지배자들 역시 근대성의 지표 혹은 근대적인 것을 성취한 정도를 통해 지배자인 일본인들과 경쟁할 수 있었다. 즉, 제국과 식민의 대결이 인종 간의 대결이 아니었기에 종전 이후 탈식민의 과정에서 구-제국과 구-식민의 대결, 갈등, 그리고 증오의 관계를 이룬 이데올로기는 인종주의가 아닌 민족주의가 되었던 것이다. 특히 제2차 세계대전이 끝난 후 지역의 패권이 일본에서 미국으로 넘어가는 과정에서 탈식민의 국면은 바로 냉전의 구도로 재편되었다(사카이 나오키, 2008). 그 과정에서 일본은 진정성 있는 전쟁 책임을 지기보다는 곧바로 미국의 핵심적인 우방이 되었고, 심지어 원자폭탄 피해자의 모습을 자처하곤 하였다.

식민과 탈식민 과정에서 이와 같은 일본 제국주의의 특이성은 동아시아 근대화 과정에서 식민지배자와 피지배자에게 이중적인 의무를 부과하였다. 우선 식민지배자로서 일본의 이중적인 의무에 대해 생각해 보자. 식민지배자로서 일본은 아시아 식민지로부터 자신을 스스로 구별하기 위해서 자신의 제국적이고 우월한 위치를 늘 주장해야 하였다. 그러나 인종이 아닌 근대적인 성취도를 통해 우월성을 입증하고자 하는 일본 제국의 노력은 궁극적으로 서양의 승인이 필요하게 되었다. 제국으로 성장하는 가운데 일본은 서양의 침공에 대항하고 동아시아의 공동 번영을 추구한다는 대동아공영권(Greater East Asian Co-Prosperity Spheres)을 외치는 동시에 다른 아시아와 자신을 구별하고자 하는 '탈아입구'라는 목표에 필연적으로 귀결된다(후쿠자와 유키치, 2012). 그렇기에 일본 지식인들은 다른 아시아인들과 구별된 일본인 그리고 다른 인종이 되고 싶은 욕망을 드러내게 된다. 일본 메이지유신의 대표적인 지식인인 후쿠자와 유키치는 "황인종은 존재한다. 하지만 단지 일본인은 황인종에 속하지 않을 뿐"이라는 역설적인 주장을 하기도 하였다(Ching, 1998: 72 재인용). 이중적인 의무 속에서 우월한, 즉 근대화된 일본으로 승인받는 것은 궁극적으로 백인들의 시선에 놓이게 되고, 그 결과 일본의 정체성은 항상 서양과 아시아 사이에 모호한 상태로 위치지어진다(Ching, 2000). 그런 의미에서 일본 제국은 자신의 본토와 식민지에서 자신의 우월한 타자인 서양과 협력, 타협 및 대결을 계속해야만

하였다.[2]

그렇다면 근대화 과정에서 피지배자에게 어떠한 이중적인 의무가 주어진 것일까? 일본 제국의 식민지에 사는 동아시아인들은 두 유형의 제국에 협상, 대응 혹은 저항을 해야 하였다. 우선 동아시아인들은 일본 제국의 직접적인 식민통치에 대응하면서 동시에 근대의 가장 중요한 상징으로 서양을 욕망하였다. 다시 말해 동아시아인들에게 일본 제국이 매우 직접적인 저항과 순응의 대상이었다면 서양은 근대성을 상상할 수 있게 하는 근본적인 지식 및 영감의 공급처였다. 일본이 대면하고 직접적인 영향력을 가하는 일상의 지배자라면, 서구의 상징으로 미국은 상상과 환상의 영역에서 매우 온화하고 형제애를 지닌 대상으로 인식되었다(Yoo, 2001). 제국 통치에 있어서 아시아의 대리인이었기에 일본 제국 안에서 유럽중심주의는 일본의 식민지에서 "더욱 내부적이고 효과적으로 작동"할 수 있었다(Paik, 2000: 75). 이러한 이중적인 의무 속에서 일본은 근대화의 정도를 두고 경쟁하거나 매개하는 모순적인 역할을 담당하게 된다.

제2차 세계대전이 끝난 이후, 즉 동아시아에서 제국-식민의 구도가 공식적으로 철폐된 이후에도 이중적 의무는 여전히 발견된다. 앞서 언급한 바와 같이 "냉전 체제가 효과적으로 식민주의의 구조를 대체하는 가운데" 과거 피지배자들의 심상 속에 미국은 쉽사리 일본을 대체하였다(Chen, 2001: 84). 이와 관련하여 일본의 문화연구자 요시미(Yoshimi)는 "아시아의 다양한 지역에서 탈식민 운동은 냉전 체제에 복속됨으로써 아시아는 쉽게 미국 헤게모니 구조의 일부분이 되었다"

2 여기서 일본 제국의 이중적인 과제라고 표현한 것과 유사하게 천관싱은 일본에서의 "제국주의화(imperialization)는 이중적인 과정으로 제국의 중심뿐 아니라 제국의 식민지에서 동시에 발생"하고 있음을 강조한다(Chen, 2010: 7).

고 주장한다(Yoshimi, 2003: 435). 동아시아의 상황이 더욱 바람직하지 않았던 것은 냉전이 동아시아에서는 실질적으로 대규모 전쟁이 지속된 '열전(the Hot War)'이었다는 것이다. 또한 냉전이 공식적으로 종식된 이후에도 냉전의 구조는 동아시아에서 완전히 사라지지 않았다(Chen, 2001). 동아시아는 오랜 기간 북한의 핵 실험과 한국의 핵 무장 주장 속에서 남북한 갈등이 존재했고, 남중국해와 독도 등 아시아 국가들 사이에 크고 작은 영토 분쟁이 이어지고 있다. 일본 제국의 역할을 대체한 미국은 냉전 기간을 거치면서 동아시아에 두 가지 모습으로 나타났다. 하나는 바람직한 모습의 욕망 대상으로 미국이고, 다른 하나는 폭력 및 반감의 대상으로 미국이다(Chua & Cho, 2012). 전자가 풍요로운 일상생활의 이미지와 대중문화로 대변된다면 군대와 정치적 패권주의는 후자를 대표한다고 볼 수 있다.

1960년대 이후 고도 경제 성장을 통해 일본은 다시 서구의 모습에 가장 근접한 모델로 동아시아에 재등장하게 된다. 동시에 여전히 서양과 동양을 매개하는 역할을 담당하면서 근대화 초기에 발견되는 '아시아-일본-미국'이라는 삼각 모델이 종전 후에도 지속되었다. 그러나 종전 후의 동아시아에서는 구-식민지였던 대만과 한국 역시 냉전의 구도 속에서 빠른 경제 성장을 거두면서 지역 내 작은 제국의 모습을 보이게 된다. 대만과 한국은 다른 아시아 지역에 대해 과거 일본의 매개자 역할을 대체할 것을 자처하면서 과거 식민지배의 서러움을 극복하고자 했고, 동시에 하위-제국주의적 욕망을 분출하였다(이진경, 2006; Chen, 2001). 역사적으로 거슬러 생각해 보면 탈냉전기 대만과 한국이 분출하는 하위-제국주의 욕망은 소중화(小中華)의 논리와 대단히 유사하다. 중국을 중화로 사대하면서 중국이 이민족에게 무너졌을 때, 가령 송나라가 요와 금에 밀려 남송으로 밀려나거나 만주가 명을 멸망시키고 청을 세웠을 때 주변국이었던 한국과 베트남에서는 자신을 소중화로 자처하였다. 그리고 주변국이나 주변 소수민족에게 중화의 논리를 주장했는데, 탈냉전기 대만과 한국이 보여 주는 하위 제국주의 욕망은 이와 일맥상통하다. 또한 오래전부터 중화의 영향을 받으면서도 섬나라이기에 중화에서 지속해서 벗어나고자 했던 일본이 근대화 시기에 일찍 천황의 개념을 만들고 근대화 과정에 성공하면서 주변 동아시아 국가들에 제국주의 욕망, 즉 침탈을 흉내 낸 것 역시 유사한 맥락에서 이해할 수 있겠다. 최근 미국과 함께 세계의 양강 체제를 구축하고 있는 중국이 굴기의 모습과 함께 아시아 시대를 강조하는 것은 과거의 중화사상을 재현하는 것과 동시에 일본 제국의 욕망과 매우 닮아 있다. 이와 같은 탈냉전 및 세계화라는 변화 속 전 지구적 정세 속에서 동아시아의 구-식민지는 구-제국인 일본과 경쟁하면서 동시에 선진화 혹은 '아메리칸 스탠다드'라는 또 하나의 근대성의 달성을 위해 매진하고 있다. 동아시아 근대화 초기 과정에서 일본 제국의 이중성 그리고 동아시아의 이중적 과제에 대한 성찰은 해방 이후 동아시아의 탈-식민과 탈-제국의 가능성과 한계를 논의하는 중요한 밑거름이 될 것이다. 이는 이 책의 핵심 개념인 옐로우 퍼시픽이 형상화하는 동아시아 근대성의 이중적 구속의 서사를 이론화하는 데 중요한 역할을 담당할 것이다.

3. 식민-근대성(coloniality-modernity)의 상징으로서 야구

야구는 19세기 말 그리고 20세기 초 동아시아에서 하나의 운동 종목일 뿐만 아니라 서양으로부터 유래된 첨단의 근대적 문물로 생각해 볼 수 있다. 스포츠 사학자인 구트만은 근대 스포츠의 특징으로 세속주의, 평등주의, 관료화, 전문화, 합리화, 수량화, 기록 중시 등을 열거하면서 이와 같은 특징들은 상호 연계하면서 구조적으로 형성된 것이라고 설명한다(Guttmann, 1994: 2-3).[3] 동아시아는 근대화의 과정을 거치면서 다양한 서구 문물을 받아들이게 되는데, 근대 스포츠는 사람들이 자신들의 몸을 단련함과 동시에 개인의 근대성을 표출하는 상징이자 제국주의 통치 수단의 하나로 전파되었다. 야구는 축구, 농구 등 다른 근대 스포츠와 함께 근대적 고안물이자 서양의 상징으로 동아시아 사회에 처음 도입되었고, 근대적 교육기관이 설립되면서 확산되었다.

일본에서 근대 스포츠가 도입된 것은 메이지시대(1868~1912)였는데, 그 당시 일본의 스포츠 교과목의 구성은 미국으로부터 많은 영향을 받았다(Szymanski & Zimbalist, 2005). 일본에서 최초의 야구 도입 시기는 1870년대로 거슬러 올라가는데 미국인 선교사이자 동경대학 교수였던 호레이스 윌슨(Horace Wilson)이 최초의 야구 전승자로 전해진다. 일본 인류학자인 켈리(Kelly)는 일본의 개항 이후 1세기 동안 신체 교육 등 스포츠가 일본 사회에 중요한 역할을 담당했으며, 그중 가장 핵심이 야구였다고 주장한다(Kelly, 2011a: 252). 유사한 시기에 한국과 대만에서도 근대 스포츠는 근대 교육기관의 설립과 제도화를 중심으로 확산되었다. 그러나 일본과 달리 한국과 대만에서 근대 교육의 도입은 일본 제국의 통치와 함께 진행되면서 일본인에 의해 굴절된 형태로 도입되었다. 일본 제국은 식민지에서 근대 스포츠를 통치 강화를 위한 수단으로 사용했는데, 주로 사회적 통합과 통제를 위해 활용되었다(Ok, 2007a: 159). 이처럼 굴절된 형태의 도입 그리고 통치 수단으로서 근대 스포

3 스포츠의 근대화 과정에 대해 엘리아스(Norbert Elias)는 '스포츠화(sportisation)'라는 개념을 제안하는데, "스포츠의 규칙이 점차 명문화되고 국가별 그리고 세계적으로 표준화되고 명확해지는 과정을 가리키며, 전체적으로 '선의의 경쟁'의 도덕률이 향상되는 과정"이라고 설명한다(Dunning, 2002: 220 재인용).

츠의 도입은 식민지의 근대 스포츠에 이른바 '일본화(Japanization)' 경향을 강하게 심어 놓았다. 특히 대만에서는 1895년 일본의 공식적 식민통치가 시작된 후에야 근대적 교육기관이 시작되었는데, 근대 교육기관을 통해 신체 교육 및 군대식 체조 등을 적극적으로 도입함으로써 근대 스포츠를 일본 제국의 통치 일환으로 활용하였다(Lin & Lee, 2007). 이러한 사회적인 변화 속에서 일본인 관료들이 야구를 대만에 도입했고, 특히 야구는 식민지의 근대화 수단이 되었다(Morris, 2004: 176).

교육기관과 함께 선교센터는 야구를 동아시아에 보급시키는 데 기여한 중요한 근대 기관이었다. 그 가운데 YMCA의 역할이 두드러졌는데 당시 YMCA는 중국, 한국, 일본에 스포츠뿐 아니라 다양한 서양식 제도 및 교육을 전파하는 역할을 담당하였다(Guttmann & Thompson, 2011). 주목할 것은 YMCA의 선교사 대부분이 미국에서 파견되었다는 점이다. 미국인 개신교 선교사들이 YMCA를 통한 서양 스포츠 도입에 주요 역할을 담당하게 된 것이다(Kim, 2008). 한국에서는 질레트(Phillip L. Gillett)라는 한성 YMCA 선교사가 1905년에 처음으로 야구를 소개한 것으로 알려져 있다(Reaves, 2002). 한국에서 YMCA는 선교사 학교들 가운데 유일하게 신체 교육을 시행했기 때문에 유망한 한국인 운동선수들이 YMCA를 찾기도 하였다(Ok, 2007a). 한국에서 YMCA는 "젊은이들이 육체를 온전한 신체 활동으로 단련하는 곳이자" 동시에 "개신교를 믿음으로써 천국을 가기 위한 통로"로 활용되었던 것이다(Kim, 2008: 373). 이처럼 또 하나의 근대 기관인 선교센터는 동아시아인들이 근대 스포츠를 포함하여 다양한 서구의 기술들과 개인주의, 자유주의, 그리고 개신교 등 서양적 가치 및 신념 체계를 배우는 공간으로 작동하였다.

근대 기관뿐 아니라 야구와 근대성의 관계는 야구의 확산에 있어 근대 산업이 밀접한 관계를 맺으며 공헌한 사실에서 확인해 볼 수 있

다. 20세기 초 일본에서 야구의 인기와 야구 문화 형성에 크게 기여한 산업은 철도와 신문이었다. 일본 야구의 선구자로 여겨지는 히라오카 히로시(Hiraoka Hiroshi, 平岡凞)는 철도 기술자로서 미국에서 처음 야구를 배웠고, 1878년 일본으로 귀국하여 일본의 첫 번째 야구팀인 심바시 운동모임(the Shimbashi Athlantic Club, 新橋アスレチック倶楽部)을 조직하였다. 또한 1915년에 오사카를 중심으로 한 아사히신문사(朝日新聞社)와 일본 야구협회가 공동으로 전 일본 야구대회인 고시엔(甲子園)을 조직하였다. 고시엔은 여름 동안 전국 지역의 야구팀들 대표가 참가하여 경쟁하는 대회로서 현재까지 일본 전국의 이목을 집중시키는 일종의 국민 스포츠 이벤트로 자리매김하였다(Kelly, 2004). 1936년에 조직된 일본의 첫 번째 프로야구 리그 역시 4개의 신문사와 3개의 철도회사를 중심으로 구성되었다(Kiku, 2006). 해방 후에는 대만과 한국에서 유사한 근대 산업이 야구의 확산에 기여하는 모습을 쉽게 발견할 수 있다. 대표적으로 일본의 고시엔과 같이 주요한 신문사들이 전국 고등학교 대회를 후원하는 경우인데, 대만과 한국 모두 프로야구 리그가 도입되기 전에는 고등학교 대회가 전국적인 관심의 대상이었다(Yu, 2007). 이처럼 동아시아에서 발견되는 야구와 근대 산업과의 밀접한 관계는 단순히 우연적인 것이 아닌데, 야구의 원조 국가인 미국에서도 동일한 양상이 발견된다. 1868년대 결성된 미국 야구의 내셔널 리그는 일본과 마찬가지로 철도와 신문회사의 도움을 통해 만들어졌다(Guttmann, 2004). 일본 야구 선구자인 히로시와 같이 근대 산업에 종사했던 사람들이 야구를 배우는 데 앞장서고, 근대 기업들이 야구의 적극적인 후원자가 되면서 야구는 더욱 동아시아에서 근대성을 상징하게 되었다.

야구와 근대성의 밀접한 관련성은 동아시아에서 야구가 근대적인 신체, 취향, 기술의 발전을 뽐낼 수 있는 수단으로 작동한 것에서도 발견된다. 이미 야구의 도입 기관, 후원 산업, 그리고 야구인들의 전력을 통해 암시되었지만, 일본에서는 실행 초기부터 야구는 근대적일 뿐만 아니라 최신 유행으로 여겨지는 서양, 특히 미국 문화에 참여하는 주요 도구로 받아들여졌다(Kiku, 2006). 도입 초기에 일본 선수들이 미국으로 직접 원정 경기를 다녀온 것은 이러한 분위기를 더욱 고조시켰다. 1905년 와세다 대학 야구는 최초로 태평양을 횡단한 야구팀이었다. 와세다 대학 팀은 미국에서 야구의 다양한 기술뿐 아니라 과학적인 관리를 위한 시스템을 배움으로써 일본 야구에 있어서 중요한 기점을 마련한 것으로 평가된다(飛田, 1925). 예를 들어 미국 팀과의 원정 경기를 통해 일본 선수들은 전통적인 신발(Tabi) 대신 정이 박힌 운동화를 사용하게 되었고, 희생번트, 슬라이드, 워밍업과 같은 새로운 기술을 배울 수 있었다(飛田, 1925). 야구 규칙 역시 미국에서 직접 수입이 되었는데, 게임 규칙을 다룬 책들은 미국에서 정기적으로 수입, 번역되어 출판되었다. 1901년에 처음으로 번역된 책(*Spalding's Official Baseball Guidelines*)은 7판이나 발행되었는데, 일본인들이 열정적으로 미국의 야구 규칙을 배우고자 하는 모습을 엿볼 수 있다(Guttmann & Thompson, 2001). 도입 초기에 야구용품 역시 미국에서 직접 수입되었는데 높은 가격 때문에 소수의 엘리트 집단들만 구매할 수 있었고, 소수의 사람만 모든 야구 장비를 갖출 수 있었다(Guttmann & Thompson, 2001).

국경을 넘어선 야구 선수들 간의 경기는 한국의 야구계에도 근대적인 충격을 가져다주었다. 1909년 동경에 유학하며 구성된 한국 선수단이 조국을 방문하여 조선의 YMCA 야구단과 경기를 가진 것이 대표적인 예이다. 동경과 조선의 야구팀 경기에서 동경 선수단이 입은 로고가 박힌 야구복과 다양한 야구 장비는 조선의 YMCA 야구단에 큰 충격이 되었다. 야구는 단순히 운동 경기의 의미뿐 아니라 선수들이 정해진 운동복을 입고, 미국에서 수입된 다양한 규칙을 따르며, 또한 수입된 장비를 사용하는 등 다양한 근대적 실천의 연쇄를 가리키는 것이다.

동시에 야구는 주로 각 사회의 엘리트에 의해 실행되었고, 그들 개인의 신체적 능력 및 선진화된 기술을 배우는 등 개인적인 차원에서 근대화의 달성 여부를 상징하였다(Yoo, 2001). 이처럼 야구에 참여하는 것은 동년배들 사이에 스스로가 엘리트임을 과시하며 동시에 야구에서 선보이는 기술과 실력을 통해 자신의 근대 지향성을 자랑하는 수단이 되었다.

동아시아에서 야구와 같이 근대 스포츠에 참여하는 것은 근대적인 국가, 즉 민족국가를 기반으로 한 국가에 대한 충성 및 (식민지의 경우) 독립을 추구하는 민족적인 열망을 상징적으로 나타낸다. 일본 제국주의하에서 본국뿐 아니라 피식민지에서도 야구가 활성화되었고, 국가 간, 민족 간, 지역 간 야구 경기가 전국적인 관심의 대상이 된 것은 근대화 시기 형성된 민족주의와 밀접한 관련이 있음을 보여 준다. 동아시아 맥락에서 민족주의는 "역사적이면서 이데올로기적인 부담인 측면에서 식민주의의 산물"임을 알 수 있다(Dirlik, 2002: 437). 근대 스포츠를 통한 민족적인 열망을 고취하고자 했던 것은 민족의 독립을 희구하는 피식민지 지식인들뿐 아니라 제국의 중심이었던 일본의 지도자들에게서도 쉽게 발견된다. 메이지 시대 동안 일본의 지식인들은 부강한 국가를 만들기 위한 근대화 작업으로서 신체 교육(Physical education)을 포함한 근대 교육 시스템을 정비하는 데 노력하였다(Guttmann & Thompson, 2001). 조선의 지식인들, 특히 민족주의자들에게서도 유사한 열정을 발견할 수 있다. 사회진화론적인 관점을 적극적으로 받아들인 조선의 지식인들은 부국과 민족 해방을 위해 서구의 문물을 적극적으로 받아들여 근대화를 이룰 것을 필수적인 조건으로 생각하였다(Tikhonor, 2016). 그들은 특히 근대 스포츠의 도입과 건강한 신체를 훈련하는 것을 통해 건강하고 강력한, 그래서 독립하는 조국을 만들고자 하였다(Ok, 2007b). 일본 제국의 통치가 시작되고 본격화될수록 식민조선과 민족지식인들은 "서양 문물이 제국주의 시기에 사회를 발전시킬 수 있는 매우 중요한 도구"라고 절실히 느끼게 되었다(Ok, 2007a: 215).

마지막으로 동아시아에서 야구를 한다는 것은 개인적·집단적 수준을 넘어 심지어 민족적인 수준까지 얼마나 근대화를 달성하고 있느냐를 보여 주는 좋은 수단이었다. 동시에 야구를 받아들이는 과정은 제국주의자들과 피지배자들 간의 차이와 구별을 줄이게 되는 과정이기도 하였다(Maguire, 1999). 다시 말해 야구와 같은 근대 스포츠가 일종의 문명화 도구로 서구 사회가 비서구 사회를 계몽시킨다는 전제가 있다면, 피식민지에서 야구를 습득하는 것은 "서구와 비서구 간의 차이 및 지배자와 피지배자의 간극을 좁힐 수 있음"을 시사하기도 한다(Maguire, 1999: 44). 일본 제국에서 야구가 일종의 식민화 정책과 함께 피식민지에 도입되었다고 할지라도 그것이 꼭 의도한 효과만 가지고 오는 것은 아니다. 특히 야구는 동아시아에서 미국과 동일시되면서 미국의 최신 기술 및 철학을 반영하는 것으로 받아들여졌다(Klein, 2006). 야구가 상징하는 다양한 측면에 대한 이해는 근대 스포츠가 세계적으로 확산되는 과정과 확장된 세계화 과정에 문명화 속에 스포츠의 역할을 이해하는 데 도움이 될 것이다(Dunning, 2002: 231).

이와 같이 동아시아에서 근대 스포츠, 특히 야구의 도입 과정은 근대성과 식민성을 동시에 경험하는 맥락을 상징적으로 보여 준다. 특히 일본의 식민지가 되면서 근대적 국가 형성의 실패를 경험한 피지배자들에게 야구 경기, 특히 제국주의자들과의 경기를 통한 승리는 민족적인 정서를 자극하는 계기가 되었다. 동아시아에서는 독특하게 일본 제국 역시 유사한 경험을 한다. 이중적 부담에서 설명하듯이 동아시아의 제국인 일본은 식민지배자임에도 불구하고 피지배자와의 인종적·문화적 유사성으로 항상 자신 스스로 우월한 민족임을 인정받아야 했고, 그들의 시선은 주로 서양의 인정에 매달렸다. 야구는 일본의 이중적 부담을 대표적으로 드러내는데, 일본에서는 미국 선수들과의 경기와 그 경기에서 얻은 승리는 선수들뿐 아니라 국민이 열광하는 계기가 되었다. 한편 식민지인 대만과 한국에서 야구는 동양의 제국인 일본과 맞설 수 있는 수단이 되었다. 서양, 특히 미국에서 전래된 야구는 피지배자들이 제국주의자들보다 우월함을 표현하기에 효과적이고 매우 드문 영역이 되었다. 식민조선의 야구팀이 일본에서 온 팀을 이겼을 때, 승리의 소식은 재빨리 전파되어 민족적 감수성을 증폭시켰다. 그러나 지배의 구조를 역전시킬 수 있을 만큼 야구는 제국주의자들이 자신들의 우월성을 표현하거나 피지배자들의 동의와 순응을 촉구시킬 수 있는 도구이기도 하였다. 신체 훈련이 질서에 복종하고 체계에 순응된 피지배자의 육체를 만드는 데 공헌한 것과 유사하게 야구 역시 제국과 식민의 위계를 드러내는 수단이었던 것이다. 이렇듯 동아시아에서 야구와 같이 근대 스포츠는 중심의 세력과 주변 그룹이 우월함을 증명하기 위해 항상 경쟁하는 장일 뿐만 아니라 서로에 대한 지배적인 위치를 드러내기 위한 영역이기도 하였다(Maguire, 1999: 39-40).

4. 꿈의 구장으로 미국 혹은 아메리카

야구가 동아시아에 도입된 시기에 지역의 근대화 과정이 진행되었다는 점을 상기해 보면 야구는 당시 사회에서 근대성의 상징으로 받아들여졌음을 쉽게 상상해 볼 수 있다. 2002년에 개봉된 영화 〈YMCA 야구단〉에서 비유적으로 묘사해 주고 있듯이 야구는 당시 조선에서 YMCA라는 근대적 기관에서 백인들에게 배우고 또한 여성들과 함께 경기할 수 있는 서양의 문물이었다. 일본 제국의 침략이 밀려오던 조선에서 미국은 여전히 정치적으로 중립적이거나 때로는 약소국의 민족적 독립을 지지해 줄 것으로 여겨지는 선한 이미지로 상상되곤 하였다(장세진, 2012). 이러한 맥락 속에서 야구는 무엇보다 '미국' 혹은 '메이드 아메리카'라는 매혹적인 상징으로 동아시아에 받아들여졌다. 미국과 첫 국제 조약을 맺고 메이지 유신을 강행했던 일본에 미국은 가장 근대적인 대상이었고, 야구는 미국 문물의 대표적인 예였다. 즉, 동아시아에서 야구는 미국적 가치 또는 미국 근대(American modernity)를 상징하는 것으로 받아들여졌다.

일본에서 야구 도입의 과정은 동아시아에서 미국의 역할 변화, 특히 다른 유럽 국가 간의 상대적인 관계를 보여 준다. 제국과 식민의 시기에 제국을 통한 스포츠의 전 지구화 과정을 생각해 볼 때 대표적인 예는 영국 제국을 통한 크리켓의 확산이다(Appadurai, 1996; Chun, 2012). 인도 등 서남아시아에서 크리켓이 영국의 스포츠로 제국의 확산을 상징한다면, 동아시아에서 야구는 미국의 스포츠로 또 다른 궤적의 스포츠 전 지구화 양상을 보여 준다. 동아시아에서 야구와 크리켓의 만남은 근대화 초기 일본의 도시 요코하마에서 나타나는데, 야구와 크리켓의 대결과 야구의 인기 상승은 동아시아 내 유럽의 다른 국가들을 대신하여 미국이 지배적인 상징으로 떠오르는 과정을 상징적으로 보여 준다. 개항 도시로서 요코하마에 먼저 도입되어 널리 행해진 것은 영국의 스포츠 크리켓이었다. 크리켓은 영국 군대와 함께 19세기에 요코하마에서 행해졌는데, 당시 요코하마에는 영국인들이 미국인들보다 약 세 배 이상 거주하면서 도시의 사회적·문화적 생활을 주도하였다(Roden, 1980). 영국인들은 1869년 요코하마에 첫 크리켓 운동부를 조직했고, 그 이후 크리켓은 20여 년간 도시의 주요한 스포츠로 자리매김하였다(Guttmann & Thompson, 2001). 그러나 요코하마에 거주하기 시작한 미국인들이 점차 늘어나면서 야구를 즐기는 사람들의 숫자가 늘어나게 되었고, 요코하마의 주요한 근대 스포츠는 크리켓에서 야구로 변하게 되었다. 크리켓을 즐기는 사람들과 그들의 문화적 영향력이 감소하고, 야구가 도시의 중요한 근대 스포츠이자 문화로 성장한 지점은 일본에서 미국이 영국을 대신하여 근대 문물의 대표가 됨을 상징적으로 나타내 준다(Guttmann & Thompson, 2001; Roden, 1980). 야구가 그 이후 일본 전 지역에 근대적 교육기관과 함께 도입된 변화상은 일본에서 증가하는 미국의 영향력을 대변하고 있다. 이처럼 야구의 확산 과정은 "미국화의 과정이 세계 권력의 변화하는 균형을 반영하고 있음"을 보여 준다(Dunning, 2002: 231).

일본에서 야구는 미국 경기인 야구의 규칙과 장비를 그대로 받아들이는 과정을 통해 미국식 체계를 흠모하고 모방하고자 하는 욕망을 상징한다. 미국 여행 동안 일본 선수들은 미국팀과 야구 경기를 통해 경쟁했을 뿐만 아니라 미국인들이 어떻게 야구를 하는지 철저히 관찰하고 메모했는데, 그들이 관찰한 대상에는 치어리더와 같이 경기 외적인 요소도 포함되어 있었다(Kelly, 2004). 앞서 논의했듯이 일본팀의 첫 미국 방문은 미국산 경기 장비 및 유니폼의 일본 내 수요를 증가시키기도 하였다(Kiku, 2006). 일본이 미국 시스템을 복사한 것은 비단 경기 요소뿐 아니라 야구 리그를 구성하는 방식까지 포함한다. 일명 아이비리그(Ivy League)에 속한 미국 명문 대학 간의 리그를 구성하는 방식을 따라 일본 대학 간의 리그를 만든 것이다(Guttmann & Thompson, 2001). 1903년에 일본 내 대학 야구 리그가 만들어졌는데, 게이오 대학과 와세다 대학이 중심이 되어 도쿄에 가장 명망 높은 6개 대학으로 이뤄졌다(Guttmann, 1994). 미국에서뿐만 아니라 일본에서도 명문 사립 대학 간의 운동 경기는 단지 엘리트만의 잔치가 아니라 전국적이고 대중적인 관심을 불러일으켰다. 특히 게이오 대학과 와세다 대학 간의 야구 경기는 언론에 대대적으로 보도되면서 전국적인 관심을 끌었는데, 당시 언론의 한 보도는 두 라이벌 팀의 경기는 최고의 광경이라고 묘사하면서 약 2만 명의 관객이 직접 관람했다고 전하였다(新聞集成明治編年史, 1940).

20세기 초 일본 및 동아시아에서 야구의 확산 계기를 만든 또 하나의 태평양을 건너는 이동이 있었다. 미국 야구 선수들이 국제적인 경기를 준비하면서 일본 및 일본의 식민지를 방문하여 야구 경기를 진행했는데, 미국 선수들의 직접 방문은 동아시아 지역의 야구 흥행에 커다란 공헌을 하였다. 가장 많이 회자되었던 방문은 1934년 미국선발팀(All-American team)의 방문일 텐데, 이 미국선발팀에는 베이브 루스와 루 게릭 등 당시 최고의 선수들이 포함되어 있었고, 스타 선수들의 방문은 경기마다 일본에서 수만 명의 관중을 끌어모았다. 미국 선수들의 우수한 실력과 매력은 미국을 세계에서 가장 발전되고 근대화된 국가로 상상하는 데 기여하였다. 일본인들은 미국 선수들의 스타성과 쇼맨십, 그리고 야구에 대한 자부심에 감동하였다. 유명한 일화 중의 하나는 오전에 많은 비가 오고 있었음에도 미국인 야구 선수들은 여전히 경기 준비를 하고 있었고, 다행히 오후에 비가 잦아지면서 경기에 무리 없이 참여할 수 있었던 것이다. 이 경기에서 베이브 루스는 일본 전통 우산을 사용하고 루 게릭은 일본인에게는 낯선 부츠를 착용기도 했는데, 미국 스타 선수들이 보여 주는 생소한 장면에 일본 관중은 매우 열광하고 감명을 받았다(田村大五, 2004). 미국 야구팀은 이외에도 아시아 지역을 방문하여 경기를 개최하곤 했는데, 중국 및 다른 아시아 지역에서도 미국 선수들의 직접 방문은 야구 확산에 계기가 되었다. 식민조선에는 1922년 미국 프로야구단의 하나인 헌터팀(The Herb Hunter All-Americans)이 방문하였다. 이를 통해 야구 인기가 향상되었을 뿐만 아니라 미국팀의 방문 이후 1925년 경성에는 야구 경기장이 개장되기도 하였다(Reaves, 2002).

미국이라는 강력한 후광을 받으며 도입된 야구를 잘한다는 것은 동아시아에서 성공 혹은 근대화를 이룬 척도로 여겨졌다. 대표적으로 미국팀과의 경기에서 좋은 활약을 하거나 미국팀과의 경기에서 승리한 것은 민족적인 자부심과 자신감을 높이는 계기가 되었다. 1934년 미국 올스타팀 방문 시에 눈부신 투구를 보여 준 일본인 사와무라 에이지는 일본에 전설적인 투수로 남게 되었고, 현재 일본 프로리그에서 최고 투수상의 이름을 부여하고 있다(田村大五, 2004). 야구 도입 초기 요코하마에서 일본인들이 구성한 이치코 운동부와 외국인 중심인 요코하마 운동부 간의 라이벌 관계는 야구를 통한 인종 대결의 양상과 효과를 보여 주는 좋은 예이다. 1886년에 창단된 이치코 운동부는 다이치 고등학교의 야구팀으로 일본인의 팀이었고, 요코하마 운동부는 대부분 미국인으로 구성된 미국인 야구팀이었다. 이치코팀이 전국적인 관심과 인기를 얻게 된 것은 1896년 요코하마 운동부와의 첫 국제 경기에서 승리를 거두었기 때문이다(Roden, 1980). 그러나 이치코 운동부가 요코하마 운동부와의 경기와 결과가 쉽게 이뤄진 것은 아니었다. 이치코 운동부는 지난 5년간 요코하마 운동부에 계속 경기를 개최할 것을 제안했으나 일방적으로 무시당하거나 거절당하였다. 당시 상황에서 요코하마 운동부의 거절은 이치코 운동부의 선수들에게는 인종적인 굴욕처럼 받아들여졌는데, 그 상황을 일본인 선수는 다음과 같이 기록하고 있다.

> 요코하마에서 외국인들은 중앙부에 운동 경기장을 건설하고 어떤 일본인들도 들어가지 못하게 하였다. 우리가 그들에게 도전하려고 했지만, 그들은 "야구는 미국인들의 게임이야." 혹은 "우리의 신체는 너희의 두 배인데."라며 거절하였다(Guttmann, 1994: 76).

5년간의 굴욕을 견뎌 가면서 1896년 5월 23일 두 팀 간의 첫 경기가 성사되었고, 놀랍게도 이치코 운동부는 요코하마 운동부를 29대 4라는 엄청난 점수 차이로 이기며 미국 선수들에게 굴욕적인 패배를 가져다주었다(Roden, 1980: 524). 첫 대결의 경기 결과는 이치코 운동부 선수들뿐 아니라 일본인들에게 널리 알려지면서 분위기는 매우 고조되었다. 같은 해 6월 27일에 개최된 두 번째 맞대결에는 약 1만 명의 일본인 관객이 몰려들었고, 이치코 운동부는 또 승리를 거두었다(Guttmann, 1994).

이치코 운동부가 거둔 두 번의 연속적인 승리는 요코하마 운동부를 포함한 일본 내 미국인 선수들에게 충격적인 패배를 안겨 주었다. 또한 미국 선수들이 야구라는 미국 문명의 상징을 성공적으로 습득한 이치코 운동부 선수들과 일본 야구를 바라보는 시선을 변화시키는 계기가 되었다. 이치코 운동부가 역사적 승리를 거둔 첫 번째 대결이 시작되기 전 연습 시간에 미국인 선수들과 외국인 관중은 일본인 선수들에게 냉소 섞인 웃음을 던졌으며, 일본인 선수들의 작은 실수에 "저들이 정말 야구 선수인가?"라는 조롱을 하기도 하였다(第一高等学校寄宿寮, 1930: 802).[4] 따라서 요코하마 운동부가 동양인 선수와 경기하기로 한 결정이 그들을 바라보는 시선이 달라졌기 때문이 아님을 알 수 있고, 미국인 선수들은 일본 선수들을 인종적 멸시로 쳐다보고 있었음을 보여 준다. 그러나 첫 경기에 패배를 당하고 두 번째 경기가 열리는 중에는 미국 선수들이 일본 선수들에게 "기꺼이 악수를 건네기도 하고 때로는 성의는 없지만 응원을 보내기도" 하는 등 상대 팀에 대한 태도를 조금씩 바꾸어 갔다(Roden, 1980: 530). 이치코 운동부 선수들 역시 미국

4 기록에 따르면 첫 경기가 끝난 이후 외국인 관중은 일본 선수들이 자신의 국기인 야구를 제대로 학습한 것에 대해 감동한 마음을 일본 선수들에게 직접 전달하기도 하였다(第一高等学校寄宿寮, 1930: 802).

과의 국가 간 대결에서 자신들이 이길 수 있다는 가능성에 무척 흥분하고 고무되었다. 또한 그들은 미국팀과의 당당한 경쟁을 통해 서양인들이 만들어 놓은 남자답지 못한 일본인이라는 선입견을 깨뜨릴 수 있다고 생각하였다(Roden, 1980: 529). 두 팀의 경기 그리고 일본팀의 승리를 통해 일본 선수와 일본인들이 느꼈던 만족감은 단순히 승리에 기초한 것이 아니라 미국이라는 가장 선진적인 서양으로부터 일본이 근대화되었음을 인정받은 것에 기반을 둔다. 그리고 야구라는 미국의 스포츠에서 일본인의 우수성을 인정받은 것에 대해 민족적인 열정이 고취된 것을 알 수 있다. 경기가 모두 끝난 이후 이치코 운동부가 속한 학교의 대표는 선수들을 격려하면서 이치코 운동부의 승리는 단지 학교만의 것이 아니라 모든 일본인을 위한 승리임을 분명히 밝히고 있다(第一高等学校寄宿寮, 1930: 803). 이처럼 초기 근대화 과정에서 일본 내 야구 도입은 "스포츠를 통한 민족 신화 만들기 작업이 국민에게 새로운 습성을 생산하는 보편적인 도구"임을 다시 한번 잘 보여 준다(Miller et al., 2001: 3).

근대 스포츠인 야구를 통해 미국과 경쟁하고 또한 그 경쟁을 통해 미국, 나아가 국제적인 승인을 얻어 내고자 하는 심리 기제는 근대화 과정 초기뿐 아니라 해방 이후에도 반복적으로 나타난다. 제2차 세계대전이 종식됨과 동시에 동아시아에는 전면적인 냉전 체제가 시작되었다. 그 결과 미국은 일본을 대신하여 지역의 정치적·군사적 지배력을 단숨에 확보한다. 요코하마에서 미국인의 수가 증가함에 따라 야구의 인기가 높아진 것과 유사하게 미군의 주둔 등 미국의 동아시아 국가 및 사회에 미친 직접적인 영향력은 해방된 동아시아 사회에서 야구 인기의 부활을 견인하였다. 진주만 습격 이후 미국과의 전면전을 펼치는 기간에는 일본 제국, 즉 본토와 식민지에서 야구는 적국인 미국의 스포츠로 규정되어 금지되었던 반면 해방 후 미군정 기간을 통해 동아시아에서 다시 예전의 지위를 회복할 수 있었다. 일본 인류학자 켈리(Kelly)는 이러한 변화에 대해 "야구의 부활은 1947년 미군 맥아더 장군이 일본에서 미국적 가치관을 장려하기 위한 수단으로 활용되었다."라고 설명하고 있다(Kelly, 2011a: 254). 냉전 기간 미국의 충실한 파트너 역할을 수행한 대만과 한국에서 야구가 다시 국가의 중요한 스포츠로 행해진 배경에, 미국이 지역 및 각 국가에서 차지한 군사적·경제적·정치적 중요성을 빼놓을 수 없는 것이다.

그러하기에 야구는 동아시아 국가들이 새로운 국제질서 속에서 세계적 인정을 받고 민족적 자부심을 고취시키는 결정적인 도구 역할을 하였다. 특히 미국에서 열리는 국제 야구대회와 미국과 벌이는 경기는 가장 이상적인 배경이 될 수 있었다. 대만 대표팀이 '세계 유소년 야구대회(The Little World Series)'에서 1969~1995년까지 16차례 우승한 것은 전후 대만이 미국을 중심으로 한 세계질서 속에서 이룬 가장 위대한 승리로 상징된다. 세계 유소년 야구대회는 매년 미국 펜실베이니아주에서 개최되었는데, 이와 같이 미국 땅에서 개최된 국제 경기 대회에서의 연속적인 우승 소식은 대만인들에게 민족적인 성취이자 자부심으로 받아들여졌다. 그리고 세계 유소년 야구대회에서 얻은 성공 사례는 대만인들에게 자신도 서양 세계와 당당하게 경쟁할 수 있다는 자부심을 가져다주기에 매우 적절하였다(Sundeen, 2001). 중국이 유엔 등 국제 사회에서 대표국가로 인정받으면서 대만은 점차 국제무대에서 사라져 가고 있었다. 그 가운데 대만의 국민당은 "야구를 정치적이고 외교적인 영역에서의 실패를 만회하고 민족 건설을 위한 수단으로 변형" 시키고자 하였다(Yu, 2007: 37). 대만과 대만인들에게 야구는 해방 이후 또 다른 의미의 국가 스포츠가 되었고, 대만 유소년 야구단의 기록은 지금도 대만 지폐의 전면에 새겨져 대만인들의 기억과 현실에 함께 살고 있다. 최근 대만 출신 선수인 왕첸민이 미국 프로야구의 상징인 뉴욕 양키스에서 에이스 역할을 담당하고 있을 때 대만인들이 보여 준 열광은 야구를 통한 세계적 인정 및 민족적 정서를 반복적으로 상징한다(Chen, 2012).

해방 후 한국에서 야구의 인기가 신속히 살아날 수 있게 된 것 역시 한국이 미국의 강한 영향력 아래 놓인 것과 밀접한 관계가 있다. 냉전 기간 한국에서 야구는 중고등학교와 대학교 등 교육기관을 중심으로 크게 대중화되었다. 1980년대 초까지 고등학교 야구대회는 신문사의 후원을 받으며 전국적인 스포츠가 되었으며, 1982년 한국 최초로 결성된 프로야구 리그는 한국의 대표적인 스포츠 및 리그가 되었다. 1990년대 후반 미국 프로야구 리그에서 활약한 첫 번째 한국인 선수 박찬호를 둘러싼 열광은 야구를 통한 미국의 승인 그리고 민족적 열정의 메커니즘을 반복적으로 보여 주는 예이다. 1997년 말 외환위기로 시작된 한국의 경제위기 그리고 IMF의 구조조정은 한국인에게 구조적인 고통과 심리적으로 좌절의 시간을 가져다주었다. 같은 시기 정권을 잡게 된 김대중 정부가 본격적으로 '제2의 건국'을 외쳤던 것은 외환위기와 IMF에 의한 구조조정이 또 하나의 경제적 식민의 상태로 여겨진 것을 반영한 것이다. 때마침 한국인으로는 처음으로 미국 프로야구 리그의 LA Dodgers 팀에서 뛰어난 활약을 펼친 박찬호는 민족적 자긍심을 부활시킬 뿐만 아니라 미국 야구 리그라는 세계 최고의 경쟁에서 성공을 거둔 진정한 한국으로 재현되었다(Cho, Y., 2008a). 미국에서 성공한 한국인 박찬호는 경제적 전 지구화 과정에서 쓰라린 패배를 경험하여 낙담한 한국인들에게 위로가 되었을 뿐만 아니라 다시 잘할 수 있다는 증표이기도 한 것이다. 개화 초기 일본에 미국 대학팀이 그러했고 냉전 시기 대만에 미국이 조직한 세계 유소년대회가 그러했듯이 한국인에게 미국 야구 리그는 '최고의 야구 선수들이 활동하는 공간일 뿐만 아니라 미국을 상징하는 가장 선진화되고 발전된 것을 대표하는 공간'이다(Cho, Y., 2012b: 10). 미국 프로야구 리그가 새롭게 조직되어 개최한 2006년과 2009년의 세계야구 선수권 대회, 일명 '월드 베이스볼 클래식(World Baseball Classics)'은 미국이 준비한 무대에 동아시아 국가와 국민이 열광한 또 다른 예이다. 월드 베이스볼 클래식은 다른 세계적인 대회와 달리 미국 프로야구 리그에 의해 고안되었고, 결승전을 포함한 주요 경기는 미국 구장에서 개최한다. 두 대회에서 한국 대표팀이 우수한 성적을 거두면서 한국 내 야구 인기를 급상승시켰을 뿐만 아니라 미국 대표팀과의 승리는 대한민국의 저력을 그리고 일본 대표팀과의 경기는 민족의 한과 투지를 불태우는 장이었다(Cho, Y., 2012b). 월드 베이스볼 클래식에는 일본, 한국, 그리고 대만 및 중국 대표팀이 모두 적극적으로 참여했는데, 동아시아 사회가 미국에서 열리는 미국 스포츠 통해 민족 자긍심을 높이는 것뿐 아니라 국제적인 인정을 받고자 하는 역동을 잘 보여 준다.

동아시아인들은 월드 베이스볼 클래식이나 미국 프로야구 리그 등 미국 땅에서 벌어지는 야구 경기를 통해 아메리카라는 후광에 도전하기도 한다. 동아시아팀이 미국 대표팀과 야구 경기를 하거나 동아시아 출신의 선수가 꿈의 리그인 미국 프로야구 리그에서 여타의 미국 선수들과 경쟁하는 것이 그러한 예이다. 그리고 경쟁에서 동아시아 대표팀, 동아시아인의 승리는 선수뿐 아니라 그것을 시청하는 많은 동아시아인이 아메리카라는 기존의 명성과 위엄에 도전할 수 있는 기회로 작동한다. 미국에서 혹은 미국인과 대결에서의 승리에 열광하는 지금의 동아시아 야구팬들을 보면서 동아시아가 여전히 미국을 이상적이고 가장 선진적인 모델로 여기고 있음을 목도하게 된다. 동시에 야구가 만들어 놓은 전 지구적 위계질서가 작동되고 있음을 발견하게 된다. 그리고 동아시아 야구팬들이 미국 프로야구 리그에 대한 동경을 가지고 있음과 그곳이 단순히 경외의 대상이 아님을 그래서 전 지구적 위계에 도전하고 있음을 보여 준다. 이와 같은 예들은 제국의 경기로서 전 지구화된 축구, 크리켓, 그리고 야구와 같은 근대 스포츠가 식민지 구성원과 맺는 관계가 이중적임을 상징적으로 보여 준다. 이제는 많은 구-피지배자가 꾸준하게 구-제국의 경기에서 그들을 이기는 경우를 목도하게 되고, 그러한 과정을 통해 구-피지배인들이 탈식민적 감성과 민족적 자부심을 획득하게 된다(Dunning, 2002: 232).

19세기 후반 동아시아에 처음 도입된 이래 야구는 근대화 과정에서 미국의 직접적인 매개뿐 아니라 동아시아인들 마음속에 꿈의 구장으로 미국을 상징하는 계기가 되었다. 야구는 미국 근대성의 전형인 동시에 미국적인 세계질서를 상징하는 것이다. 그러나 야구를 통한 욕망의 대상으로 미국 그리고 미국의 헤게모니는 결코 완결적이거나 흔들리지 않는 무엇이 아니었다. 일본의 이치코 운동부가, 대만의 유소년 대표팀이, 한국 개개인의 선수들이 미국팀 그리고 미국인들과의 경기에서 승리를 거둘 때마다 동아시아 각 사회는 민족적 열광으로 가득 찼다. 마치 야구에서 거둔 승리가 동아시아 또는 각 국가의 근대성 달성을 확증하고 세계적으로 인정을 받은 것으로 상상되었다. 미국 근대성의 상징인 야구 도입의 역사적 궤적 및 과정은 근대 스포츠가 전 지구화 과정에서 민족적 정서와 지역 간 관계, 그리고 글로벌 위계질서 사이의 복잡한 연관관계를 탐색하는 구체적인 통로가 된다. 특히 태평양을 횡단하여 미국에서 동아시아, 다시 동아시아에서 미국으로 가로지르는 야구의 역사와 사람들의 이동은 21세기 자본주의와 세계화의 최전선으로 부상한 아시아-태평양의 중요성을 상징적으로 보여 준다(Miller et al., 2001: 4).

5. 식민지배자이자 중개자로서 일본

서두에서 언급했듯이 초기에 다른 동아시아 지역에서 야구를 전파시킨 주요 주체는 일본 제국이었다. 일본인은 이 과정에서 각 식민지의 야구를 변형시켰을 뿐만 아니라 '일본화'시켰다. 식민지에서 행해진 야구는 일본 제국 통치 아래서 그리고 일본인의 적극적인 확산의 과정에서 또 다른 방식으로 발전하였다. 1945년 일본 제국의 패망과 함께 해방을 맞이한 구-피식민 국가들은 미국 헤게모니 아래서 야구를 자신들의 상황에 맞게 민족화하였다. 야구에 미친 일본의 다양한 영향력은 동아시아에서 식민-근대성을 형성하는 데 있어 중개자로서의 일본의 역할을 보여 줄 뿐만 아니라 동아시아 내 굴절된 근대성의 특징을 상징적으로 보여 준다.

동아시아에서 미국 선교사와 교육자, 상인들이 미국 스포츠인 야구를 가장 처음 전파했지만, 일본 역시 야구를 다양한 방식으로 변형시키면서 즐겼을 뿐만 아니라 그들의 식민지에 다시 전파하였다. 대만에서는 일본인 군사들과 관료들에 의해 야구가 소개되어 확산되었고, 한국에서는 질레트(Phillip L. Gilett)가 야구를 소개한 이후 "일본 식민통치 아래서 야구가 오래 시간에 걸쳐 확산"되었다(Kim, 2008: 373). 일본 제국의 식민통치 과정에서 야구는 다른 근대적 제도, 습관, 지식과 함께 동아시아에 전파된 것이다.

서양에서 수입된 근대 기술을 일본화하는 경향은 야구에서도 동일하게 나타난다. 대표적으로 일본에서 야구 선수들은 힘든 훈련, 체벌, 그리고 자기희생 등을 감내하도록 요구될 뿐만 아니라 "승리를 위해 무엇이든 할 수 있는 불굴의 의지와 결단"의 자세를 내면화하는 훈련을 받는다(Kiku, 2006: 39). 승리를 향한 개개인의 의지와 결단은 앞에서 살펴본 일본 초기 야구팀인 이치코 운동부에서 확산되기 시작하여 이른바 '이치코 정신'으로 불리기도 한다. 이치코 운동부는 매우 인기 있는 팀이었고 그들의 야구는 민족의 명예와 국가 이미지를 재건하기 위한 정의로운 투쟁으로 여겨졌다. 일명 사무라이의 호전 의식을 체화한 그들의 야구 스타일은 "단지 경기 내에서만 표출된 것이 아니라 구단 관리, 선수들에 대한 제재 및 체벌, 자기희생을 강조하는 구호" 등에서도 쉽게 발견된다(Kelly, 2007: 197). 현재도 일본 야구는 개인보다 팀플레이를 우선하고 수비 훈련에 집중하며 감독과 팀에 강한 충성심을 보이는 것을 강조한다. 이러한 일본 야구의 스타일은 이른바 '사무라이 야구'로 불리면서 확실히 미국 주류 스타일과는 차이를 보인다(Whiting, 2003). 당시 와세다 대학의 감독이었던 타비타(Tabita)는 야구를 사무라이의 중요한 도덕 규율이었던 무사도(Bushido, 武士道)와 비교했는데, 무사도의 중요한 신념은 금욕주의, 검소, 그리고 자기관리 등이다(Whiting, 2003).

일본 제국은 미국 근대성의 상징인 야구를 일본화하는 동시에 야구를 식민지에서 자신들의 우월성과 제국적 지위를 발현하는 도구로 활용하였다. 사회진화론적인 관점에서 우월한 인종 또는 민족인 일본이 다른 아시아인보다 근대 스포츠인 야구에 적합함을 증명하고자 하였다. 야구에서 뛰어난 실력을 통해 일본인은 제국의 위치를 드러냄과 동시에 식민지에서 야구를 행하는 방식, 장소, 심지어 야구를 할 권리마저 관리하고 통제할 힘이 있음을 정당화하였다. 야구는, 즉 일본인이 다른 황인종과 자신을 구별하는, 같은 아시아에 속하지만 열등한 황인종에 속하지 않는 일종의 증표인 셈이었다.

일본 제국은 동아시아의 식민지에서 야구를 통제했을 뿐만 아니라 근대화라는 명목 아래 피식민 대상을 가르치고 훈육의 도구로 야구를 적극적으로 활용하였다(Kim, 2008: 373). 식민통치와 훈육의 방식은 식민조선과 대만에서 야구를 할 수 있는 공간을 통제하거나 제한하는 방식으로 시작되었다. 식민 초기에 야구는 일본인이 독점할 수 있는 대상으로 상징되었는데, 예를 들어 식민지에서는 일본이 운영하는 교육기관에서 실시되거나 일본인들이 경기에 참여하고 있을 때만 경기를 할 수 있었다. 식민조선에서는 일본의 조선총독부가 야구대회 금지령을 실시한 적이 있는데, 이때 조선인들은 일본이 후원하고 있는 경기에만 참석할 수 있었다(Ok, 2007b). 일본 제국이 실시한 대만에서의 야구 통제는 식민조선과 유사하였다. 도입 초기부터 1918년까지는 오직 일본인들만 야구를 할 수 있었고, 1919년 문화통치로 식민통치 방식이 변동된 이후에야 제국 일본의 야구에 대한 엄격한 통제가 해제되었다(Lin & Lee, 2007). 그 이후 피식민자들에게도 야구를 허용하게 되었는데 주로 일본 교육기관에서 일종의 신체교육 일환으로 행해졌다. 다시 말해 일본인들은 공식적인 공간에서의 야구 경기를 독점적으로 통제하고 관리할 수 있음을 그들의 식민지와 피식민자들에게 분명히 보여 주고자 했던 것이다. 이와 같은 제한 속에서도 야구의 인기는 꾸준히 상승하였다. 식민조선에서는 1920년대에 정규 대회가 처음으로 조직되었고, 대만에서는 1929년부터 야구대회가 매년 개최되기도 하였다(Lin & Lee, 2007; Sundeen, 2001).

그렇다고 야구가 갖는 상징성이 일본 식민지에서 동일하게 나타난 것만은 아니었다. 조선에서는 일본 식민지배가 시작되기 이전에 미국 선교사에 의해 처음 야구가 전파된 것인 반면, 대만에서는 일본 식민지배 이후 1897년에 처음 야구가 도입되었다. 그 이후 약 50년간 일본 식민통치 아래서 다양한 근대 기관 및 제도와 함께 야구가 확산되면서 상대적으로 훨씬 광범위하고 뿌리 깊은 일본의 영향을 받았다. 그 결과 대만에서의 야구는 지배자와 피지배자와의 대결의 도구이기보다 주요한 통치의 수단이자 대만인을 충성스러운 제국의 식민주체로 형성하는 목적으로 많이 활용되었다(Yu, 2007). 대만인에게 야구는 무엇보다 일본 제국의 게임에 참여하는 것이며, 야구 실력을 겸비함으로써 식민통치에 훌륭히 적응하고 있음을 입증해내는 수단이었다(Morris, 2006). 야구를 통한 일체화 및 동화의 기제를 상징적으로 보여 주는 것이 식민지배 당시 대만에서 유명했던 카노팀이다. 카노팀은 1931년부터 대만 고교야구를 지배했는데, 단지 뛰어난 실력뿐 아니라 주전 선수 구성 면에서 주목을 받았다. 카노팀의 선수들은 다양한 인종으로 구성되었으며, 9명의 주전 선수 가운데 2명은 대륙에서 온 중국인, 4명은 대만 원주민, 3명은 일본인이었다(Lin & Lee, 2007). 이처럼 다인종으로 구성된 카노팀은 지배자와 피지배자, 그리고 중국 본토인(외성인)과 대만 원주민(내성인) 간의 조화로운 공존을 상징하는 것으로 여겨졌다. 특히 카노팀은 대만 대표로 1931~1936년까지 일본 야구의 성지라 할 수 있는 여름 고시엔 대회에 출전하였다.[5]

준비 기간을 포함하여 고시엔 대회에 출전하기 위한 카노팀의 굳은 의지와 열정은 식민통치 지배에 대한 단순한 순응을 넘어서 적극적으로 협력하려는 정신을 상징하게 되었다. 고시엔 대회에 참가한 카노팀에 대해 저명한 저널리스트 키쿠치(菊池寛)는 그가 받은 감명을 「세 종족이 하나 된 눈물겨운 협력」이라는 제목의 칼럼을 작성하기도 하였다(菊池寛, 1931).[6] 키쿠치는 칼럼을 통해 무엇보다 대만의 내성인과 외성인, 그리고 일본인이 하나 되어 하나의 목적을 추구한 것에 감동했다고 평가하면서 동시에 일본 관중들이 그들의 팬이 되었다고 기술하였

5 카노팀의 고시엔 대회 도전에 대한 일화는 최근 대만에서 영화(Kano, 2014)로 만들어졌는데, 야구를 통한 식민지배의 동일화 논리를 그대로 반영하여 큰 화제와 논의의 대상이 되었다.

6 키쿠치(菊池寛)의 칼럼(菊池寛, 「涙ぐましい … 三民族の協調–甲子園印象記」, 『大阪朝日新聞』 1931年 8月 22日付. https://www.facebook.com/Nagoya.Japan.Taiwan.Friendship). (검색일: 2015년 3월 5일)

다(菊池寛, 1931). 대만에 대한 일본의 식민통치 가운데 카노팀의 야구에 대한 열정은 일본 제국의 통치 신화인 '동화(Doka, 同化)'를 확증하는 도구로 활용된 것이다(Kelly, 2011c; Morris, 2006).

식민조선에서도 야구는 제국 일본의 민족융합 통치를 정당화하고, 문화적인 동일성을 강조하기 위한 편리한 도구로 사용되었다. 일본에 의해 도입된 많은 근대적인 스포츠에 참여하는 것이 식민지에서는 이미 "일본의 지배, 억압, 그리고 통치의 틀 속에서 참여"한 것으로 바라볼 수 있는 것이다(Ok, 2007a: 159). 근대 교육기관에서 체육 교육, 특히 군사 훈련을 위한 체조와 다양한 훈련을 적용한 것이 유사한 경우라고 할 수 있다. 논의한 바와 같이 야구를 하는 데 있어서 다양한 제약 및 이용방법에 대한 규정은 일본 제국이 신체적 교육과 야구를 식민통치의 수단으로 활용하고 있음을 분명히 나타낸다. 하지만 야구를 통해 일본이 미국에 도전하고 때로는 승리를 거두었듯이, 일본 식민지인 한국과 대만에서도 야구는 식민지배에 균열을 만들거나 때로는 피지배자들에게 반식민 그리고 민족적 정서를 불러일으키기도 하였다. 스포츠가 합법적으로 피지배자들이 단체로 모일 수 있는 통로가 됨으로써 야구를 포함한 스포츠를 매개로 한 연합회의 조직은 독립운동과 강하게 연결되는 경향을 보인다(Cha, 2009: 25). 대만인과 조선인 역시 야구를 통해 일본인과 경쟁 및 협상하고, 때로는 일본인과의 경기에서 승리를 거둠으로써 식민통치의 구조를 일시적으로 전복시키는 계기를 만들기도 하였다. 예를 들어 1929년 대만에서 개최된 첫 번째 전국 초등학교 대회에서 대만 선수들이 일본 선수들을 이긴 승리는 대만 섬 전체에 강한 긍지를 폭발시키는 계기로 기록되어 있다(Yu, 2007). 대만 연구자들이 기록한 바와 같이 "제국의 경기라고 여겨지는 야구에서 일본을 이기는 경험은 피지배자들이 지배자들보다 실제로는 더 우월함을 입증"하는 주요한 계기였던 것이다(Lin & Lee, 2007: 333). 식민조선에서도 야구는 일본 식민지배에 대해 조선의 젊은이들이 저항할 수 있는 계기가 되었다.

동아시아의 야구에 있어서 일본의 영향력은 일본의 패망 이후와 대만과 한국의 탈식민시기에도 다른 방식과 다양한 분야를 통해 지속되었다. 전쟁의 폐허를 지나 한국 야구가 다시 성장하는 가운데 고등학교 야구는 중요한 역할을 하였다. 한국 고등학교의 전국야구대회는 일본 고시엔과 마찬가지로 한국의 주요 신문사들의 후원 속에서 치러졌다. 1982년 한국에서 첫 프로스포츠로 야구 리그가 시작되었을 때도 일본 프로야구에서 활약하다 귀국한 재일 코리안들이 중요한 역할을 하였다. 일본 선진 야구에서 훈련받고 기술을 습득한 재일 코리안들은 감독이자 선수로 한국 프로야구에 참여하였다. 그들은 초기에 한국 야구 리그를 주름잡았을 뿐만 아니라 그들이 배운 일본의 야구 기술을 전파하는 역할을 하였다. 일본 리그에서 20여 년을 활약하다 한국 리그에 선수이자 감독으로 데뷔한 백인천 선수는 1982년 한국 리그에서 유일하게 타율 4할을 기록하기도 하였다. 해방 이후 대만에서도 야구는 국민 스포츠로 성장하면서 지속해서 사랑받았다. 동시에 일본과 미국의 영향을 환기시키는 도구가 되었다(Morris, 2004: 176-177). 프로 리그가 설립된 이후 대만에서도 일본 출신 선수들과 감독은 꾸준히 영입되었다. 1990년에 처음 출범한 중국 프로야구 리그(Chinese Professional Baseball League)는 상대적으로 미국 야구의 영향을 받고, 미국 선수들을 영입한 반면, 1997년에 시작된 대만 메이저리그(Taiwan Major League)는 일본 스타일의 야구를 선호하는 경향을 보였다.

해방 후 대만과 한국의 야구 궤적은 각 국가가 처하게 된 다른 지정학적 조건에 따라 다르게 분화되었다. 일본이 야구를 일본화했다면 탈식민시기 대만과 한국에서의 야구는 일종의 국가화(nationalization)의 과정을 경험하였다. 대만에서 야구는 우선 대만인이라는 정체성 형성에 크게 기여했는데, 전후부터 국민당이 지속적으로 추구했던 중국으로의 귀환 그리고 탈-대만노선을 지속적으로 추구한 상황에 기인한다. 1971년 유엔에서 탈퇴한 국민당 정부의 결정 이후 신국제정세에서 구체화된 대만의 이중적인 주변화 경향은 대만인에게 점차 대만인으로서의 정체성을 욕망하는 계기가 된 상황이었다(Liao, 1997). 대만인으로서 정체성을 강조하는 것은 국민당 정부의 중국으로 복귀 정책에 반하는 태도였다. 앞에서 살펴본 바와 같이 대만 유소년 선수단의 미국에서의 활약은 단순히 대만 내 야구의 인기를 증폭시켰을 뿐만 아니라 국제 사회에서 점차 주변부로 밀려나고 있는 대만인의 서러움을 극복하는 계기가 되었다. 즉, 탈식민시기에 대만에서의 야구는 민족적인 광경일 뿐만 아니라 국민적 욕망이 반영된 대상물이 되었다. 대만 정부는 야구를 통한 대만 정체성의 추구를 초기에는 반대했지만 점차 대만 국민의 모델이자 대만 민족주의 형성을 위한 도구로 활용하였다. 특히 1987년 국민당의 철권통치가 막을 내린 이후에도 야구는 꾸준히 대만의 민족 정체성을 위한 주요한 수단이었다. 국민당을 이어 정권을 획득한 민진당 정부는 야구의 대만화를 가속화시켰다. 뉴밀레니엄 시기에는 민진당의 천슈이벤, 국민당의 마잉주와 같은 대통령은 대만 프로야구 시구에 적극적으로 참여하기도 하였다. 최근 대만 프로야구는 도박 및 조직폭력배의 개입 등 불미스러운 일들이 발생하면서 대중적 인기가 많이 줄었지만, 여전히 해방 이후 대만인 정체성을 구성하는 중요한 통로 역할을 하고 있다.

한국에서 야구의 특징을 잘 보여 주는 것은 1982년 프로야구의 출범이 독재정권 아래서 매우 정치적인 목적으로 출범한 것이다. 당시 전두환 정부는 1979년 군부 쿠데타와 1980년 광주에서의 국민적 저항을 군사 세력으로 제압한 정치적 부담을 회피하기 위한 전략으로 이른바 3S(sport, screen, & sex) 정책을 추진했고, 프로야구의 출범은 이와 맥을 같이한다. 한국의 지역감정을 이용하면서 동시에 정권유착에 기반을 둔 재벌의 적극적인 참여를 도모하여 형성된 한국 프로야구는 그 배경 및 정치적 목적에도 불구하고 국민의 인기를 쉽게 얻을 수 있었다. 즉, 1980년대 한국 야구는 정치적으로는 폭압적이지만 지속적인 경제 성장을 바탕으로 문화적으로 소비사회에 진입하기 시작한 한국의 통치성 맥락에 매우 잘 들어맞는 대상이었다(Cho, Y., 2008b). 동시에 야구 종목에서 한국 국가대표가 2000년과 2008년 올림픽, 2006년과 2009년 월드 베이스볼 클래식에서 좋은 성적을 거두면서 또 다른 의미의 국민적 스포츠가 되었다. 한국에서 모든 경기가 그러하지만, 일본과의 야구 경기는 "해방을 맞이한 지 65년이 지난 후에도 여전히 반일 정서가 강하게 반영"된다(Cho, Y., 2012b: 4).

동아시아 야구에서 발견되는 구-제국과 구-식민지와의 경쟁 그리고 민족적 열광의 발산은 단지 국가대표 간의 경기에서만 목도되는 것은 아니다. 21세기 동아시아인의 대결은 미국 스포츠의 적극적인 세계화의 결과로 태평양을 건너 미국 프로야구 리그에서도 활기를 띠게 되었다. 제국의 시대뿐 아니라 전 지구화의 시기에도 스포츠는 "일본과 동아시아 사이의 적수 관계를 가장 대중적이고 세계적인 경쟁을 통해 가장 강렬하고 균등하게 매개하는" 장일 것이다(Kelly, 2013: 1244). 동아시아 각국 방송사에서 자국 출신 선수, 즉 한국에서는 박찬호, 대만에서는 왕치엔밍, 그리고 일본에서는 스즈키 이치로와 같은 선수에 대한 보도 양식은 열광적일 뿐만 아니라 민족적인 수사로 가득하다. 특히 한국 선수가 일본 선수와 대결하는 미국 스포츠 리그의 경기는 또 다른 의미의 한일전과 유사하게 묘사된다. 미국 프로리그에서 한국인 혹은 대만인 선수가 일본인 선수에게 승리를 거두는 것은 마치 국가대표의 승리와 똑같이 호명되는 것으로 표현된다(Chen, 2012). 미국이라는 야구 최고의 리그에서 한국, 대만, 그리고 일본 선수들의 기록은 동양인 최초 또는 최고 기록이라는 타이틀로 인지된다. 예를 들어 박찬호의 한 시즌 최다승 기록은 한때 일본 선수가 넘지 못한 기록으로 여겨지면서 마치 한국의 야구 수준, 즉 근대화의 정도가 일본의 그것보다 우월한 것으로 불리는 것이다. 탈냉전과 전 지구화의 물결 속에서도 동아시아에서는 "일본 제국의 식민 경험이 구-피지배자들로 하여금 일본과의 어떠한 대결에서도 역시 울분에 찬 경기로 만드는 기폭제"로 발동한다(Cha, 2009: 25).

야구는 18세기 말 동아시아에 도입된 이래 일본을 포함한 동아시아 여러 국가에서 지속해서 행해지고 있다. 아메리카라는 후광에서 비롯된 미국의 영향력은 종전 이후에도 냉전의 구도 속에서 동아시아에서 헤게모니적인 권력을 유지하였다. 그런데도 동아시아의 야구에서 일본의 역할은 단순히 매개의 과정을 넘어서서 지역에서 야구가 생존하고 번성하는 데 결정적이었다. 그 과정에서 일본은 야구를 일본식으로 변형했으며, 일본화된 야구는 다른 동아시아 지역에 각각 다른 과정을 거치면서 정착되었다. 100년이 넘는 기간을 통해 정착되는 과정에서 야구는 (구-)피지배자들이 개인적이고 또한 집단적 차원에서 제국주의자들에게 승리를 얻거나 때로는 우월함을 드러낼 수 있는 기회를 마련해 주기도 하였다. 굴절된 과정에서 동아시아에 정착한 야구는 단지 서양과 동양 혹은 아메리카와 일본이라는 이분법적인 틀로서 파악되기보다는 동아시아 국가 간의 관계를 비-서구들 간의 관계 그리고 비-서구들과 미국이라는 복잡한 관계 속에서 성찰하게 해 준다.

6. 이중적 구속: 동아시아의 식민-근대성의 주요 서사

태평양을 가로지르는 미국으로부터 동아시아까지 야구의 궤적을 통해 결코 스포츠가 단순히 여가 활동만이 아니라 근대적 고안물이자 일본 제국의 통치 수단이었음을 논의하였다. 또한 동아시아에서 야구가 일본화될 뿐만 아니라 일본 식민지에서 다양하게 행해진 모습은 동아시아의 근대화 과정에서 식민화가 발생한 특성을 구체적으로 보여 준다. 우리는 근대 문물이자 식민통치 수단으로 동아시아에서의 야구 도입부터 현재 모습을 통해 고찰한 동아시아 근대성의 특성을 이론화하는 개념으로 이중적 구속을 제안하였다. 우선 가장 직접적인 의미에서 이중적 구속은 동아시아가 일본과 미국이라는 두 개의 경쟁하는 제국/근대 힘이 동시에 작동된 결과로 구성된 지역 내 식민-근대성의 조건을 가리킨다. 즉, 근대성과 식민성이 동시에 발생하는 가운데 동아시아에서 일본과 미국이 내부와 외부의 지배자로서 작동한 방식을 의미하는 것이다. 이중적 지배자의 공존 그리고 경합으로 인해 지배자와 피지배자의 위치는 이분법적으로 간결하게 나뉘기보다는 복잡한 형태로 얽히면서 일본 제국과 피지배자는 각각 이중의 의무를 부과받게 된다. 이중적 구속이 부여한 이러한 특성은 완벽한 지배의 상태라기보다는 각각 불완전하고 때로는 전복 가능한 상태를 의미한다. 동시에 진정한 탈-식민을 위해서는 단순히 내적 지배자인 일본을 극복할 뿐만 아니라 외적인 지배자인 아메리카에 대한 열등감 및 맹목적인 동경 역시 극복해야 하는 상태를 보여 준다. 현재 위치에서 이중적 구속은 단순히 20세기 초 일본 제국이 부상하면서 동아시아가 식민지배를 겪었던 특정한 시기를 설명하는 틀일 뿐만 아니라 냉전과 탈냉전의 동아시아에서 반복하여 나타나는 구조적이고 심상적인 역동을 설명하기에 적합한 이론적 틀이기도 하다(Lee & Cho, 2012; Matsuda, 2011). 우리는 20세기 초 근대화 초기의 역사적 국면만 아니라 현재 동아시아의 주요한 측면을 설명해 줄 수 있는 이론적 틀로서 이중적 구속을 제안하는 것이다. 다시 말해 개념으로의 이중적 구속은 단순히 특정 시기의 동아시아적 특성과 차이점을 설명하는 것이 아니라 다른 시기 그리고 다른 지역의 식민-근대성을 설명하는 데 참조할 수 있는 이론적 틀로 제안되는 것이다.

결론을 대신하여 이중적 구속이 옐로우 퍼시픽으로 명명한 동아시아 근대성의 특징을 효과적이고 분명하게 서술하는 방식을 세 가지로 나누어 논의해 보고자 한다. 첫 번째로 이중적 구속은 아메리카와 일본이라는 두 개의 제국이 지역에 집중된 결과로 동아시아 근대성의 주요 특성을 형상화하면서 지역에서 탈-식민화(de-coloniazation)의 가능성을 의미한다. 다시 말해 두 제국으로부터의 지배 결과로 생긴 이중적 식민화 상태를 의미한다고 할 수 있다. 동시에 이중적 구속은 일본 제국의 한국, 대만 및 동남아시아 지배와 미군정의 일본 지배와 같은 영토적·정치적 지배의 차원에만 제한되지 않는다. 개념적인 차원에서 이중적 구속의 동력은 20세기 초 일본의 지배뿐 아니라 미국의 헤게모니가 강력하게 작동하던 냉전 시기와 탈냉전 시기에도 유사하게 작동한다. 동아시아의 식민-근대성 특성으로 사유되는 이중적 구속은 식민자와 피-식민자의 상호의존적인 특성을 의미한다. 그러하기에 이중적 구속은 지배와 저항의 반복된 연쇄를 가리킬 뿐만 아니라 완전한 의미의 식민지배가 불가능함을 암시한다. 동아시아의 식민지배자와 피지배자의 이중적 의무에서 논의한 바와 같이 지배자는 서구라는 시선에서 자유롭지 못할 뿐만 아니라 피지배자 역시 시시때때로 지배의 위계를 넘어서는 모습을 보여 준다. 내적인 타자와 외적인 타자 간의 대결적이며 동시에 미묘한 긴장 관계는 식민지배의 구조를 더욱 복잡하게 만든다. 상징적인 차원뿐 아니라 실제의 차원에서 피지배자는 복잡한 식민지배의 구조를 흔들거나 위계를 어그러뜨리기도 한다. 이와 같이 이중적 구속은 두 개의 제국에 의한 이중적 식민화와 완전한 지배의 불가능성 혹은 지배를 넘어설 수 있는 가능성을 내포하는데, 이처럼 식민지배를 넘어설 가능성을 탈-식민화(de-colonization)라고 칭할 수 있다.

두 번째로 이중적 구속은 지역 내 진정한 탈-식민화를 위해서는 탈-제국화(de-imperialization)가 동반되어야 함을 의미한다. 동아시아 야구의 궤적에 대한 탐색은 지역 내 탈-식민의 가능성과 함께 유사 혹은 하위-제국주의적 욕망이 상존하고 출몰하고 있음을 보여 준다. 20세기 초 구성된 '식민아시아-일본-서양'이라는 삼각 모델에서 일본의 위치는 상황에 따라 아시아의 또 다른 주체에 의해서 교체될 수 있다. 특히 냉전과 탈냉전 시기에 걸쳐 다른 비-서구 지역에 비해 비약적인 경제-군사적인 성장을 거둔 동아시아 국가, 그리고 최근 전 지구적 열강으로 부상한 중국의 예는 이러한 우려가 이미 현실화되고 있음을 보여 준다(Arrighi, 2009; Arrighi, 2010; Frank, 2003). 이 책의 제7장에서 살펴보겠지만, 1990년대 초 대만에서 유행한 동남아시아에 대한 남진론(Chen, 2000; Liao, 1997)과 2000년대 중반 한국에서 정책담론화된 동북아론 역시 유사한 예라고 생각할 수 있다. 천꽝싱은 탈식민과 탈제국의 관계에 대해 다음과 같이 지적한다. "탈제국화 과정은 탈식민보다 더 광범위한 범주와 강력한 과정을 의미하는데 이론적으로 더 넓은 영역에서의 운동을 가리킨다"(Chen, 2010: 4-6). 이중적 구속의 과정을 통해 탈-식민의 가능성은 탈-제국을 보장하지 않고 있음을 보이고자 했고, 결론적으로 탈-식민의 과정은 동시에 탈-제국의 과정과 함께 진행되어야 함을 환기시키고자 한다. 옐로우 퍼시픽이라는 동아시아 근대성의 측면에서 탈식민화는 야구 경기와 같은 육체적 대결을 넘어서서 근대화 시기에 지식인 및 사회를 지배했던 사회진화론적 사고, 실증주의적 근대화론, 역사주의, 그리고 유럽중심주의를 넘어서는 것을 포함한다. 지구화, 탈냉전, 신자유주의를 살아가는 현재의 동아시아에서 탈-식민화 과정은 전 지구적 자본주의화 또는 자본주의 근대성을 넘어섬을 상상하는 것을 필연적으로 수반한다고 주장하는데, 이를 탈-제국화라고 부르고자 한다. 다시 말해 여기서 제안하는 이중적 구속은 동아시아에서 탈-식민적이면서 동시에 탈-제국적인 사고의 필요성을 드러낸다. 이중적 구속에 대한 성찰을 통한 탈-식민적 그리고 탈-제국적 상상은 "궁극적으로 근대성의 수사학 속에 있는 식민성의 논리를 이해하고 동시에 넘어서려는 지속적인 분석 노력을 통해 가능"할 것이다 (Mignolo, 2011: 10).

세 번째 이중적 구속은 "일본과 유로-아메리카 근대성의 계속된 관계성 속에서" 동아시아의 근대적 삶의 형태는 다양하고 다중적일 뿐만 아니라 고유한 특성을 보이면서 전개될 수 있음을 보여 준다 (Kikuchi, 2007a: 8). 19세기 말 20세기 초 일본은 동아시아의 식민화 및 근대화 과정에 직접 개입함으로써 그들이 서양식 근대 문물, 제도, 사상을 일본화한 방식을 다시 그들의 제국에 도입하고 강제시켰다. 키쿠치가 논의한 굴절된 근대성의 논의가 단지 동양과 서양의 충돌 및 융합 그리고 중개자로서 일본의 중요성만 강조하는 데 그쳐서는 안 된다고 생각한다. 굴절된 근대성의 특성이자 이중적 구속의 과정을 통해 동아시아 근대성과 근대적 삶의 모습은 다양화되었고 그 특성은 일본이나 유로-아메리카 하나에 종속되지 않게 되었다. 이러한 인식은 동아시아 근대성이 일본이나 유로-아메리카의 근대 모습을 기준과 비교하면 열등 혹은 부족하다는 판단을 할 필요가 없을 뿐만 아니라 궁극적으로 타자와의 비교를 통한 자기 인식의 조건을 상쇄하는 것으로 이어진다. 즉, 동아시아 근대성의 삶의 모습은 유로-아메리카의 근대성 그리고 일본의 근대성 영향을 받음과 함께 다양할 뿐 아니라 동아시아만의 특성을 내포하면서 발현되는 것이다. 물론 시기와 지역에 따라 동아시아 근대성은 민족적·지역적·세계적 감수성이 동시에 발현하면서 구성되지만, 항상 균등하거나 평등하게 접합되지 않음을 생각해야 한다 (Cho, Y., 2011). 궁극적으로 이중적 구속을 통해 구체적, 이론적으로 동아시아 근대성을 논의함으로써 전 지구의 근대성을 상상할 때 더 많은 선택지와 대안들을 제공하고자 하였다. 미뇰로(Mignolo)가 주장하듯이 이와 같은 "지적 작업과 실천을 통해 전 세계의 운명이 더 이상 하나의 선택만이 가능한 미래로만 생각되지 않을 것"이다(Mignolo, 2011: 24). 딜릭(Dirlik) 역시 유사하게 현지의 경험을 바탕으로 한 지식의 생산은 "대안적인 근대성이 아니라 근대성을 향한 대안"을 상상할 수 있게 한다고 주장한다(Dirlik, 2014: 42). 이중적 구속을 통해 이와 같은 지적 작업과 실천의 커다란 산에 작은 이론적 돌멩이를 더할 수 있기를 바란다.

주지하다시피 동아시아를 개념화하는 노력은 다시 유사 제국주의적 욕망을 현현하고자 하는 유혹에 빠지기 쉽다. 현재 동아시아의 상황은 그러한 가능성을 또한 증명하고 있는데, 1988년 서울올림픽과 2008년 북경올림픽은 그러한 예의 하나이다. 또한 일본 동경이 2016년 하계 올림픽 개최를 추진하게 된 것은 일본이 "자신의 위치를 진정한 글로벌 도시의 하나로 재위치하고자 하는" 욕망과 "라이벌 중국이라는 동아시아의 슈퍼 파워와의 정치경제적인 도전에 대한 우려"가 반영된 것으로 평가된다(Kelly, 2011b: 2262-2264). 우리는 동아시아 국가들이 올림픽과 같은 국제적인 대회를 개최하는 것을 단순히 반대하는 것이 아니라 이러한 대회를 통해 국가와 민족, 그리고 사회적인 차원에서 발현되는 유사 제국주의적 욕망에 대해 경계하는 것이다. 그러므로 유사한 과거에 대한 연구와 분석이 앞으로의 스포츠 이벤트와 담론을 이해하고 변화하는 의미 있고 효과적인 출발점이 되기를 기대한다. 마지막으로 동아시아 근대성을 탐색하는 데 근대 스포츠를 활용하는 시도가 동아시아 등 지역학 연구에서 스포츠에 대한 진지하고 의미 있는 분석의 좋은 시발점이 되기를 바라본다. 스포츠는 아시아 연구에서 많이 연구되지 않는 영역 중의 하나이다. 하지만 여기에서의 분석이 보여 주듯이 식민-근대의 과정에서 동아시아의 스포츠에 대한 장기적인 접근과 이론적인 시도는 단지 스포츠 역사/사회학적인 영역뿐 아니라 지역 전체의 변화를 이해하는 데 의미 있는 공헌을 할 수 있다. 달리 말하면 아시아학 역시 스포츠를 진지한 삶의 한 형태 그리고 사회와 문화의 중요한 반영이자 지식과 육체에 큰 영향을 미치는 대상으로 접근할 필요가 있다. 일본학 전공자인 켈리(Kelly)의 주장에 따르면 근대 스포츠는 "근대 사회의 민족적인 지식을 만드는 가장 위력적이고 어디에나 존재하는 요소"이다(Kelly, 2011c: 482). 스포츠의 역사와 이를 둘러싼 사회와 담론의 변화를 통해 동아시아의 근대성을 탐구하는 것은 근대성이 형성되는 구체적인 특징을 밝히는 데 필요할 뿐만 아니라 중요하다.

제4장 식민 근대성과 한국 지식인의 딜레마: 세계 지식생산 체계 속의 한국의 위치

1. 한국의 식민시기에 대한 재고찰

이 장에서는 동아시아 근대성 형성을 검토하면서 필연적으로 부딪히게 되는 일본 제국 통치 및 탈식민 주체의 경험을 식민지 근대성에 대한 논의를 중심으로 살펴보고자 한다. 식민지 근대성 논의는 미국의 아시아 연구자들에 의해 촉발되어 추후 한국 및 동아시아 지식인들이 다양한 방식으로 반응했다는 점에서, 지역학을 포함한 지식생산에 있어 현재 미국이 누리는 헤게모니적 지위에 대한 고찰을 가능하게 한다. 다시 말해 우리는 식민지 근대성에 대한 한국 지식인들의 논쟁을 통해 한국 내 식민조선에서 식민-근대의 이중성에 대한 반응과 함께 세계 지식 체계에서 한국(주변)-미국(중심)의 종속 관계라는 이중적 딜레마를 탐구하고자 한다. 식민지 근대성 논의는 1990년대 미국의 동아시아학과 한국학 학자들에 의해 시작되어 한국 및 동아시아에서도 활발히 진행 중이다. 특히 한국에서는 국문학과 사회학을 중심으로 식민시기의 근대성에 관한 연구가 많이 출판되었고, 사학계에서도 다양한 방식의 논쟁이 계속 진행 중이다. 식민조선에 대한 평가는 역사학계의 매우 중요한 논쟁 지점인데, 식민지 근대성에 대한 논의는 많은 지지를 얻는 동시에 식민시기를 근대라는 개념으로 설명한다는 점에서 때로는 냉대의 대상이 되곤 한다.

오랜 기간 한국에서 일본 통치 시기는 주로 일본 제국 통치에 대한 저항의 시기로 그려졌다. 1990년대 이후 학계와 대중문화계에서 식민 조선 시기(1910~1945)를 새로운 시선으로 재해석하고자 하는 많은 시도가 있었다. 식민시기를 단지 처참하고 암울했던 것으로 묘사하던 것과 달리 새로운 시도들은 당시 일상에서 개인들이 경험했던 다양한 측면과 시대의 복합성을 드러내고자 하였다. 식민통치 동안 조선에서 발생한 근대적인 변화들에 주목하면서 철도, 전신, 전화, 통신 등 근대적 설비 시설의 도입과 음악, 스포츠, 독서 등 일상 실천에서의 새로운 변화들에 주목하였다. 학술적인 측면과 함께 일반 대중에게 접근하고자 했던 여러 시도는 의미 있는 성공을 거두기도 하였다.

대중문화에서도 식민시기를 새롭게 재현하려는 여러 모습이 발견된다. 대표적으로 식민 기간을 다룬 여러 영화와 드라마는 근대적 기술과 신문물, 취향과 같은 개인들의 일상에 대한 변화에 주목하였다. 예를 들어 영화 〈YMCA 야구단〉(2002)은 신문물인 야구를 중심 소재로 다루면서, 새로운 문물을 접한 일반인들의 경이와 새로운 감각을 묘사하고 있다. 유사하게 〈라듸오 데이즈〉(2007)는 경성방송국이라는 최초의 라디오 방송을 다루고 있으며, 〈모던보이〉(2009)는 재즈 싱어의 공연 모습을 화려하게 재현하고 있다. 이외에도 식민시기를 바탕으로 한 많은 드라마가 제작되면서 그것을 감상하는 시청자 혹은 일반인의 식민시기에 대한 상상력을 자극하기도 하였다.

이와 같이 새롭게 또는 화려하게 재현되는 식민 과거는 여전히 반일 의식이 현저한 한국의 일상과는 일견 모순적으로 보인다. 영토 분쟁, 역사교과서와 같은 정치적인 이슈들이 한국인들의 의식을 자주 자극시킬 뿐만 아니라 위안부 문제를 둘러싼 법정 처벌 및 배상, 그리고 일본 정부의 책임 있는 사과와 관련된 이슈들은 여전히 중요한 현재적 이슈이다. 또한 한국과 일본이 대결하는 운동 경기는 어떠한 종류라도라도 각 국가의 자존심이 걸린 매우 중요한 국가 이벤트로 치러지기 때문이다.

앞서 언급한 식민조선에 대한 새로운 시선들을 재현한 대중문화의 경우에도 깊숙한 곳에 반일 정서가 자리 잡고 있음을 발견할 수 있다. 예를 들어 각 영화의 주인공인 야구 선수, 방송국 직원, 재즈 싱어, 그리고 이들은 근대 문물을 적극적으로 받아들이는 근대적 주체인 동시에 한국 독립운동에 적극적으로 참여하고 있으며, 영화의 결말은 일본 제국과 그에 저항하는 조선인들의 충돌로 마무리된다. 때로는 모순적으로 보이는 두 가지 지점, 즉 식민조선 시기에 대한 낭만적 재해석과 영화 속에 깊이 내재한 반일 정서는 더 많은 질문을 가져온다. 왜 1990년대 이후, 이른바 문화적·경제적 세계화가 진행된 시기에 한국에서 식민조선을 새롭게 묘사하려는 시도가 많아졌는가? 한국인은 이러한 현상과 반일 정서를 모순적으로 느끼는가, 아니면 당연한 것으로 받아들이는가? 왜 한국 대중문화는 식민시기에 대한 새로운 해석을 시도하면서 그 속에 반일 정서 혹은 강한 민족주의 표상을 지속하는가?

이 장에서는 식민지 근대성에 대한 새로운 평가를 제안하려는 것이 아니라 식민지 근대성 이론에 대한 한국 지식인들의 일치하지 않는, 때로는 모순적이면서 동시에 매우 현실적인 반응에 대한 고찰을 시도한다. 즉, 식민지 근대성 논의에 대한 한국 학계의 불균등한 반응을 통해 지식인들의 탈식민 시도의 한계와 딜레마를 살펴본다. 여기서 한국 학계는 한국인 연구자를 지칭하기보다는 한국에 물리적으로 거주하면서 한국에 위치한 연구기관에 종사하는 연구자들 그리고 그들의 연구 성과와 학술 활동을 지칭한다. 이에 우선 한국 사학계를 중심으로 한 식민조선에 대한 논쟁을 되짚어본다. 식민조선을 새롭게 바라보면서 당시의 식민성과 근대성의 관계를 논쟁하는 연구들이 모두 식민지 근대성 이론을 기반으로 하는 것은 아니다. 그럼에도 불구하고 한국 학계에서는 식민의 경험을 근대성과 연결시키는 것에 대한 묘한 불편함이 인지된다. 이러한 불편함 혹은 양가적 감성에 대해 천착함으로써 세계 지식생산 체계 속에서 한국 지식들이 경험하는 주변화와 존재론적인 딜레마를 논의하고자 한다(Chun, 2008). 식민/근대성에 대한 논의에서 한국 지식계가 경험하는 주변적인 위치에 대한 딜레마는 단지 한국만의 그리고 식민지 근대성 논의 자체에 국한되지 않을 것이다. 이러한 딜레마는 서구와 대비되는 지역으로 연구를 담당하거나 강요받는 대부분의 지역학 연구자들, 특히 영어를 모국어로 사용하지 않는 연구자가 영어로 논문을 발표하고 평가받는 동아시아의 많은 교육 시스템에서 발견될 수 있다(강명구, 2014; Lie, 2012). 특히 미국 중심적인 학문 체계를 구성하고 있는 한국 학계는 한국에 대한 연구와 식민 경험에 대한 연구에서도 여전히 그들(미국 학계)의 목소리에 민감할 수밖에 없으며, 한국 학계의 목소리는 그들의 논의에 대부분 반영되지 못하는 주변부의 위치를 실감하게 된다(김종영, 2015; Kim, 2012). 식민/근대성을 연구하는 한국 학계의 주변성은 지식생산에 있어서 또 하나의 식민적인 위치를 상징하며, 분단 및 냉전이라는 식민의 결과물이 여전히 한국에 거주하는 연구자들의 인식을 결정하는 주요한 틀이라는 점에서 '존재론적 딜레마(ontological dilemma)'라 주장하고자 한다. 식민 근대성 연구에서 발견되는 한국 연구자들의 존재론적 딜레마는 이 책이 제안하는 지금 그리고 여기서의 인식론에 중요한 기반이 되는 것으로 현존적 경험 및 감정과 떨어져 생각할 수 없는 인식론적 사유를 말한다.

2. 한국 역사학 내에 식민지 과거에 대한 논쟁

식민 경험에 대한 새로운 논의가 등장하는 배경을 이해하기 위해 간략히 한국 사학계를 중심으로 한 식민 역사에 대한 주요 연구 경향을 검토하고자 한다. 식민사에 대한 주요 연구 경향은 큰 범주로 보아 '수탈론'과 '근대화론'으로 나누어 볼 수 있다. 즉, 식민지 수탈론은 일본 제국의 약탈적인 통치 방식과 한국인들의 저항에 초점을 두는 반면에 식민지 근대화론은 일본 통치 기간을 통해 경제발전과 근대화의 토대가 시작되었다는 측면을 강조하는 입장이다. 두 관점은 식민 기간을 바라보는 상이한 관점으로 수탈론은 일본 제국의 식민통치 기간이 한반도의 근대화 및 발전에 있어서 단절의 시기로, 반면 근대화론은 한국의 전후 발전의 근거를 일본의 식민통치 시기에서 시작된 연속의 시기로 바라본다. 수탈론은 민족주의 사관이 바탕이 된 역사학자가 주도했다면, 근대화론은 근대 중심적인 시각을 바탕으로 한 경제사학자들이 중심이 되었다. 식민지 근대성 혹은 근대/식민성 논의는 이와 같이 이분법적으로 과거를 평가하던 시각에서 간과했던 일상의 경험과 일반인들의 인식에 초점을 두었다.

수탈론은 일본 통치 기간을 주로 일본 점령군의 강압적인 억압과 조선 경제에 대한 수탈, 문화적 말살 정책에 초점을 두면서, 식민조선의 경험을 주로 '잔인한 통치', '피해자', '고통', '생존의 어려움' 등의 단어와 연계한다(Ahn, 2008: 159). 수탈론에서 일본의 지배는 크게 '한국인 말살(통합)'과 '사회경제적 약탈'이라는 묘사로 요약되기도 한다(신용하, 1997). 또한 수탈론은 조선의 반식민 운동과 일본에 대한 저항을 강조하게 된다. 수탈론적 접근에서 피식민자들은 수탈의 대상 혹은 저항하는 영웅으로 그려지게 되는데, 그 밖에 일본 정부를 위해서 일한 사람들은 친일파로 낙인찍힌다. 사회적인 수준에서 수탈론은 한국의 근대화 과정이 일본의 통치 기간에 중단되었을 뿐만 아니라 식민 수탈을 통해 심하게 훼손되었다고 여긴다. 이러한 관점에서 수탈론은 민족경제론과 연결되기도 하는데, 후자의 경우 조선 후기인 19세기 말부터 한국 사회가 근대화되고 경제적으로 성장하기 시작했다는 입장이다. 식민통치에 대한 민족주의적 견해는 해방 이후를 평가하는 데 있어서도 연결된 인식을 보인다. 다시 말해 일본 통치가 한국 근대화의 큰 장애물이었음을 강조하면서 해방 이전 조선 사회의 발전과 해방 이후 한국 사회의 근대화 과정의 연속성을 강조하는 것이다. 수탈론은 일본의 지배가 없었으면 한국 사회가 자체의 힘으로 근대화에 성공했을 것이라고 주장한다(신용하, 1997).

해방 이후 한국 내 강한 민족주의적 정서로 인해 수탈론은 대중과 한국 학계에서 지배적인 관점을 획득하였다. 수탈론을 주장하는 연구자들은 역사학자의 근본 임무가 한국 역사에 대한 식민사관을 극복하는 것임을 강조하기도 하였다(정연태, 1999). 식민사관은 식민지 기간에 한국의 역사를 해석하는 틀로서 발전했는데, 일본의 식민통치를 정당화하는 논리를 바탕으로 하고 있다. 즉, 조선이 그 내부적인 모순과 무능력 등으로 인해 스스로를 통치할 능력이 부족했음을 강조하는 관점으로, 주로 식민통치 기간 역사를 공부한 일군의 학자들에게서 나타나기 시작하여 해방 이후에도 한국 사회에 꾸준히 영향력을 미쳐 왔다. 식민사관에 대한 저항으로 한국 사학계는, 특히 민족주의 시각을 바탕으로 하여, 식민통치 기간의 참혹함, 범죄, 그리고 구조적 문제들을 드러내고자 지속적인 노력을 경주하였다(이홍락, 1997). 사학계의 민족주의적 경향은 한국의 국가중심주의 및 민족주의에 호소하면서 수탈론이 학계와 대중들에게 식민시기를 이해하는 지배적인 견해로 자리 잡는 데 공헌했다고 볼 수 있다(임지현, 1999).

민족주의적 정서를 바탕으로 한 수탈론이 한국 사학계에 주류를 차지하고 있는 가운데 경제사를 전공하고 근대중심주의적 입장에 선 일군의 학자들은 이에 대한 일종의 반론이자 '새로운' 해석으로 식민지 근대화론을 주장한다. 근대화론은 한국 사학계의 민족주의적 시각의 편향성을 비판하면서 자료와 사실에 근거한 역사 해석을 강조하였다. 그들의 관심사는 주로 식민조선의 경제 상황을 재평가하는 데 두어졌고, 수량경제사를 중심으로 조선 후기부터 식민지 시기, 그리고 해방 이후까지를 장기적으로 고찰하였다. 근대화론을 대표하는 이영훈과 낙성대연구소는 한국의 근대적 경제 성장이 20세기 식민지 시기부터 시작되었다고 평가하면서, 그 주요 근거로 근대적 소유제도의 정비, 도로 등 근대적 기반 시설의 건설을 제시하고 있다(이영훈, 2004). 또한 19세기 말까지 지속된 전통적인 경제 체제는 구한말 국가적 위기 및 식민지 시대로의 필연적인 귀결로 연결될 수밖에 없었음을 암시하는데, 이는 조선 후기의 경제 체제가 근대화의 제약으로 작동했음을 강조하는 것이다(이영훈, 2004). 이러한 입장에 선 연구자들은 식민조선의 시기와 일본의 통치를 해방 이후 한국 경제 성장의 배경이자 그 연속성 속에서 평가하고 있다. 근대화론은 역사 해석에 있어 자료와 데이터에 입각한다고 주장하므로 객관적인 입장을 강조함에도 불구하고 수탈론과 한국 사학계의 민족주의적 해석에 대해 매우 비판적이다. 기존 연구가 민족주의라 통칭할 수 있는 연구자의 신념에 근거하여 주관적인 해석이 많았음을 비판하면서 사실과 자료, 특히 통계에 기반한 연구의 중요성을 강조했던 것이다. 즉, 한국 사학계의 민족주의 경향을 일종의 '이데올로기 오염'으로 간주하고, 과학으로서의 역사학 재설립을 주장했다(안병직, 1997: 54).

대표적으로 근대화론은 일제 통치 기간 행해진 토지조사(1912~1918)와 쌀 증산 운동(1920~1934)에 대한 새로운 해석을 내놓았다. 다시 말해 실증적 자료와 장기간의 통계를 바탕으로 토지조사 및 쌀 증산 운동이 근대적인 제도로 경제 활성화에 기여했음을 인정하면서 동시에 그것이 전부가 아님을 강조하였다. 즉, 이러한 경제정책이 실시되는 가운데 피식민 한국인 역시 단순히 수동적인 피해자에 머물지 않았고, 근대화 과정에 적극적으로 참여했음을 주장하였다. 실증주의에 기반하고 있는 근대화론은 발전과 수탈이 결국 동전의 양면과도 같다고 강조한다. 또한 근대화론은 수탈론이 19세 이후 조선의 구조적인 변화에 대한 평가에서 사료와 데이터 분석에 많은 오류를 범했다고 비판한다(조석곤, 1998a).

근대화론은 여기서 한발 더 나아가 한국과 함께 대만, 싱가포르 등 여러 동아시아 국가가 해방 후 경험했던 급격한 경제 성장을 설명하고자 한다. 자본주의 발전 일반론에 근거하여 지역 내 경제 성장을 평가하면서 제2차 세계대전 이후 동아시아의 경제적 성장의 근거를 일본의 식민통치 및 그 장기 지속적인 영향력에서 찾는 것이다. 가령 1930년대와 1960년대 발전 추이 및 경제적 성장 등을 비교 분석하면서 근대화론은 경제적인 측면에서 식민통치가 갖는 긍정적인 요소들을 찾는다(안병직, 1997).

수량경제사를 기초로 한 근대화론은 초기에는 단순히 무시되었으나 점차 기존의 논의와 매우 다른 연구 결과로 학계에 당혹감을 불러일으켰다. 1997년에 발간된 계간지 『창작과비평』의 '식민과 근대성'이라는 특집호는 근대화론과 수탈론 사이의 논쟁을 가시화시키는 계기가 되었다. 근대화론에 대한 비판론자들은 근대화론이 장기 자료 중 필요한 것들만 취사선택하여 해석함으로써 식민 역사를 왜곡시키고 있다고 주장한다. 신용하(1997)는 일제 식민통치 정책으로 실행된 토지조사의 결과로 결국 조선총독부가 토지의 절반 이상을 소유한 것을 지적하면서, 토지조사가 소유지를 근대화시킨 것이 아니라 단순히 소유권의 이전이라는 결과만 가져왔다고 주장한다. 마찬가지로 토지조사에 조선인이 적극적으로 참여했다는 근대화론의 주장에 대해서도, 수탈론 측에서는 다양한 계급 및 대중의 참여 여부는 검토하지 않은 채 중산층 이상의 일부 집단의 경험을 특권화한 해석이라고 반박한다(정병욱, 1998).

수탈론자들이 지적하는 근대화론의 또 다른 오류는 해방 이후 남북 분단 및 6·25 내전의 결과로 인해 식민시기와 해방 이후 경제 도약기(1960~1970년대)를 직접 비교하는 것은 무리라는 것이다. 해방 이전 일본 제국이 한반도에 공업과 산업에 집중적으로 투자한 지역은 상대적으로 북한에 치중되어 있었고, 전력과 비료 공장 등 주요 기반 시설 역시 북한에 있었기 때문에 해방 이후 남한의 경제발전이 식민통치의 결과라고 하는 것은 어불성설이라는 점도 지적되었다. 특히 6·25 전쟁의 결과는 해방 이전의 기반 시설을 파괴시켰고, 한국의 경제 수준이 최하였다는 점을 지목한다. 1997년 한국의 외환위기를 포함한 동아시아의 경제위기는 동아시아 지역 발전의 근거로 일본 식민통치의 특수성을 강조하는 관점의 한계 및 모순을 밝혀 주었다. 수탈론은 특히 지역 내 경제 성장을 일본 통치의 결과로 보는 시점에 대한 명백히 반대되는 현상임을 주장한다(정연태, 1999).

수탈론과 근대화론 사이에 생산적인 토론과 입장 차이를 줄여 보고자 하는 시도들이 때때로 진행되었다. 예를 들어 성장을 위한 수탈과 같은 의견이 두 입장 사이를 절충하려는 시도로 제안되기도 하였다(고석규, 2002). 그러나 두 입장의 차이는 단순히 같은 시기에 대한 다른 견해 혹은 해석의 차원을 넘어 변할 수 없는 신념 및 입장의 차이가 되어버린 것 같다. 단순히 경제적인 통계 자료를 사용하느냐의 여부가 아닌, 사학 및 한국 학계의 근저에 존재하는 민족주의에 대한 오해와 불신이 서로에 대한 오해와 불신으로 전이되었다. 또한 근대화론을 주장하는 연구자들은 이른바 '뉴라이트' 계열의 역사 쓰기 운동에 적극적으로 참여함으로써 두 입장의 차이는 단순히 학문적인 차원이 아닌 이데올로기적이고 정치적인 영역으로 확장되었다. 같은 자료를 보면서도 둘의 입장 차이는 서로 다른 해석을 만들어 내었으며, 주장을 위한 주장으로 이어지기도 한다(조석곤, 2006). 그 결과 식민조선 및 식민통치 기간 한국의 근대화 과정에 대한 두 연구 경향은 서로의 차이를 인정하기보다 불신 혹은 무관심 속에 각자의 길을 걷게 된다. 결국 각 진영은 각자의 의견 및 주장을 과도하게 변호하면서 상대방의 의견을 폄하하게 되었다(윤해동, 2000). 뉴라이트에 적극적으로 참여하는 것과는 상관없이 근대화론을 지지하는 연구들은 쉽게 '신-식민사관'으로 비판받았다(Ahn, 2008). 때로는 근대화론과 전혀 상관이 없는데도 식민시기의 경험을 조금이라도 긍정적으로 그려 내거나 근대의 시점으로 바라보면 이 역시 '친일적'이라는 꼬리표가 붙곤 하였다(조석곤, 1998a, 조석곤, 1998b). 수탈론과 근대화론의 거리가 여전히 좁혀지지 않은 채 각자의 의견을 지지하는 그룹 내에서의 논의만 진행되는 상황은 결국 식민조선 그리고 식민통치 기간 구조와 일상 변화의 복합성과 다중적 측면을 적절히 드러내는 데 실패하는 결과를 낳았다.

3. 식민지 근대성 논의와 새로운 접근들

수탈론과 근대화론은 이와 같이 많은 논쟁에도 불구하고 과거 식민 경험에 대한 새로운 접근 및 해석을 보여 주지 못하였다. 특히 주요 경향들은 식민지배 속에서 근대적인 제도의 도입과 새로운 생활 방식의 형성과 같은 미묘하면서 모순적일 수 있는 관계들에 대해 충분한 주의를 기울이지 못하였다. 막다른 골목과도 같은 논쟁만 반복해 온 식민시대에 대한 연구 경향의 한계는 1990년대 이후 한국 사회의 변화와 연동되어 한국 학계에서 다양한 접근을 가능하게 한 원동력이 되었다. 그리고 식민 과거에 대한 새로운 접근들 가운데 이론적 틀로 부상한 것이 식민 근대성(colonial modernity) 논의이다.

앞서 잠시 소개했듯이 식민 근대성 논의 혹은 테제는 미국 학계에서 처음으로 사용되어 한국을 포함한 동아시아의 식민시기의 변화를 추적하고자 한 개념이다. 2019년 현재 미국 휴스턴 대학의 동아시아 연구자인 발로우(Barlow)는 1997년 『동아시아의 식민 근대성 형성(Formations of Colonial Modernity in East Asia)』이라는 책을 편집하고, 같은 시기에 학술 잡지 『포지션스(positions: Asia critique)』의 책임 편집위원으로 활동하면서 식민 근대성이라는 관점으로 동아시아를 설명하는 다양한 시도를 하였다.[1] 발로우는 그녀의 편저 서론을 통해 식민주의와 근대성은 산업자본주의 역사에서 구별할 수 없는 특성들이라고 전제하면서, 식민 근대성을 20세기의 동아시아를 탈민족 혹은 다민족적 방식으로 재사고하는 인식의 틀로서 제안하였다. 한국의 식민 경험에 대해서도 미국 학계를 중심으로 『한국의 식민지 근대성(Colonial Modernity in Korea)』이라는 책으로 편저 출판되었다. 신기욱과 로빈슨은 서문을 통해 식민 근대성을 통한 접근은 한국 식민시기에 대한 이해를 확장시키고 한국 역사에서 지배적인 민족주의적 접근을 넘어선 이해를 가져다줄 것이라고 언급하였다(Shin & Robinson, 2001b). 식민 근대성 논제는 시공간적으로 다양하게 적용할 수 있다는 장점으로 인해 여러 분야에서 많이 언급되었지만, 그 개념의 모호성과 추상성으로 인해 비판을 받기도 하였다. 특히 식민 근대성 논제가 개념적인 틀인지 아니면 특정

1 발로우(Barlow)는 이외에도 *The Modern Girl around the World: Consumption, Modernity, and Globalization*(2008) 프로젝트에 참여하여 식민 근대성의 전 세계적 양상을 탐색한 바 있다.

시기를 해석하는 틀인지에 대한 명확한 경계가 없다는 점이 주요 이슈로 제기되었다. 즉, 식민 근대성이 동아시아의 1920년대와 1930년대 사이의 사회적 변동과 특징을 가리키는 것인지, 아니면 특정 시기를 넘어선 분석적이고 개념적인 틀로서 응용 가능한 것인지에 대한 문제 제기가 있다(Matsuda, 2011: 3-4). 미국 학계의 초기 연구가 동아시아 일본 제국의 식민통치 시기를 중점적으로 다루고 있다는 점에서 식민 근대성 논의는 특정 시기와 불가분의 관계를 맺는 것은 부인하기 어렵다. 그럼에도 식민 근대성을 특정 시기를 넘어서 적용하려는 해석과 동아시아를 넘어 다양한 식민과 근대성의 동시대성을 해석하려는 시도가 존재한다(Lee & Cho, 2012). 식민성과 근대성의 불가분한 관계에 대한 주목은 동아시아뿐 아니라 남미 등 다양한 지역의 연구자들도 활발한 연구가 진행 중이다. 남미 연구자들은 특히 근대성이 식민성의 어두운 측면임을 강조하면서, 기존 식민 근대성 논의가 여전히 근대성에 중심을 두고 있음을 비판하면서 근대-식민성 연구를 진행 중이다(Escobar, 2007; Mignolo, 2007).

식민 근대성 논의는 개념적인 모호성에도 불구하고 여전히 현대적인 관점에서 그리고 동아시아를 넘어서 글로벌 모더니티의 이해를 위해서도 충분히 유용한 측면이 있다. 우리가 주목하고자 하는 것은 식민 근대성의 개념적 유용성 및 이론적 가능성이나 한계가 아니라 이처럼 다양한 시공간적 변용이 가능한 개념이 한국 학계에 미친 영향과 수용의 방식이다. 앞서 언급했지만, 미국 학계를 중심으로 유통되어 온 식민 근대성 개념과 한국 학계의 식민 과거에 대한 새로운 접근 간의 직접적인 상관관계는 증명되기 쉽지 않을 뿐만 아니라 우리의 목표가 아니다. 또한 미국 학계에서 처음으로 제기된 식민지 근대성 논의가 한국 학계의 식민 과거에 대한 새로운 시선을 추동한 유일한 원인이라고도 생각하지 않는다. 그런데도 한국 학계가 긍정적이든 부정적이든 간에 상관없이 식민 근대성 논제를 수용하고 이에 반응했고, 한국 학계의 새로운 접근법들은 식민지 근대성 논제가 제기하는 질문들과 상당 부분 공명하고 있다. 우선 식민 과거에 대한 한국 학계의 새로운 접근 방식들이 지니는 특징을 세 가지로 나누어 고찰해 보고자 한다. 첫 번째는 한국 사학계의 이분법적 접근을 거부하는 것이고, 두 번째는 거시적인 분석의 한계를 느껴 이에 대한 미시적인 대안을 추구하는 것이며, 세 번째는 근대성을 궁극적인 지향점으로 삼는 것을 넘어서고자 하는 경향성이다.

첫 번째 특징은 식민 과거를 해석하는 주요 틀이었던 수탈론과 근대화론이라는 이분법을 극복하고자 한다. 이분법적인 틀은 식민 과거의 여러 일상 및 모순들의 다양성을 충분히 포괄해 내지 못하기 때문이다. 또한 기존 연구 틀에 대한 극복은 역사학만이 과거에 대해 고찰할 수 있는 유일한 학과 또는 학문적 전통임을 거부하는 것으로 이어진다. 다시 말해 새로운 접근 방식은 사학계에서도 이뤄졌지만 문학, 사회학, 인류학, 그리고 미디어 연구에서도 발견된다. 특히 국문학 연구자들은 관련 연구에서 학술적인 성과물뿐만 아니라 일반인들을 대상으로 한 대중서를 적극적으로 출간함으로써 한국 근현대사에 대한 출판 시장을 활성화하는 데 기여하기도 하였다(김백영, 2004).

식민 과거에 대한 장기적인 고찰을 통해 이분법을 극복하고자 하는 대표적인 연구 중의 하나로 김진균과 정근식이 편집한 『근대 주체와 식민통치 권력』(김진균·정근식, 1997)을 제시할 수 있다. 식민 과거를 수탈이나 근대화의 과정으로 정의하는 대신 이 책에 실린 논문들은 일본의 식민 체제와 한국의 냉전 시기 일상의 관계에 주목한다. 이러한 접근 속에서 식민 근대성은 단지 한국 과거의 유산일 뿐만 아니라 냉전 시기 혹은 현재까지 지속 중인 국가 동원의 항시적인 상태를 정당화해 주는 논리로서 작동한다. 또 다른 논문들은 식민통치 기간 한국의 근대적 주체의 형성에 주목하는데, 주요한 특성으로 사회적 제약, 사적인 자기 훈련, 군사화를 꼽는다. 앞의 논의와 연계하면 이러한 특성들은 단지 식민시기에만 그치는 것이 아니며, 특히 주체 형성 과정에서 군사화는 1960~1970년대 냉전과 군사 독재 시절에도 강력한 기제 중의 하나임을 지적한다. 종합적으로 이 연구는 일제 통치 기간 식민 근대성과 근대적 주체는 식민통치 및 동원 체계 속에서 상당히 제한적으로 형성되었으며, 이러한 한계는 한국의 발전주의 체제 속에서 지속되고 있음을 지적한다.

이분법을 극복하고자 하는 또 다른 연구자로 윤해동을 들 수 있는데, 친일과 반일이라는 이분법으로 포획되지 않는 식민시기의 '회색지대'를 탐구한다. 회색 지대를 탐구하는 관점은 동료 연구자들과의 협업 속에서 식민통치기 친일에 대한 새로운 문제 제기로 이어진다(윤해동 외, 2006). 즉, 피지배자인 한국인의 복잡한 동기와 다층적인 행위를 단순히 친일이라고 규정짓는 것에 대해 의문을 제기하면서 당시 지식인들이 직면해야 했던 딜레마에 대해 천착한다. 일제 통치기의 긍정적인 부산물에 대해 전면적으로 부인하거나 저항하지 않았던 지식인들에게 친일이라는 딱지를 붙이기보다 그들이 경험했던 모순과 고민의 다양한 층면을 기술하면서 이들의 태도 변화를 '변절'이라고 규정짓는다(윤해동 외, 2006). 유사하게 윤건차(2006)는 당시 친일이라고 불리는 행위에 대한 새로운 해석으로, 단순히 그들이 일본 정부의 정책에 순응했다기보다 파시즘에 굴복하거나 인간성에 대한 배신이 발생했다고 설명한다. 이와 같은 식민 과거에 대한 새로운 연구 경향은 이분법에 대한 설명을 극복하기 위해 주체성과 통치성, 그리고 친일과 반일의 경계를 가로지르고자 한다.

두 번째 특징은 기존 연구가 정치사와 구조적인 영역에 집중된 것에 대한 대안으로, 주로 식민조선에서의 개인적·일상적 실천들과 문화사적인 영역에 주목한다. 수탈론과 근대화론은 모두 식민통치 기간 조선이 얼마나 근대화, 산업화되었느냐를 평가하고 규정짓는 것에 관심이 집중되어 있었다. 특히 근대화론은 식민조선의 근대화 여부를 장기통계와 경제적 성장을 중심으로 추적하면서 현재 한국의 경제 성장과도 연결 짓고자 하였다.

이와는 대조적으로 새로운 접근법들은 식민지의 '일상생활'에 주목한다. 『식민지의 일상: 지배와 균열』이라는 편저의 서론을 통해 정근식(2006)은 일상생활이라는 개념 자체가 매우 근대적 산물임을 강조하면서, 일상생활에 대한 탐구는 근대성의 형성을 연구할 뿐만 아니라 식민 경험 속에 무의식과 비물질적인 영역에 대한 통찰을 가져다줄 것이라고 주장한다. 식민 속에서 일상은 다양한 통치의 기술이 적용되는 동시에 저항의 전략 역시 다층적으로 나타나는 공간이고, 통치와 저항이 동질적이지 않게 충돌 혹은 타협하는 장소이다. 따라서 일상에 대한 연구는 식민 권력이 작동하는 방식과 함께 식민 체제가 분열되는 과정을 동시에 살펴보기에 매우 적절하다(주윤정, 2006). 이 편저는 특히 다음과 같은 세 분야의 일상성을 분석하는데, 첫째가 근대적 시간, 체육 교육, 그리고 강요된 위생과 같은 '몸의 식민화'와 일상성이고, 둘째가 경성(京城)이라는 도시와 지역 시장 등 식민주의와 공간의 정치학이며, 마지막이 영어 교육, 미국 영화 상영, 여성 등 소비(消費)와 근대의 언어이다(공제욱·정근식, 2006). 다양한 연구자가 식민 속에서 발생하는 일상의 변화라는 주제로 학문적 협업을 통해 각자의 전문적인 지식을 다층적인 영역에서 검토했는데, 이는 미시사 연구의 유용성을 잘 보여 주었다(조형근, 2006).

미시사 연구의 또 하나의 공헌은 '젠더(gender)'라는 개념을 식민 과거에서 등장시킨 것이다. 수탈론과 근대화론을 포함한 기존의 역사학은 식민주의와 민족주의의 관계 속에서 권력을 논의할 때 젠더에 대한 고려를 거의 하지 못하였다(Ahn, 2008: 172). 미시적인 접근은 신여성(新女性)의 형성 및 근대적 의미의 가족 등의 문제를 주요 연구 대상으로 삼았다는 점에서 젠더 이슈를 다시 중요한 고찰의 대상으로 끌어올렸다. 문학과 잡지 등 대중매체에 재현된 담론에 대한 연구를 통해 신여성 혹은 '모던 걸' 그룹이 식민통치 시기 식민조선에 근대적인 주체를 상징적으로 드러내었는지를 고찰한다(김진송, 1999; 주윤정, 2006). 나혜석과 같은 당시 대중의 관심을 많이 받았던 여성에 대한 연구 역시 나혜석의 삶을 다시 식민 사회에 연결시키기도 한다(김은실, 2008). 근대적인 의미의 가족 역시 식민통치 시기 일본뿐 아니라 미국의 가족이라는 기준과 이데올로기에 상당한 영향을 받았다(김혜경·정진성, 2001). 이러한 미시사적 접근은, 해방 및 자기 감시라는 이중적인 개념이 식민통치 시기에 형성되었으며, 특히 근대적 주체인 '신여성'과 '근대 가족'의 담론들 속에서 분화되고 있음을 밝힌다.

새로운 접근들의 마지막 특징은 한국 사회가 추구해야 할 이상 또는 궁극적인 지향으로 설정된 근대성 자체에 의문을 품고 이를 넘어서려는 시도이다. 수탈론과 근대화론은 서로의 차이와 무시에도 불구하고 민족 근대화라는 이념적 기반을 공유하고 있다(배성준, 2000; 윤해동, 2000). 새로운 접근들은 한국 사학계의 근대(근대성 혹은 근대화 과정)중심주의를 비판할 뿐만 아니라 근대중심주의 기저에 있는 유럽/서구중심주의에 대해 의문을 제기한다.

근대를 다시 읽고 이를 통해 한국 근대성에 대한 새로운 패러다임을 추구한다는 주제를 모은 편저는 명시적으로 한국 사학계에 편만한 '근대주의'의 영향력과 '민족주의'의 주도성을 극복할 것을 천명한다(윤해동 외, 2006). 편저의 논문들은 식민조선의 다양한 이슈를 다루면서 1960년대와 1970년대 한국 사회의 변동을 함께 고찰함으로써 식민 체제와 발전 체제의 연속과 단절을 탐구한다. 특히 두 체제 사이에 근대성의 형성이라는 부분을 논의하면서 '식민 근대성 테제(colonial modernity thesis)'를 주요한 이론적 틀로 반영한다. 이 책에서 식민 근대성은 일본이라는 제국과 조선/한국이라는 피식민 사이에 형성된 것으로 식민통치 시기와 탈식민 시기에 걸쳐 구성된 것이다. 주 편집자인 윤해동은 초기 한국 식민성(植民性)의 시작을 일제시기의 식민 근대성으로 볼 것을 주장한다(윤해동, 2006). 즉, 식민성은 한국의 근대성을 형성한 다양한 그러나 핵심적인 요소로 보아야 한다는 것이다.

기존 사학계의 근대중심주의에 대한 비판은 식민과 탈식민 한국에서 여전히 궁극적인 지향으로 여겨지곤 했던 근대성에 대한 질문으로 이어진다. 한국 (사)학계는 민족 발전과 근대화를 '조국'의 목표로 삼았고, 이와 같은 대전제 자체에 대한 문제 제기가 부족했다는 지적이다(김동노, 1998). 새로운 접근법들은 근대성이라는 개념 자체에 의문을 제기하면서 기존 연구와 차별점을 만들어 간다. 기존 연구의 주요 질문이 한국 사회가 어떻게 근대화를 이루었느냐는 것이었다면, 새로운 질문은 한국 사회가 과연 근대성을 추구해야 하는지에 대한 근원적인 질문을 던진다(강내희, 2000). 동시에 한국 사회가 추구하거나 만들어 가는 근대성은 무엇인지 그리고 그것이 서양의 근대성과 동일한 것인지 혹은 차별적인지를 질문한다. 근대성의 우월성에 대한 근본적인 의문 제기를 통해 식민성을 근대성의 한 요소로 수용하는 동시에 식민성과 근대성을 함께 사유함으로써 서양 근대성이 절대적이며 정상적이라는 고정된 사고의 틀을 벗어날 기회를 얻게 되었다. 식민성에 대한 긍정적 수용은 결국 서양 근대성이 주장하는 보편성을 극복하고 식민 차이로 인한 한국 근대성의 특성을 서양의 그것과 비교해서 부족하다거나 왜곡되게 평가하는 것에서 벗어나게 한다.

4. 한국 학계의 존재론적 딜레마: 식민 근대성 논제에 대한 양가성(兩價性, ambivalence)

앞서 살펴본 바와 같이 기존 식민 과거에 대한 한국 사학계의 이분법적 접근을 넘어서기 위해 새로운 접근법들은 다양한 초점을 두고 식민 시기의 일상과 개인, 주체의 형성, 그리고 젠더 등 다양한 영역으로 이해를 넓혔다. 사학계에서도 수탈론과 근대화론의 논쟁을 반추하면서 식민 과거에 관한 연구 경향을 되짚어보려는 노력이 동반되었다(정연태, 1999; 조석곤, 1998a). 우리의 주요 문제의식은 새로운 접근법들이 기존의 수탈론과 근대화론 혹은 이분법적 접근보다 더 적합한 문제 틀인지를 논쟁하려는 것이 아니다. 오히려 한국 학계에서 식민 과거에 대한 새로운 접근법들이 직간접적으로 식민 근대성 논제가 제기한 문제들과 연동되어 있음에도 불구하고, 정작 한국 학계에서 식민 근대성이라는 개념이 불편하게 수용되고 있다는 점이 주목된다. 미시적인 영역, 일상의 실천, 주체의 형성, 젠더 등 다양한 주제와 영역을 다루고 있는 대부분의 연구가 이론적 적합성에도 불구하고 식민 근대성 논제를 이론적 시각으로 언급하지 않거나, 식민 근대성 개념을 단순히 또는 부정적으로 언급하는 수준이다. 앞에 소개한 책 『한국의 식민지 근대성』에 대한 리뷰 논문이 출판되었으나 그 연구 성과에 대해서는 역시 부정적인 의견을 제시하였다.

식민 근대성에 대한 한국 학계의 양가적인 반응이 우리가 이해하고자 하는 핵심 질문이고, 양가적 반응을 분석하는 가운데 한국 및 동아시아 지식인이 처한 딜레마를 이해하고자 한다. 한국 학계의 딜레마는 학문 영역에서 글로벌 위계질서에 부차적으로 처해 있는 현실적 한계를 상징할 뿐만 아니라 세계 지식생산에 있어 위계 및 변방의 한계를 명시적으로 보여 준다. 물론 식민 과거를 연구하는 데 있어서 한국 학계가 반드시 식민 근대성 논의를 차용해야 한다거나, 식민 근대성 논제가 식민 과거를 바라보는 가장 적절한 시점이라고 생각하는 것은 결코 아니다. 하지만 앞서 언급했듯이, 식민 과거에 접근하는 새로운 접근법과 지향성 가운데 식민 근대성 논의와 연결되는 지점이 많음에도 불구하고 한국 학계가 '식민 근대성'이라는 용어와 그 함의에 대해 드러내는 불편함이 무엇이고, 그것은 무엇을 의미하는지를 이해하는 것이 필요하다고 생각한다. 우리는 한국 학계가 식민 근대성 개념에 대해 적절한 주목과 가치 부여를 하지 않는다고 단순히 지적하거나 그러한 경향성을 그저 민족주의적인 태도라고 비판하려 하지 않는다. 그 대신 식민 근대성에 대한 한국 학계의 양가성(兩價性, ambivalence)에 주목하여, 그 양가성과 이와 관련한 불편함이 한국 학계가 존재론적으로 처한 딜레마와 관련되어 있음을 증명하고자 한다. 그리고 한국 학계의 존재론적 딜레마는 식민 상흔(傷痕)의 현재성과 세계 지식 체계 속의 한국 학계의 주변성(周邊性)에 그 주요 기원을 두고 있음을 논증하고자 한다. 존재론적 딜레마로 한국 학계의 양가성을 이해하는 것은 한국 학계와 세계 지식 체계의 관계를 성찰적으로 탐색할 뿐만 아니라 상호 불신 혹은 무관심이 아닌 더 많은 귀 기울임과 이해, 대화와 논쟁이 필요함을 보여 줄 것이다.

식민 근대성 논제에 대한 한국 학계의 양가성은 개념의 옳고 그름과 혹은 현실 적합성과 같은 학문적 차원에서만 접근할 것이 아니라 한국(구체적으로 남한)이 처한 지정학적 위치를 포함한 현실적 상황(immediate realities) 속에서 이해할 필요성이 있다. 다시 말해 한국 학계의 구성원들은 구조적이고 심상적인 차원의 식민시대 상흔(傷痕)을 그들의 감성과 일상에 체화(體化)하고 있다는 점을 먼저 지적하고자 한다. 식민의 상흔은 다양한 차원에서 발현되는데, 해방 이후 미국과 소련에 의한 남북 분할 점거, 내전과 항구적인 분단 및 전쟁 상황, 그리고 계속된 군사 독재 지배와 세계 냉전 체제의 최전선이 되어 버린 구조적 결과를 생각해 볼 수 있다. 현재 한국 사회가 계속해서 직면하고 있는 구조적인 영향력과 그 결과물은 학계를 비롯한 한국 사회가 삶의 일부 조건이자 현 실태를 규정짓는 요소로 기능하게 된다. 다시 말해 식민 과거는 단순히 과거의 연구 대상이나 이론적 논의의 차원을 넘어 학계 구성원의 일상 조건을 구성하고, 이와 같은 조건은 필연적으로 식민 과거를 탐색하고 연구하는 한국 학계를 구성하는 자양분(滋養分)이 되어 왔다.

이처럼 식민 과거는 사회구조적인 영역에서 드러나고 있을 뿐만 아니라 심리적인 면에서 그리고 일상의 영역에서도 끊임없이 영향력을 미친다. 독도를 둘러싼 영토 분쟁과 위안부 문제, 과거사 서술을 둘러싼 한일 양국 교과서 등의 이슈들은 학계를 포함하여 일반 대중의 관심을 끄는 중요 사안들이다. 또한 한국과 일본이 대결하는 스포츠 경기는 전국민적인 관심사가 되어 각종 미디어와 온라인 공간에서 논쟁의 소재가 된다. 이처럼 일본과의 분쟁, 특히 식민 과거와 연계된 것들은 정치적·외교적 분쟁과 한국 사회에 민족적인 정서를 불타오르게 하면서 반일 정서를 조장한다. 해방 이후 한국 사회에서 반일(反日) 정서는 반공주의(反共主義)와 함께 가장 대중적이면서 동시에 강력한 이데올로기로 작동해 왔다.

반일주의가 강력하고 일상적인 이데올로기로 작동하고 이와 관련된 이슈와 논쟁거리가 대중매체와 일상의 대화 속에서 시시때때로 출몰하는 한국 사회에서, 연구자로서 식민 과거 그리고 전(前) 식민통치자인 일본 제국에 대해 논의하는 것은 어떤 의미를 지니는 것일까? 연구자가 식민 과거로 인한 현실적 상황의 구조적인 요소들 그리고 반일주의 혹은 민족주의에 찬성 또는 동의하거나 반대 또는 대안적 의견을 갖는 것은 이른바 연구자의 객관성에 영향을 주는가? 심지어 연구자가 현실적 상황에 무관심하거나 스스로 아무런 영향을 받지 않는다고 생각하는 것은 가능한 것일까? 우리는 연구자가 연구 대상을 객관화하는 자세가 바람직하다거나 그 반대가 더 이상적이라는 가치적인 논쟁을 하려는 것이 아니라 한국 학계가 식민 과거에 관해 연구한다고 할 때 이미 그것은 한국 사회의 현실적 상황과 무관하게 진행될 수 없음을 강조하려는 것이다. 그런 의미에서 이 장의 서두에서 한국 학계를 한국인이라는 민족적 정체성이 아니라, 연구자의 일상생활과 소속 기관의 지리적 위치가 중요하다고 강조하였다. 식민 과거의 현재성, 특히 반공주의와 함께 매개된 부정적인 영향력은 동원 체제, 자기 감시 및 권위주의, 남북 분단 및 휴전에서 말미암은 항시적 전쟁의 상황 등 한국 사회와 구성원들의 심상 구조에 무의식적이지만 큰 영향을 준다. 일상에 내재한 위험, 강박, 피해의식, 폭력에 대한 일종의 '공포'는 개별 연구자의 성향이나 경향과 상관없이 개별적인 차원에서 또는 가정이나 학계라는 사회적·집단적 차원에서 기항상성(always and already)으로 작동하고 있는 요소이다.

반일주의가 한국 사회뿐 아니라 한국 학계에 깊이 자리매김하고 있는 상황에서 식민 과거에 대해 근대성이라는 단어를 사용하는 것 역시 일종의 금기(禁忌)처럼 여겨질 때가 많다. 식민 근대성 논의는 학문적인 공통성과 상관없이 때로는 식민지 근대화 담론과 '배다른 형제'처럼 의심받기도 한다. 새로운 접근들은 기존 한국 사학계의 이분법적 접근 중 하나인 근대화론과는 학문적 입장, 접근 방법, 그리고 학제적으로도 거의 상관없는데도 식민 과거에 대해 근대성을 강조하는 입장으로 여겨지는 일종의 인식적 불일치를 경험하게 되는 것이다.

이처럼 한국 학계가 느끼는 식민 근대성 논제에 대한 일차적인 불편함은, 일차적으로 근대 혹은 근대성이라는 단어가 가져오는 모호함에서 기인한다고 볼 수 있다. 하지만 한국 학계의 불편함은 단지 근대성이라는 단어가 일으키는 모호함 이상의 것을 암시한다. 식민 근대성 논제가 한국 학계가 아닌 해외 학계에서 먼저 주목받았다는 사실 그리고 근대화론과 유사하게 동아시아의 식민 경험과 영향력에 관심을 보인다는 점이 둘 간의 유사성을 증대하였다. 식민 근대성 논제가 근대화론의 기본 접근에 대해 상당히 비판적임에도 불구하고, 식민 근대성을 포함한 식민시기 근대성 형성에 관한 연구들은 한국 학계에서 종종 근대화론의 연장으로 비판받았다. 아마도 근대화론 및 뉴라이트 계열 역사학자들을 '친일 사관'이라고 등치시키는 비판 의식이 한국 학계에서 식민 근대성 담론을 적극적으로 차용하지 못하는 배경이 되었을 것이다.

실제로 천정환은 자신의 연구가 근대화론을 인정한 것으로 분류되어 비판받은 것에 대해 당혹해 하며 적극적으로 반대 의사를 표명하였다(천정환·정선태, 2004). 그는 한국에서 식민 근대성을 적극적으로 검토하는 연구는 바로 일본 제국의 통치를 정당화하는 것으로 간주되며, 심지어 근대화론자들과 같은 선상에서 친일 연구자라는 낙인(烙印)이 붙는다고 주장하였다. 한국, 특히 한국 학계에서 친일이라는 낙인은 굴욕적이라고 불릴 정도로 치명적이어서, 사실 여부를 불문하고 친일이라는 의혹을 받는 것조차 꺼려질 수 있다.[2] 연구자가 스스로 민족주의 혹은 민족주의 사관과 무관한 그래서 나름 자유로운 연구 위치에 서 있다고 생각할지라도, 식민 과거에 대해 근대성 논의를 적극적으로 펼치는 순간 그 연구자는 스스로가 친일인지 아니면 반일인지를 천명해야 하는 위치에 직면하기도 한다(조석곤, 1998a, 조석곤, 1998b). 친일(親日) 또는 반일(反日)이라는 이데올로기적 논쟁이 학계 및 개별 연구자들에게

2 한국 지식사회처럼 개인으로서 지니는 권리보다는 국가 구성원인 국민과 가족의 구성원으로서 지켜야 할 의무가 강조되는 사회에서 쉽게 나라는 '개인'을 발견하는 것은 어려운 일이었다(김원, 2006).

미치는 영향을 과대 해석한 것으로 들릴 수 있으나, 한국 학계와 연구자들이 공동의 구성원들과 일상생활에서 항시적이고 즉각적으로 노출되어 있는 과도한 이데올로기적 상황을 고려하지 않을 수 없다.

이와 결을 조금 달리하여 식민지 근대성 논제에 대한 온화된 방식의 비판이 있는데, 그것은 새로운 접근들이 식민통치 시기에 소비, 근대 실천, 그리고 문명화 과정에 지나친 초점을 두었다는 것이다. 연구자의 의도와 상관없이 일제의 강압적인 통치에 대한 전제나 강조를 생략하거나 간과한 채 일상과 소비를 부각시키는 서술방식은 식민시기를 낭만화시키고 피식민 조선인들이 겪어야 했던 고통을 주변화(周邊化)시켰다는 비난을 받는다. 또한 미시사적인 접근을 하는 새로운 접근법들은 특정한 이벤트나 개인의 경험을 특권화시키면서 구조적이고 거시적인 역사적 흐름과 기존의 평가에 소홀했다는 비판을 받기도 한다. 앞에서 소개한 『식민지의 일상』에 대한 서평에서 이송순(2006)은 당시 도시에 사는 특권 그룹과 인텔리 계층에 초점을 맞춘 결과 소수 개인의 경험 및 특정한 공간에 관한 연구가 피지배자들의 일상생활을 적절히 재현하지 못하고 있다고 평가한다. 또한 당시 피조선인들의 비참한 삶의 조건들은 조선인과 일본인이라는 민족적 차이로 접근하는 것이 아니라 피지배자와 지배자의 차별로 보아야 할 것을 주문하면서, 일상생활에 접근하는 방식의 오류를 지적한다.

미국 학계에서 출판된 『한국의 식민 근대성』은 간행 초기에 한국 학계에서 유사한 이유로 강한 비판을 받았다. 이에 대한 여러 서평에서 한국 학계는 근대성, 식민화, 그리고 민족주의 간의 복합성을 탐구한 것에 의의를 두면서도 미국 학계가 식민지배의 참혹성에 대해 충분히 주의를 기울이지 않았음을 비판하였다. 서평에서 김동노(2001b)는 『한국의 식민 근대성』이 식민 기간에 형성된 근대성에 대해 탐색하고 있음에도 불구하고 식민성이 근대성 형성에 미친 영향에 대해 분명한 논의를 하지 못하고 있다고 평가한다. 그 결과 식민 과거의 구조적 영역에 대한 정당한 평가에 실패하고 있다고 비판한다. 또 다른 서평에서 도면회(2001)는 『한국의 식민 근대성』이 근대성에 대한 호의적인 평가로 인해 식민 현실에 대해 간과했으며, 신-식민주의적인 관점을 낭만화한다고 비판하였다. 『한국의 식민 근대성』이 한국에서 번역 출판된 때가 2006년인 것을 고려하면 2001년 한국 학계에 게재된 두 편의 서평은 미국 학계의 출판 및 연구 경향에 매우 민감하게 반응한 것으로 판단할 수 있다.[3]

미국 학계와 한국 학계에 이분법적으로 접근할 필요가 있는 것은 아니지만, 이처럼 식민 과거에 관한 연구가 가져오는 함의는 연구자가 살고 있는 현실적 조건들과 절대 무관할 수 없다. 이진경은 이에 대해 다음과 같이 요약하고 있다.

> 먼 곳에서 식민 조건에 대하여 관찰하고 있는 서구의 비판적인 역사가들에게 식민통치의 일환으로 내선일체(內鮮一體) 혹은 일본화 정책은 일종의 '흉내내기(mimicry)'의 변종으로 볼 수 있다. 그리고 이러한 흉내내기는 피식민 조선인들에게 외견상 저항적인 실천을 포함한 다양한 반응을 수반하는 것처럼 보인다. 그리고 식민통치를 겪어 내야 하는 이들에게 일본화 정책은 저항의 상징으로 해석될 수 없다(이진경, 2010: 392-393).

이러한 인식은 한국 학계가 식민 근대성 논의를 해석하고 받아들이는 데 있어 느낄 수밖에 없는 불편함을 이해하는 데 도움이 된다. 우

3 『한국의 식민 근대성』에 대한 매우 비판적인 입장을 표명한 도면회 교수가 이 책을 번역한 것은 또 다른 차원에서 생각해 볼 문제이다.

리의 의도가 식민 근대성 논제가 식민 과거에 대한 해석으로 더 적절하다고 주장하려는 것이 아닌 것과 동일하게 한국 학계의 불편함을 정당화하고자 하는 것도 아니다. 일제 통치 시기를 근대 또는 근대화와 연결시키는 어떠한 해석에 대해서도 한국 학계가 보이는 근원적인 양가성은 학문적으로 옳고 그름의 문제라기보다 식민 상흔이 구조적이고 심상적으로 내재하는 한국에서 살아가는 한국 연구자들의 '부채(負債)'라고도 볼 수 있다.

또한 식민 근대성 논제에 대한 불편함이 세계 지식생산 체계 속에서 한국 학계의 주변성과도 밀접하게 연관되어 있음을 확인할 수 있다. 세계 지식생산 체계 속에서 미국 또는 서구중심주의라는 일반적인 한계뿐 아니라 한국학이라는 지역학 내에서도 정작 한국 학계의 목소리가 대단히 낮다는 것은 이미 주지의 사실이다. 과거에는 한국 학계가 영어권에서 진행되는 한국학의 수준을 경시하거나 언어적 호환이 불편하다는 이유로 영미권의 한국학을 알면서도 무시했던 것이 사실이다. 하지만 학문 세계의 연동과 동시성이 강화되면서 한국 학계는 영미권 한국학 내에서 한국 학계의 주변성에 대해 인식할 뿐만 아니라, 미국 학계가 한국, 특히 한국의 식민 과거에 대한 연구 경향이 어떻게 변하는가에 대해서 점차 민감해질 수밖에 없었다. 이러한 민감성은 한국 학계 내에서 서양 이론에 대한 과도한 의존과 종속성에 대한 비판 의식을 높일 뿐만 아니라 미국 학계에서 유래한 식민 근대성 논제에 대해서도 매우 조심스럽게 접근하게 한다. 지식생산에 있어서 서양중심주의와 한국 학계 구성원들의 미국 의존도는 꾸준하게 지적되어 온 것이 현실이기 때문에 학문의 식민성에 얽매이지 않으면서 한국 학계의 반응을 추구하는 것은 여전히 중요한 이슈라고 볼 수 있다.

한국의 식민 과거에 대해서 구미 학계가 제공하는 이론과 인식 틀에 대한 한국 학계의 민감한 경계심은 기존의 근대화론에 대한 반응에서도 유사하게 발견된다. 수탈론 입장의 학자들은 근대화론의 주요 주장뿐 아니라 근대화론이 서구 학계의 이론에 대한 의존도가 지나치게 높은 것까지도 비판한다. 대표적으로 신용하는 근대화론의 일부 연구자들이 단지 외국의 이론 및 개념을 따르고 있음을 지적하면서, 이는 진리 탐구를 위한 적절한 방법이 아님을 지적하였다(신용하, 1997: 38). 정병욱(1998)은 유사하게 서양 이론들이 일방적으로 한국 근대화 과정을 재단하고 재구성하는 것을 경계하면서, 이런 경향성은 식민 기간 한국인의 주체성에 대한 부인으로 이어질 수 있다고 그 위험성을 경계하였다.

식민 과거에 대한 새로운 접근법들이 조금씩 주목받기 시작한 1990년대 후반에도 한국 학계에서는 한국학에 대한 서양 학계의 독과점 현상에 대한 다양한 논쟁이 불거졌다. 특히 식민 근대성 논제를 전면에 내세운 두 권의 책 『동아시아의 식민 근대성 형성(Formations of Colonial Modernity in East Asia)』(1997)과 『한국의 식민 근대성(Colonial Modernity in Korea)』(1999)이 미국 학계에서 출판되면서 논쟁이 가열되었다. 앞서 누차 지적했듯이 한국 학계의 새로운 접근법들과 식민 과거를 연구하는 미국 학계 사이에 직접적인 연계가 존재했던 것은 아니었지만, 한국 학계는 한국의 식민 과거에 대한 미국 학계의 연구에 매우 민감하게 반응하였다. 『한국의 식민 근대성』 영문판에 대한 서평에서 도면회는 연구자들이 '식민성'에 주목하는 사이 '식민주의'를 간과했다고 비판하면서 한국학 전반에 있어 미국 학계가 이와 유사한 접근을 하고 있다고 주장하였다. 구체적으로 도면회는 미국 학계가 식민통치 이전의 조선을 일종의 '진공상태'로 취급함으로써 한국의 근대성 현상을 단지 식민시기에 기인했다고 평가한다고 지적한다(도면회, 2001: 266). 정여울(2008) 역시 『한국의 식민 근대성』에 우려의 뜻을 표하면서 이 책에서 '코리아'는 단지 텍스트화되었고, 해외 한국학 연구자들이

'외부자'의 시선에 머물고 있음을 지적하였다.

한국 학계가 느끼는 불편함은 특히 미국 학계가 한국 및 한국 학계의 민족주의적 경향성을 비판적으로 취급할 때 좀 더 명료해진다. 즉, 식민 과거에 대한 한국 학계의 연구가 민족주의적이라는 미국 학계의 비판에 대해 한국 학계는 적절하지 않거나 심지어 불공평하다고 느낀다. 한국 학계는 이미 이러한 문제점을 자각하고 이를 수정하기 위한 노력을 끊임없이 기울여 왔음에도 불구하고 여전히 미국 학계가 기존의 변함없는 시선으로 한국 학계를 평가절하한다고 느낀다. 『한국의 식민 근대성』의 서문에서 편저자인 신기욱과 로빈슨은 자신들의 연구 목적이 남한과 북한 모두에서 주도적으로 작동하는 민족주의적 서사를 넘어서는 것이라고 밝힌 바 있다(Shin & Robinson, 2001b). 이에 대해 도면회(2001)는 두 편저자가 한국 사학계의 민족주의를 공격하는 것에 지나치게 경도되어 있으며, 그 결과 근대성의 본질 및 식민 현실을 비판적으로 검토하는 데는 실패했다고 반박하였다. 고석규(2002) 역시 서평을 통해 『한국의 식민 근대성』이 한국 사학계의 민족주의를 비난하는 데 초점을 맞추고 있다고 평가하면서, 미국 학계의 연구가 서양 근대성에 원형을 두고 식민조선을 재단하는 것이 아니냐고 주장하였다.

그러다 보니 식민 근대성 논제의 학문적 의의 혹은 적절성보다 한국 학계, 특히 사학계의 민족주의적 경향성에 대한 논박(論駁)이 한국과 미국 학계 내에 주요 논쟁 지점이 되어 버렸다. 한국 학계의 입장에서 볼 때 구미 학계는 성급하게 한국의 다양한 연구 성과와 입장들을 단순히 민족주의로 환원시켜 버렸다는 혐의를 벗기 어려워 보인다. 이 과정에서 미국 학계의 '탈-민족주의적' 경향성이 한국 사학계의 민족주의 시각을 비판하기 위해 심지어 자본주의와 식민주의에 대한 비판을 간과했다는 주장까지 나왔다(김동노, 2001b; 이승렬, 2007). 미국 학계가 한국 사회 전반에 대한 민족주의에 대해 내린 평가에 대해서도 불

만족스러운 목소리가 나오는 것은 어찌 보면 당연하였다. 한국과 같이 식민의 경험을 한 사회에서 민족 혹은 민족주의는 생존을 위한 문제이기 때문에 민족주의를 단지 관제(官製) 이데올로기나 소수에 의해 조작되었다고 평가하는 것은 지나친 방관자적인 입장이라는 것이다(이송순, 2006).

한국 학계에서 민족주의 경향성에 대한 논쟁은 여전히 진행 중이다. 이 와중에 식민 과거에 대한 새로운 접근법처럼 식민과 근대, 그리고 식민주의와 근대화의 관계를 새롭게 설정하고 이해하고자 하는 다양한 노력이 등장하는 것은 고무적인 현상이다. 다만 식민 근대성이라는 논제나 단어를 적극적으로 채용하지 않은 채 다양한 '우회로'를 시도하는 것처럼 보이는 연구들이 있다. 식민 근대성 논제와 동일한 함의를 가지고 있으나 다른 단어를 사용하는 경우(modernity of the colonial)를 들 수 있는데, 예를 들어 김은실(2008)은 '식민 혼종성'이라는 단어를 제안하면서 이 개념이 식민 근대성과 혼용할 수 있다고 주장한다. 이러한 시도는 미국 학계에서 제안된 개념을 직접 사용하지 않으면서, 미국 학계의 영향력을 일정 부분 차단하려는 의도를 지닌 것으로 볼 수 있다. 한편 식민 근대성 개념을 언급하지만, 이를 국부적인 문제 설정에만 활용하고 연구의 주요 개념적 틀로 원용하지는 않는 방식도 있다. 『식민지의 일상』의 저자들은 식민 근대성 개념이 중요하다고 전제하면서도, 이를 적극적으로 연구의 틀로 적용하기보다 단순히 기존의 다양한 의견들의 관계를 재설정하기 위한 도구의 하나로 취급한다(조형근, 2006). 이러한 반응은 모두 개념의 주도적 역할을 미리 제한함으로써 미국 학계가 제안한 식민 근대성 논제가 한국 식민 과거를 평가하는 데 그다지 적절치 못한 개념이자 틀이었음을 암시하고, 그 결과 이에 대한 본격적인 논의를 가로막는 결과를 초래하였다. 한국 학계는 식민 근대성 논제를 추상적인 개념이나 국부적으로 활용할 수 있는 개념

정도로 취급하면서 미국 학계의 주장과 학문적인 논쟁을 스스로 피하게 된다.

한국 학계에서 식민 근대성 논제를 중요한 이론 틀로 삼은 연구는 아직 소수에 불과하다. 예를 들면 『근대를 다시 읽는다: 한국 근대 인식의 새로운 패러다임을 위하여』(윤해동 외, 2006)에서 편저자들은 식민 근대성을 근대와 식민지의 이중성을 탐색하는 틀로 제시하였다. 그들은 식민 근대성 논제가 제국과 식민지 사이의 공시성(共時性)뿐 아니라 식민시기와 탈식민시기의 불연속성을 탐구하는 도구로 재설정한다. 2010년 이후 식민 근대성 논제를 전면에 내세운 연구들은 다양한 영역에서 증가하고 있음을 발견하게 된다. 우리는 『근대를 다시 읽는다』와 같이 식민 근대성 논제를 이론적 도구로 삼아 논의를 전개한 연구 경향이 한국 학계가 반드시 나아가야 할 방향이라고 생각하는 것은 아니다. 또한 식민 근대성 논지에 대한 불균형적인 한국 학계의 반응이 단순히 한국의 문제이거나 식민 연구의 특수성이라고도 생각하지 않는다. 오히려 한국 학계가 보여 준 불편함이나 양가성은 세계 지식생산 체계에서 주변부에 위치하고, 결과적으로 세계 학계에 목소리를 충분히 내지 못하고 있는 구조적·현재적 한계로부터 유래한 것이라고 생각한다.

그러한 점에서 한국 학계의 식민 근대성에 대한 양가성은 단순히 근대성이라는 단어의 해석이나 번역에 대한 문제가 아니고, 식민 근대성의 학문적 적합성으로부터 말미암은 현상도 아닐 것이다. 오히려 한국 학계의 양가성은 과거와 현재에 걸쳐 현존하는 한국 사회의 현실태(現實態)가 지닌 한계와 모순, 그리고 한국 학계의 세계 학계 속의 주변성과 더 밀접한 연관이 있다. 따라서 한국 학계의 양가성이 한국 사회, 연구자, 그리고 학계가 직면하고 있는 존재론적 딜레마를 상징적으로 드러내 준다고 생각한다. 이러한 존재론적 딜레마는 한국학, 특히 식민 과거와 같이 인식론적·경험적 연구자의 위치가 중요한 연구 분야에서 두드러지며, 자신의 목소리가 역사적 경험과 상흔으로부터 자유롭기 어려울 뿐만 아니라 세계 지식생산 체계에서 주변화되어 있는 상태를 가리킨다. 한국 연구자들은 구조적·지정학적 위치가 다르고, 주관적인 경험과 인식이 결여된 세계, 특히 미국 학자들의 연구에 대해 쉽게 동의하지 않으며 그럴 수도 없다. 그런데도 한국학을 고립된 학문으로 독존(獨存)시킬 수 없는 국내외적 맥락이 한국의 연구자들을 더욱 곤혹스러운 상황으로 몰아가고 있다.

5. 누가 한국 식민 과거에 대하여 말할 것인가?

한국에서 식민 과거에 대한 재해석, 특히 한국 학계의 새로운 접근들에 대한 다시 읽기를 통해 되돌아보게 되는 것은 과연 한국 학계는 한국의 식민 과거에 대해 세계 학계에 그 목소리를 낼 수 있는가, 가능하다면 '어떻게'의 문제일 것이다. 다시 말해 소수자가 말할 수 있느냐의 문제도 고려 사항이지만(Spivak, 1988), 한국 학계가 처한 주변성으로 인해 한국 학계라는 소수의 목소리가 미국 중심의 세계 지식생산 체계에 어떤 반향을 불러일으킬 수 있겠냐는 문제이다. 이 문제를 논함에 있어 한국 사회의 구조적이며 역사적인 조건들, 그리고 세계 학계에서 한국의 주변성뿐 아니라 학문의 언어 역시 언급하지 않을 수 없을 정도로 중요하다. 한국학 및 동아시아의 어느 지역학에서도 언어의 문제는 세계 학계의 제국적인 성격과 아시아의 주변성에서 가장 중심적인 요소 중의 하나일 것이다. 한국 학계의 목소리 그리고 그들의 식민 과거에 대한 해석을 다른 지역 및 국가의 학자와 '자유롭게' 논의하기 위해서는 현실적으로 영어라는 '공용어'로 논문을 작성할 수밖에 없다. 하지만 현실적으로 한국에서 자라고 교육을 받은 연구자, 특히 사학계나 국문학 전공자들에게 다른 국가 학자들과 논의하기 위한 것이니 영어로 연구 결과물을 생산하라고 강요하는 것은 또 다른 의미의 폭력일 것이다. 물론 현재 한국 대학에서는 임용 및 승진을 위해 전공에 상관없이 영문 학술 논문을 요구하고, 임용 후에도 영어 논문 외에 영어 강의를 필수로 하는 경우가 많다(강명구, 2014; 김종영, 2015).

우리가 한국 학계의 새로운 접근들을 검토하면서 다시 주목한 것은 1990년대 이후 기존의 이분법을 넘어서 식민 과거를 다시 바라보고 이해의 폭을 넓히려는 시도가 양적으로 풍부해졌을 뿐만 아니라 질적으로도 심화되었다는 사실이다. 새로운 접근법들은 기존 사학계에서 독점해 오던 '과거(過去)'에 대한 다양한 독해를 가능하게 했고, 때로는 쉽게 보기 힘들었던 학제간 연구 성과물을 만들어 내었다. 이처럼 한국 학계에 등장하는 과거에 대한 다양한 해석 방식과 관점은 그 동인이 어찌 되었든 반가운 모습임이 틀림없다. 그렇지만 식민 과거에 대한 새로운 해석과 모색의 결과물은 여전히 국내 연구자들 사이에 머물고 있으며, 역사학과 다른 학문 분과와의 '열린' 대화의 창구 역시 확대될 여지가 많이 남은 것이 사실이다.

또한 식민 과거에 대해 활성화된 한국 학계의 다양한 논쟁과 관점은 안타깝게도 한국과 세계 학계 사이의 소통을 활성화시키는 곳까지 나아가지 못하였다. 오히려 서로에 대한 오해나 일종의 '답답함'만을 증가시킨 측면이 강하다. 이러한 문제는 한국 혹은 미국을 중심으로 한 세계 학계의 학문적 열정과 성과가 부족해서가 결코 아니다. 또한 미국 학계에서 습관적으로 지적하는 것처럼 한국 학계가 민족주의적인 시각과 열정에 갇힌 연구 성과만 만들어 낸 탓은 더더욱 아닐 것이다. 비록 한국 학계가 미국 학계의 연구 결과에 대한 언급과 실질적인 인정에 인색했음에도 불구하고 식민 과거에 대한 최근의 다양한 연구 성과물은 단지 민족주의라는 틀 안에 국한되지 않았다. 따라서 우리는 결론을 대신하여 한국 학계의 식민 근대성 논제에 대한 양가성을 통해 한국 학계의 존재론적 딜레마, 특히 미국 중심의 세계 지식생산 체계 속에서의 모순들을 지적하려고 한다.

식민 근대성 논제에 대한 한국 학계의 양가성은 지식생산의 세계체계 속에서 한국 학계가 처한 위치 혹은 '위기'를 적나라하게 보여 준다. 이러한 양가성을 구성하는 한 요소로, 민족적 주체성과 절대 분리될 수 없는 한국의 식민 과거에 대한 해석이 학문적 '타자'인 미국을 중심으로 한 서구 학계의 영향력에 강하게 종속되어 있다는 우려이다. 지식생산에 있어서 서구 혹은 미국 중심주의는 식민 과거에 관한 연구뿐 아니라 현재형으로 진행되는 한국 학계의 또 다른 식민적인 상황이다(김성기, 1997; 김영민, 1998; 김종영, 2015; 조혜정, 1992). 이러한 우려는 한국 학계가 한국학이라는 이름으로 한국에 대한 미국 학계의 연구에 대해 민감하면서 동시에 무관심하게 만든다. 미국 학계에서 출판한 『한국의 식민지 근대성』에 대한 반응에서 알 수 있듯이 한국 학계는 일단 미국 학계에 관해 관심을 보이지만, 그 관심은 종종 실망이나 낙담으로 이어진다. 그리고 한국 학계의 실망감과 절망감은 미국 학계에 대한 무시(無視)나 경시(輕視)로 이어지곤 한다. 특히 미국 학계가, 한국 학계가 여전히 민족주의적이며, 한국 사학계도 민족주의적인 단일성의 한계에 갇혀 있다는 비판을 하기에 이르면 한국 학계의 절망감과 무시는 크게 표면화된다. 수탈론과 근대화론이라는 이분법 속에서 근대화론자들의 민족주의 논쟁을 답습하는 듯한 미국 학계의 주장은 여전히 민족 또는 민족주의라는 주제로부터 자유롭지 못한 한국 학계로 하여금 의심과 불인정을 증가시킨다. 그 결과 한국 학계는 이러한 미국 학계의 논제에 동의하지 않을 뿐만 아니라 적극적인 비판이나 논쟁조차 회피하게 된다.

한국의 변화된 학문적 분위기에도 불구하고 미국 학계가 식민 연구에 있어서 한국 학계, 특히 사학계를 민족주의라고 평가한 것은 분명 한국 학계가 불쾌하게 여길 수 있는 부분이다. 이 지점에서 우리가 지적하려는 것은, 이것이 누군가의 잘잘못이라는 점을 판단하려는 것이 아니라 이처럼 비생산적인 '편견'과 그 반응으로 나오는 '무시'라는 악순환이 세계 지식생산 체계에서 반복되어 상당히 강고하게 자리 잡았다는 사실이다. 즉, 한국 학계는 그들의 연구 결과와 목소리를 미국 학계에 반영하게 할 도구를 갖고 있지 않다. 이러한 조건은 미국 학계의 연구 결과가 한국 학계에 미치는 영향력과 대비된다. 식민 연구의 경우 최근 수탈론과 근대화론을 넘어서 점차 다양한 영역과 주제의 연구들이 생산적으로 이뤄지고 있음에도 불구하고, 이러한 연구 성과는 효과적이고 의미 있게 국경을 넘어 전달되지 못하였다. 이러한 역설적인 상황, 즉 다양한 성과가 인정받지 못한 채 미국 학계의 눈에 한국 식민 연구는 여전히 민족주의적이라고 단편화되는 한계는 한국 학계가 부당한 위치와 취급을 받고 있다는 인식을 강화시킨다. 세계화는 이미 대학 차원에서도 충분히 이뤄지고 있고, 위로부터 내려오는 구조적인 세계화의 결과는 전공과 상관없이 한국 학계에 속한 대부분의 연구자에게 영향을 주고 있다. 이러한 대학의 변화는 한국 학계가 (원하든 그렇지 않든) 점차 세계 지식생산 체계에 관심을 두게 했고, 동시에 지식생산에 있어서 전공, 특히 한국학에 대한 연구 성과가 충분히 반영되지 않음을 목도하게 해 주었다.

세계화 시대와 지식생산의 체계 속에서 한국 학계가 처한 주변성과 고립성이라는 한계는 단순히 학문적 수준의 차이에서 말미암은 것이 아니라 한국과 그 속의 학계가 처한 지정학적 위치에서 이미 상당 부분 결정된 부분이 많다. 이것은 단지 영어가 모국어가 아니라는 언어적인 특징뿐 아니라 학술 기관의 지정학적 영향력의 차이에도 근거한다. 대만 출신 인류학자 천(Chun)은 제도적 기관의 작용은 일종의 저자

주체의 권위를 제공한다는 점에서 매우 근본적이라고 주장한다(Chun, 2008; 695). 한국 학계의 식민 근대성에 대한 불편한 느낌은 하버드 대학과 같이 소위 글로벌 대학의 연구자들이 자연스럽게 가지게 되는 권위, 특히 한국의 과거에 대한 일방향적 발언 및 한국 학계는 민족주의라는 평가의 가능성에 기인한다. 한국 학계의 양가성은 한국 학계의 주변성을 상징적으로 드러내며, 이것은 천이 강조한 '제도적 위치 지움(institutional situatedness)'의 문제를 적실하게 드러낸다. 여기서 제도적 위치 지움은 특정한 연구자의 정체성은 그 사람이 어떤 민족, 인종 혹은 에스니의 출신이냐에 의해 결정되기보다는, 연구자가 삶과 학문을 훈련하고 동시에 현재 소속되어 있는 기관의 지정학적 특성에 의해 구성됨을 강조하는 표현이다(Chun, 2008). 다시 말해 식민시기에 대한 연구자의 정체성을 생각할 때 단순히 연구자가 한국인인가 하는 것이 아니라 어떤 사회의 교육 배경과 현재 어느 교육기관에 소속되어 활동하느냐가 더 중요함을 보여 준다. 그리고 제도적 위치 지움의 특성이 한국 학계의 구조적 주변성을 강화시키고, 이를 통해 만들어지는 심리적 양가성은 한국 학계가 미국 학계와의 대화를 자의적으로 거절하게 하면서 세계 지식 체계의 위계성을 강화하는 데 기여하기도 한다.

식민 근대성 논제를 둘러싼 논쟁에서 중요한 것은 한국 학계의 양가성이 정당한지의 문제가 아니라 한국 학계의 불만 혹은 발언이 누구에게 그리고 어떻게 행해질 수 있냐는 것이다. 안타깝게도 미국 학계는 한국 학계의 논의에 대해 별다른 관심이 없는 것 같고, 한국 학계 역시 자신들의 경계 내에서 논의하는 것에 만족하는 것 같다. 이상적으로 생각하면 논제에 대해 미국 학계와 적극적으로 토론하고, 미국 학계가 한국 학계를 민족주의적이라고 비평한 것에 대한 정확한 반증 및 논증을 해야 할 것이다. 하지만 현실에서 이와 같은 실천은 생각만큼 쉽지 않을 뿐만 아니라 한국 학계의 연구자 역시 여러 난관을 넘어 굳이 시도하려고 하지 않는다.

거듭 강조하지만 우리는 한국의 학자들이 모두 영어를 연마하고, 영어로 논문을 쓰고, 외국 학술 행사에 나가 이른바 '우리'의 학술적 역량을 발휘하는 이른바 '글로벌' 스탠다드를 성취하자고 주장하려는 것이 아니다. 이런 주장과 담론은 민족주의적 사고에 사로잡혔을 뿐만 아니라 유사-제국주의적 욕망을 반영하고 있는 것으로 '옐로우 퍼시픽' 프로젝트가 지적, 비판하고 있는 동아시아적 정서이다. 이에 반해 우리는 한국과 동아시아 학계가 위계적인 세계 지식생산 체계와 서구 및 미국 중심적인 학계에서 할 수 있는 실천 두 가지를 제안하고자 한다. 하나는 민족-국가의 경계를 넘어선 연구를 시도하는 것이고, 다른 하나는 이론적인 연구를 추구하는 것이다 .

식민 과거를 연구하는 한국 학계는 대부분 한반도 혹은 한민족이라는 민족의 경계 안에서 연구를 진행한다. 상대적으로 근대화론 연구자들이 일본 식민지를 비교하며 한국의 해방 이후 경제 성장을 설명하면서 민족-국가의 경계를 넘어서고 있는 반면, 수탈론뿐 아니라 새로운 접근들 역시 민족-국가 경계 안에서의 연구에 만족하고 있다. 예외의 연구들이 베트남, 만주, 타이완과 같은 다른 민족, 지역, 그리고 공동체의 일상 및 근대적인 실천의 모습에 주목한다(천정환·정선태, 2004). 식민 과거에 관한 연구와 식민 근대성에 관한 연구에 단순히 두 지역 혹은 국가를 비교하는 연구가 아니라 동아시아적 문제의식을 적용하는 것은 한국이 경험한 식민 경험을 다양하고 깊이 있게 이해할 뿐 아니라 동아시아의 식민 및 탈식민의 문제를 탐구하는 데 필수적이다.

민족-국가의 경계를 넘어 사유한다는 것은 한국 학계가 다른 동아시아 지역뿐 아니라 식민과 근대를 동시에 경험한 다른 비서구 지역의 경험에 대해 그리고 비서구 연구자들의 연구 경향에 주목할 필요성을 의미한다. 한국 학계는 국내 학자들의 논쟁이나 서구, 특히 미국 학계의 연구 경향에만 민감하게 반응하는 경향을 보여 왔다. 한국 학계의 식민성은 이처럼 서구 학계와 미국을 중심으로 학문 체계와 대학 기관, 출판 업적에만 기준을 두는 것에 기인하였다. 이러한 식민성을 극복하기 위해 한국 학계가 필요한 것은 비서구 지역과 비서구 연구자들의 목소리에 귀 기울이는 것이다. 식민과 근대를 동시에 진행시킨 역사적 경험이 있는 남미에 관한 남미 연구자들의 연구를 생각해 볼 수 있다. 비서구 학계 간의 활발한 연구 참조와 학문적 대화는 아시아, 남미, 아프리카와 같은 유사한 식민-근대의 경험을 이해하고 일종의 구조적 상동성(structural homology)을 추적하는 데 필수적이다(Chen & Chua, 2007: 1). 물론 다양한 지역의 학자들과 교류하는 데 필요한 제도적 장치와 학술적 관행이 한국 학계뿐 아니라 다른 지역의 학계에도 많이 부족하다. 또한 언어 문제에서도 많은 경우 영어를 사용하여 학술적 논의를 해야 하는 또 다른 아이러니를 만나게 된다. 그런데도 미국중심주의와 서구 일반론을 넘어서 사유하고, 학문적 교류를 활성화하고, 대안적인 이론을 논의하기 위해 민족-국가의 경계를 넘어서 사유하는 비서구 학자들과의 대화를 활성화하는 것이 필요하다.

한국 학계는 식민 근대성 논제를 회피하거나 불평하는 것이 아니라 식민 과거에 대한 개념적·이론적 해석을 계속해서 질문하고 현실의 경험에서 기반한 이론화를 시도할 필요가 있다. 학계의 서구중심주의는, 서구의 경험은 일반화 및 개념화를 위한 토대이고, 한국 등 다른 지역 연구는 일반론을 적용하거나 수정하는 역할에 만족해 왔다(Lie, 2012).

지역학 연구에 대한 상대적인 저평가는 미국 학계 내에서도 쉽게 발견되는 현상이다. 우리가 논의한 식민 과거에 관한 연구에서도 한국 연구자들은 많은 경우 개별적인 사례 연구에 만족하고 있으며, 이론화를 시도하는 경우는 쉽게 찾아보기 어렵다. 식민 근대성 논제에 대해서도 단지 한국 사례에 적용하여 적절하게 맞아떨어지는 예를 설명하거나, 때때로 이론의 단점이나 한국 맥락에 적용하기 어려운 점들을 찾는 수준의 논의에 머물고 있다. 식민 근대성 논제에 대한 본격적인 학문적 논의를 통해 현지화 또는 국면화하는 이론적 논의를 하고, 한국을 포함하여 동아시아 혹은 비서구 지역 연구와 이론적 대화를 하려는 열정이 필요한 때이다(Lee & Cho, 2012). 식민 과거뿐 아니라 한국학 연구는 대상에 대한 이론화 작업의 시도 없이 현재의 지식생산에 있어 전 지구적 분업 체계를 극복할 수 없다. 이론화 작업이 개별 연구보다 더 중요하다거나 의미 있는 연구라는 것이 아니라, 한국 학계의 현재 세계 지식생산 체계 및 서구중심주의에 대한 불평 해결은 끊임없는 학문적 토론을 통해 가능하고, 그중에서 이론적 논의는 필수라는 것이다. 우리는 식민 과거에 관한 연구를 포함하여 이론화 작업이, 서구 학계 연구자들만의 몫이 아닌 것과 같이, 특정 연령 및 연구 기간과 같이 공식적인 조건들을 갖춘 석학들만 하는 것이 아니라고 생각한다. 필요한 것은 한국의 식민 경험에 대한 이론화 작업 및 개념화에 소극적인 태도를 벗어버리고, 한국 학계 내의 다양한 이론화 작업 및 개념화에 대한 적극적인 대화를 시도해야 하는 것이다. 서구 학자들이 인정해 주기를 바라는 연구들은 연구의 성과를 벗어나서 연구자 내면이 이미 식민화 상태임을 보여 주는 것이다. 우리가 동아시아 근대성의 주요 특징을 '옐로우 퍼시픽'으로 개념화한 프로젝트를 시도한 것은 개념 자체의 유효성에 대한 신념도 중요하지만, 이에 대한 많은 토론과 비판이 있기를 바라는 소망에 기인한 것이다.

제2부

동아시아 근대 담론의 새로운 가능성

제5장 21세기 중국 굴기(中國崛起)와 '청사공정(清史工程)'의 미래

제2부에서는 기본적으로 미래 지향적인 동아시아 담론의 가능성과 한계를 동시에 담아내고자 한다. 제1부의 첫째 장인 제2장에서 중국의 중화질서라는 기존 질서의 와해를 취급하면서 논의를 시작했듯이 제2부의 첫째 장인 제5장에서는 중국이 21세기에 접어들면서 유럽중심주의에서 벗어나고자 한 시도라고 볼 수 있는 '청사공정'에 주목하면서 논의를 시작하고자 한다. '청사공정'은 후술하듯이 새로운 역사 만들기 작업으로, 20세기 후반 급속하게 성장하는 중국의 위상, 즉 중국 굴기라는 맥락적 변화의 결과물이기도 하다. 물론 이는 '동북공정'처럼 중국 중심의 역사 만들기 작업이라는 성격을 띠고 있지만, 현대 중국의 역사적 유산에 대한 21세기적 재해석인 동시에 비중화권에서 발의된 신청사의 흐름과도 일정한 공명을 이루는 면이 있다. 따라서 세계사적 반향이 전혀 없는 '동북공정'과 동일시하기는 곤란하다. 청사(清史)를 어떻게 재해석하느냐의 문제는 과거 전통 왕조 중 한 왕조의 해석으로 그치는 것이 아니라 중국이 경험했던 근대화 과정뿐 아니라 현대 중국의 정체성 및 지향성에까지 광범위한 영향을 미치는 주제임을 확인할 수 있을 것이다.

1. 왜 지금 다시 '청사'인가?

중화인민공화국이 수립된 지 63년, 개혁개방이 시작된 지는 34년째에 해당하는 2012년에 중국은 후진타오(胡錦濤) 시대를 이어 시진핑(習近平)을 필두로 한 제5세대 지도부가 들어섰고, 바야흐로 중국의 위상은 'G2' 혹은 차이나와 아메리카의 합성어인 'Chimerica'라는 신조어를 유행시킬 정도로 급부상하였다. 세계 경제뿐 아니라 국제 안보를 논함에서도 중국은 미국과 함께 가장 중요한 고려 대상이 되어 가는 분위기이다. 소련의 붕괴로 냉전 체제가 무너진 후 미국에 맞설 수 있는 대항마로 일본이나 유럽 연합이 운위되던 혼란기가 있었으나, 마치 평지에서 산이 불쑥 솟아오르는 '굴기(崛起)'의 기상으로 중국의 영향력은 미국을 위협할 정도로 급속하게 부상하고 있다. 이러한 중국의 급속한 성장에 대해, 새로운 문명사적 시각으로 그 의미를 높게 평가하는 입장부터 새로운 패권주의의 등장과 크고 작은 주변국과의 충돌 가능성을 점치는 우려의 시각까지, 그 평가는 극과 극을 치닫는다.

하지만 이러한 시각 대부분은 다분히 현재적이거나 서구 중심적인 관점일 수 있다. 최근 중국의 위상이 과거 수십 년에 비해 '급부상'한 것은 사실이지만, 좀 더 장기적인 안목으로 해석할 경우 현재 중국의 '굴기'는 과거 중화제국의 회복 정도로 볼 수도 있기 때문이다. 즉, 구체적으로는 8, 9세기와 18세기 세계제국으로 평가받던 당(唐)이나 청(淸) 제국으로 대표되는 성세(盛世)의 '부활'이자 '재현'이라고 해석하는 것이다. 한발 더 나아가 4대 문명 가운데 가장 오랫동안 문명의 기치를 유지하며 현재까지 그 영향력을 유지하는 지역이라는 점에서도 중국의 위상은 분명 독특하다. 2000년 이래 중국 대학에서 사용하는 세계사 교재뿐 아니라 중고등학교 교과서에서도 이른바 '문명굴기(文明崛起)'라고 할 수 있는 문명 단위의 성쇠 과정에 주목하고 중국 혹은 중국 중심의 동아시아 문명의 장기지속성을 강조하는 것도 이 때문이다(조영헌, 2009: 84-88).

어찌 되었든 1911년 청조가 멸망한 지 100년이 되는 2012년에 중국에서는 새로운 『청사(淸史)』가 편찬될 예정이었다. 이는 일견 1929년 『청사고(淸史稿)』로 불완전하게 마무리된 청조(淸朝, 1644~1911)의 관찬 역사를 완성하는 것처럼 보인다. 과거 역사에 대한 재해석은 얼마든지 가능한 일이고, 현재적인 관점에서 과거를 재구성하는 것 역시 과거에 늘 있던 것으로 그 자체가 문제 될 것은 전혀 없다.

우선 관심을 받은 것은 그 타이밍이었다. 18세기 '강건성세(康乾盛世)'를 표상하는 청조에 대한 권위 있는 정사(正史)를 중국이 21세기 세계 최강국의 하나로 군림하려는 찰나에 새롭게 간행한다는 것은 논란의 대상이 되기에 충분하였다. '청사공정'의 주창자들은 이것이 과거 정사 편찬의 기본 원리였던 '역대수사(易代修史)', 즉 왕조가 바뀌면 사서를 편찬한다는 것과 '성세수사(盛世修史)', 즉 성세가 되면 사서를 편찬한다는 전통을 따르는 것뿐임을 강조한다. 하지만 청조가 무너진 지 100여 년이 되었을 뿐만 아니라 이미 『청사고』가 존재하는 상황이며, 청조 역사에 대한 수많은 근대식 사서가 출간된 터라 이번 작업은 '역대수사'보다는 '성세수사'에 방점이 찍힌 것이었다. "국가가 강성해졌으니 성세에는 사서를 편찬해야 한다"는 '청사공정'의 대표자 다이이(戴逸)의 발언은 높아진 중국의 국력에 대한 확신과 이에 대한 역사적 평가의 필요성을 잘 보여 준다(戴逸, 2004: 9).

하지만 타이밍보다 더 주목받은 것은 청조와 이 작업을 지원하는 중화인민공화국 사이의 유사성이다. '청사공정'에는 '통일적(統一的) 다민족국가(多民族國家)'를 건국이념으로 집어넣은 중화인민공화국의 정치적 지향성(윤휘탁, 2006: 113-131)과 다민족성을 배경으로 '대일통(大一統)'을 지향했던 청조의 특성(정석범, 2009; 楊念群, 2009)이 착종되어 그 결과물에 대한 관심이 더욱 증폭되었다. '다민족'과 '통합'이라는 키워드는 유사하지만, 만주족이 지배하는 청조의 다민족과 중국공산당이 지배하는 중화인민공화국의 다민족 사이에는 의미적·맥락적 차이가 엄연히 존재한다. 그럼에도 양자는 외형적 유사성과 지배 영역의 광대함, 그리고 시간적인 연속성을 근거로 연관성이 높은 것으로 해석되기 쉽다. 외형적인 같음과 내면적인 다름을 어떻게 설명할 것인가?

이와 관련하여 이번 청사 프로젝트는 최근 급부상한 현대 중국의 국력과 위상을 역사적으로 과시하는 한편 '중국은 통일적 다민족 국가'라는 국가 이데올로기를 뒷받침하기 위해 중국 정부가 주도하는 '동북공정', '서남공정', '하상주단대공정', '중화문명탐원공정'과 같은 국가 주도 '역사 만들기'의 일환이 아니냐는 의구심도 만만치 않다. 즉, 중국공산당이 제시한 '지도사상'이 존재하는 한 정치와 학문의 결합 혹은 정치에 대한 역사의 종속에 대한 우려의 시각이다(이준갑, 2010: 24-30). 게다가 이 사업은 1949년 중화인민공화국 성립 이후 인문사회 분야에서 중국 최대 규모의 사업이었다(Mao & Ma, 2012: 368). 중국공산당의 파격적인 재정적 지원과 현재 중국 영토에 해당하는 지역은 과거에도 중국사의 범주에 들어간다고 간주하고 접근하는 공격적인 역사 인식이 엄연히 존재하는 가운데, 과연 중국 역사상 최대의 영토를 확보했던 청조에 포섭되었던 수많은 소수민족의 입장이 얼마나 객관적으로 제시될 수 있을까?

2. 서구식 근대화 논리에 맞서는 중국식 근대화 논리의 틀

이러한 관심과 우려에도 불구하고 새로운 청사 서술에 대한 필요가 중국 지식인들과 고위급 관료들에게 공감대를 형성하며 '청사공정'으로 구체되었다는 사실은 이 책의 관심과 직결되는 또 다른 해석의 가능성을 제공해 준다. 즉, 중국의 새로운 '청사 만들기' 프로젝트는 오늘날 서구식 근대화 논리에 맞서려는 중국식 근대화 논리의 일환이라는 점이다. 중국의 '근대'가 19세기 아편전쟁 이후 서구의 충격에 대한 수동적인 반응이 아니라 '중국 굴기'로 요약되는 중국의 장기 지속적 문명론 속에서 해석하는 틀을 제공하기 때문이다. 절묘하게도 17세기부터 20세기 초반까지 이어진 청조를 연속적으로 재평가함으로써, 19세기를 기준으로 전근대와 근대를 나누는 기존의 서구 중심적 관점에서 탈피하는 명분을 획득하는 동시에 그 속에서 근대적인 요소의 맹아와 발아를 내재적이면서도 장기적인 맥락에서 담아내려 하였다. 이런 맥락을 인정한다면 중국의 근대는 아편전쟁 이후도 아니고, 1949년 이후는 더더욱 아니며, 오히려 청조가 전성기로 들어간 17세기 후반부터 시작되어 오늘날까지 진행되어 오고 있는 중요한 변화 과정이라고 해석할 수 있는 것이다(유장근, 2014: 16-22). 근대를 과거(전근대)와의 단절로 보았던 20세기 중국의 지배적 담론에서 벗어나 점차 역사성을 긍정하고 전통을 현재적으로 재구성하려는 문화보수주의 사조 속에서 '청사공정'을 설명하는 것도 설득력이 높다(전인갑, 2008).

또 하나 흥미로운 사실은 '청사공정'은 1990년대부터 본격화된 구미 학계 중심의 '신청사(New Qing History)' 연구와 절묘하게 상호작용을 일으켰다는 것이다. 마침 시기적으로도 만주어 자료의 중요성을 강조하는 '신청사' 연구가 축적된 상황에서 '청사공정'이 추진됨으로써 두 연구는 청사(清史)를 부각함에 있어 시너지 효과를 발휘하는 듯 보였다. 하지만 '신청사'로 분류되는 구미권 중심의 여러 연구자 내부에도 한화(漢化), 만주 정체성, 변경 소수민족 문제에 대한 다양한 해석의 스펙트럼이 존재했기 때문에 '청사공정'과 '신청사' 사이에 청조의 복잡하고 다양한 민족 문제, 정체성 문제에 대한 평가에는 쉽게 조화되기 어려운 관점의 차이가 드러날 수밖에 없었다(양재영, 2014). 중국 학계는 점차 서구 학계에서 주도하는 '신청사'의 정치적 의도에 의구심을 보이면서 '신청사' 연구가 현대의 민족국가와 제국주의 담론을 가지고 과거 청사를 왜곡하고 있다고 주장한다(汪榮祖, 2014). 이러한 상황에서 '청사공정' 집필진이 '신청사'의 다양한 연구 성과를 어떻게 수용할 것인지는 향후 '청사공정' 결과와 관련하여 관심이 집중되는 부분이었다.

하지만 2012년 말까지 새롭게 편찬된 『청사』의 결과물은 발표되지 않았다. 2002년 12월 국가청사편찬위원회(國家清史編纂委員會)가 공식적으로 설립된 이후 10년 만인 2012년에 결과가 나올 것이라는 발표와 주장에도 불구하고 아직 그 구체적인 결과물은 공개되지 않은 것이다. 비공식적으로 2018년에는 모습을 드러낼 것이라는 전언이 있었으나 이뤄지지 않았다. 비록 구체적인 결과물의 형태와 내용은 알 수 없지만, 지난 2002~2012년까지 10년 동안 진행된 '국가청사편수공정(國家清史纂修工程)'(이하 '청사공정')의 과정과 파생 결과물을 분석해 보면 향후 공개될 『청사』의 내용을 대략 가늠하는 것도 전혀 불가능한 것이 아니다.

따라서 제5장에서는 우선 왜 2002년 중국 정부가 '청사공정'에 착수했는지에 대한 배경적 고찰로 1920년대 후반 발행된 『청사고』에 대한 비판적 평가와 이를 보완하려 했던 중국 사학계의 노력을 1949년 이전과 이후, 대만과 대륙으로 나누어 정리한다. 그리고 2002년부터 추진된 '청사공정'이 2012년까지 남긴 성과물을 정리, 분석하고, 그 결과물이 신청사 연구와는 어떤 공통점과 차이점이 있는지를 정리하고자 한다. 마지막으로 이를 근거로 '청사공정'이 시사하는 새로운 근대성의 모색 가능성과 그 배후에 있는 정치와 학문의 '공모' 혹은 '결탁'이라는 어두운 측면을 종합적으로 짚어 보고자 한다.

당연히 논의의 출발점은 지금 이 시점에서 새로운 『청사』 편찬의 빌미를 제공했던 『청사고』가 되어야 할 것이다.

3. 국정 역사서, 정사(正史)

일반적으로 중국의 정사란 사마천(司馬遷)이 쓴 『사기(史記)』를 시작으로, 『사기』의 기전체(紀傳體) 방식을 따라 한 왕조의 멸망 이후 이전 왕조에 대해 저술되는 일련의 '정통' 역사서이다. '정통'이라는 용어와 개념으로 인해 종종 관찬(官撰) 사서로 인식되기도 하지만, 당 이전에는 사마천의 『사기』, 반고(班固)의 『한서(漢書)』, 범엽(范曄)의 『후한서(後漢書)』라 불린 것처럼 한 개인이 편찬하는 사찬(私撰)의 성격이 강하였다. 하지만 당태종(唐太宗) 시기 전문적인 역사 편찬 기구를 설치하여 남북조 시대 말기와 짧은 치세로 끝나 버린 수대(隋代)에 편찬되지 못했던 5종류의 정사(『양서(梁書)』, 『진서(陳書)』, 『북제서(北齊書)』, 『주서(周書)』, 『수서(隋書)』)를 한꺼번에 출간한 이후부터 정사의 성격이 일변하였다. 즉, 정사는 전문적인 역사학자 집단이 관부의 공신력을 바탕으로 저술한다는 '사관수사(史館修史)' 혹은 '관찬수사'의 전통이 정립되어 청대에 『명사(明史)』가 편찬될 때까지 이어졌다. 예외로는 구양수(歐陽脩)가 찬술한 『신오대사(新五代史)』가 있을 뿐이다.

'사관수사'로 출간된다는 것은 방대한 인력과 자원을 투입한 체계적인 역사 서술이 이뤄질 가능성이 마련되었음을 의미하였다. 반면 역사 서술자의 주관적인 입장이나 평가가 드러나기는 어려워졌다. 그럼에도 후대 왕조의 통치자 입장에서 이전 왕조나 그 왕조의 통치자들을 폄하하거나 자신에게 불리한 내용을 은폐하는 소위 역사의 왜곡 현상은 줄어들지 않았다.

정사가 모두 몇 종류인가에 대해서는 시대와 관점에 따라 17사, 22사, 25사 등 다양하게 정의되었다. 대체로 정사에 대한 통괄적인 호칭과 개념은 송대(宋代)에 형성되었다(신승하, 2000). 『사기』 이래 당시 편찬된 『신당서(新唐書)』, 『신오대사(新五代史)』까지 17개의 역사를 '17사(史)'라고 부르기 시작했고, 이후 청조의 왕명성(王鳴盛)은 이에 대한 정밀한 비교 대조 작업을 거쳐 『십칠사상각(十七史商榷)』이라는 책을 저술하였다. 이후 청대에 『명사(明史)』 310권이 완성되자 그 사이에 발행되었던 『송사(宋史)』, 『요사(遼史)』, 『금사(金史)』, 『원사(元史)』까지 포함하여 정사는 모두 22종류로 늘어났다. 고증학적 시각을 가진 전대흔(錢大昕, 1728~1804)의 『이십이사고이(二十二史考異)』나 조익(趙翼, 1724~1824)의 『이십이사차기(二十二史箚記)』는 『사기』부터 『명사』까지 22사를 대상으로 한 일종의 교감서(校勘書)였다. 그 이후 오대(五代) 시대 관찬이었던 『구당서(舊唐書)』를 간행하고, 『영락대전(永樂大典)』 가운데 남아 있는 송대에 관찬한 『구오대사(舊五代史)』를 집록(輯錄)하여 무영전(武英殿)에서 나온 역사서를 합각하여 출간함으로써 2종류가 덧붙여져 24사라는 이름이 형성되었다. 청 조정이 『사고전서총목(四庫全書總目)』을 편찬하면서 "무릇 천자의 재결(裁決)을 거치지 않은 것은 모두 함부로 싣지 않았다. 대개 정사체(正史體)는 존엄하여 그 뜻이 경(經)에 필적하며 영전(令典)에 실리지 않은 것은 감히 사사로이 보탤 수 없으니, 이것이 패관야기(稗官野記)와 다른 이유"라고 하면서 '24사'는 소위 국정(國定) 역사서로의 의미를 내포하게 되었다(高國抗, 1998: 301-305, 364-380). 이후 1920년 가소민(柯劭忞)이 서구의 연구 방식을 도입하여 기존 『원사(元史)』의 오류를 바로잡으면서 몽골제국 시대의 기록을 보충하여 출간한 『신원사(新元史)』까지 합하여 '25사'라고 호칭하기도 한다(〈표 5-1〉 참조).

〈표 5-1〉 중국 역대 정사의 편찬 시기와 내용 구성

번호	서명	최종 편찬 시기	편찬자	구성		17사	22사	25사
				총권수	내용			
1	史記	漢	司馬遷	130권	本紀12, 表10, 書8, 世家30, 列傳70	○	○	○
2	漢書	後漢	班固	120권	本紀12, 表8, 志10, 列傳70	○	○	○
3	後漢書	宋	范燁	120권	本紀10, 志30, 列傳80	○	○	○
4	三國志	西晉	陳壽	65권	魏志30(4本紀26列傳), 蜀志15, 吳志20	○	○	○
5	晉書	唐	房玄齡 等	130권	帝紀10, 志20, 列傳70, 載記30	○	○	○
6	宋書	梁	沈約	120권	本紀10, 志30, 列傳60	○	○	○
7	南齊書	梁	蕭子顯	59권	本紀8, 志11, 列傳40	○	○	○
8	梁書	唐	姚思廉	56권	本紀6, 列傳50	○	○	○
9	陳書	唐	姚思廉	36권	本紀6, 列傳30	○	○	○
10	魏書	北齊	魏收	56권	帝紀6, 列傳50	○	○	○
11	北齊書	唐	李百藥	50권	帝紀8, 列傳42	○	○	○
12	周書	唐	令孤德棻	50권	帝紀8, 列傳42	○	○	○
13	南史	唐	李延壽	80권	本紀10, 列傳70	○	○	○
14	北史	唐	李延壽	100권	本紀12, 列傳87, 列傳1	○	○	○
15	隋書	唐	魏徵 等	85권	帝紀5, 志30, 列傳50	○	○	○
16	新唐書	宋	歐陽修, 宋邪	225권	本紀10, 志50, 表15, 列傳150	○	○	○
17	新五代史	宋	歐陽修	74권	本紀12, 列傳45, 考3, 世家 및 年譜11, 四夷附錄3	○	○	○
18	宋史	元	脫脫 等	496권	本紀47, 志162, 表32, 列傳250		○	○
19	遼史	元	脫脫 等	160권	本紀12, 志32, 表8, 列傳45		○	○
20	金史	元	脫脫 等	135권	本紀19, 志39, 列傳73		○	○
21	元史	明	宋濂 等	210권	本紀47, 志58, 表8, 列傳97		○	○
22	明史	淸	張廷玉 等	310권	本紀19, 志77, 表9, 列傳205		○	○
23	舊唐書	後晉	劉煦 等	200권	本紀20, 志30, 列傳150			○
24	舊五代史	宋	薛居正	150권	本紀61, 志12, 列傳77			○
25	新元史	中華民國	柯劭忞 等	257권	本紀26, 志70, 表7, 列傳154			○
26	淸史稿	中華民國	趙爾巽 等	536권	本紀25, 志142, 表53, 列傳316			

4. 정사의 반열에 들지 못한 『청사고』

'24사'이거나 '25사'이거나 정사에 포함되는 시대는 명조까지였다. 즉, 청조에 대해서는 정사로 불릴 만한 결과물이 나오지 않았는데, 이는 청조 멸망 이후 민국 시대에 진행된 청사에 대한 편수 과정에 일정한 하자가 있었기 때문이다. '역대수사'의 전통에 따라 신해혁명 이후 원세개(袁世凱) 정부도 1914년 청사관(淸史館)을 설치하고, 한군기인(漢軍旗人)이자 과거시험의 진사(進士) 출신이었던 조이선(趙爾巽)을 관장으로 삼아 청사 편찬을 시작하였다(張永江, 2005: 4). 청조 몰락 직후인데다 통일적인 권력주체가 제대로 형성되지 않아 각지에서 군벌이 난립하는 상황임에도 불구하고 13년 만인 1927년에 그 결과물이 나왔다. 이른바 『청사고』로 불리는 청조의 정사였다.

열악한 상황에서 진행된 역사서 편찬인데도 『청사고』는 분량상으로 상당히 충실하고, 무엇보다 체제 면에서도 이전 시대와 다른 독창성과 변화가 많았다. 가령 『명사』에 없던 「방교지(邦交志)」나 「교통지(交通志)」를 신설한 것이나 청조의 특성을 고려한 「번부전(藩部傳)」, 「군기대신표(軍機大臣表)」, 「교빙표(交聘表)」 등이 신설된 것이 그러하다. 또한 1914년에 발표된 초안 이후 사회 각계의 반응을 수용하여 삭제된 부분도 적지 않았다. 가령 「국어(國語)」, 「씨족(氏族)」 등의 지(志)와 「명유신(明遺臣)」, 「탁행(卓行)」, 「화식(貨殖)」, 「객경(客卿)」, 「반신(叛臣)」 등의 전(傳)이 사라졌다. 나름대로 기존의 정사에서 묵수하던 부분과 다른 새로운 시도가 많았던 것이다(張永江, 2005: 8).

반면에 그에 못지않은 약점이나 편향된 측면도 많았다. 기본적으로 청사 편찬의 시작이 황제권의 부활을 꿈꾸었던 원세개 정부의 집권기에 시작된 것이 문제의 발단이 되었다. 당시 발탁된 조이선을 비롯한 청사 편찬자들이 자신들이 입신(立身)할 수 있었던 기반이 된 청조의 입장을 간직하고 있었기 때문에 『청사고』에는 청의 지배 민족인 만주족과 황제권이라는 전통적인 통치 방식을 옹호하는 관점이 남아 있었다. 따라서 '반만(反滿)'의 구호를 내세웠던 태평천국(太平天國)이나 황제권을 혁파하고 공화제를 주장했던 혁명파(革命派)처럼 청조를 반대하면서 후대에 큰 영향을 주었던 집단에 대해서는 오히려 폄하하는 태도를 취하였다. 게다가 편찬될 당시는 정치적으로 군벌이 난립하고 국민당과 공산당의 대립이 격화되는 혼란기였기 때문에 균형 있고 통일된 서술을 위한 총체적인 검토의 여유가 없었다. 1914년에 착수되어 1927년 편찬까지 총 13년이 소요되었으나 원세개가 사망한 1916년 이후 청사 편찬 과정은 비정상적인 자금 동원과 졸속 행정으로 난항을 겪었다(정혜중, 2008: 40-44).

이러한 배경을 고려할 때 편찬 직후인 1928년부터 『청사고』에 대한 비판이 등장한 것은 자연스러운 것이다. 비판은 국민당 정부로부터 시작되었다. 당시 북경을 점령했던 국민당의 북벌군(北伐軍)은 『청사고』를 편찬했던 청사관을 접수하였다. 그러고는 이듬해인 1929년 전문가 집단을 동원해 『청사고』를 비판하고 판매를 금지시켰다. 그 내용이 혁명의 정신과 한족을 비하하고, 선인(先人)의 유업(遺業)을 경시하고, 형식이 부적합할 뿐 아니라 각종 오류가 많다는 등 모두 19항목의 판매 금지 이유를 거론하였다. 이러한 비판에는 어느 정도 진실성이 담겨 있는 것도 사실이다. 하지만 그 배후에는 풍부한 역사 자료를 소장하고 있는 고궁(故宮)과 청사관의 자료를 국민당 정부가 수도로 삼았던 남경(南京)으로 무리하게 이전하면서까지 자신들의 입장이 담긴 역사를 편찬하려 했던 장제스(蔣介石) 정부의 의도가 깔려 있었다(張永江, 2005: 17-18). 따라서 청조에 관한 엄청난 양의 자료를 이처럼 혼란한 시기에 정리하여 출간함으로써 오늘날까지 다양한 방식으로 이용 가능하도록 보전했다는 점에서 최근까지도 『청사고』의 가치를 의미 있게 평가하는 입장도 강하다(정혜중, 2008: 48-55).

장제스의 국민당 정부는 민국 시대 내내 『청사고』에 대한 판매 금지를 견지하면서 개정 작업 추진을 시도하였다. 가령 1934년 행정원(行政院)에서 『청사고』에 대한 검열 기구를 조직하여 그 결과를 『검교술략(檢校述略)』 1책, 『검정표(檢正表)』 9책으로 출간했고, 1939년에는 '국사주비위원회(國史籌備委員會)'를 설립하여 『청사고』에 대한 심사를 추진하였다. 1945년 중경(重慶)의 중국사학회에서는 자신들이 책임지고 『청사고』를 수정하여 재출간하겠다는 의견을 교육부에 제출하였다. 하지만 이 모든 시도는 국내외 정치적인 혼란과 국민당 내부의 여력 부족으로 결실을 보지 못하였다.

그럼에도 민국 시대 학술계 인사들은 대부분 『청사고』 개정에 근본적으로 찬성하는 입장을 취하였다. 그 이유는 크게 세 가지로 정리할 수 있다. 첫째, 『청사고』 찬술자들의 정치적 성향이 전통적인 청조를 긍정하고 새로운 중화민국의 정치와 이념 기반을 무시했기 때문이며, 둘째, 학술적으로 전체적인 교열과 상호 협조가 부족한 상태에서 서술되어 전체적인 조화가 부족했기 때문이다. 셋째, 급하게 출간되면서 사실의 오류가 제대로 시정되지 않았기 때문이다(張永江, 2005: 18-21). 청사의 관점에 대한 후대의 정치적인 개입이라는 첫째 사안은 향후에도 계속 논쟁이 될 만한 소지가 다분했지만, 형식과 내용 오류에 대한 둘째와 셋째 문제는 큰 이의가 있을 수 없었다. 부분적이든 전면적이든 『청사고』에 대한 개정 작업이 이뤄져야 했던 이유가 여기에 있다.

5. 대만의 『청사고』 개정 작업

1949년 이후에도 『청사고』에 대한 개정 작업은 대만과 대륙에서 경쟁적으로 진행되었다. 직전 시대 정사의 편찬은 체제의 정통성 확보와 밀접히 관련되었으므로, 새로운 청사를 어디에서 어떻게 완성하느냐는 곧 마지막 중화제국인 청조의 전통과 강역을 자신의 것으로 확보하는 데 일정한 영향을 미칠 수 있었다(허혜윤, 2009: 113). 비록 힘의 논리가 배경에 있다 하더라도, 정사 편찬의 권한은 직전 정권(혹은 왕조)을 '정통으로' 계승한 집단(혹은 가문)에서 수행해 왔기 때문이다.

일찌감치 이에 관한 구체적인 연구 결과가 나온 쪽은 대륙 본토에 대한 수복과 정통성 주장의 필요가 강하면서도 경제적으로 여유로웠던 대만이었다. 이미 민국 시대부터 정치적 의도를 가지고 『청사고』 개수(改修)를 추진해 온 장제스의 국민당 정부는 대만으로의 이전 이후 중화민국(中華民國) 정부의 정당성과 합법성을 표명하기 위해 적극적으로 역사 문제에 개입하였다. 하지만 1959년 국사관(國史館)은 검토 끝에 현 상태에서 『청사고』에 대한 전면적인 개정 작업은 어렵다며 부분적인 오류를 보완하는 방안을 제안하였다. 1960년에는 국방연구원(國防硏究院) 문화강좌교수(文化講座敎授)였던 펑궈동(彭國棟)과 국방연구원 주임 장치윈(張其昀) 2인이 뜻을 합하여 청사 편수에 대한 작업계획을 장제스에게 보고하였다. 당시 총통 겸 국방연구원 원장이었던 장제스는 이를 받아들여 1961년 작업 개시를 선포하고, 특히 주요한 세 시기(명·청 교체기, 태평천국, 신해혁명)에 중점을 두라고 지시하였다. 이렇게 청사편찬위원회(淸史編纂委員會)가 만들어져 장치윈이 주임, 샤오이산(蕭一山)이 부주임, 펑궈동이 부주임 겸 총편찬(總編纂)을 맡고, 전체 23명으로 구성되었다. 그 결과는 1961년 1월부터 11월까지 모두 8책의 『청사(淸史)』(이하 대만 『청사』)로 결실을 보았다. 이처럼 1년도 채 안 되는 짧은 시간 안에 대만 『청사』가 완성되었던 것은 그 내용이 사실상 『청사고』의 부분적인 수정에 지나지 않았기 때문이다. 『청사고』와 크게 달라진 점이라면 마지막 책에 수록된 보편(補編)으로 「남명기(南明

紀)」5권, 「명유신열전(明遺臣列傳)」2권, 「정성공재기(鄭成功載記)」2권, 「홍수전재기(洪秀全載記)」8권, 「혁명당인열전(革命黨人列傳)」4권이 추가된 것이다. 보편은 65만 자 분량으로, 전체의 10%에 약간 못 미친다. 종합적으로 볼 때 『청사고』에 비해 대만 『청사』는 보편을 중심으로 약 20여 권이 늘어났으나 전체 내용의 80%는 사실상 『청사고』 그대로이고, 나머지 20%가 증보 혹은 수정된 부분이었다. 1년이라는 작업 기간과 내용상의 변이(變異)를 고려할 때 1961년 출간된 대만 『청사』 8책은 장제스 정부의 정치적 요구에 응하여 창졸간에 완성된 수정본이라는 비난을 피하기 어려웠다(張永江, 2006: 1-12).

이처럼 대만 『청사』 편찬이 '실패'로 판명되자 대만 학계에서는 청사를 새롭게 편찬하는 대신 『청사고』를 세밀하게 수정하자는 쪽으로 의견이 모였다. 이는 자료나 인력 면에서의 한계를 인정할 수 있을 정도로 대만 사회가 안정기에 접어들었고, 문화 사업에 대한 인식이 제고되었을 뿐만 아니라 이를 뒷받침해 줄 경제력에 자신감이 생겼기 때문이다. 당시 저명한 역사학자 첸무(錢穆)가 고궁에 소장된 청사관과 국사관의 당안(檔案) 자료를 이용하여 『청사고』에 교감(校勘)과 주석(註釋)을 추가하는 방안을 제안하자, 1978년 대만고궁박물원과 국사관이 공동으로 『청사고』에 대한 전면적인 교감과 주석 작업을 시작하였다. 엄밀한 의미에서 이것은 새로운 정사 편찬사업이 아니라 정사의 수정 작업이었다. 어쨌든 1단계로 1978~1984년까지 6년 동안 고궁박물원에서 소장한 각종 당안 자료 내각부원당(內閣府院檔), 군기처당(軍機處檔), 궁중당(宮中檔), 청국사관당(淸國史館檔) 등을 이용하여 교주 작업을 진행했고, 2단계로 교주 작업이 끝난 초고를 국사관이 순차적으로 받아 7년 동안 전문가 집단을 총동원하여 엄격하게 심사하였다. 그 결과 1987년 1만 2천여 자에 이르는 『청사고교주(淸史稿校註)』15책이 출간되었다. 이는 그동안 수차례 지적되었던 『청사고』의 오류 가운데

4만 7,339건을 수정하고, 총 6만여 건을 교주했으며, 『청실록(淸實錄)』을 비롯하여 각종 당안 그리고 당시까지 진행된 연구 성과까지 광범위하게 반영했기에 학계로부터 비교적 정확하고 상세하며, 풍부한 자료를 제공했다는 평가를 받았다. 단, 『청사고』의 범주 안에서 진행된 교주이므로 『청사고』의 한계를 뛰어넘지 못하고 있으며, 원서에 담긴 중대한 과실이나 관점 등도 완전히 해결된 것이 아니라는 지적이 있었다. 그럼에도 불구하고 『청사고교주』는 향후 진행될 대형 청사 편찬을 위한 중요한 준비 작업으로 평가할 수 있을 것이다.

『청사고교주』를 발행한 국사관에서는 이를 기초로 '신청사'를 편찬할 계획을 세우고 사업을 착수하려고 하였다. 하지만 1990년대 이래 대만 정부는 '대만독립론'의 대두라는 정치적 상황 변화에 따라 이전처럼 사서 편찬에 열정을 기울이지 않았고, 의도적으로 청대 이전의 역사 연구를 축소시키는 경향도 강화되었다(張永江, 2006: 12). 2005년 국사관은 『신청사지리지도집(新淸史地理志圖集)』을 출간하는 등 간헐적인 연구 성과를 내고 있지만, 수십 년 동안 이어져 온 대만의 청사 편찬 사업에 대한 의지와 가능성은 현재까지 현저히 저하되어 있는 것이 사실이다.

6. 대륙의 『청사고』 개정 작업

대만에서의 청사 편찬 노력과 비교할 때 대륙에서의 청사 편찬은 늦게 진행되었다. 이는 1949년 이후 중화인민공화국의 정치적 격변 상황, 특히 대약진운동의 실패와 문화대혁명으로 이어지는 정치적 혼란 및 지식사회가 받은 타격과 관련이 깊다. 따라서 대륙에서 제대로 된 청사 연구의 시작은 문화대혁명의 여파가 일단락된 1978년도에 와서야 비로소 가능하게 되었다(王鍾翰, 2006: 45).

그런데도 1978년까지 청사 관련 연구가 완전히 침체되었던 것은 아니었다. 하지만 이 시기 학술계에 영향을 미쳤던 정치인들과 역사가들의 관점을 보면 청조에 대한 배타적 인식이 강하였다. 즉, 기본적으로 만주족을 이민족(異民族)이라 간주하고, 만주족 지배층의 중국 통일과 18세기 통치력의 강화가 중국의 생산력을 파괴하고 생산 방식을 낙후시켜 결국 중국의 발전을 100여 년이나 지체시켰다는 관점을 견지하였다(李治亭, 2005: 9). 청조의 성립이 중국 발전의 지체를 야기했다고 파악한 반제반봉건에 대한 연구열이 심화되면서 태평천국은 전통시대에 전개된 계급투쟁의 봉우리였다는 평가 못지않게 반만(反滿) 운동의 상징으로 큰 의미를 갖게 되고, 신해혁명은 그 결실로 평가받았다. 1950년대 공산주의 사가들은 오히려 민국 시대의 청사 연구자들보다 더 강하게 민족주의적 성향을 보였고, 적어도 문화대혁명 이전까지 '근대중국'사는 한족 중심의 혁명사로 규정된 것이나 다름없었다(유장근, 2014: 14-15).

1978년 이전에 국가 주도의 청사 편찬은 두 차례 시도된 바 있었다. 첫 번째 신중국 성립 이후 국가 지도자 가운데 1인이었던 동비우(董必武)가 중국공산당사와 청사에 대한 대대적인 편찬을 건의하고, 1958년에는 저우언라이(朱恩來)가 당시 북경시 부시장이었던 저명 역사가 우한(吳晗)에게 청사 편찬 문제를 의뢰한 것이다. 그러나 정치적인 혼란 상황에서 제대로 결실을 거두지 못하였다. 두 번째는 1965년 총리 저우언라이와 부주석 동비우가 청사 편찬을 제안하자 청사편찬위원회가 설립되었다. 당시 위원회는 7명으로 구성되었는데, 이후 2002년의 '청사공정'을 주도했던 다이이(戴逸)가 당시 최연소(39세) 구성원으로 참여했던 것이 주목된다. 하지만 곧이어 발생한 문화대혁명의 여파로 청사 편찬사업은 중지되었다. 다만 당시 설립된 청사연구소조(淸史硏

究小組)는 북경사범대학에 기반을 두고 이후 중국인민대학(中國人民大學) 청사연구소의 전신이 되었다(張永江, 2006: 12-14).

청사 연구는 문화대혁명이 종료되고 1978년 개혁개방 노선이 표방된 이후에야 비로소 활성화되기 시작하였다. 다시 문을 연 중국인민대학에 1978년 청사연구소가 정식 설립되면서 석사와 박사(박사는 1984년부터) 과정의 학생을 모집하기 시작했고, 『청사연구집』을 정기적으로 간행하기 시작하였다. 같은 시기 중국사회과학원(中國社會科學院) 역사연구소 소속의 청사연구실도 활성화되기 시작하여, 1979년부터 『청사논총(淸史論叢)』이라는 전문 잡지를 발간하였다. 또한 자체적으로 『청사자료』를 7집까지 출간하고 중국제일역사당안관(中國第一歷史檔案館)과 함께 1980년부터 『청대당안사료총편(淸代檔案史料叢編)』을 14집까지 출간하였다.

이후 발표된 청사 연구의 기반이 되었던 주요 결과물은 1990년대 혁명사관에 대한 반성과 함께 사회사적 연구방법론이 도입되고, 새로운 연구 분야로 사회 구제 혹은 복지와 관련된 연구 및 생태환경사가 증가 추세에 있다(유장근, 2008: 155-170). 청사 연구가 1980년대 이후 활성화된 배경에 대해 펑얼캉(馮爾康)은 개혁개방 이후 정치가 안정되고, 역사가 정치로부터 상당 부분 독자성을 확보하는 데 성공했기 때문이라고 평가하였다(馮爾康, 2005: 11). 이를 역설적으로 드러내는 현상으로 개혁개방 이후 2002년 '청사공정'이 본격적으로 시작되기 전까지 20여 년 동안 국가 주도의 청사 편찬에 대한 구체적인 논의가 이뤄지지 않았음을 지적할 수 있겠다. 이는 대체로 대규모 편찬사업을 진행할 정도로 재정 상황이 여유롭지 않았고, 학술적으로도 청대 전기와 후기를 아우르는 연구 인력과 성과가 고르지 않았으며, 사회 각 방면의 협조가 부족했기 때문이었다(張永江, 2006: 16). 하지만 뒤집어 생각하면, 이 시기 역사에 대한 정치 간섭이 많지 않았음을 보여 준다. 또 그만한 여력과 여건이 조성되지 않았을 수도 있을 것이다. 어쨌든 새로운 시각의 청사 연구 분야가 활발하게 확산되는 것과 전면적으로 새로운 청사를 편찬하는 것은 반드시 연계되어 일어나는 현상이 아닌 것이다.

7. 2002년 '청사공정'의 발동과 진행 과정

2000년대에 접어들어 본격적인 청사 편찬에 불을 붙이고 실제 그 과정을 주도한 인물은 다이이였다. 앞서 언급했듯이 다이이는 1965년 결성된 바 있던 청사편찬위원회의 7명 위원 중 1명으로 수십 년 동안 여러 차례의 좌절에도 불구하고 청사 편찬에 대한 의지를 버리지 않았다. 그는 2001년 3월 개최된 '양회(兩會)', 즉 제9회 전국인민대표대회(全國人民代表大會)와 정치협상회의(政治協商會議) 제4차 회의에 발맞추어 전국인민대표대회 대표이자 중국인민대학 교수였던 리원하이(李文海)와 정치협상회의 대표이자 북경대학 교수였던 왕샤오추(王曉秋)에게 청사 편찬사업을 공식적인 의안(議案)으로 국가에 제출할 것을 의탁하였다. 다이이는 이미 오랜 경험을 통해 국가권력의 전폭적인 지지 없이 청사 편찬이 어렵다는 것을 체감했던 것이다.

'양회'가 끝난 지 10일도 채 안 되어 다이이와 리원하이는 『인민일보(人民日報)』에 장문의 논설을 게재하여 대형 청사 편찬에 대한 의견과 구성을 선명하게 밝혔고, 이에 호응하여 2001년 5월 중국인민대학 청사연구소가 개최한 '청사편찬연토회(淸史編纂硏討會)'에 전국에서 모인 150여 명의 청사 연구자가 새로운 청사의 의의, 시기, 원칙, 체재 등을 논의하였다. 회의에 참석한 북경대학의 지셴린(季羨林), 국가도서관의 런지위(任繼愈), 중국사회과학원의 차오메이뱌오(蔡美彪), 중앙민족대학의 왕종한(王鍾翰) 등 인문사학계의 저명인사 13명은 연명으로 국무원 부총리 리란칭(李嵐淸)에게 청사 편찬 지원을 건의하는 서신을 보냈다.

학술계의 적극적이고 조직적인 움직임에 대해 중국 정부는 2002년 3월 청사편찬주비공작영도소조(淸史編纂籌備工作領導小組)를 문화부(文化部)에 설치할 것을 발표했고, 같은 해 8월 장쩌민(江澤民), 주룽지(朱鎔基), 후진타오(胡錦濤), 리란칭(李嵐淸)이라는 4명의 정치국 상무위원이 문화부가 제출한 청사 편찬 계획을 최종 비준해 주었다. 이처럼 중앙의 고위층이 모두 비준에 참여할 뿐만 아니라 중앙정부의 문화부, 재정부를 비롯한 14개 기관이 합심하여 학술공정을 진행할 영도소조를 결성한 것은 전례가 없는 일이었다. 6억 위안(한화 약 800억 원)에 달하는 전폭적인 재정지원 역시 건국 이후 최대 규모였다(허혜윤 외, 2008: 327). 이에 따라 2002년 12월, 25명의 청사 및 근대사 연구자로 구성된 국가청사편찬위원회(國家淸史編纂委員會, 이하 위원회)가 정식 출범하였다. 위원회는 주임 다이이(戴逸, 中國人民大學)를 중심으로 총 25명으로 구성되었다. 부주임 3명은 마다정(馬大正, 社會科學院), 주청루(朱誠如, 故宮博物院), 청충더(成崇德, 中國人民大學)이며, 위원은 펑얼캉(馮爾康, 南開大學), 리즈팅(李治亭, 吉林社會科學院), 줘아이롄(鄒愛蓮, 中國第一歷史檔案館) 외 21명이다.

8. '청사공정'의 로드맵

위원회는 2002~2003년까지 '청사공정'에 대한 로드맵을 구상하였다. 구상 작업은 크게 세 가지 차원으로 진행되었다.

첫째, 사회와 학계에서 원하는 '새로운 청사'의 형식이 어떠해야 하는지를 조사하고 현재 국내외에서 이용 가능한 학술적 자원 현황(가령 자료, 인재, 연구 성과 등)을 파악하는 일이다. 이를 위해 성립한 체재체례공작소조(體裁體例工作小組)는 반년 동안 세 차례 보고서를 제출하면서 최종적으로 청사 서술을 위해 '신총합체(新總合體)'라는 새로운 체재를 확정하였다. 신총합체란 통기, 전지, 전기, 사표, 도록의 5개 부문을 포함하여 전통적인 기전체와 현대적인 장절체를 혼합하는 서술방식을 말한다. 전통적으로 정사 편찬의 표준이 된 기전체를 계승할 것인지 아니면 완전히 새로운 장절체를 도입할 것인지를 놓고 열띤 토론이 벌어졌고, 결국 양자를 절충하는 방식으로 결정된 것이다. 한편 학술조사소조(學術調査小組)는 도합 11편의 보고서와 자료를 작성하였다. 주로 1980~1990년대 이래 러시아어, 일본어, 영어로 발표된 청사 연구의 경향성, 청사에 관한 중국 내 석·박사학위 논문 목록, 20세기에 출판된 통사 형태의 청사 관련 저작, 평론, 논문의 목록 및 색인이 포함되었다.

둘째, 작업 기구를 나누어 설립하는 것이다. 계획에 따르면 청사편찬사업은 크게 '주체(主體)', '기초(基礎)', '보조(補助)'의 세 분야로 나누어 진행된다. '주체' 부문은 3천만 자에 달하는 『청사』의 본체로, 통기, 전지, 전기, 사표, 도록의 5개 부문으로 구성된다. '기초' 부문은 문헌, 당안의 정리 및 국외 문헌의 번역에 해당한다. '보조' 부문은 홈페이지, 도서 자료, 연구 성과의 출판에 해당한다. 동시에 각 업무의 재무, 인사, 자산 등의 사무를 관리하기 위해 국가청사편찬영도소조 아래 청사편찬영도소조판공실(淸史編纂領導小組辦公室: 淸史辦)을 설치하고, 5개 부문의 사무를 분담시켰다. 이를 정리하면 〈표 5-2〉와 같다.

사실상 '청사공정'의 핵심적 결과물은 '주체' 부문이라 해도 과언이 아닌데, 방대한 결과물을 체계적으로 관리하기 위해 독특한 프로젝트 방식을 도입하였다. 즉, 청사 편찬사업의 전체(당안·문헌의 정리 및 국외 문헌의 번역까지 포함)를 수백 종류의 작은 프로젝트로 나누고 각 프로젝트의 목표 관리를 위해 프로젝트별 책임 제도를 구축하였다. 그리고

〈표 5-2〉 청사공정 조직표

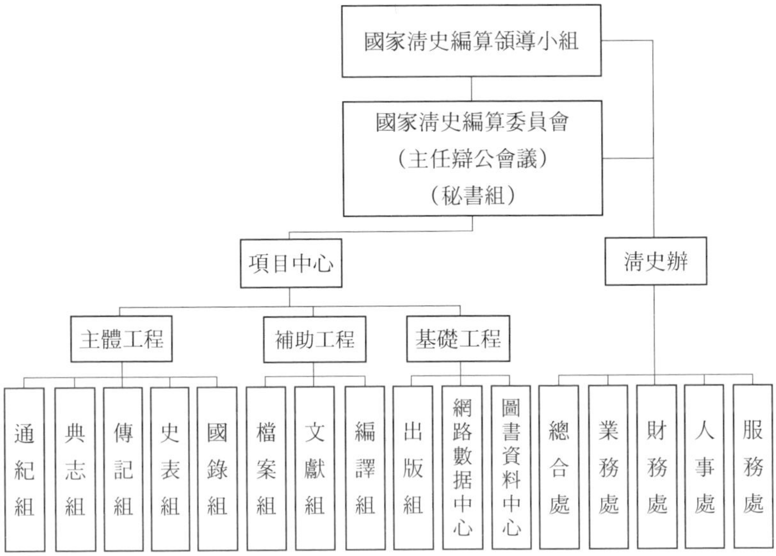

각 프로젝트에 가능한 한 수준 있는 연구자를 많이 동원하기 위해 제1차 참고 작업 분야의 프로젝트에는 공모 방식을 도입하여 우수한 연구자에게 계약을 체결하면서 책임, 권리, 의무를 명확히 하였다. 한편 특정 과제에서는 그 분야의 최고 전문가에게 위탁하는 계약을 체결하도록 하였다. 즉, 공모와 위탁이라는 방식을 병용한 것이다. 각 프로젝트의 책임자는 대부분 대륙의 청사 연구자이지만 홍콩, 마카오, 대만의 학자 14명도 참여하였다.

'보조' 공정에는 세 가지 업무가 포함된다. ① 당안조(檔案組)는 중국제일역사당안관에 소장된 청대 관련 당안을 순차적으로 정리하여 출간하는 업무를 진행한다. 그 결과로 2003년 간행된 『경자사변청궁당안휘편(庚子事變淸宮檔案彙編)』 18권(중국인민대학출판사)은 기존 의화단 관련 자료에서는 잘 밝혀지지 않았지만 의화단 사건에 가장 핵심적인 문제였던 전쟁배상에 대한 풍부한 자료를 담고 있다. 2003년 간행된

『청궁열하당안(清宮熱河檔案)』은 강희-옹정-건륭으로 이어지는 시기 열하에 피서산장을 건립하고 주기적으로 방문한 청 황제들의 활동에 관한 당안 자료를 모아놓았다. 청대 열하는 여러 민족을 지배하기 위한 청조의 제2의 정치적 중심지 역할을 수행한 전략적으로 대단히 중요한 지역이었던 점을 상기할 때(임계순, 2004; 조영헌, 2010), 이는 '청사공정'이 청조의 다민족 정체성을 문헌 간행을 통해 강조하고 있음을 알 수 있다(Ma, 2008: 130-131). ② 문헌조(文獻組)는 당안 자료를 제외한 각종 자료를 정리 간행하는 업무를 진행한다. 그 결과는 〈문헌총간〉으로 간행되었다. ③ 편역조(編譯組)의 주된 업무는 외국에서 진행된 청사 연구의 흐름을 정리하고, 그 가운데 『청사』 편찬에 도움이 될 만한 자료를 수집, 번역하여 출간하는 업무를 진행한다. 2005년에는 '중·일 학자청사연구좌담회'를 개최하고 일본에 소장된 청사 관련 문헌 자료의 수집, 정리, 이용의 문제와 일본 청사 연구의 성과와 최근 연구 경향을 습득하였다(加藤直人, 2005: 210-217). 그뿐 아니라 청대 문헌을 대량 수장한 오스트리아, 영국, 프랑스, 독일 등지의 연구기관을 방문하여 문헌 자료를 사진으로 찍거나 사용과 관련하여 협력관계를 체결하였다. 편역조의 활동 가운데 주목할 만한 부분은 역시 자국의 관점에 국한되지 않고 해외 청사 연구의 흐름을 최대한 수용하려는 자세이다(馬大正, 2012). 이를 위해 편역조는 ① 〈청사역총(清史譯叢)〉 시리즈와 ② 〈편역총간(編譯叢刊)〉 시리즈를 간행하고, 종종 ③ 〈청사논저목록계열(清史論著目錄系列)〉을 간행하였다.

2016년 현재 〈당안총간〉은 『청궁열하당안』을 포함하여 19종 881책이, 〈문헌총간〉은 『이홍장(李鴻章)전집』, 『만청(晚清)재정설명서』 등을 포함하여 68종 2,221책이, 〈편역총간〉은 『청대궁정사회사(清代宮廷社会史)』, 『만주족과 한족(滿與漢: 清末民初的族群關係與政治權力(1861~1928)』 등 66종 122책이, 잡지 형태의 『청사역총』은 모두 11집까지 간행되었다.

셋째, 새로운 『청사』의 기본적인 구조를 토론하며 확정하는 일이다. 여러 전문가의 의견을 수렴하여 주편을 맡은 다이이는 청사 목록의 개정을 거듭했고, 2004년 2월 여섯 번째 수정안을 내놓았다. 전체 92권에 각권 35만 자 내외, 총계 3,200만 자에 달하는 분량이었다. 여섯 번째 수정안의 구체적인 내용은 〈표 5-3〉과 같다.

〈표 5-3〉 새로운 청사의 구조

(1) 통기(通紀, 전 8권)		
제1권	만족의 흥기와 청조의 건립(1583~1643년)	61년
제2권	청조 입관 및 남중국 평정(1644~1683년)	40년
제3권	강희 치세와 옹정의 개혁(1684~1735년)	52년
제4권	건륭의 전중국 통일(1736~1795년)	60년
제5권	청조의 쇠락(1796~1839년)	44년
제6권	외국의 무장 침략과 국내의 농민전쟁(1840~1864년)	25년
제7권	청조의 자강운동 및 그 실패(1865~1895년)	31년
제8권	청말의 개혁과 청조의 멸망(1896~1912년)	17년

(2) 전지(典志, 전 39권 35지)			
제9권	천문역법지	제30권	재정금융지
제10권	지리지	제31권	조운 · 염정 · 전법지(부 금융)
제11권	생태환경지	제32권	종족지[부 보갑(保甲)]
제12권	인구지	제33~34권	종교지
제13~14권	민족지	제35권	회당교문(會黨教門)지
제15권	직관지	제36권	예속지
제16권	법률지	제37권	교육지
제17권	팔기지	제38권	재진(災賑)지
제18~19권	병지	제39권	사상문화지
제20권	변정(邊政)지	제40권	학술지
제21권	오문(澳門) · 향항(香港)지	제41권	서학지
제22~23권	방교지	제42권	시문 · 소설지
제24권	화교지	제43권	희곡 · 서화지
제25권	농업지	제44권	과학기술지

제26권	수공업지	제45권	수리지
제27권	상업지	제46권	건축지(궁전 · 원림 · 민거 등 포함)
제28권	대외무역지	제47권	의약위생지
제29권	근대실업교통지(부 驛遞)		
(3) 전기(傳記, 전 22권)			
제48권	입관전 인물 약 80명	제59권	동치조 인물 약 100명
제49권	순치 · 강희조 인물 약 100명	제60권	광서조 인물 약 100명
제50권	강희조 인물 약 100명	제61권	광서조 인물 약 100명
제51권	강희조 인물 약 100명	제62권	광서 · 선통조 인물 약 100명
제52권	옹정 · 건륭조 인물 약 100명	제63권	학술 약 250명
제53권	건륭조 인물 약 100명	제64권	문예 · 예술 약 250명
제54권	건륭조 인물 약 100명	제65권	충렬 · 효의 · 순리(循吏) 약 200명
제55권	가경조 인물 약 100명	제66권	공상 · 과학기술 약 200명
제56권	가경 · 도광조 인물 약 100명	제67권	소수민족 · 종교 · 화교 약 200명
제57권	도광조 인물 약 100명	제68권	농민 지도자 · 혁명당인 · 부녀 약 250명
제58권	함풍조 인물 약 100명	제69권	유민1(明清之際) · 유민2(清 · 民國之際), 외국인적 인사 약 250명
(4) 사표(史表, 전 13권 29표)			
제70~71권	사사(史事)표	제77권	제독표 / 포정사표 / 안찰사표 / 학정표
제72권	청제세계(清帝世系)표 / 황자표 / 황녀표	제78권	중 · 외조약표
제73권	제신봉작표 / 번부봉작표 / 4대활불표	제79권	책봉사표 / 주외사절표 / 외국주화사절표
제74권	의정왕대신표 / 대학사표 / 군기대신표 / 총리각국사무대신표 / 청말내각표	제80권	역대 과거 진사표
제75권	부원(部院)대신표	제81권	서원학교표 / 청말 신문잡지표
제76권	총독표 / 순무표 / 장군도통주방대신표	제82권	문화(文禍)표 / 교안(教案)표

(5) 도록(圖錄, 전 10권)			
第83권	흥지(輿地) (강역 · 산천 · 경사 · 직성 등)	第88권	민속 (행업 · 민족절기 등)
第84권	생산 (경직 · 정염 · 자기 · 농사 · 면화 · 제다 · 방목 · 수리 · 치하 · 청말공업)	第89권	건축 (궁전 · 원림 · 능침 · 성진 · 왕부 · 민거 · 명승 등)
第85권	상무 외무	第90권	예술 (서화비각 · 복식기명 · 공예품 · 희곡 등)
第86권	전의(典儀) (정치제도 및 예제와 관련한 그림 포함)	第91권	종교
第87권	군사 (작전 · 포방(布防) · 군기 · 조련 등)	第92권	초상 (화상 · 사진)

통기, 전지, 전기, 사표는 기전체의 기본 틀을 가져온 것이고, 도록이 추가된 것이 이채롭다. 새로운 『청사』의 기본 인식 틀을 제공할 것으로 예상되는 통기 8권은 그 책임을 맡은 다이이가 수차례 언급한 것처럼 '흥(興)-성(盛)-쇠(衰)-망(亡)'이라는 구도를 띨 것으로 예상된다. 대체로 누르하치의 기병에서 시작된 '흥'의 국면은 강희제가 대만을 정복한 이후부터 '성'의 국면으로 전환되었다가 건륭에서 가경으로 넘어가는 시기에 '쇠'의 국면으로 접어들고, 동치(同治) 3년부터 신해혁명까지 '망'이 된다(戴逸, 2012). 인터뷰를 통해 다이이는 통기에서는 단순한 사료 제시가 아니라 분명한 역사 규율을 보여 주는 인식이 담길 것이기에, 청사의 '핵심이자 영혼'이 될 것이라고 단언하였다(허혜윤, 2008: 336). 흥성에서 쇠망으로 전환되는 시점을 서술할 때 관료 부패 등 국내적인 요소와 아편 유입 등 국제적 요소를 어떤 비중으로 서술할 것인지, 기존에 근대사로 포괄되던 쇠망 시기를 청조로 서술할 때 이 시기 만주족 지배층의 역할과 민국 시대를 염두에 둔 역사적 교훈

혹은 청조의 유산을 어떻게 묘사할지가 초미의 관심사이다.

주제별로 묶이는 전지에는 시대의 변화를 보여 주듯 새로운 항목이 다수 신설되었다. 『청사고』의 16개 주제가 모두 35개의 주제로 확대된 것이다. 생태환경지, 근대실업교통지, 회당교문지, 의약위생지는 그 대표적인 사례이다. 기존에 경제 분야를 다루던 식화지 역시 청대의 역사적 상황을 반영하여 농업지, 수공업지, 상업지, 대외무역지, 재정금융지로 세분화되었다. 특히 생태환경지는 다분히 간학문적 접근(interdisciplinary approach)이 필요할 뿐만 아니라 최근 각광을 받는 영역이지만, 역사적으로 접근하기에는 기존 연구나 관심이 현저히 낮았던 것이 사실이다. 그럼에도 위원회의 리더인 다이이, 궈청캉(郭成康)이 강력하게 지지하면서 생태환경지는 통지의 항목으로 설정되었고, 주스광(朱士光)이 책임을 맡아 집필을 주도하고 있다(趙珍, 2012: 144-146).

청조의 여러 인물을 선별하여 소개하는 전기를 위해 결성된 전기조에는 2002년 이래 몇 차례의 변동이 있었으나, 2009년 현재 판전핑(潘振平)이 조장으로 리즈팅(李治亭), 자오전(趙珍) 등 모두 8명의 전문가가 참여하고 있다. 2003년 8월부터 2004년 6월까지 근 1년 동안의 모임을 통해 청 일대 1만여 명의 후보 중에서 전기 인물을 3,500여 명으로 압축하였다. 인물 선정의 균형을 위해 총 30개의 항목을 확정했으며, 각 항목당 평균 60명 전후의 인물을 선정했지만 학술 인물과 문예 인물은 각 250명 전후로 많이 수록되었다(李治亭, 2012: 104-109).

사표는 기존 정사의 표와 큰 차이는 없지만, 도록은 기존 정사에 없던 새로운 항목이다. 위원회는 2004년 하반기부터 그림과 사진 자료를 수집하기 시작하여 2007년 10만 장에 달하는 자료가 축적되었다. 이 가운데 출판 가치가 높은 것을 선별하여 〈당안총간〉, 〈문헌총간〉, 〈편역총간〉과 같은 방식으로 〈도록총간〉 시리즈를 출간하기 시작하였다. 기존의 역사 연구는 대부분 문자 자료에 의존할 수밖에 없었으나 다양한 그림과 사진 자료까지 포괄할 수 있는 청대부터는 도상사학(圖像史學)이라고 부를 만한 영역까지 관심이 확대된 것이다(劉潞·于慶祥, 2012; 朱誠如, 2012). 막대한 자본과 인력을 투입했기에 가능한 것으로 그동안 여러 도서관이나 자료집에 흩어져 있던 각종 도판과 희귀한 사진 하나로 모으는 자료 수집 면은 확실히 '청사공정'의 장점이 두드러지는 대목이다. 2016년까지 출간된 〈도록총간〉은 『제국의 스케치: 중국 방문 영국 사절단의 그림 속에 묘사된 청대중국(帝国掠影: 英国访华使团画笔下的清代中国)』 등 10종 10책이다.

이와 함께 '청사공정'에서 국내외 연구자들의 흥미를 끌었던 것은 '중화문사망(中華文史網)'이라는 홈페이지(http://www.historychina.net/)를 개설하여 연구 및 편찬 과정의 공개 시도였다. '중화문사망'은 2004년 3월 28일 정식 개설되었고, 2010년 초반까지 청사 연구 논문이 거의 1만 편, 청대 문헌과 청사 논저 색인이 모두 270부(部)에 1억 자 가까이 등재되었다. 이른바 '청사공정'의 대외 선전 창구였던 셈이다(李尙英, 2012: 183). 직접 홈페이지에 접속해서 주요 내용을 검색해 보면 방대한 자료에 압도당하기 쉽지만, 2012년 이후부터 업데이트되는 수량은 현저하게 줄어들었음을 확인할 수 있다. (2017년부터 자료 업데이트가 다시 활성화되고 있다.)

아쉬운 점은 '중화문사망'에서 제공하는 디지털 자료가 외부에 자유롭게 공개되지 않고 있다는 점이다. 홈페이지의 '디지털도서관[數字圖書館]'에는 '청사공정'의 진행과 함께 수많은 문헌과 당안 자료가 디지털 자료로 전환되어 저장되고 있으며, 이는 제일역사당안관을 비롯해 전국 각지의 당안관과 도서관에 소장된 자료 그리고 대만과 일본 등의 자료까지 점차 확대되고 있다(Mao & Ma, 2012). 아직 열람권은 '청사공정'에 참여하는 연구자에게만 부여되고 있으며, 일부 극소수 전략적 협력관계에 있는 외국 연구자에게 부여되고 있다(Bartlett, 2011:

1-12). 향후 이 방대한 청사 관련 자료에 대한 공개 여부가 어떻게 전개될지는 미지수이지만, 디지털 자료와 관련된 수많은 소장 기관의 이해관계가 착종해 있는 만큼 전망이 밝지만은 않다. 역사 연구의 수준이 자료의 확보 능력과 직결된다고 볼 때, '청사공정'을 통해 구축한 청사 관련 자료의 데이터베이스를 매개로 중국이 청사 연구의 주도권을 쥐고 세계 각국의 연구자들에게 일정한 영향력을 행사할 가능성을 배제할 수 없다.

9. 외부의 '신청사(New Qing History)' 연구 성과를 어떻게 수용할 것인가?

2002년부터 본격 가동된 '청사공정'의 이면에 『청사고』 출간 이후 지속되어 온 중국 내부의 전면적인 개정의 욕구가 큰 역할을 하고 있음을 언급하였다. 하지만 이와 달리 1990년대 이후 중국 외부로부터 청사를 새롭게 해석하며 중시하는 흐름이 가시화되었다. 이른바 '신청사(New Qing History)'라고 불리는 미국 중심의 연구 경향으로, 이는 기존의 청사 연구에서 한문 사료에 비해 경시되었던 만주어 자료를 중시하고, 청조를 '한화(漢化)'된 왕조로 여기는 주장을 비판하며 청조 만주족의 정체성에 주목하는 특징을 지니고 있다. 대표적인 학자로는 크로슬리(Pamela K. Crossley), 엘리엇(Mark C. Elliott), 포레(Philippe Foret), 밀워드(James P. Millward), 로스키(Evelyn S. Rawski) 등이 손꼽힌다(Waley-Cohen, 2004). 하지만 구미권의 신청사가 등장하기 이전부터 일본에서는, 오랜 만주학 연구의 전통 속에서, 신청사의 원류라고 할 수 있는 관점과 만주어 자료와 연구의 축적이 이뤄진 바 있으며, 신청사의 선두주자로 손꼽히는 하버드 대학의 엘리엇(Elliott) 교수 역시 일본의 청사 연구를 주도했던 오카다 히데히로(岡田英弘) 동경외국어대학 명예교수의 제자라는 점을 기억할 필요가 있다(楠木賢道, 2016).

기본적으로 '신청사' 연구자들은 청조의 통치 집단인 만주족에 일차적인 관심을 두고 있다. 즉, 만주족이 중국을 정복한 이후에 이전의 많은 북방 민족처럼 '한화(漢化, sinicization)'되었다는 주장을 반박하며, 청조 사회의 복잡한 민족성(ethnicity) 혹은 민족 관계를 탐구하여 만주족뿐 아니라 중국 내 다른 비한족 집단, 즉 몽골, 회족, 묘족 등에 대한 연구를 촉발시켰다(김선민, 2011a: 94-95). 이러한 문제의식을 공통 기반으로 신청사 연구자들은 청을 중화 왕조의 하나로 보기보다는 만주족의 정체성을 보유한 제국으로 인식하고, 청사를 이해할 때 내륙 아시아적 기원 혹은 유라시아적 시각의 중요성을 강조하였다(Rowe, 2001: 서론). 청 제국의 성립과 발전에는 중원의 문화뿐 아니라 내륙 아시아의 유산이 대단히 중요한 역할을 담당했다는 것이다. 자연스럽게 신청사는 청조 내부의 민족 관계를 만(滿)-한(漢)의 갈등 관계에서 벗어나 만-한-번(藩, 혹은 몽골)의 다차원적-다민족 상황으로 이해했고, 따라서 몽골을 비롯한 신장 위구르, 티베트를 아우르는 번부에 대한 지배력 확대를 중국(중화)의 확대가 아니라 유라시아 내륙 세계에서 만주족의 영향력 확대로 이해하였다. 신청사 연구의 발흥으로 인해 기존에 크게 주목받지 못했던 만주어, 몽골어를 비롯한 비(非)한어 사료를 적극 활용하면서 청의 다민족성과 광범위한 강역으로의 영향력 확대를 재해석하려는 연구 경향이 미국을 중심으로 세계 학계에 큰 활력을 불어넣어 준 것은 분명하다.

'신청사'의 주요 저작들은 대체로 2000년대 이후부터 중국어로 번역 출간되거나, 연구 경향이 소개되면서 중국의 청사 연구자들에게 적지 않은 자극을 주었다. '청사공정'의 주요 편찬사업 가운데 하나인 〈편역총간〉과 『청사역총』에 로스키, 크로슬리, 엘리엇, 마이클 창

(Michael Chang) 등의 논저가 번역되어 소개된 것이 큰 계기를 마련하였다. 딩의좡(定宜庄)은 "청조의 통치를 역대 한족 왕조와 구별하고 청조 통치 가운데 만주의 특성을 강조"하는 시각과 "특별히 만주어, 몽골어, 티베트어 등 소수민족의 사료 이용을 강조"하는 방법론이 중국의 청사 연구에 기여하는 '신청사'의 긍정적인 요소라고 정리하였다. 따라서 청조가 300년 가까이 성공적으로 제국의 확대와 통치를 공고히 할 수 있었던 것은 기존에 거론되었던 중원 중심의 "한화"나 "유교화"가 아니라 만주족 통치자들이 견지했던 "비한족적 요소" 때문이라는 입장에 주목해야 함을 강조하였다(定宜庄, 2008). 쉬샤오동(徐曉東)은 서구의 '신청사' 연구의 영향으로 촉발된 중국의 새로운 청사 연구를 '중국 신청사'라고 정의했는데, 이렇게 호응이 빠를 수 있었던 이유는 '신청사' 연구가 제기하는 문제들, 가령 민족융합과 국가 정체성, 변경의 특수한 통치, 만주족의 특수성 등은 줄곧 중국 학계가 관심을 가졌던 연구 주제였기 때문이라고 주장하였다. 다만 연구 방법론, 연구 배경, 서사 방식의 차이 등으로 효과적으로 열매를 맺지 못했던 분야가 '신청사'의 시각과 방법론에 영향을 받아 활력을 띠게 되었다고 보았다(徐曉東, 2013: 37-38).

하지만 소위 '만주 중심관'이라고까지 불리는 '신청사'의 관점을 공유하는 연구가 확산되면서 청에 대한 중국의 기본적인 역사 인식과 미묘한 차이를 나타내는 부분이 확인되기 시작하였다. 특히 중국 정부의 대대적인 지원과 비준 속에서 출발한 '청사공정'의 입장에서 볼 때 다민족적 특성을 강조하는 청사에 대한 새로운 주목이라는 외적 특성의 유사성이 '신청사'와 호응되고 상승작용을 일으킬 것으로 예상되었으나, 실재 청조의 통치 방식과 성격에 대한 평가에서는 적지 않은 차이가 발견되기 시작하였다.

'신청사'와 '청사공정' 사이에 유사하면서도 차이점이 주목되는 지점은 크게 세 가지로 정리 가능하다(양재영, 2014). 첫째, '만주족 통치자들과 엘리트들이 한화되었는가'라는 문제이다. 이에 대해 '신청사' 연구자들은 대부분 한화되지 않았음을 강조하면서 논지를 시작한다. 1995년 아시아 학회(The Association for Asian Studies)에서 허빙디(何炳棣)의 한화론(Ho, 1967)을 정면으로 비판했던 로스키(Rawski)의 발표 논문은 그 시발점이었다(Rawski, 1996). 그들은 만주 통치자들이 중국 제도를 수용한 것은 한인 관료와 한족들을 포섭하기 위한 전략적 수단이라고 인식하고, '한화'되었다는 인식은 20세기에 들어와 중국의 일부 한족 민족주의자이 만들어 낸 논리로 본다. 이에 대해 허빙디는 2년 뒤 다시 반론을 제기하면서, 한화는 청조에서만 발생한 현상이 아니라 요, 금, 원의 정복왕조뿐 아니라 그 이전부터 장기간 진행된 문화 현상이며, 한화를 제외하고 청제국 통치 성공 요인을 설명하는 것은 불가능하다고 주장하였다(Ho, 1998). 흥미롭게도 '청사공정'에 참여한 학자들 사이에서도 '한화'라는 용어의 사용을 기피하려는 경향이 발견된다. 가령 '한화'라는 용어 자체에 내재되어 있는 한족 중심의 민족주의적 시각의 편향성을 인정하고(常建華, 2010: 3-4), '한화' 대신 '중국화' 혹은 '화화(華化)'라는 용어를 사용하자고 주장하는 견해가 있었다(楊念鮮, 2010; 黃興濤, 2012: 23). 이는 과거 위진남북조 시대의 호한융합(胡漢融合)과 유사한 현상으로 호족의 한화뿐 아니라 한족의 호화(胡化)를 수반한 현상이 청대에도 반복적으로 발생했다는 연속성을 강조하는 입장이다. 한화로만 설명할 수는 없으나 당시 한족, 만주족, 몽골족 등 다수 민족의 통일적 외피 속에서 발생한 융합적 현상을 광범위한 개념의 '중국화'로 설명하는 것이 적합하다는 것이다(汪榮祖, 2014: 39-41). 하지만 '중국화'라는 개념어 역시 한족이라는 민족만 가렸을 뿐 사실상 모든 것을 중국 문명으로 흡수하려는 중화주의와 크게 다르지 않다. 오히려 현재 중화인민공화국이 주창하는 '중국 강역 내 모든 민족은 중화민족으로 통합된다'는 '통일적다민족국가론'을 지지하는 논리로 발전 가능하다. 유사하듯 보이나 실제 강조점은 완전히 다른 것이다.

둘째, '신청사'는 물론이거니와 '청사공정'에서도 청조를 새롭게 인식함에 있어 팔기제(八旗制)의 중요성을 특별히 강조한다. 하지만 팔기제를 통해 강조하고 싶은 포인트에서 차이가 나타난다. 엘리엇을 비롯한 '신청사' 연구자들은 대체로 팔기제가 청조 안에서 만주족의 정체성을 청말까지 유지하는 데 긍정적으로 작용했다고 평가한다(Elliott, 2009). 물론 '신청사' 연구진 내에서도 기인(旗人)들의 만주 정체성이 이미 수립되어 있는 고정된 실체인 것인지 아니면 역사적으로 형성되고 만들어진 것인지에 대한 의견이 갈리기도 하지만(김선민, 2011b), 팔기제와 만주족 정체성 사이의 긴밀한 관련성 자체에 대해서는 의견을 같이하는 편이다. 하지만 '청사공정' 참여자들은 주로 정치 체제나 군사제도를 부각시키는 방향으로 팔기제를 강조하면서도 이를 청조만의 일관된 독특성으로 부각하지는 않는다. '청사공정'의 체제 논의 속에서, 팔기제가 '통지(通志)'의 독립된 장으로 설정되지 못하고 결국 「병지(兵志)」에 포함된 것은 이러한 애매한 입장을 잘 보여 준다. 또한 팔기제도의 기원을 북방민족의 역사에서 찾은 류샤오멍(劉小萌)의 연구나(劉小萌, 2001), 중국사 속의 영주분봉제 개념으로 팔기제도를 설명한 두지아지(杜家驥)의 연구를 보면 중국인 연구자의 입장도 다양한 관점으로 나뉘고 있음을 확인할 수 있다(杜家驥, 2008). 그럼에도 결국 팔기제를 통해 만주의 '특수성'을 강조할 것인가, 아니면 체제의 '연속성'을 강조할 것인가로 논의는 구분된다.

셋째, 변경과 소수민족 문제는 현대 중국의 정치적 현안과 맞닿아 있어 '신청사'뿐 아니라 '청사공정' 모두 주목하는 분야이다. '신청사'와 '청사공정' 연구자들은 대체로 소수민족으로 구성된 변경으로의 팽창과 통합 과정이 가진 의미를 재평가하며, 다민족국가라는 청조의 특성을 강조하는 경향성을 공통적으로 보인다. 하지만 자세히 보면, '신청사'는 중국의 변경 통합을 제국주의적 침략과 팽창으로 간주하고 그 과정에서의 '우연성'을 함께 강조한다(Perdue, 2005). 청조의 군사적 팽창과 영토 확대를 '만주 식민주의(Manchu colonialism)'라는 개념으로 파악하면서, 청의 군사주의를 유라시아에 존속했던 유목왕조의 공통적인 특징으로 확대해석하기도 한다(Di Cosmo, 1999; Perdue, 1998). 반면에 '청사공정'에서는 청조의 변경 팽창을 이전부터 중국의 영토였던 변경 지역을 회복하는 '필연적' 통일 사업으로 간주하며, 이를 서구 제국주의와 같은 맥락에서 평가하는 것은 중국적 특수성을 제대로 인식하지 못한 결과라고 반박한다. 이는 「통기」의 내용 요지와 '청사공정' 주요 학자들의 연구에서 확인할 수 있다(黨爲, 2012: 194; 楊念群, 2009: 27-28). 대만의 우치너(吳啓訥)는 청조가 몽골 준가르(Jungar)부를 정복한 후 설치한 이리장군부(伊犁將軍府)의 운영방식을 분석하면서, 이는 서구식 식민화와는 차별되는 것으로 농업 지역의 안전을 위주로 한 보수적이면서도 방어적인 전략이었음을 강조하였다. 특히 건륭제가 신강(新疆) 지역을 조선이나 안남과 같은 '종번(宗藩)' 관계로 설정하면서 사실상 내정에 간섭하지 않는 전통적인 '기미(羈縻)' 정책을 구사했다며 알타이학파 학자들의 논리를 반박하였다(吳啓訥, 2014: 95-101). 중국의 학자 중에는 '통일적다민족국가론'의 배경 아래서 확장된 중국의 영토개념을 별다른 여과 없이 사용하는 경우가 많으며, 이는 변경 문제에 있어 두 연구의 분기점이 된다.

결국 신청사 연구의 '만주 중심관'은 기인을 중심으로 한 만주 지배층의 민족성[혹은 민족주권(ethnic sovereignty)]이 청조의 내부 통치뿐 아니라 변경과 대외관계를 결정하는 가장 중요한 요소로 보았고, 그 결과 청조를 기존의 중화제국의 연속성에서 평가하기 곤란하다는 주장으로까지 나아가게 되었다. 즉, 청조의 황제들이 명의 정통성을 계승하는 것처럼 보이거나 중원의 각종 문화와 제도를 채택한다 해도 그것은 만주 지배층의 다양한 통치 전략 가운데 하나일 뿐이지 전부 혹은 가장 중요한 것으로 해석될 수 없다는 것이다. 이는 청조가 중국 일부라기보다는 오히려 중국이 청조의 일부라는 인식으로 발전될 수 있음을 암시하였다(李愛勇, 2012: 109-110). 물론 이러한 신청사 학파의 연구자들은 만청(滿淸) 제국의 유목성과 변경성을 지나치게 강조하는 바람에 당시 이러한 대외적 팽창을 야기한 인구 과잉과 자원의 부족 등 청조 내부의 사회경제적 문제를 간과하거나, 청조의 유라시아 정복과 그에 따른 러시아와의 대립 구도를 중시하기에 부지불식간 청사를 다시 유럽사의 구도 속으로 끌어간다는 비판에서 자유롭기는 어렵다(유장근, 2014: 134). 또한 신청사 연구자들은 명의 통치 방식과 확연히 달라 보이는 청의 대외관계적 특징을 포착하는 데는 성공했으나, 이것이 『춘추』에서 강조된 '대일통(大一統)' 관념의 확장과 변용으로 해석이 가능하다는 주장도 있다. 이러한 주장은 강남 지역의 정서까지 정복하려 했던 강희-옹정-건륭제의 정책 분석을 통해 이뤄졌다. 같은 맥락에서, 만주 지배층에게 강남 지식인의 회유는 선택이 아니라 지배의 정통성 확보를 위해 필수적이자 가장 중요한 전략이 될 수밖에 없었다는 것이다(楊念群, 2010).

바로 이러한 맥락으로 인해 청조의 유산을 오늘날의 중국적 현실에 경세적으로 적용하려는 '청사공정'의 입장에서, '신청사'는 반드시 주목해야 하지만 그렇다고 그대로 수용하기에는 상당히 버거운 관점이 될 수밖에 없었다. 국외 학술 논문을 번역하여 소개하는 『청사역총』에도 '신청사' 학자들의 연구물에 대한 번역이 이뤄진 바 있으나, 번역 초기 큰 저항감 없이 중국 학계에 수용되던 분위기에서, 최근 들어 본격적으로 '신청사'에 대한 불편한 심기를 담은 비평 논저가 출간되는 것도 바로 이 때문이다(黨爲, 2012; 汪榮祖, 2014; 李愛勇, 2012; 黃興濤,

2012). 하지만 신청사 학자들에게 이러한 중국 학자들의 반응은 다분히 '감정적'인 대응으로, 한문을 제외한 다양한 언어를 비중 있게 취급하지 않으며 중국인이라는 불변하는 정체성을 강조하는 강고한 국민국가의 동어반복처럼 인식되고 있다(楠木賢道, 2016). 청조를 중화제국의 마지막 왕조이자 현 중국이 영유하고 있는 영토적·민족적 유산의 근원으로 파악하는 '청사공정'의 기본 틀에서 '신청사'의 탈(脫)중화적 시각을 어디까지 어떻게 수용하는지는 향후 관심을 가지고 지켜보아야 할 부분임이 틀림없다.

10. '청사공정'의 그림자

이제 다시 '청사공정'이 과연 "정부의 간섭으로부터 얼마나 자유로운가?"에 대한 의문을 상기해 본다. 이에 대해서는 이미 '청사공정'이 시작된 직후인 2003년 10월, 대만의 불광대학(佛光大學)에서 개최된 제일계청사학술연토회(第一屆淸史學術硏討會)에서 심각하게 제기되었던 문제이자(華立, 2004) 한국의 여러 청사 연구자가 공통으로 제기하는 의구심이기도 하다.

실제 '청사공정'의 추진 과정을 보면 학자들의 '자발적'인 참여가 있다 하더라도 전체적인 구성과 진행에 있어서 정부의 개입이 차지하는 비중은 막대하다(Ma, 2008: 123-126). 대표적인 기구가 앞서 언급한 청사편찬주비공작영도소조이다. '청사공정'의 지도 집단이라고 할 수 있는데, 그 구성원을 살펴보면, 총 15개 기관, 즉 문화부, 교육부, 중국사회과학원, 중앙선전부, 중앙문헌연구실, 국가계획위원회, 재정부, 인사부, 신문출판총서, 국가문물국, 국가당안국, 중국인민대학, 국가도서관, 고궁박물관, 국가제일역사당안관의 관련 인사와 국가청사편찬위원회 주임으로 이뤄져 있다. 조직 역시 문화부 소속이다. 평균 1년에 한 번 회의를 하지만, 편찬 과정을 전체적으로 파악하면서 향후 진행 방향과 경비 문제를 의논해 왔다(허혜윤, 2008: 334). 따라서 이 조직은 학술 공정을 정치가 전폭적으로 지원하는 동시에 그 방향성을 인도하는 구조를 보여 준다.

이러한 구조에서 진행되는 청사 서술이 '관수정사(官修正史)'가 아니냐는 질문에 대해 다이이 교수는 25명의 편찬위원이 모두 학자로 구성되었기에 '학자수사(學者修史)'이며, 청사 편찬과 같은 대규모 사업에는 정부의 지원이 필수적임을 강조하였다. 그동안 수차례의 청사 편찬 시도가 실패했던 것을 고려할 때 정부 차원의 각종 지원이 필요하다는 지적은 인정할 수 있으나, 단순한 재정적 지원과 정부 인사들로 구성된 지도 집단의 설치는 차원을 달리하는 문제이다. 즉, 구조적으로 영도소조가 상부에 존재하고 국가의 재정지원에 의존하는 입장에서, 소수민족과 변경 문제 같은 민감한 주제들에 대해 학문적으로 얼마나 독립적인 논조를 이어갈 수 있을지는 의문이다. 우려대로 '청사공정'의 최종 결과물이 청조가 중화제국의 마지막 왕조로서 최대의 영역과 대일통(大一統)을 확보한 다민족 통일국가였고, 그것을 현대 중국에 유산으로 남겼다는 점을 증명하는 것이라면, 새로 나온 '청사'는 관찬 정사라기보다는 '흠정(欽定)'으로 보아야 할 것이다(김형종, 2008: 112-113). 이러한 '영토주의적' 역사 해석은 '중화민족' 개념의 무분별한 확대와 과거로의 적용을 통해 '신중화주의'로 연결될 가능성이 농후하기 때문이다.

아직 새로운 '청사'의 실체가 드러나지는 않았으나 이러한 우려를 예감하게 하는 징후들은 적지 않다. 예를 들어 프로젝트 종료를 앞두고 청대의 변경 정책을 "대일통" 이념과 관련하여 해석하는 연구가 연달아 나왔다. 운남성(雲南省)에 연고를 둔 연구기관에서 '자발적으로' 나온 것처럼 보이지만 실제 필자들은 북경 사회과학원과 길림 사회과학원의 연구원이자 '청사공정'의 핵심 인물이었다(李治亭, 2011; 何星亮, 2011). 과연 이러한 연구 결과를 국가의 '간섭' 내지 '후원' 없이 설명할 수 있을까? 설령 국가의 직접적인 '간섭'이 없었다 하더라도 정부의 중점 연구비를 지원받는 상황에서 청대 소수민족 문제를 "대일통"의 관점에서 해석하는 것이 얼마나 객관적으로 역사적 현실을 반영할 수 있는지는 여전히 의문이다.

청조의 대외관계 역시 현재 대륙뿐 아니라 해양 지역까지 확대되는 추세에 있는 중국과 인근 국가와의 영토 분쟁과 관련하여 초미의 관심사가 된다. 특히 청조와는 책봉-조공 관계로 대단히 우호적인 관계를 유지했으나 1895년 이후부터는 상황이 급변했을 뿐만 아니라 한국전쟁과 냉전의 상흔, 최근에는 '동북공정'으로 인한 역사 분쟁의 경험이 있는 우리에게는 더더욱 그러하다. 『청사고』는 청의 대외관계 서술을 열전 중의 「속국전」과 지 중의 「방교지」로 구별하였다. 19세기까지 유지된 책봉-조공 제도의 틀에 포함된 조선을 비롯한 베트남, 유구, 미얀마 등과의 대외관계는 「속국전」에 넣고, 일본을 비롯하여 근대 이후 국교를 수립한 각국과의 대외관계는 「방교지」에 포함시킨 것이다. 청대의 대외관계가 늘 이렇게 두 종류로 구분되어 운영된 것은 아니지만, 그렇다고 양자를 하나로 통합해 버린다면 역사적 현실을 더욱 왜곡할 가능성이 커지게 된다. 19세기 이후 근대적 시각에서 본다면 「방교지」로 일관하는 것이 적합할 것 같으나, '중국적 세계질서'가 대외관계에 영향력을 발휘하던 18세기까지는 「속국전」이라는 카테고리 속에서 조선을 비롯한 주변국의 관계성이 논의되는 것이 역사적 현실에 더 가깝기 때문이다.

그런데 '청사공정'에서는 이 문제에 대한 열띤 토론 끝에 〈속국전〉을 삭제하고 〈방교지〉라는 항목에 청조의 대외관계를 일괄하기로 결정하였다. 21세기에 출간하는 역사서의 입장에서 과거 〈속국전〉이라는 명칭을 존치시키는 것도 쉽지 않은 결정이었겠지만, 양자를 하나로 통합함으로써 구조적으로 다층적인 청대 대외관계의 실상을 왜곡할 가능성이 커진 것이다. 그 때문인지 '청사공정' 책임 편집자들은 2008년 인터뷰에서 방교지를 담당할 책임자를 정하는 것이 학자들의 고사로 쉽지 않다는 고충을 토로하기도 하였다. 궈청캉(郭成康) 역시 같은 번속국이지만 내몽골이나 외몽골과는 현저히 다른 위치에 있는 조선의 특수한 위상을 주목하는 동시에 1895년 이전과 이후에 급변한 청과 조선의 관계를 어떻게 서술해야 하는가는 대단히 어려운 과제임을 인정하였다. 따라서 조선은 독립국가였지만, 동시에 청과는 확실히 조공-책봉의 봉공 관계에 있었음을 모두 기술해야 한다는 의견이 제시되기도 하였다(허혜윤, 2008: 339-342).

11. '중국식 근대화' 담론의 가능성

청조 268년은 시기적으로 전근대에서 근대로의 전이와 그 속에서 발생하는 다양한 문화적 변용이 발생한 시기였다. 서구 중심적인 관점이나 혁명사적 관점을 취했던 연구자들은 아편전쟁을 전근대와 근대의 구분으로 간주했기 때문에, 청사 역시 19세기 중엽을 기준으로 둘로 나눠지는 경향이 강하였다. 아편전쟁 이후에 발생한 태평천국의 난, 양무운동, 변법자강운동, 의화단의 난, 그리고 만주 지도층의 신정(新政)에 이르기까지 모두 근대사의 시작이자 근대적 요소를 내포한 사건으로 해석하는 한편, 아편전쟁 이전까지의 청사는 전근대의 마지막이자 전통의 절정으로 간주했던 것이다. 따라서 17세기 초 만주족의 흥기부터 시작하여 20세기 초 신해혁명까지의 청사를 하나의 역사 단위로 해석하려는 시도는, 단순히 단대사(斷代史) 서술이라는 정사의 관행을 따른다는 의미를 넘어서, 중국의 근대화 담론을 19세기 이전으로 끌어올리는 등 새롭게 재편할 가능성을 내포하게 된다.

근대의 시작으로 아편전쟁을 중시하는 관점은 두 가지 요인으로 강화되기 시작하였다. 하나는 중국공산당의 성립과 승리 이후 유물론과 혁명론에 근거하여 중국사를 재해석하면서, 아편전쟁 이후를 자본주의 사회로 간주하고 그 이전은 전(前)자본주의 혹은 봉건사회로 규정한 것이다. 마오쩌둥(毛澤東) 역시 근 100년의 역사에 관심을 기울일 것을 촉구했고, 그 결과 아편전쟁 이전은 고대사로 그 이후는 근대사로 자리매김되었다(유장근, 2008: 141-142). 다른 하나는 서구의 충격을 계기로 근대적 요소가 도입되기 시작했다는 페어뱅크의 충격-반응 담론의 영향이다. 이러한 충격 이론은 19세기 이후 연해 지역의 개항장을 중심으로 한 중국 사회의 급격한 변화를 설명하는 데 적지 않은 기여를 했지만, 중국 내륙까지 포함한 광범위한 지역에서 장기간 발생하는 사회 변화를 심도 있게 파악하는 데는 한계가 있음이 이후 누차 지적되었다.

이에 대한 반성으로 이 책 제2장에서 언급했듯이 코헨(Cohen)은 '충격-반응'의 근대 패러다임을 비판하면서 이전 중국의 장기적이면서도 내재적인 변화를 중시하는 "중국 자신에 입각한(china-centered)" 관점을 1980년대 중반에 제시하여 큰 반향을 일으켰다. 좀 거칠게 단순화하면, 중국의 근대화 과정은 외부의 충격이 아니라 내재적 변화를 중심으로, 중국이라는 거대 단위보다는 '지역(region)'이나 '성(省)' 단위 내지는 그 이하의 '지방성(locality)'에 입각한 접근, 기층 사회에 대한 중시, 그리고 단기간이 아니라 보다 장기적인 관점에서 조망하려는 관점의 변화였다(Cohen, 2010: 324-369). 이는 무엇보다 19세기 중엽 아편전쟁을 기점으로 전통과 근대를 구분하는 강고한 서구 중심적인 근대화 패러다임의 해체에 크게 기여했고, 이에 따라 성 단위 이하에서 중국의 장기지속성을 탐구하는 수많은 연구의 길을 열어 주었다. 이는 중국의 학계에도 큰 영향을 주었으나, 평면적인 전체상보다 다양하고 복잡한 '지방성'에 대한 코헨의 강조점이 중국의 '통일적 민족의식'에 대한 근본적인 회의를 하게 하여, 결국 '만주 중심관'을 기초로 한 신청사 담론 구축에 일조했다는 비판론이 인민대학 청사연구소의 하명방(夏明方)에 의해 제기되었다(夏明方, 2007: 18-19). '청사공정'을 주도하는 핵심 기관의 연구자답게 영향력이 큰 서구 학계의 견해가 중국의 청사 인식에 미칠 수 있는 영향력을 비판적으로 수용할 수밖에 없는 현실을 잘 보여 준다.

그런데도 21세기에 청사를 다시 쓰는 작업은, 기존에 유물사관/혁명사관 혹은 "충격-반응"의 틀에서 파악하던 청사를 벗어나 "중국 자신에 입각한" 관점으로 청사를 바라보고자 하는 변화와 궤를 같이한다고 평가하지 않을 수 없다. 바로 이러한 시각에서 18세기까지의 청조와 19세기 이후의 청조를 정합적으로 해석하려는 '청사공정'은 자연스럽게 근대성의 등장과 변용을 단절이 아니라 연속적인 시각에서, 전통에 대해서도 배척이 아니라 적극적인 수용과 긍정적인 관점으로 해석하려는 시도인 것이다. 결국 넓게는 청조, 좁게는 청의 전성기인 18세기로부터 근대성을 찾고 현대 중국과의 장기적 관련성을 찾아보려는 의도가 배후에 깔렸다고 볼 수 있다. 이는 일본과 한국의 근대를 파악하기 위해 서구적 근대를 수용한 19세기 이후를 대상으로 하는 것은 불충분하며, 따라서 그 이전의 유교적 근대의 영향까지 분석하려는 시도와도 큰 맥락을 같이한다(미야지마 히로시, 2015).

물론 18세기를 전후하여 근대가 시작되었다고 할 경우 근대의 기준이 너무 다양해져 버려 오히려 근대의 특성이 모호해질 위험성이 있다(夏明方, 2006). 혹은 18세기 근대화론이 강화되면 그 기원이 되는 16세기 명말 근대화론까지 연결될 가능성이 농후하고, 역설적으로 청사 강조에 대한 회의론이 제기될 수도 있다. 가령 미야지마 히로시가 서구의 충격에 따라 근대가 시작되었다는 종래의 인식을 극복하기 위해 '근대'에 새로운 의미를 부여하며 중국의 명대 이후를 '근대'로 이해하는 '유교적 근대'를 주창한 것은 경청할 필요가 있는데(미야지마 히로시, 2013), 그렇다면 굳이 청사와 만주족의 중요성을 강조할 필요성은 약화된다. 또한 '청사공정'에서 강조하는 "중국 중심관"과 '신청사' 연구자들이 강조하는 "만주 중심관" 사이에서 근대성이라는 합의를 찾는 것도 현재는 쉽지 않아 보인다. 그럼에도 '아편전쟁 이후 근대사'라는 관점으로 청사를 둘로 쪼개었던 기존 연구에 대한 문제의식이 워낙 강하기에 청사에 대한 국내외적인 관심의 확대는 중국의 근대화 담론을 한층 다양하게 전개하는 촉매제 역할을 할 것이 틀림없다. 이러한 변화에는 앞서 지적했듯이 21세기 경제적·군사적 초강대국으로 굴기하는 중국의 위상에 대한 자신감이 자리 잡고 있다. 그리고 그 배후에는 소위 '문화보수주의'라고 부를 수 있는 지적 흐름, 즉 '중화'의 역사성과 그 문화를 자양분으로 '중국적 근대성'을 만들고자 하는 분위기가 깔려 있다. 역사성과 근대성이 상호 절충되면서 서구의 근대성과는 함의가 사뭇 다른 '중국적 근대성', 즉 '중국적 보편'이 기획되고 있다는 주장은 그래서 더욱 설득력이 높아진다(전인갑, 2016: 14-19).

하지만 '문화보수주의'가 새롭게 흥기하기까지 1세기 가까이 전반서화론(全般西化論)과 궤를 같이하는 '문화급진주의'가 세력을 떨친 것을 상기할 필요가 있다. 청조의 몰락 이후 중국은 1세기 가까이 서구 열강의 제국주의적 침탈로 그 광대한 영토가 오이나 수박처럼 갈라진다는 '과분(瓜分)'의 위기의식 속에 빠져들었고, 많은 지식인이 그 역사적 책임을 마지막 왕조였던 청조, 그중에서도 지배층인 만주족에게 돌렸다. 그리고 서구 열강 및 일본과의 경쟁에서 분리되지 않고 살아남기 위해 유교를 비롯한 전통을 봉건적이고 척결해야 할 요소로 간주하는 대신 서구에서 들어온 근대적인 요소를 적극적으로 받아들이기 시작하였다. 그 상징적인 사건이 1919년 5·4 신문화운동이었고, 소위 '5·4 정신'이라고 할 수 있는 '민주(democracy, "德先生")'와 '과학(science, "賽先生")'은 향후 중국의 근대화 방향을 결정짓는 요소로 20세기 후반까지 영향을 미쳤다. 전근대는 발전된 근대를 향해 달려가야 할 숙명을 지닌 뒤처진 시간대로 타자화되어 설정되는 목적론적 역사 인식, 소위 '근대중심주의(moderncetrism)'의 강력한 영향 아래서 '전통'은 변화의 긍정적 원동력에 대한 '장애물'로 간주된 것이다(배항섭, 2015b: 66-67).

물론 20세기 전반기 '과분'의 위협에서 중국을 구해야 한다는 '구망(救亡)'의 논리가 서구발 근대적 가치와 제도를 수용하려는 '계몽(啓蒙)'의 논리를 압도하면서 '5·4정신'은 미완의 혁명으로 끝나 버렸다는 주장도 일리가 있다(李澤厚, 1992: 1장). 실제 '5·4 정신' 가운데 과학은 부국강병을 뒷받침하는 가치로 계속 존중되었으나 민주는 상황 논리 속에서 우선순위에서 밀려나기 일쑤였다. 1989년 5·4 운동을 기념하려던 자리에서 발생한 천안문 사태는 체제 유지를 위한 중국공산당 지도부의 극단적인 선택이라는 측면도 있지만, 여전히 '구망'의 상황에서 자유롭지 못하다는 상황 의식의 연속성을 노출시켰다. 지난 100년을 광기와 소아병의 시기였다고 진단하면서 쑨원(孫文)이 걸었던 혁명의 길이 꼭 필요한 것도 아니었으며, 오히려 『대동서(大同書)』를 통해 사회주의 유토피아의 원리를 강조했던 캉유웨이(康有爲)의 '개량(改良)' 노선이 더 창조적이었다는 다소 과격한 주장이 등장한 것도 이 때문이다(李澤厚·劉再復, 2003: 246-255).

이러한 상황에서도 1980년대 문화열 논쟁을 주도했던 철저재건론자들은 '서구를 통해 진리를 발견'하자는 주장을 이어갔다. 황하로 상징되는 황색 문명(역사성)을 철저하게 벗어나 바다(서양)를 상징하는 남색 문화로 과감하게 나아가자는 주장을 담은 다큐멘터리 〈하상(河

傷)〉(1987년 CCTV 제작 및 방영)은 그 대표적인 사례였다.

그런데 1990년 이후 '문화급진주의'의 열기가 감소하는 대신 '문화보수주의' 경향이 지적 영향력을 강화하기 시작하였다. 전인갑의 분석에 따르면, 이들 문화보주수의적 경향은 자신들의 역사성과 전통을 파괴하기보다는 전통을 시대성(근대성)에 비추어 비판함과 동시에 시대성을 비판적으로 학습하여 전통을 발전적으로 재구성할 것을 지향한다. 즉, "역사성의 긍정"을 통해 중국의 새로운 활로를 찾고자 하는 지적 흐름으로 '중화'라는 역사성을 청산의 대상이 아니라 미래를 위한 자양분으로 보았다(전인갑, 2008: 278-279). 과거 공자점(孔子店) 타도를 외치던 중국의 지도층이 21세기에 들어와 유교의 부활과 공자학원의 세계적 확산에 힘쓰는 것은 그 대표적인 사례일 것이다. 따라서 '청사공정' 역시 역사성을 긍정하고, 전통을 현재적으로 재구성하려는 지적 조류와 권력 엘리트 사이에 확산하고 있는 성세의식(盛世意識) 및 대국화 기획이 결합된 결과 탄생할 수 있었다고 해석할 수 있는 것이다(전인갑, 2008: 286). 역사상의 성세와 현재의 대국화 분위기를 연동시키려는 의도와 인식이 깔려 있기에 청조의 전성기(High Qing)로 거론되는 18세기 '강건성세(康乾盛世)'가 특히 주목받았다.

'청사공정'을 적극적으로 지원하는 중국의 정치 지도부는 전통시대 마지막 성세였다고 일컬어지는 '강건성세'[혹은 '강건지치(康乾之治)']에서 역사적 교훈을 얻어야 한다는 의식의 공유가 이뤄진 것이 분명하다. 한의 '문경지치(文景之治)'나 당의 '정관지치(貞觀之治)'에 비해 '강건지치'는 시기적으로 인접하고, 현재 중국이 영유하는 광대한 영토와 다양한 민족적 구성이라는 유사성이 많기 때문이다. 현대 중국이 영토와 다민족의 틀뿐 아니라 18세기 청 황제들의 전제주의까지 상속하는 것이 아니냐는 논의가 나오는 것도 이 때문이고, 18세기를 중심으로 새로운 근대상을 모색할 가능성도 높다(유장근, 2014: 57).

이는 단지 현재가 성세임을 확인하는 자부심의 확인에서 그치는 것이 아니라 향후 언제까지 이 성세 국면을 이어갈 수 있을까에 대한 미래적 고민으로 연결된다. 2002년 국무원 지도부를 대상으로 진행된 강건성세에 대한 강의 내용이 『강건성세 역사보고』라는 제목으로 출간되었다. 여기서 "지금부터 적어도 백 년의 시간이 지나야 우리는 중화민족의 위대한 부흥을 이룰 수 있고 새로운 또 한 번의 성세에 이를 것"이라는 궈청캉 교수의 발언은 개혁개방 이후 시작되어 21세기에 접어들어 체감되고 있는 중국 굴기의 흐름을 역사상의 '성세' 수준으로 끌어올리고자 하는 욕망의 투영인 동시에, 이러한 상승 분위기를 향후 백 년까지 이어가려는 의도를 여과 없이 노출시켰다(허혜윤, 2009: 114-115).

이러한 발언의 이면에는 현재의 성세 국면을 그저 자부심을 함양하는 호재로만 바라볼 수 없는 복잡한 현실 인식이 깔려 있다. 즉, 집권층에 국한되지 않고 사회 전반에 만연한 부패 문제, 연해 도시와 내륙 향촌 사이의 현저한 빈부차, 티베트와 위구르 등 소수민족의 끊임없는 독립 요구, 그리고 사회 저변으로 확산되는 기독교 신앙과 서구 가치의 도입 등이 성세를 달성하고 지속시키려는 욕망에 저해요인임이 체감되고 있는 것이다. 이러한 현재적 문제를 바라보고 해결하는 한 방안으로 중국 정부는 '청사공정'이라는 역사 만들기 작업을 추진한 것이고, 장기 18세기 동안 지속된 '강건성세'와 19세기 갑작스러운 몰락은 대단히 유용하면서도 적실한 경세적(經世的) 소재이자 역사적 성찰의 대상임이 틀림없었다. '청사공정'이 '이사위감(以史爲鑑) 고위금용(古爲今用)'이라는 중국 전통 역사학의 경세적 기능을 복원하는 작업이라는 해석이 가능한 이유이기도 하다(허혜윤, 2009: 115).

문제는 이러한 청사 해석이 세계사적 맥락과 어떻게 조화될 것인가에 있을 것이다. 과거와 같은 독단적인 중화주의의 반복이라면 아무리 방대한 분량의 자료를 동원한 결과물이 나오더라도 주변국을 비롯한 세계 역사학계의 비난과 냉소를 피할 수 없을 것이다. 비록 그대로 수용하기 곤란한, 민감한 관점이 많다 하더라도 '청사공정' 관계자들이 '신청사'의 연구성과를 간과하지 못하는 이유가 여기에 있다. 사회과학원의 세계역사연구소 소장이었던 위페이(于沛)는 세계사 서술이 자국사인 중국사와 괴리되지 않도록 밀접한 관련성을 강조해 왔는데, '청사공정'에도 "세계적 안목"이 포함되어야 한다면서 중국인의 시각이 담긴 세계사 인식이 필요하다고 역설하였다. 특히 스타브리아노스(L. S. Stavrianos, 1913~2004)의 "지구적 관점(global perspective)"이 필요하다는 점을 인정하면서도 "비록 달에 앉아 있다 하더라도 마땅히 중국인의 안목으로 세계를 볼 수 있어야 한다"는 수정안을 제시하였다(于沛, 2006: 16). 중국식 관점과 지구적 관점의 결합을 담대하게 주장하는 위페이의 언급을 통해 새롭게 서술되는 청사의 중국식 근대화 담론이 새로운 지구사적 담론 내지는 세계사와 어떤 형식이로든 조화되어야 한다는 문제의식을 확인하게 된다. 청사를 편찬하면서 〈편역총간〉을 지속해서 출간하고 참조하려 했던 것은 '청사공정'에 타자의 시각을 고려하는 유의미한 시도라고 할 수 있을 것이다.

물론 아직 '청사공정'의 결과물이 정확하게 출간되지 않았기에 이 모든 것은 가능성을 뿐이다. 앞서 지적했던 어두운 그림자에 대한 우려도 마찬가지이다. 이것이 오해인지 아닌지, 새로운 근대성 모색에 대한 기대가 그저 바람인지 아닌지는 임박한 '청사공정' 결과물의 공개를 통해 깔끔하게 해명될 것이다.

이 역시 조속한 시일 내에 이뤄질 것 같지 않다는 불길한 예감이 든다. '청사공정' 초창기부터 2012년까지는 대략적인 결과물이 나올 것이라 공언했으나 2012년이 지난 현재까지도 '중화문사망'은 물론 다른 매체를 통해서도 그 결과물이 외부에 전혀 공개되지 않고 있기 때문이다. 이미 대부분 원고가 다 모였음에도 불구하고 공식적인 발표가 지연되는 이유는 무엇일까? 아마도 공모와 위탁이라는 방식을 혼용하여 완성된 원고, 게다가 3천만 자가 넘는 엄청난 분량의 글을 수미일관한 문체와 관점으로 정리하는 과정에서 예상보다 강한 과부하가 걸렸을 가능성이 있다. 게다가 청사를 내륙 아시아적 기원과 유라시아적 관점에서 해석하는 '신청사'를 비롯하여, 세계 학계의 새로운 연구 시각과 자료의 활용을 소화하면서 이를 오늘날 '중국인의 안목'에 경세적으로 적용하는 과제는 절대 쉽지 않은 난제임이 틀림없다. 무엇보다 '청사공정'이 출범할 수 있었던 가장 큰 명목적 요인이 『청사고』의 졸속 출판에 있었는데, 이것이 새로운 『청사』의 출판을 앞두고 가장 큰 족쇄로 기능하고 있는 것은 아닐까? 우려 반 기대 반으로 '청사공정'의 결과물을 기다리게 된다.

제6장 동아시아 대중문화로서의 한류: 지역학과 한국학의 새로운 조우

1. 한류 그리고 동아시아

이 장에서는 동아시아학과 한국학의 새로운 가능성을 탐색해 보는 시도로서 한국과 동아시아의 일상을 반영하며 동시에 대중의 정서를 민감하게 재구성하는 대중문화를 살펴본다. 지난 20여 년간 한국의 대중문화가 중국과 일본, 동남아시아를 거쳐 세계로 유통과 소비의 공간을 확장하면서 한국을 포함한 다양한 국가 및 지역에서 한류에 대한 연구가 진행되고 있다. 우리는 한류에 대한 담론을 가장 많이 생산하고 있는 한국에서 살아가는 연구자라는 특성을 인지하면서 자민족중심주의에 매몰되지 않는 입장에서 한류에 접근하고자 한다. 이는 단순히 객관적이고 초국가/민족적인 입장에서 한류에 접근하는 것이 아니라 한국을 넘어 동아시아라는 공간 속에 맥락화하고 그 공간의 역사성 속에 위치 짓는 작업을 가리킨다. 이를 위해 이 장에서는 우선 동아시아 대중문화의 형성 및 현상을 역사화하고, 그 가운데 동아시아 대중문화의 최근 흐름 중의 하나인 한류를 통해 동아시아를 모색하는 이론화 작업을 진행하려고 한다. 그동안 한류 연구가 주로 한류의 이유와 근원, 효과 혹은 평가를 중심으로 진행되었다면, 우리는 한류 및 동아시아 대중문화를 통해 동아시아 사이의 대중문화 교류의 역사적인 내러티브를 구성해 보고, 궁극적으로 동아시아의 이론화를 시도한다. 이는 한류와 동아시아 대중문화를 한국학와 동아시아학으로 재위치하게 하는 작업이며, 동시에 지금 그리고 여기의 위치에서 대중문화의 의의를 논의하는 작업이다.

한류가 하나의 현저한 동아시아 내 문화 현상으로 인지되고 주목받은 1990년대 말 2000년대 초는 동아시아 인식도 크게 변동되던 시기였다. 냉전 및 탈냉전 시기 동안 동아시아 국가, 주로 일본과 '네 마리 용'으로 불리는 한국, 대만, 홍콩, 싱가포르의 경제적 가능성에 주목하여 아시아를 태평양을 통해 재전유하려는 아시아-퍼시픽 논의가 활발했었다. 하지만 1990년대 중반부터 시작된 아시아의 경제위기는 지역 내 정치적·경제적 생존에 관심을 갖게 했고, 아시아를 중심으로 한 국제협력체인 동남아시아협의회(ASEAN)와 동아시아와 연계한 ASEAN+3(중국, 일본, 한국)는 큰 주목을 받았다. 한국 학계에서는 다양한 동아시아 담론이 넘쳐나기 시작했고, 연구소와 학회를 중심으로 한 학자들 간의 교류도 활발해졌다. 경제위기에도 불구하고 아시아 내 대중문화 교류는 중단되기보다 예전보다 더 활발해졌고, 즉각적인 문화 수용이 국경을 넘어 지역 간 수용자들 사이에서 발생하였다. 한류는 한국의 입장에서 보면 한국 대중문화의 수출에 불과할 수 있지만, 동아시아 차원에서는 지역의 활발한 교류 및 상호 흐름의 증가라는 국면에서 현저하게 부상한 지역 내 흐름이다. 다시 말해 동아시아에 대한 경제적·정치적·문화적 중요성이 다시 주목을 받는 가운데 동아시아에 대한 다양한 이해가 필요한 국면에서 한류는 동아시아인들의 일상생활에 매우 평범한 실천 행위가 되었다.

이 장에서는 이러한 맥락에서 한류를 통해 동아시아에서 유행했던 지역 내 다양한 문화 흐름의 역사적인 서사를 고찰하고자 한다. 대중문화 각각의 사례에 대한 자료를 수집하거나 예술적인 특징을 서술하기보다 지역 내 문화 흐름을 통해 동아시아에 대한 새로운 이해를 추구하는 데 목적이 있다. 홀(Hall, 1993)의 질문을 원용하면, 한류와 동아시아 대중문화를 통해 '어떤 동아시아?', '누구의 동아시아적 정체성인가?', 그리고 '어떠한 동아시아 근대성인가?'와 같은 질문들을 다시 끄집어내고자 한다. 다양한 문화 흐름 가운데 한류에 주목한 것은 한류가 초기부터 주로 동아시아 국가들을 매개로 한 개념일 뿐만 아니라 기존의 다양한 지역 문화와 영향을 주고받으며 부상한 현상이기 때문이다. 한류를 포함한 대중문화는 사람들의 가장 일상적인 소비 행위이자 실천으로 지역 내 부상하는 정체성, 의식, 그리고 세계관의 흐름을 파악할 수 있는 중요한 대상이다. 따라서 한류에 대한 다양한 미디어 담론과 학술적인 논의들을 동아시아의 주요 개념들과 연결시킴으로써 새로운 방식으로 동아시아를 이론화하고자 한다.

2. 동아시아 문화 속의 미국

현대적인 의미의 동아시아 대중문화 논의에 있어 미국 대중문화의 영향은 어떻게 사고할 수 있을까? 주지하다시피 미국 대중문화는 20세기 초 이래 다양한 방식으로 동아시아 사회에 유입되었고, 그 역사적 흐름은 동아시아 문화 속에 미국의 위상을 잘 보여 준다. 근대적 제도 및 과학과 함께 근대적인 실천이자 서양에서 수입한 영화, 재즈와 블루스, 근대 잡지 등의 문화 상품들은 동아시아 사람들에게 화려한 삶의 방식과 새로운 감각을 맛볼 수 있는 기회를 제공해 주었다. 특히 미국 대중문화의 상징인 할리우드는 아시아인들의 욕망과 세계관을 구성하는 주요 대상이 되었다.

20세기 초 미국으로부터 유입된 할리우드 영화와 재즈는 동아시아에서 다양하게 소비되고 향유되었다. 일본 제국뿐 아니라 피식민지의 주요 도시들에서 영화 보기는 여가 및 놀이 문화 가운데 가장 인기 있는 것이었다(Chua, A. L., 2012; Yoo, 2001). 할리우드 영화가 주요 상영관을 점유하면서 동아시아 관객들은 영사기라는 근대적 문물을 통해 투사되는 화려한 미국 대도시의 풍경과 그들의 삶의 방식에 노출되고 또한 매료되었다. 영화의 경험은 일종의 대중적·경험적·일상적 근대성의 형태로 체험되었고, 동시에 미국은 근대성의 물질적·사회적·문화적·상징적 영역과 강한 연계를 가지게 된다(Chua, A. L., 2012: 602). 영화와 함께 미국의 영향을 많이 보여 준 장르는 대중음악이다. 특히 재즈는 도쿄, 고베, 오사카, 경성, 상하이 등 아시아의 주요 도시에서 널리 연주되었고, 재즈의 미국적인 특성은 도시 사람들, 특히 엘리트들에게 호소되었다(Atkins, 2001). 동아시아 연주자들 역시 미국으로부터 수입된 재즈라는 음악 장르를 열심히 연습하고 나름의 연주를 발전시켜 나갔다. 1920년대경 많은 미국 음악은 일본식으로 전유되었고, 일본 연주자들은 영어 가사를 일본어로 번안하여 부르기도 하였다(Pope, 2012). 동아시아인들은 미국 음악을 즐기고 또한 연주하는 가운데 자신들의 스타일과 취향을 만들었고, 미국 음악은 부분적으로 스스로의 정체성을 형성하는 데 기여하였다. 1920년대 이후 일본의 대중문화 정경(情景)을 탐색하면서 요시미(Yoshimi, 2006)는 일본에서의 근대적인 레저와 소비의 형태가 미국화되었다고 평가한다. 대중문화의 장이 근대화 시기에 미국 영향에 강력하게 포섭되면서 미국 근대성은 동아시아의 근대적 의식에 매우 주요한 영역이 되었다고 할 수 있다.

제2차 세계대전이 끝난 이후 미국은 동아시아 내 정치적·경제적·군사적 헤게모니를 차지하면서 또 하나의 제국의 모습을 띤다. 미국이 전전 일본 제국의 역할을 대신 하면서 식민 체제는 고스란히 냉전 체제로 변환된다(Chen, 2001: 84). 이러한 미국의 지역 내 막대한 영향력은 미국 대중문화가 동아시아에 현저하고 광범위하게 전파되는 데 기여한다. 특히 종전 이후 미군정 시기에 미국 군대가 한국 및 일본의 주요 도시에 주둔하게 되면서 미군 부대를 중심으로 각 지역에 다양한 형태의 문화 교류의 장이 형성되었다. 특히 미군을 위해 음악 연주를 하여 생계를 꾸려 나가던 로컬 뮤지션들은 미국 대중문화를 직접 로컬 사회에 매개하는 역할을 담당했을 뿐만 아니라 그것을 변화시키면서 새로운 문화를 생성하는 통로가 되었다(Kim & Shin, 2010). 미국은 냉전 기간 아시아에서 소련을 중심으로 한 공산주의 세력에 대항하여 지역 내 미국에 대한 이해를 높이고 지지를 이끌어 내기 위해 다양한 문화 전략을 구상했는데, 미국 대중문화는 핵심적인 역할을 담당하였다(Chua & Cho, 2012: 485). 대중문화와 함께 미국식 소비문화는 다양한 문화 전략을 통해 아시아에도 빠르게 전파되었다(Garon & Maclanchlan, 2006). 대중문화와 소비문화를 통해 냉전 기간 미국은 동아시아에서 매우 긍정적인 대상이자 심지어 동일시의 대상으로 재현되었다(Chua & Cho, 2012). 미국 가정의 일상적 모습과 여성들의 패션은 일본 여성 잡지 속에서 근대의 이미지들로 상징되면서, 미국 여성은 일본 여성이 따라 해야 할 대상으로 그려지기도 하였다(Matsuda, 2012).

다양한 대중매체에서 재현된 '아메리칸 라이프 스타일'과 미국식 핵가족의 모습은 일본뿐 아니라 자본주의 경제 체제를 고수하는 다른 동아시아 국가에서도 유사하게 발견된다. 가정과 패션 등 일상 속에 재현된 미국 그리고 미국식 삶은 동아시아에서 가장 현대적이고 세련된 것으로 묘사되면서 동아시아 중산층들이 닮고 싶은 욕망의 대상이 되었다. 여기에 큰 영향을 미친 것 중의 하나가 미국 텔레비전 프로그램이다. 1970년대와 1980년대는 일본을 포함하여 한국, 대만, 홍콩, 싱가포르 등 동아시아 국가들의 경제 성장과 함께 방송산업도 성장했고, 텔레비전의 중요한 시간대를 미국 프로그램이 차지하게 된다. 1970년대의 〈원더우먼(Wonder Woman)〉, 〈600만 불의 사나이(The Six Million Dollar Man)〉를 거쳐 1980년대에는 〈코스비 쇼(The Cosby Show)〉, 〈맥가이버(MacGyver)〉 등이 황금시간대에 방송되었고, 1990년대 초까지 〈에이 특공대(The A-Team)〉, 〈베버리힐스 아이들(Beverly Hills 90210)〉과 같은 미국 텔레비전 프로그램이 큰 인기 속에서 방영되었다. 냉전과 경제 성장기에 미국 대중문화의 영향력은 영화와 음악에서부터 스포츠, 연예산업, 그리고 소비문화에까지 다양한 영역에서 전반적으로 발견된다(Chun, 2012: 495). 1949년 내전이 끝난 이후 중국은 자본주의 경제 체제를 택하지 않고 1970년대까지 미국과 외교적으로 거리를 두었고, 미국 대중문화와도 거리를 두었다. 중국이 미국 대중문화의 막강한 영향을 받게 된 것은 탈냉전과 전 지구화를 거치면서일 것이다. 중국 굴기의 과정에서 미국 대중문화는 중국의 일상 속에 깊이 연계되는데, 현재 중국 영화 시장은 이미 미국 다음의 큰 시장이 되었을 뿐만 아니라 스타벅스와 KFC와 같은 미국 프랜차이즈 업계는 중국인의 삶에 일상이 되었다.

근대화 시기와 냉전 시기를 거치면서 동아시아에서 미국 대중문화의 강력한 영향력은 의심할 여지가 없다. 하지만 동시에 미국 대중문화의 위상이 동아시아에서 항상 동일한 것은 아니다. 미국 대중문화의 이미지 역시 다양하게 변화한다. 초기에 신기하고 놀라웠던 미국 대중문화는 어느새 동아시아 대중매체와 일상에 편재화되면서 오히려 정상적이면서 때로는 평범한 것으로 인식되기 시작하였다. 동아시아인들이 다양하고 더 많은 미국 대중문화를 소비할 뿐만 아니라 동아시아 사회와 그들의 삶 역시 산업화, 도시화, 대중소비화되면서 미국 대중문화의 모습이 동아시아인 일상의 삶에 내면화되었다. 맥도날드가 1980년대에는 미국 문화제국주의의 상징이었지만, 현재 동아시아에서는 다양한 프랜차이즈 음식점 중 하나이고, 때로는 청소년들이 저렴한 가격에 음식을 즐길 수 있는 공간이 되어 버렸다(Chua, 2000). 한때 동경과 욕망의 대상이었던 미국 대중문화 그리고 그 속에 재현된 아메리칸 라이프 스타일은 이제 점점 동아시아인의 인식 속에서 더 이상 특별한 것이 아니며, 일상의 규범, 선호, 그리고 자신과 세계를 인식하는 자연스러운 준거의 틀로 작동하기 시작하였다. 그렇다면 지금 그리고 현재의 동아시아의 일상을 생각할 때 중요한 것은 미국 대중문화가 지배적이냐 아니냐 하는 질문이 아니라 미국 대중문화의 이미지와 형상이 구체적인 사회 및 시기에 어떠한 방식으로 작동하느냐를 추적하는 것이다. 현재 주목할 지점은 동아시아인들의 일상 속에서 더 이상 미국 대중문화의 영향력은 경계를 구별하기가 어려워진다는 것이다. 다시 말해 동아시아 대중문화 속에서 미국적인 것과 그렇지 않은 것 그리고 아시아적인 것을 명확히 구별하는 것은 불가능에 가까워졌고, 동아시아의 일상과 대중문화 속에서 미국적인 것은 이미 충분히 전유되어 내면화되었다. 미국과 중국, 미국과 일본, 미국과 한국, 그리고 미국과 동아시아를 두 개의 다른 체제로 바라보는 것은 더 이상 동아시아 사회 그리고 동아시아 대중문화에서 유효하지 않다(Chua & Cho, 2012; Yoshimi, 2003; Yoshimi, 2006).

현재의 한류 및 동아시아 대중문화를 논의하면서 단순히 미국 대중문화와 미국화의 종결을 선언하지 않는다. 미국 대중문화는 동아시아에서 근대화 시기와 냉전 시기, 그리고 탈냉전을 거치면서 이미 역사적으로 충분한 시간을 거쳐 동아시아인 일상의 실천으로 내면화, 편재화되었다. 동아시아에서 할리우드 영화나 미국 팝송이 독주하거나 맥도널드나 스타벅스와 같은 미국 소비재가 우상시되는 것은 찾아보기 어렵다. 그럼에도 여전히 미국의 영화, 대중음악, 텔레비전 프로그램의 구성 방식, 방송연예사업이 이뤄지는 방식, 그리고 일상에 영어 사용과 미국적인 것을 글로벌 스탠다드로 무의식적으로 생각하는 방식에서 여전히 미국은 다른 의미에서 강력하다.

다시 말해 동아시아 내 미국 대중문화는 이미 그리고 충분하게 동아시아 대중문화를 구성하는 역사적이고 일상적인 또 하나의 흐름이 되었다고 해도 과언이 아니다. 미국 대중문화는 이미 그리고 언제나 동아시아 사회와 대중문화 속에 중요한 요소로 작동하고 있다. 이렇게 지금 그리고 여기서 다르게 인식되고 실천되는 미국 대중문화를 단순히 문화제국주의의 시각으로 비판하거나 반대로 한류 등 동아시아 대중문화의 승리를 외치는 것은 대중문화의 역사성 및 초국가적인 특징을 이해하지 못하는 판단에 기인한 것이다. 또한 미국 대중문화를 동아시아 대중문화의 역사적 흐름의 하나로 미국 이해하는 것은, 동아시아 각국가 및 지역의 능동적이고 적극적인 문화의 생산, 유통, 그리고 소비를 이해할 필요성을 부각시킨다. 다음에서는 미국 대중문화라는 커다란 흐름과 함께 다양한 방식으로 동아시아 대중문화가 형성되는 과정을 살펴본다.

3. 협의의 '동아시아 대중문화'의 형성

근대화 시기 이후 1980년대까지 광의의 동아시아 대중문화가 미국 대중문화에 대한 지역 내 다양한 소비 및 전유의 과정이라면, 1980년대 이후 동아시아 내 다양하고 활발한 문화 교류는 구체적인 의미의 동아시아 대중문화를 이론화하는 자원이 된다. 1980년대와 1990년대를 거치면서 동아시아의 문화 정경은 초국가적인 통신 및 교통의 발달과 경제 성장을 바탕으로 큰 변화를 보이게 된다. 지역 내 문화 교류가 활발해지면서 시기에 따라 구체적인 문화 흐름을 구별할 수 있는 조건이 생성되었다. 방송과 일상의 실천으로 구체화된 동아시아 대중문화의 흐름 형성은 학계에서 이를 이론화하는 다양한 지적 실험을 불러일으켰다.

싱가포르 사회학자 추아뱅홧(Chua)은 1980년대 말 이후 동아시아 내 활발한 문화 흐름과 상호 교류의 문화 정경을 학문의 대상이자 이론적 논의를 위한 개념으로 '동아시아 대중문화'라고 명명하였다(Chua, 2004). 이후 지속된 지역 내 다양한 문화 흐름과 교류, 새로운 양상은 일반 명사가 아닌 구체적인 시간성과 공간성을 담지한 고유명사이자 개념어로 동아시아 대중문화를 인식할 수 있는 기반이 되었다. 협의의 동아시아 대중문화를 구성하는 중요한 흐름들은 우선 느와르 필름을 중심으로 한 홍콩 영화의 유행, 애니메이션, 드라마, J-pop을 중심으로 한 일본 대중문화의 유행, 그리고 드라마와 K-pop을 필두로 한 한류 등을 들 수 있겠다. 그러나 동아시아 대중문화의 흐름들은 단지 세 개의 커다란 흐름만으로 구성되기보다는 대만과 중국의 대중문화와 국가 및 지역을 넘나들며 문화 유통과 그것을 소비하는 다양한 흐름들을 포괄한다. 특히 동아시아와 동남아시아에 넓게 거주하는 화교와 그들의 이동은 동아시아 대중문화를 매개하는 중요한 견인차 역할을 한다(신현준, 2013). 이러한 동아시아 대중문화의 흐름들은 주요한 영향력을 끼친 시기가 조금씩 차이가 난다. 1980년대가 홍콩 대중문화의 시기였다면 1990년대는 일본 대중문화, 2000년대는 한류가 주요 무대에서 활동하였다. 동시에 주류의 시기가 아닌 때도 각각의 문화 흐름은 나름의 역할과 교류를 다 하면서 지속적으로 동아시아 대중문화를 구성하고 있다. 이에 대한 구체적인 흐름의 특징을 간단하게 살펴보면 다음과 같다.

1980년대 홍콩 영화 산업계는 수직적인 스튜디오 시스템을 바탕으로 처음으로 동아시아 전역에서 인기를 누리면서 전성기를 보냈다.

특히 느와르 필름이라는 홍콩 스타일의 영화는 자신만의 장르적 특징을 만들면서 대중의 관심을 받았고, 영화에 출연한 배우들은 아시아에서 스타가 되었다. 당시 한국에서 주윤발, 장국영, 왕조현 등이 다양한 광고를 찍고, 학생들의 노트에 그들의 브로마이드가 가득했던 것은 그 인기를 반영한다. 홍콩 영화의 매력은 단지 미국 영향력 아래서 형성되었다기보다는 "포스트모던 아시아"의 특징에서 기인한 것이라고 평가받는다(Marchetti & Kam, 2007: 7). 서양 영화와 아시아 영화의 예술적 상상력을 기반으로 한 홍콩 영화는 지역적으로 동시에 세계적으로 연결된 양식을 보여 주면서 성룡(成龍, Jackie Chan) 등의 배우와 오우삼(吳宇森, John Woo) 등의 감독이 할리우드로 진출하기도 하였다(Marchetti & Kaw, 2007). 홍콩 영화 및 대중문화 전성기에 영향을 주었던 것은 내부적인 한계도 있었지만, 1990년대 말 영국이 홍콩의 통치권을 다시 중국에 반환하는 국제정치에 있었다. 영국의 통치 아래서 문화적 다양성을 누렸던 것과 달리 홍콩의 통치권이 다시 중국에 반환되는 것에 대한 두려움이 영화 산업에 부정적인 영향을 주었을 뿐만 아니라 실제로 영화 관계자들과 투자자들이 홍콩을 떠나는 계기가 되었다(Curtin, 2013: 254). 동시에 홍콩의 영화가 계속된 변화의 양상을 보여 주기보다 자신의 스타일 복제를 답습하는 가운데 일본 대중문화가 점차 동아시아 문화 지형에서 두각을 나타내기 시작하였다.

냉전기를 거치면서 얻은 경제적 성장을 바탕으로 1990년대 일본 대중문화는 주변 국가 및 동남아시아에서 큰 인기를 누리기 시작하였다(Ching, 1994). 일본을 상징하는 워크맨(Walkman)과 같은 일본의 전자기기를 비롯한 일본 브랜드 역시 일본 대중문화 확산과 함께 아시아에 주목할 흐름을 이루었다(Oyama, 2009). 특히 일본 애니메이션과 망가 문화는 태평양을 건너 미국에서도 큰 인기를 거두면서 부분적으로 탈아시아적인 성격을 보여 주기도 하였다. 일본 대중문화의 아시아 내 인기는 홍콩을 제외한 대부분 다른 국가를 향한 일방향적인 흐름으로 일본의 경제 성장을 바탕으로 한 현대적인 소비문화의 전파의 특징을 보인다. 일방향성에도 불구하고 일본 대중문화를 통한 현대적인 삶의 양식은 다른 아시아 지역에 점차 확산되면서 아시아 사이를 연결시키는 고리 역할을 하기도 하였다(Iwabuchi, 2002: 18).

1990년대 동아시아 대중문화를 대표하던 일본 문화의 흐름은 버블 경제의 여파 등 일본의 경제적 상황이 악화되면서 약화되는 경향을 보인다. 일본 대중문화가 상대적으로 비워 놓은 자리를 한국의 대중문화 흐름이 메우면서 한류라는 흐름이 부상하기 시작하였다. 1997년 시작된 한국의 경제위기는 오히려 한류를 본격화하는 신호탄이 된다. 앞서 언급한 바와 같이 1990년대 중후반 동아시아의 많은 국가를 힘들게 했던 경제위기는 지역 내 협력의 필요성을 역설적으로 상징하면서 인적·문화적 교류가 늘어나는 계기가 되었다. 즉, 지역의 경제위기는 동아시아 내 연계를 강화시키며 더 많은 협력이 가능하게 된 계기가 되었다(Duara, 2010: 975).

이러한 시기적 변화 속에 한류의 시작은 1990년대 말 한국 드라마가 인기를 얻기 시작한 것에서 시작되었다(Shim, 2006). 1990년대 말과 2000년 초에는 한국 영화가 일본을 포함하여 아시아에서 좋은 성과를 거두었고, HOT나 Babyvox 등 대중가수들의 중국 진출이 본격화되기도 하였다. 지역적인 관심의 증후가 보이던 무렵 2003년 〈겨울연가〉가 일본 NHK에서 방영되어 큰 인기를 얻게 되었고, 이는 한류의 주요한 기점이 되었다. 2000년대 중반에 〈대장금〉이 중국 및 동남아시아에서 큰 인기를 끈 것을 비롯하여 다양한 드라마가 한류의 확산 및 지속적인 문화 현상을 만드는 데 공헌하였다. 이와 같이 동아시아에 현저한 흐름으로 부상한 한국 대중문화의 동아시아에서의 인기는 한류(The Korean Wave)라고 이름이 붙여지고, 점차 고유명사의 지위를 가지게 된다.

중국의 경제 성장과 소비 능력의 향상은 동아시아 대중문화의 주요 주체들이 중국에 관심을 두게 되는 계기가 되었다. 아직 중국 대중문화의 경계 및 규제가 많은 시기인데도 동아시아 대중문화의 흐름은 공동제작이라는 방식을 통해 중국과 다양한 연계를 맺었다. 2000년대 초 중국을 매개로 하여 동아시아 다양한 국가의 에이전트들이 참여한 공동 영화 제작이 대표적인 예이다. 〈약속(The Promise)〉(2005), 〈칠검(Seven Sword)〉(2005), 〈묵공(A Battle of Wits)〉(2007) 등의 영화는 공통으로 중국의 역사적인 스토리를 바탕으로 여러 아시아 국가의 유명한 감독과 배우를 함께 캐스팅하였다. 공동제작 등으로 동아시아 국가들과 구체적인 관계를 맺기 시작한 중국은 최근 다양한 방식으로 동아시아 대중문화에 영향을 미치고 있다. 특히 대중문화에서 중국을 의미하는 용어로 논의되는 "팝 컬처 중국(Pop Culture China)"이라는 개념은 크게 두 가지 의미에서 생각해 볼 수 있다. 첫째는 지리적으로 흩어져 사는 중국계 사람들 사이로 활발하게 유통, 교류되는 문화적인 흐름을 가리키는 '팝 컬처 중국'이다(Chua, 2011; Chua, 2012). 중국계 아시아인들은 중국에서 생산되거나 중국인에 의해 생산된 대중문화를 향유함으로써 자신이 거주하는 지역과 자신의 고향 혹은 본토를 연계하는 역할을 한다. 호주의 영화연구자 쿠(Khoo, 2014)는 동남아시아 화교들이 왕가위의 영화를 중국어로 시청하면서 아시아의 다양한 공간을 연결시키고 있음을 보여 준다. 둘째는 소비 시장으로 급성장한 중국 대륙의 대중문화 영향력을 가리킨다. 최근 중국의 경제적·정치적 성장은 중국 내뿐 아니라 아시아 및 할리우드의 영화산업에 직접적인 영향력을 주기 시작하였다(Curtin, 2010: 117). 최근에는 〈삼국지〉와 같은 사극에 대한 대규모 투자를 통해 중국의 드라마가 주변으로부터 주목을 받기 시작하였다. 또한 2008년 베이징 여름 올림픽 개막식 감독을 중국의 대표 영화감

독인 장이머우(張藝謀)에게 맡김으로써 중국의 전통문화를 대중문화와 연계하여 세계에 과시했던 것도 현재 그리고 앞으로의 '팝 컬처 중국'의 변화 및 가능성을 가늠해 볼 수 있는 예이다(Curtin, 2010; Curtin, 2013).

1980년대 이후 진행된 다양한 대중문화 흐름과 양적 증가는 동아시아 대중문화를 구체적이고 고유한 현상으로 인식할 바탕이 되었다. 또한 동아시아인들이 즐길 수 있는 구체적인 대상이 미국 대중문화만이 아닌 다양한 선택지로 늘어났음을 알 수 있다. 또한 협의의 동아시아 대중문화 형성의 과정을 역사화하는 작업은 광의의 대중문화 속에서 미국 대중문화의 변화된 역할 및 의미를 생각해 보는 단초가 된다. 앞으로 기술하겠지만, 미국 대중문화는 1980년대 이후 협의의 동아시아 대중문화가 형성되는 가운데 더는 유일하거나 지배적인 문화 흐름은 아니지만, 동아시아에서 여전히 의미 있는 대중문화 흐름이었다. 홍콩과 일본, 한국의 대중문화는 각각의 방식으로 미국 대중문화와 영향을 주고받았을 뿐만 아니라 아시아 내 문화들끼리의 영향을 주고받으며 형성된 것이다. 이러한 동아시아 대중문화의 역사적 서사 속의 다양한 방향성 및 재전유의 과정은 미국 대중문화 역시 동아시아 대중문화를 구성하는 다양한 흐름 중의 하나로 인식할 수 있는 근거가 된다.

4. 한류에 대한 한국의 시선: 전 지구적인 것과 민족적인 것 사이에 사로잡힌 동아시아

여기서는 동아시아 대중문화의 형성 가운데 하나의 흐름으로 부상하게 된 한류를 한국에서 어떻게 바라보았는지를 살펴본다. 초기의 한류를 동아시아 내 한국 대중문화 상품의 다양한 유통 및 소비라고 정의내릴 수 있다면 한국의 전문가, 기자, 그리고 연구자들은 이러한 한류를 어떻게 접근하고 인식했는지를 살펴보는 것이다. 앞서 언급했듯이 한류는 한국이 외환부족으로 인한 경제위기에 빠지고 대대적인 구조조정을 진행하던 암울한 시기에 발생한 현상으로, 일반적으로 정부와 시장 모두 예견하지 못한 성공으로 불렸다. 그리고 예상치 못한 성공으로 한류를 해석하고 이해하기 위해 전문가들과 관계자들은 다양한 평가를 쏟아 내었다. 2000년대 초반부터 미디어, 정부, 그리고 학계의 관심이 몰리면서 한류는 한국에서 다양한 담론을 구성하였다(Cho, H., 2005; Lee, 2008). 초기 한류에 대한 한국 내 담론은 크게 세 가지, 즉 문화민족주의적 시각과 신자유주의적 자본주의 시각, 탈국가적 지역주의 시각으로 구분해 볼 수 있다. 세 가지 시각은 연구자에 따라 세부 내용에 있어서 차이를 보이기도 하고 시간이 진행됨에 따라 변화하기도 한다. 최근에는 국가브랜드 및 공공 외교에 한류라는 단어가 자주 응용되면서 한국에서 생산되어 해외로 전파되는 많은 유무형의 문화적 대상물, 즉 언어, 패션, 화장품, 음식 등에 한류라는 단어를 붙이고 있다. 한류의 의미가 점차 확산되고 있음에도 불구하고 좁은 의미의 한류뿐 아니라 광의의 한류를 바라보는 한국의 시선은 여전히 상당 부분 이 세 가지 시각 안에서 다양한 변주를 보여 주고 있다. 기존 담론의 양상 및 선행 연구들을 다시 읽으면서 한류에 대한 다양한 담론과 입장이 동아시아와 연계되는 방식에 주목해 보고자 한다.

첫째, 문화민족주의적 시각은 한류를 한국의 문화적 우월성과 역동성의 상징으로 평가하면서 동아시아를 아시아적 가치가 동일하게 공유되는 단일한 대상으로 구성한다. 한류를 민족주의적이고 문화적으로 바라보는 입장은 미국 대중문화의 주요 특징을 폭력적인 것에서 찾는다. 미국 대중문화에서는 발견할 수 없는 가족애, 가부장적 관계, 그리고 순수한 사랑이 한국 대중문화에는 잘 재현되어 있으며, 그것이 아시아인들이 한류의 매력에 빠지는 주요 근거로 설명된다. 이러한 해석은 동아시아 내에 유교라는 가치가 동일하게 공유되어 있음을 전제로 한 것이다. 동시에 문화민족주의는 일종의 혼종성 개념을 이용하여 아시아 내 한국 대중문화의 인기를 설명한다. 즉, 한국의 대중문화는 서구적·근대적·도시적 형식 속에서 아시아적·유교적·전통적 가치를 적절히 섞어 재현한 것을 한류의 인기의 근원으로 설명하는 것이다(김현미, 2005). 글로벌 문화 형식에 지역적이며 로컬의 문화적 요소를 융합한 예로서 한류를 설명하는 논리는 기존의 '한국적인 것이 세계적인 것'이라는 문화 논리를 잘 반영하는 예이기도 하다(Jeong, 2002: 11). 문화민족주의 담론은 한국적인 것의 우수성 강조를 전형적인 민족적 수사에 의존하면서, 역설적으로 한류는 한국이나 동아시아에 머무는 것이 아니라 세계의 대중문화로 발전시켜야 한다는 논리로 귀결된다(신윤환, 2006; 신윤환·이한우, 2006).

둘째, 신자유주의적 자본주의 시각은 이윤과 자본 축적을 위해 한류의 아시아 내 인기를 지속시킬 뿐만 아니라 다른 지역으로 확대할 것을 주요 의제로 던진다. 신자유주의적 시각은 학계뿐만 아니라 정부 및 산업의 목소리에서 분명하게 표현되는데, 한국 대중문화를 하나의 상품으로 취급하며 글로벌 경제에서 문화산업의 중요성을 강조한다. 이러한 입장은 '소프트 파워 & 소프트 코리아'라는 명제 아래서 한류의 상업적인 성공을 강조한다(유상철 외, 2005). 신자유주의적 시각은 한류가 본격화되기 이전, 즉 1990년대 중반 대중문화를 하나의 산업이자 국가 수출 상품으로 육성하려는 입장에서 기인한다(Shim, 2006). 이러한 시각에서 한류는 1960~1970년대 한국의 발전주의 국가 이데올로기의 연장에서 또 하나의 전략적인 수출 상품이 되고, 한국 정부의 전략적이고 체계적인 지원이 강조된다(Keane, 2006). 2000년대 중반 대표적인 예로는 지방 정부의 지원 속에서 경기도지사의 이름으로 추진되었던 '한류-우드'라는 문화 클러스터 프로젝트를 생각해 볼 수 있다. 자본주의적 시각은 동아시아를 한류가 가장 성공할 수 있는, 즉 경제적 이익을 얻을 수 있는 시작으로 바라볼 뿐만 아니라 세계 진출을 위한 시험 장소로 바라보고 있다.

셋째는 탈국가적 지역주의 시각이라고 명명할 수 있는데, 기본적으로 상호 순환적인 흐름에 초점을 두면서 아시아 내 문화 인프라 구성에 초점을 둔 의견을 포괄할 수 있다. 지역주의 시각은 하나의 견해로 묶이기는 어려운 측면이 있지만, 기본적으로 민족주의적이고 자본주의적인 시각에 대해 비판적인 입장을 지닌 학자들 사이에 공유된다. 지역주의적 시각은 한류를 통해 탈국가적이며 탈지역적인 문화의 흐름과 지역적 문화 소비자로서의 정체성 형성을 강조한다(Lee, 2004). 지역주의적 시각은 기존의 관점, 특히 한류를 통해 동아시아를 시장이나 소비자로만 보려는 시각을 비판하면서, 그곳에 거주하며 한국 대중문화를 소비하는 이들을 대화의 상대로 여길 것을 강조한다(이기형, 2006). 동시에 지역주의적 입장은 미국으로 대표되는 서구 대중문화의 헤게모니적 우세에 대한 대응으로 아시아 문화 블록을 구성할 것을 강조한다. 이러한 인식에서 한류는 단지 한국 대중문화의 인기가 아닌 미국 대중문화에 대한 안티 테제로서 아시아 내에 형성되는 지역문화에 대한 인식에서 기인한 것으로 이해된다(백원담, 2005). 그 결과 한류는 동아시아에서 국가와 민족의 경계를 뛰어넘어 열려 있고 항상 이동하는 정체성을 형성하는 데 기여할 것으로 기대된다(조한혜정 외, 2003). 지역적인 시각에서 동아시아는 서구 그리고 미국 문화의 대안이자 세계시민적이고 탈민족적인 공간으로 위치가 정해진다.

한국에서 한류를 바라보는 다양한 입장들이 나타나는 가운데 주목할 지점은 공통적으로 동아시아라는 것에 주목하고 있다는 점이다. 한류를 거의 실시간으로 즐길 수 있는 환경에서 동아시아 국가, 사회, 그리고 수용자들의 중요성이 반영된 것이다. 동시에 한류를 통해 동아시아의 다양한 영역을 매개하고 생각하려는 모습을 발견할 수 있다. 물론 각각의 시각에 따라 한류를 소비하는 사회 및 수용자에 대한 접근이 매우 다르다는 것을 알 수 있다. 또한 한류에 대한 담론이 많아지고 동아시아를 언급하는 담론이 늘어날수록 한류를 통한 동아시아는 다양한 의미를 갖게 될 뿐만 아니라 때로는 추상적으로 보인다. 한류에 대한 많은 담론이 동아시아를 다시 한번 생각하게 하는 중요한 촉매제 역할을 하는가 하면 한류에 대한 한국 내 담론은 동아시아를 대체로 수익을 올릴 수 있는 시장 혹은 추상적인 기표로 재구성하고 있다.

우선 한류 담론이 동아시아를 시장으로 바라보는 방식을 살펴보자. 이러한 방식은 동아시아 한국의 방송사 및 문화산업이 수입을 얻을 수 있는 공간으로 그리고 더 큰 시장인 세계로 진출하기 위한 교두보로 상정된다. 즉, 한국 대중문화 및 문화 상품의 우수성을 시험하고 증명해 보는 통로로서 국가적 이익을 위한 도구로 취급된다. 문화민족주의적 담론에서 한류의 성공을 한국의 전통적 가치관 및 문화적 유산에서 찾으면서, 한국인의 문화적 우수성과 심지어 문화적 DNA로 치환하려는 해석이 대표적인 예라 할 수 있다(유상철 외, 2005). 자본주의적 시각도 동아시아를 단순히 문화산업적인 입장에서 수익성 및 국가 이익을 우선시하는 공간으로 바라본다. 이러한 인식에서 동아시아는 한류가 다른 시장, 즉 세계 시장 진출을 위한 시험대와 같은 공간이다. 동아시아를 세계를 위한 교두보로 바라보는 방식에서 일본 시장은 세계 시장으로 진출하기 위한 마지막 단계이다. 예를 들어 2000년대 중반 대표적인 한류 스타였던 레인(비/정지훈)을 한국에서는 슈퍼스타로, 동아시아에서는 유명인으로, 그리고 세계 시장에서는 유망주로 묘사하는 방식은 동아시아와 세계의 관계를 도식화한 전형적인 예라 할 수 있다(Shin, 2009). 즉, 동아시아는 한국과 세계 혹은 미국과의 위계적 관계에서 일종의 중간 시장의 위치에 있고, 이론적으로 문화적 세계화 속에서 민족-지역-세계(national-regoional-global) 간의 위계질서를 재확인하는 기능을 한다. 또한 국가/민족의 이익을 위해 소환된 동아시아는 또 하나의 민족 신화로 작동하면서 한국 민족주의의 특성 가운데 발전주의적 신화를 강화하는 도구로 사용되기도 한다(Cho, Y., 2008a).

한편 한류 담론이 동아시아를 추상적인 기표로 재구성하는 두 가지 방식은 다음과 같다. 하나는 동아시아가 아시아 가치를 공유하고 있는 단일한 공간으로 재현되는 것이다. 한류의 동아시아 내 성공은 한국 대중문화가 유교적 요소를 훌륭하게 재현한 것으로 설명된다. 이러한 접근에서 동아시아는 서구 및 미국 문화와 반대되는 공간, 즉 전형적이고 단면적인 공간으로 그려진다. 다시 말해 동아시아는 아시아 가치로 대표되는 한 추상적인 공간으로 설정되면서 한류 수용의 다양한 형태나 서양 문화와의 복잡한 연계의 과정은 생략된다. 동아시아가 추상적인 지표로 치환되는 또 다른 방식은 구체적인 방법이나 증거 없이 동아시아를 문화 교류 및 상호 이해가 확장되는 공간으로 낭만화하는 것이다. 탈식민적 관점은 문화민족주의적·자본주의적 담론을 비판하면서 한류를 통한 전 아시아적 문화 인프라 및 동아시아 정체성을 강조한다. 하지만 이러한 주장에도 불구하고 한류가 동아시아인들에 의해 향유되는지, 특히 민족, 국가, 지역의 경계에 대한 인식에 어떠한 영향을 주는지에 대한 구체적인 분석이 부족한 경우가 발견된다. 동아시아는 여전히 선험적 명제로만 작동하는 것이다. 동아시아에 존재하는 민족, 국가, 지역 간 갈등, 차이 및 거리감에 대한 명확한 이해가 전제되지 않은, 한류를 통한 동아시아 내 탈민족적이며 전아시아적 문화의 가능성을 논의하는 것은 대중문화의 흐름 속에 존재하는 위계질서를 간과하게 되는 우를 범하게 된다. 한류 담론 속에서 추상적인 기표로 재구성되는 동아시아는 듣기에는 화려하나 여전히 구체적인 실현 및 실천의 가능성은 파악되지 않은 채 관념적인 언표로 남는다.

한류에 대한 다양한 담론과 한류 담론들 속에서 재구성된 동아시아의 모습은 여전히 가능성과 숙제를 동시에 가져다준다. 즉, 한국 내 한류에 대한 논의가 다양한 방식으로 동아시아를 연계하는 방식은 한류 및 대중문화의 흐름을 통해 동아시아의 가능성과 이론화의 필요성을 보여 준다. 동시에 많은 담론 속에 동아시아가 논의되는 방식에서 여전히 동아시아는 민족적인 것과 세계적인 것 사이에 갇혀 있다. 즉, 담론 속에 동아시아는 모호한 기표이거나 생산성 있는 시장이라는 큰 틀에서 민족과 국가적 이익의 부름 속에서 세계주의의 틀 속에 머물게 된다. 이렇게 동아시아를 바라보는 방식은 한국의 새로운 아시아주의가 지역적 의식에 대한 고려 없는 경제적 통합을 중심으로 바라보는 '지역주의 없이 지역화'되고 있다는 신기욱의 지적과 일맥상통한다 (Shin, 2006).

5. 한류를 통해 동아시아 대중문화 이론화하기

한류가 미국 대중문화와 지역 내 다양한 문화 흐름에 이어 동아시아 내에서 함께 성장했음을 그리고 한국 내 한류에 대한 다양한 담론이 동아시아를 연계시키는 방식들을 논의하였다. 이와 같이 동아시아 대중문화를 구성하는 한류, 한국 내 한류를 통한 동아시아에 대한 다양한 토론은 한류라는 문화 흐름을 통해 동아시아를 개념화할 수 있는 좋은 자원이 된다. 지금 그리고 여기에의 경험을 통해 동아시아를 다시 사유하려는 시도에 맞추어 여기에서는 한류를 동아시아 속에서 재위치 짓는 작업을 시도한다. 이를 통해 한류를 이용하여 동아시아를 개념화하기 위한 세 단계의 이론화를 제안한다. 첫 번째 단계에서 한류를 동아시아 대중문화를 구성하는 반복적인 그러나 동일하지 않은 흐름

(iteration)으로 개념화한다. 두 번째 단계에서는 한류를 통한 다양한 동아시아 내 흐름을 통해 문화지리(cultural geography)로 인식되는 동아시아를 제안한다. 세 번째 단계에서는 한류를 동아시아 대중문화의 소비 속에서 구체적으로 발현되는 동아시아 감수성(East Asian sensibilities)으로 이론화한다.

1) 첫 번째 단계: 반복적인 흐름으로 구성된 동아시아 대중문화

우리는 동아시아 대중문화를 이론화하기 위한 첫 번째 단계로 한류를 동아시아에서 반복적으로 그러나 동일하지 않게 발생하는 반복적인 흐름 중 하나로 인식할 것이다. 이러한 인식은 한류를 한국적인 것을 기반으로 한 독특한 문화 현상으로 혹은 그 반대로 단순히 서양 및 미국 대중문화의 복제품으로 해석하는 방식 모두와 차별화한 것이다. 흑인 디아스포라의 다양한 문화 정체성을 탐색한 길로이(Gilroy)의 논의를 이용하여 설명해 보면, 한류는 동아시아 대중문화 속에서 "본질적인 것이 아닌 단순히 우연적인 것을 만들어 내는 동일한 것"이 존재한다(Gilroy, 1996: 23). 즉, 한류는 홍콩과 일본 대중문화 등 지역 내 다양한 문화 흐름을 그대로 반복하는 것은 아니지만, 각 문화 흐름 사이에는 동일한 것으로 사유될 수 있는 무엇인가가 발견되는 것이다. 한류가 한국적인가 아니면 복제물인가 하는 질문이 한류 속에서 본질적인 것을 발견하려는 질문이라면, 여기서 접근하는 방식은 한류가 어떻게 동일하면서 동시에 다른 방식으로 동아시아 대중문화를 구성하고 있느냐의 관계에 대해 주목한다. 궁극적으로 다른 지역 내 문화 흐름과의 관계를 통해 한류를 설명하고자 하는 접근은 동아시아 대중문화의 역사성과 다중성을 인식하는 데 기여한다.

한류를 지역 내 문화 흐름의 반복으로, 특히 본질적이지 않고 오히려 우발적인 반복 중 하나로 인식하는 작업은 한류를 지역 내에서 다양하게 공유되고 향유된 다른 문화 흐름들과 함께 동아시아 대중문화를 역사화하는 작업으로 이어진다.[1] 한류에 대한 이러한 개념화는 이미 10여 년 전에 동아시아 대중문화를 역사적인 구성물로, 학문적 대상으로 개념화하고자 한 추아뱅홧(Chua)의 시도와 직접 맞닿아 있다(Chua, 2004). 한류를 구성하는 한국의 대중문화 상품들은 단순히 한국적이거나 미국 대중문화의 복제품이 아닌 1980년대 홍콩 영화 및 1990년대 일본의 트랜디 드라마와 더 많이 공유하고 참조하는 영역이 많은 것이다.[2] 한국 대중문화와 주변 대중문화와의 유사성에 대해서는 이미 여러 논의가 진행되어 있다. 한 예로 이동후는 한국과 일본의 트랜디 드라마를 상호 교차 분석하면서 등장인물, 배경, 주요 갈등 등에서 현저하게 유사점이 발견된다고 주장한다(Lee, 2004). 1990년대 초 한국의 최초 트랜드 드라마로 각광받았던 〈질투〉가 일본 드라마 〈동경 러브스토리〉를 참조한 영역이 다수 발견된다. 〈질투〉를 필두로 한 1990년대 중반 한국 드라마의 흐름은 추후 한류를 이끄는 드라마 제작의 기반이라고 할 수 있다.[3] 현저한 문화 현상으로 한류가 논의되기 이전에 지역 내 공유되었던 대중문화 상품들과 주요한 흐름들의 상호 영향력을 고려하는 것은, 동아시아 대중문화의 역사성과 지역 내 문화 간의 상호 참조를 개념화하는 출발점이라고 할 수 있다.

1 동아시아 대중문화의 역사화하기 혹은 역사적 서사 구성에 대한 자세한 논의는 Cho, Y.(2017) 참조.

2 동아시아 내 다양한 대중문화 흐름들 간의 역사적이면서 다양한 상호 참조 현상을 최근 이와부치(Iwabuchi)는 "인터-아시안 레퍼런싱(inter-Asian referencing)"이라고 개념화한다(Iwabuchi, 2013; Iwabuchi, 2014; Iwabuchi, 2017).

3 1990년대 도시를 배경으로 젊은이들의 사랑과 커리어에 대한 이야기를 매우 감각적인 방식으로 촬영한 〈느낌〉, 〈여름향기〉 등이 대표적인 예라 할 수 있다.

우발적인 반복으로의 한류 특징은 아시아 내 공동 영화의 공동제작과 드라마의 리메이크가 증가하고 있는 추세에서 또한 논의될 수 있다. 지역 내 영화의 공동제작은 2000년대에 가장 활성화되었는데, 공동제작한 영화들에서 발견되는 공통점은 중국의 고전 이야기를 바탕으로 하여 천카이거(陈凯歌) 등 세계적으로 유명한 감독과 안성기, 장동건, 김소연 등 한국의 유명 배우를 활용했다는 점이다. 아시아 영화 공동제작이 초기 기대만큼 대중적인 성공을 거두지 못했지만, 지역 내 대중문화가 연결되는 지점은 이후 텔레비전 프로그램의 리메이크 활성화로 이어졌다. 대표적인 예로 동아시아에서 다양하게 만들어졌던 〈꽃보다 남자〉를 들 수 있다. 〈꽃보다 남자〉는 처음 1990년대에 일본에서 망가의 형태로 시작되어 추후 대만과 일본에서 드라마와 영화로 다시 만들어졌다.[4] 2009년 방송된 한국판 〈꽃보다 남자〉는 한류와 함께 동남아시아 지역에 방송되면서 큰 인기를 끌었다. 한국의 시점에서 〈꽃보다 남자〉는 다른 드라마들과 함께 드라마 한류를 이끈 주요 프로그램이지만, 다른 한편으로는 일본과 대만의 대중문화이기도 하다. 〈꽃보다 남자〉 외에도 일본 원작인 〈하얀 거탑〉, 대만 원작인 〈장난스러운 키스〉, 그리고 한국 원작인 〈미생〉 등의 드라마가 활발하게 리메이크 되었다. 영화의 아시아 공동제작 그리고 다양한 지역에서 드라마의 리메이크 현상은 특정한 문화 상품과 흐름을 단순히 한국이나 일본 등 특정한 국가에서 찾기보다 상호 참조의 과정을 통해 역사적으로 다

4 〈꽃보다 남자(花より男子)〉는 1992~2003년까지 일본에서 만화로 처음 알려졌다. 이후 다시 큰 주목을 받은 것은 2001년 대만에서 〈流星花園: Meteor Garden〉이라는 제목으로 드라마화되었을 때이다. 대만에서의 성공은 이후 대만에서 후속 드라마 시리즈 제작(2003)과 일본 드라마 제작(2005) 등으로 이어졌고, 한국에서는 2009년 〈꽃보다 남자〉라는 제목으로 제작되어 한국과 아시아에서 인기를 얻었다(Yang, 2012).

양하게 반복되는 흐름으로 한류와 동아시아 대중문화를 인식하는 주요한 예들이 된다. 최근 한국 텔레비전 프로그램의 포맷은 중국 등에서 다양하게 복제 및 리메이크 작업을 진행하면서 새로운 흐름을 만들어 가고 있다.

한류를 동아시아 내에 반복되는 우발적 흐름으로 보는 시각은 미국 대중문화 외에도 역사적으로 지역 내 다양한 대중문화 흐름이 있음을 분명히 보여 준다. 동아시아인들에게 미국 대중문화는 다양한 지역 문화 흐름들과 함께 다양한 선택지 중 하나가 되었다(Chen, 2001). 물론 아시아 내 미국 대중문화의 헤게모니가 전면적으로 사라졌다고 주장하는 것은 아니다. 동아시아 대중문화가 미국 대중문화를 포함한 다양한 지역 대중문화 흐름으로 구성된 것은 동아시아를 살아가는 사람들에게 더 많은 공유 지점과 대화의 소재가 있다는 것을 보여 주는 중요한 증거이다. 즉, 처음 만나는 아시아인들이 주윤발, 장국영 등 홍콩 영화의 주인공에 대해서 혹은 한류 드라마의 줄거리에 대해 이야기를 나눌 수 있는 가능성에 주목하는 것이다. 동아시아인들을 연결하는 대중문화의 고리가 더는 할리우드 영화나 미국 드라마일 필요가 없다는 점은 작지만 의미 있는 변화이다. 이러한 변화를 조명하는 것은 동아시아 내 문화 현상에서 한류 등 지역 대중문화를 통한 국경을 넘어선 교류 그리고 다양한 정체성의 형성에 대한 연구가 필요함을 보여 준다.

한류를 동아시아 대중문화를 구성하는 우발적인 반복(itration)으로 이해하기 위해서는 이러한 반복들이 공유하고 있는 변화하는 동일성(changing same)에 시선을 둘 필요가 있다. 변화하는 동일성은 길로이(Gilroy, 1993)가 아프리카에서 서유럽의 다양한 지역 그리고 대서양을 가로질러 미국으로 강제로 이주당한 흑인들에게서 발견되는 동일하지만 동시에 변화되는 정체성의 양상을 설명하기 위해 제안한 개념이다. 우리는 동아시아 대중문화를 구성하는 다양한 지역 내 문화 흐름 가운데서도 계속 변화하지만 동일하게 나타나는 요소들이 공유되고 있음에 주목한다. 현재까지 동아시아 대중문화 연구들은 우발적인 반복을 대부분 국가 혹은 민족을 중심으로 구분하고 있다. 한류, 일류, 홍콩류와 같이 국가/민족을 중심으로 호명하는 방식은 아직 동아시아 대중문화를 구분하는 주요한 틀거리이다. 동아시아 대중문화를 이론화하는 시선이 로컬 혹은 트랜스-로컬이기보다 여전히 국가 혹은 민족이었다는 점은 현실적인 판단이라는 측면과 함께 과연 이러한 인식 틀이 바람직할 것인가 하는 반성을 하게 한다(Iwabuchi, 2013). 앞에서 한류를 탈지역적 관점에서 논의한 것처럼 현실과 유리되고 단지 이념형으로 동아시아 대중문화를 개념화하기보다 현실적인 의미에서는 국가와 민족을 중심으로 한 차이를 충분히 인정하는 것이 선행되어야 할 것으로 생각된다. 즉, 홍콩 느와르, 제이팝(J-pop), 그리고 한류와 같은 국경의 경계를 중심으로 지역 내 문화 흐름을 인식하는 것은 각각의 구체적이고 특정한 시간대 및 특성을 인지하는 데 의의가 있다. 하지만 동시에 동아시아 대중문화를 구성하는 우발적인 흐름을 반드시 한류와 같은 국가와 민족을 중심으로 한 흐름으로만 인식해야 하는지에 대한 반성과 다양한 대안적 흐름을 구체화하고 이론화하는 작업이 동반되어야 할 것이다. 이와 같이 다양한 지역 내 대중문화 흐름은 우발적인 반복으로 차이와 독특한 특성을 드러낼 뿐만 아니라 서로 연결되고 공유되는 지점들을 가지고 있고, 이러한 우발적인 반복들은 집합적으로 동아시아 대중문화를 구성한다.

우발적인 다양한 흐름 중의 하나로 인식되는 한류는 동아시아 대중문화를 구성하는 유일하거나 특별한 대상이 아닐 뿐만 아니라 과거에도 존재했고, 현재도 유효한 새로운 흐름을 통해 연결되는 문화적 현상 중의 하나이다. 2000년대 이후 동아시아 대중문화에 한류가 전면적으로 나타나고 있지만, 과거 홍콩과 일본의 대중문화가 그러했듯이 이러한 지위 역시 언젠가는 다른 흐름에 넘겨 줄 것이다. 조한혜정의 예상처럼 앞으로 또 다른 흐름들, 즉 대만류, 중국류, 타이류, 베트남류가 아시아 대중문화를 구성하게 될 것을 상상하는 것은 한류를 즐기는 수용자와 팬들에게는 걱정해야 할 것이 아니라 환영해야 할 현상이다(Cho, H., 2003: 179). 한국에서 주기적으로 반복되어 발생하는 한류의 위기설과 이를 걱정하는 목소리는 한류를 여전히 한국적인 것이고, 한국을 위한 것으로만 바라보는 인식에 기인한 것이다. 비록 한류가 더는 동아시아 대중문화의 전면에 위치하지 않을지라도 동아시아 대중문화를 향유하고 공유하는 사람들은 다양한 문화 흐름 속에서 여전히 한류의 흔적들과 연결고리를 찾게 될 것이다. 다양한 배경, 스타, 내용들이 늘어나는 가운데 한류 역시 더는 헤게모니적이지 않지만 동시에 의미 있는 흐름 중 하나로 동아시아 대중문화의 정경에 놓이게 될 것이다. 그리고 점점 다양화되는 문화 흐름들 속에서 동아시아인들이 즐길 수 있고 서로의 연결고리를 찾을 수 있는 대중문화의 선택지는 증가할 것이다.

앞서 논의했듯이 한류 혹은 일류와 같이 국가의 경계를 중심으로 한 흐름이 앞으로 발생하게 될 동아시아의 대중문화를 구성하는 우발적인 반복들이 될 필연적인 이유는 존재하지 않는다. 동아시아 대중문화의 역사성과 상호 참조가 점차 늘어날수록 국경과 민족의 경계를 가로질러 형성되고 향유되는 새로운 문화 흐름을 기대해 보는 것은 어떨까? 한류가 계속 주요한 흐름으로 남아 있는 것보다 다양한 흐름들, 특히 국가와 민족의 경계를 가로지르며 생성되는 흐름들은 동아시아 대중문화를 더 풍부하게 할 것이다. 앞에서 언급한 다양한 리메이크 현상, 특히 중국에서 다양하게 변용되어 제작되는 한국 텔레비전 예능 프로그램의 포맷을 둘러싼 다양한 현상은 새로운 가능성을 암시한다. 즉, 한국 프로그램 포맷을 바탕으로 제작된 중국의 예능 프로그램들을 둘러싼 다양한 현상 및 동아시아 내 소비 현상은 단지 중국류 혹은 한류 중 하나로 귀인하기 어려운 특성이 있다.[5] 특히 한국 예능 프로그램이 1990년대부터 다양하게 일본 프로그램을 표절 및 원용했다는 점은 위의 현상의 다양한 국적성이 연결됨을 단적으로 보여 준다. 그리고 이러한 현상을 한류의 확장된 형태 혹은 새로운 중국류가 아닌 아시아의 상호 참조를 통한 문화 현상, 즉 '인터-아시안류'로 개념화하는 것은 동아시아 대중문화를 인식하는 또 다른 시도일 것이다(Cho & Zhu, 2017).

2) 두 번째 단계: 문화지리로서 동아시아 상상하기

한류를 통해 동아시아를 이해하는 두 번째 이론적 전략은 문화지리로서 동아시아를 상상하는 것이다. 여기서 문화지리는 기존의 지정학적 지도를 바탕으로 한 것이 아니라 한류 등 지역 내 반복적으로 생산, 유통, 소비되는 문화 흐름을 통해 공유되는 감각과 심상적 거리감으로 구성되는 지리를 가리킨다. 서양의 눈에 의해 규정되는 동양이 아닌 동아시아 대중문화의 지속적인 소비 그리고 일상 및 온라인 공간을 통한 교류 속에서 구성되는 공간을 상상해 보는 것은 동아시아에 대한 대안적 이해를 가능하게 한다. 동시에 문화지리로서 동아시아는 대중매체가 지시하고 재현 및 가공하는 역사적 사실과 재현물, 그리고 대중문화에 내재하고 있는 근대화를 향한 욕망으로 인해 재탄생되는 공간이기도 하다. 다시 말해 문화지리로서 동아시아는 현재의 문화 소통이 발생

5 유사하게 태국에서 리메이크한 드라마 〈풀 하우스〉(2014)가 중국 및 동남아시아에 방영되며 인기를 얻는 현상은 한-태류라고 부를 수 있지만, 동시에 어느 특정 국가 혹은 문화권의 이름 아래 한정할 수 없는 흐름이다.

하는 곳일 뿐만 아니라 과거가 새롭게 기억되고 재현되는 공간이며 미래를 향한 일상의 욕망이 발현되는 공간이다(Morris-Suzuki, 2005).

문화지리를 연결하는 중요한 요소 중 하나는 한류를 소비하는 동아시아인들이 공유하는 현대성(contemporaneity)에 대한 감각이라 할 수 있다. 여기서 현대성은 아시아 국가들의 경제적 성장 속에서 아시아 중산층이 도회적 공간을 중심으로 형성한 감수성이다. 이 감수성은 동아시아가 식민과 제국, 냉전과 탈냉전의 시간을 압축적으로 겪으면서 형성된 근대적 구성물이라 할 수 있다. 특히 동아시아 대부분 지역이 전지구적 자본주의 시장에 참여, 경쟁하면서 현대성에 대한 감각은 사회구조뿐 아니라 대중의 일상에서 쉽게 목도된다. 아시아의 현저한 문화흐름으로 인식되는 한류는 한국 대중문화 속에 형상화된 현대성이라는 감각이 한국 수용자뿐 아니라 아시아인들이 동시대적인 것으로 받아들인 결과라 할 수 있다(Iwabuchi, 2002). 여기서 의미하는 동시대성은 아시아 수용자들과 한국 대중문화에서 재현하는 것들과의 문화적 근접성을 가리킨다. 예를 들어 대만의 시청자들이 한국 드라마에서 묘사되는 도시의 중산층 혹은 소비하는 물품에 대해 충분히 인지하고 유사한 경험을 상상하는 경험과 감각이, 그들이 한류의 팬이 되어 가는 과정이라 설명할 수 있고, 또한 한국과의 지리적 거리감을 구성하게 된다(김현미, 2005). 즉, 한류 현상에서 발견되는 문화적 근접성은 단지 역사적으로 전유된 문화적 공통성에 기인한 것이 아니라 다양한 사회 및 국가에서 현대화, 산업화, 도시화를 경험하면서 유사하게 구성된 익숙함과 친근함을 의미한다.

한류를 통해 아시아 수용자들 사이에 현대성에 대한 감각이 공유된 예 중의 하나는 한국 드라마의 소비에서 찾아볼 수 있다. 2005년 제작된 드라마 〈내 이름은 김삼순〉은 20대 후반의 독신 여성이면서 약간 뚱뚱한 제빵사인, 특별한 사회적 활동이 적은 주인공의 이야기였는

데, 한국뿐 아니라 아시아에서 높은 시청률을 기록하였다. 이러한 현상을 이해할 때 한국 드라마의 아시아 내 인기를 설명하는 데 있어 아시아 시청자, 특히 새로운 중산층으로 떠오른 여성 시청자들이 공유하는 현대성을 생각해 볼 수 있다(Kim, 2005). 이렇게 공유되는 현대성에 대한 감각은 단지 한류의 수용에만 적용되는 것이 아니라 과거 홍콩 영화의 유행 그리고 일본 대중가요와 드라마 수용의 경우에도 유사하게 발견된다. 즉, 동아시아 대중문화로 인해 상상되는 문화지리는 단지 거리적 근접성이나 역사적 공통성에 의해서가 아니라 공통된 대중문화 상품의 소비 및 향유 그리고 이를 통한 심상적 거리감에 따라 가변적이다. 생각해 볼 수 있는 예는 다양한 동아시아 문화를 수용하고 소비하는 싱가포르이다. 싱가포르는 지리적으로는 동남아시아에 속해 있지만, 문화지리 면에서는 동아시아 영역에 속할 수 있다. 물론 싱가포르 국민 4분의 3 이상이 중화권에 속한 것도 중요한 이유일 수 있지만, 싱가포르의 시청자가 향유하는 많은 문화 상품이 동아시아 시청자의 선택지와 매우 유사한 데 기인한다. 싱가포르 사람들이 경험하고 상상하는 현대성이라는 감각 측면에서 생각해 보면, 지리적으로 가까운 말레이시아, 인도네시아보다 한국, 일본, 그리고 대만이 문화적 근접성에서 더 가까울 수 있다. 이처럼 문화적 소비 그리고 이를 통한 심상적 상상으로 새롭게 구획되는 동아시아의 공간을 문화지리로서 동아시아라 생각할 수 있다.

현대성에 대한 감각과 함께 공유된 과거와 특정한 역사적 경험은 동아시아의 문화지리를 구성하는 주요한 요소이다. 문화지리에서 공유된 과거는 일본에 의한 식민 경험뿐 아니라 탈식민 상황에서 서양에 대한 경험 및 관계 역시 포함한다. 여기서 서양에 대한 경험 및 관계는 냉전과 같이 구체적인 시기와 역사적 특징을 포함할 뿐만 아니라 아시아인들이 체험하는 서양, 특히 미국 문명, 근대성, 경제, 정치에서 위계적 관계와 같은 추상적이면서 인식적인 경험을 포함한다. 경제 성장과 근대 사회 구조에서 유사하다고 볼 수 있음에도 불구하고 호주가 여전히 동아시아 문화지리 속으로 쉽게 인식되지 않는 이유는 공유하는 역사적 경험이 없기 때문이다. 호주는 지리적으로는 동남아시아와 직접 맞닿아 있을 뿐만 아니라(Chua, 2000: 20) 최근에는 경제적·정치적 영역에서 아시아와의 거리를 좁히고, 아시아에 속하고자 많은 노력을 함에도(Ang & Stratton, 1996) 여전히 동아시아와는 매우 먼 타자이다. 정치 및 경제 시스템의 유사성에도 불구하고 호주와 동아시아가 인식하는 현대성에 대한 감각이 상이할 뿐만 아니라 호주의 식민 및 탈식민의 경험은 판이하게 다르다. 또한 호주인들의 현대에 대한 지향 역시 아시아보다는 유럽 혹은 영국이라는 것도 중요하다(Chua, 2000). 호주에 거주하는 중국계 문화연구자인 앙(Ang)도 "호주와 아시아의 거리는 아직 그리고 매우 넓다."라고 단정하고 있다(Ang, 2004: 305). 호주의 아시아 정책 및 합류의 지향성 그리고 교육 이민을 통한 아시아인들의 직접적인 교류가 앞으로 호주와 동아시아의 문화적 거리감에 변화를 줄 수 있다. 그런데도 현재 한류를 포함하여 동아시아 대중문화의 흐름에 호주가 동참하지 않고 타자로 존재하고 있는 것은 문화지리적 관점에서 당연한 것으로 여겨진다(Chua, 2000; Iwabuchi, 2004).

또한 대중문화를 통해 매개되는 문화지리는 동아시아에 대한 서양 중심적인 이해에 대해 대안적 접근을 가능하게 한다. 잠시 언급한 바와 같이 서양에 의해 규정된 동아시아는 쉽게 일방적이고 고정화된 공간으로 인식되곤 한다. 한류와 같이 동아시아 대중문화의 흐름들이 문화지리를 상상하게 하는 가운데 대중문화의 다양한 팬들은 문화지리가 단일화되거나 고정된 공간이 아님을 보여 준다. 한류가 다양한 지역, 국가, 집단에 의해 소비되는 여러 형태의 방식이 대표적인 예이다. 예를 들어 일본에서는 〈겨울연가〉와 같은 텔레비전 드라마가 가장 인기 있었던 반면 중국, 홍콩, 대만에서는 〈대장금〉이 더 많은 인기를 얻었다. 초기 한류 시기 중국에서는 HOT와 Babyvox와 같은 댄스 그룹이 먼저 관심의 대상이 되었던 반면 일본과 홍콩에서는 〈쉬리〉, 〈공동경비구역: JSA〉, 〈엽기적인 그녀〉와 같은 영화가 상대적으로 많은 인기를 얻었다. 동일한 문화 상품의 경우에도 지역 혹은 도시에 따라 소비되고 해석되는 방식이 달라지기도 했는데, 범아시아적 유행이었던 〈대장금〉에 대한 다양한 반응이 대표적이다. 문화연구자 김수정(Kim, 2009)은 대장금에 대한 아시아 여러 국가 신문의 반응 및 묘사의 차이에 주목한 연구를 하였다. 김수정은 홍콩과 중국의 언론은 드라마 〈대장금〉을 "장금이라는 여성 주인공의 시련과 인간미가 돋보인 여성 성공 스토리로서 유교적 가치관과 문화를 잘 연결한" 작품으로 설명하는 반면, 한국의 언론은 장금이라는 여성 주인공이 유교 문화에 기반을 둔 전통적인 이미지와 태도에 도전한 점을 주목하고 있다고 주장하였다(Kim, 2009: 746-747). 반면 일본 언론에서 〈대장금〉은 유교와 특정한 관련 없이 단지 일본인들이 감상할 수 있는 다양한 감수성과 취향을 반영하는 드라마로 묘사하고 있다고 설명한다(Kim, 2009). 이와 유사하게 동일한 드라마나 영화, 그리고 하나의 아이돌 그룹에 대한 지역별, 국가별, 세대별 수용이 다를 수 있다는 것은 동아시아 문화지리가 결코 단일한 공간이 아님을 분명히 보여 준다고 하겠다.

대중문화를 통해 매개되는 동아시아는 다양성과 복합성을 담지한 공간으로 인식될 수 있는데, 특히 한국이 동아시아에서 차지하는 지정학적 위치의 역사적 모호성과 현재의 어중간한 위치는 그 복잡성을 두드러지게 한다. 한국은 19세기 말 이후 오랜 기간 식민, 분단, 내전 등 역사적 굴곡 속에서 국제 사회에서 극단적으로 약자의 위치에 머물다가 최근에 경제와 정치 영역에서 글로벌 무대에 유력한 세력으로 등장하게 된다. 현 한국의 지정학적 위치가, 세계무대에서 주도하는 세력이라고 하기는 부족함이 많은 모호함을 혹자는 중진국의 위치로 규정하기도 한다. 이러한 한국의 위치 한국 대중문화의 확산이라고 여겨지는 한류의 동아시아 그리고 세계적 의미에도 큰 연관성을 갖는다. 다시 말해 19세기 말 이후 아시아의 제국이었고, 전후 냉전 시기 경제 및 국제질서에서 중요한 축을 차지한 일본과는 큰 차별점이 있는 것이다. 이 책 제1부에서 서술했듯이 일본은 19세기 말 이후 아시아를 대표하고자 하면서도 항상 아시아 밖에 존재하고자 했는데 "아시아-일본-서구/미국"이라는 3차원적 위계를 구성하였다(Otake & Hosokawa, 2005; Iwabuchi, 2002: 7). 반면에 한국의 위치는 때로 일본의 식민지배지로 혹은 아시아와 일본을 연결하는 중간자 역할을 주로 담당하였다. 1990년대 일본 대중문화의 위기가 다른 아시아 지역에 때로는 문화적 위협으로 여겨진 것과 차별적으로 한류는 아시아 국가에 다양하게 수용되었는데, 한국의 주변국과 중심국 사이의 모호한 위치가 다양한 수용에 기여하였다(Ryoo, 2009: 146).

한국 대중문화 수용에서도 일본 수용자들, 특히 중장년 여성들에게 〈겨울연가〉와 같은 드라마는 일종의 노스탤지어를 소환하기도 하였다(히라타 유키에, 2005). 동시에 한류에 묘사된 가족의 특성, 주인공의 성격, 도회적 분위기는 일본 수용자들에게 매우 새롭지는 않은 혹은 예전에 감상해 오던 그 무엇을 연상케 한다. 한편 최근까지 중국, 베트남, 태국 등의 소비자에게 한국 대중문화는 매우 현대적이고 세련된 스타일과 소비문화로서 다가간다. 또한 아시아의 네 마리 용으로 불렸던 싱가포르, 대만, 홍콩에서 한류 및 한국 대중문화에서 그려지는 일상은 그들의 일상에서 쉽게 상상하거나 경험해 볼 수 있는 것이다(Chua, 2004). 대만과 홍콩은 한류와 유사하게 과거 동아시아 내 문화 흐름을 주도했거나 앞으로 다양한 방식으로 동아시아 대중문화에 새로운 흐름을 만들어 낼 가능성이 있다. 문화지리 속에서 매개적인 역할에 위치하면 한류는 다양한 아시아의 현대적 감수성 혹은 근대성 사이에 유사점과 차이점을 인식해 볼 수 있는 유용한 도구 역할을 담당한다 (Iwabuchi, 2004).

동아시아 대중문화라는 흐름은 아시아라는 모호하고 때로는 상상적인 공간에 구체적인 실체와 새로운 인식을 가능하게 한다. 또한 우발적인 반복의 하나로서 한류는 문화지리 속에서 지역, 국가 등의 다양한 경계를 넘어선 연결고리를 만드는 데 기여한다. 한류와 같은 지역 내 대중문화를 통해 그동안 서로 타자로서만 지내 온 인접한 국가 그리고 민족의 구성원들 간에 다양한 형태의 접촉점과 연결고리가 만들어진 셈이다(Cho, U., 2005: 145). 문화지리로서 동아시아는 고정된 무엇이기보다 여전히 진행 중인 것으로 다면적이고 다양할 뿐만 아니라 비대칭적이기도 하다. 그러한 점에서 지역 대중문화의 흐름으로 뚜렷해지고 실체로 구성되는 동아시아라는 문화지리는 특정한 개념이나 지리적 공간으로 확정하기보다는 계속된 통합과 논쟁이 다양하게 펼쳐지는 공간으로 인식될 필요가 있다.

3) 세 번째 단계: 부상하는 구조로서 동아시아 감수성(East Asian Sensibilities)

동아시아 대중문화를 이론화하는 세 번째 단계는 한류 등 지역 내 대중문화 흐름을 통해 새롭게 구성되는 문화지리 속에서 부상하고 있는 정체성, 의식, 그리고 감성의 구조를 개념화하는 것이다. 여기서는 문화지리로서의 동아시아 속에서 아직 구조화되어 고정되지는 않았지만, 개인의 개별적인 특성을 넘어서 집단적인 특성으로 충분히 인지할 수 있는 정서의 특징을 구체화해 보고자 한다. 윌리엄스(Williams, 1977)가 제안한 "정서의 구조(structures of feeling)"라는 개념을 이용, 한류를 포함하여 다양한 지역 내 문화 흐름의 유통과 수용, 교류를 통해 점차 부상하는 감성의 특징을 동아시아 감수성이라 명명해 본다. 동아시아 감수성은 문화지리 속에서 부상하는 특정한 정서의 구조를 가리는 것으로 구체적인 가치, 의견, 그리고 성향으로 표현될 수 있는 정서가 사회적인 것으로 발견되지만 아직은 개인적이면서 독특하고 개별적으로 경험되는 것을 의미한다(Williams, 1977: 132). 동아시아 감수성의 구체적인 특질을 추적하는 가운데 동아시아 대중문화의 소비를 통해 활성화되는 사적이고 개인적인 영역의 변화, 부상하는 친밀성의 특성, 그리고 경제적이고 사회적인 지위에 대한 욕망 등이 단지 개별적인 것이 아닌 다수에게 공공연하게 경험되고 있음을 보여 주고자 한다.

한 가지 지적하고 싶은 것은 동아시아 감수성이라는 특질이 단지 한류라는 한 번의 문화적 흐름의 결과로 나타난 것이 아니라 역사적으로 반복적인 흐름인 지역 내 대중문화의 지속적인 소비, 유통, 그리고 교류를 통해 구성된 것이라는 것이다. 동아시아 대중문화는 문화지리 내의 구성 간의 상호 이해를 넓힐 뿐만 아니라 지식 및 생활양식에 대한 정보를 교환하게 해 준다(During, 2000). 마치 근대적 의미의 민족이라는 구성체가 철도와 신문이라는 근대적 출판 및 교통수단을 통해 상상이 가능해진 것처럼(Anderson, 1983), 동아시아라는 의식을 구성하는 중요한 요소는 지역 내 대중문화 흐름과 이를 통해 가능해진 빈번한 지역 내 이동과 여행, 그리고 장기적 거주를 통해 가능해질 수 있다. 동아시아라는 문화지리와 의식은 계속된 변화 및 형성의 단계이고, 이를 반영하며 동아시아 감수성 역시 구성 중이라고 할 수 있다.

이처럼 동아시아 대중문화를 통해 구성되는 동아시아 감수성을 다음의 두 가지 현저하게 나타나는 특질을 통해 개념화하고자 한다. 동아시아 감수성의 특질은 "비대칭적이면서 공시적인 공간성들(asymmetric but synchronous spatialities)"과 "균등하지 않으면서 동시적인 시간성들(uneven but simultaneous temporalities)"이다. 이와 같은 개념화는 동아시아 감수성이 문화지리 내에서 대폭 증가된 문화적·인적 교류를 통해 유사한 구조적인 상동성(structural homology)의 특성이 있음을 보여 주는 것과 동시에 나타나는 지역 간, 계층 간 차이점과 비대칭성을 강조하려는 것이다.

첫 번째 특질로서 동아시아 감수성은 민족적인 것, 지역적인 것, 그리고 세계적인 것 사이의 비대칭적이지만 공시적인 것들이 구성해 내는 다층적인 공간성들을 가리킨다. 비대칭적이면서 공시적인 공간성들은 민족과 국가들의 비균등한 경쟁, 근대를 향한 지역에 공통적인 욕망, 그리고 글로벌 모더니티의 상이한 영향력이 혼재하는 동아시아의 현재적인 특성을 보여 준다.

동아시아 감수성에 대한 적합한 이해를 위해서는, 한류를 포함한 동아시아 대중문화의 특성을 기존의 혼종성 상태로 파악하기보다 글로벌 문화가 민족적이고 지역적인 문화에 항상 그리고 언제나 공유된 상태로 인식될 필요가 있다(Hall, 1996). 한류에 대한 담론에서 많이 논의되는 민족/국가 문화의 형태로서 한국 대중문화의 진정성은 한국 문화의 독특함이나 한국과 서양 문화의 혼종성에 기인한 것이 아니라 글로벌 문화가 민족적·지역적 문화에 착종된 특성에 기인한다. 일부 비평가들이 한국 대중문화 속의 독특한 한국적인 것(Korean-ness)이 아시아 내 한류의 인기 원인이라고 평가하는 반면 다른 이들은 한국적인 것의 의미와 그것의 지역 내 소구성에 대해 신뢰하지 않는다. 전자의 관점은 한류가 유교 가치와 같은 지역적인 특수성이 세계적 혹은 서양적인 형식에 잘 재현되었음을 강조하는 인식의 틀이다. 반면 후자의 관점은 한국 대중문화가 서양 것의 단순한 복제품이거나 세계와 지역적인 것의 혼종 결과라는 인식에서 평가를 내린다(Choi, 2008; Ryoo, 2009). 한류에 대한 혼종적인 관점은 문화 상품의 다층적인 측면을 인지함에도 불구하고 기본적으로 이분법적 시작, 즉 민족적인 것과 세계적인 것, 그리고 지역적인 것과 세계적인 것과 같은 사고의 틀에 갇혀 있다. 그러한 까닭에 혼종적인 관점은 여전히 동아시아 감수성이 미국 대중문화와 유로-아메리카 근대성의 결과로서 다양하게 구체화되는 양상을 새롭게 해석하지 못한 채 동일한 관점과 해석을 반복하게 된다. 궁극적으로 동아시아 대중문화 속의 민족적인 것, 지역적인 것, 세계적인 것은 이분법적 시각이나 혼종성의 관점으로는 여전히 유럽중심주의를 반복하거나 유로-아메리카 중심주의의 일반성을 극복하지 못하게 된다(Dirlik, 2000). 동아시아 감수성 속에 글로벌 문화가 민족적 지역적 문화에 착종된(embedded) 특성에 주목하는 접근은, 기존에 세계적인 것과 민족적인 것 혹은 세계적인 것과 지역적인 것 사이에 구분된 경계를 무너뜨리면서 동시에 아시아인의 일상과 대중문화 속에 미국 대중문화가 편만하게 그러나 더는 독보적이지 않은 상태로 공존하는 현상을 잘 설명해 준다(Stoler & Copper, 1997).

비대칭적이면서 공시적인 공간성들의 또 다른 예는 미국 대중문화의 요소들이 전 지구적 자본주의의 팽창과 함께 동아시아 국가들, 특히 도시의 생활 속에서 더 이상 우월한 외국의 문화가 아닌 두드러진 지표 없이 일상화된 특성에서 찾을 수 있다(Chua & Cho, 2012). 초기 한류를 이끌었던 영화 가운데 "한국형 블록버스터(Korean Blockbuster)"라고 하는 현상은 이처럼 세계적인 것이 지역적이고 민족적인 것에 통합된 상태를 상징적으로 보여 준다. 한국 영화 가운데 초기 한류를 이끌었던 〈쉬리〉(1999)나 〈공동경비구역: JSA〉(2001) 같은 영화는 할리우드의 액션 영화 혹은 블록버스터 영화의 제작 방식과 구성 요소들을 그대로 차용하면서 남북 대치라는 민족적인 주제를 핵심으로 하고 있고, 종종 홍콩 영화의 영상 방식을 차용하기도 한다. 또 하나 유사한 방식의 대중문화 생산은 한국에서 사용되는 이른바 브로드웨이 스타일 뮤지컬 현상에서 발견된다. 1995년 첫 공연을 한 〈명성황후(The Last Empress)〉는 전형적으로 브로드웨이의 뮤지컬 생산 방식을 차용하여 한국의 역사적 소재와 인문을 문화 상품화한 예이다(Lee, 2010: 58). 코리안 블록버스터 영화나 브로드웨이 스타일 뮤지컬이라는 장르의 탄생이 민족적인 것과 세계적인 것들의 다층적인 조합을 예시한다면, 이와 같은 상품의 아시아 내 유행은 다층적인 조합이 동아시아 지역 내에 이미 익숙한 것임을 암시한다. 여기서 한 가지 강조하고 싶은 것은 다양성 공간성들이 평등한 관계에서 조합을 이루는 것이 아니라 비대칭적 비균일적 방식으로 형성된다는 것이다. 할리우드와 브로드웨이로 대표되는 미국 혹은 아메리카는 한국이라는 공간에서는 따라 하고 싶은 욕망의 대상인 동시에 한국적인 것은 동아시아와 세계 시장에서 인지도 및 상업적 성공을 거두기 위한 효과적인 도구인 것이다.

비대칭적이지만 공시적인 공간성들이 상징하는 동아시아 감수성은 한류가 동아시아의 주요한 문화 흐름인 동시에 글로벌 문화가 다양한 사회와 지역 시청자들의 취향에 착종되어 있음을 상징한다. 이런 인식은 한류의 아시아 내 인기를 한국 대중문화가 전통적이거나 유교적인 요소를 독창적이고 한국적인 것으로의 재현이 아닌, 다양하면서 동질적이지 않은 아시아 감수성을 복잡하고 친밀한 방식으로 연결한 것으로 해석할 수 있게 한다. 즉, 동아시아 감수성을 서양의 무엇과의 비교 그리고 다름이라는 부정의 방식으로 규정하는 것이 아니라 민족적, 지역적, 세계적인 것들의 복합성으로, 즉 지금 그리고 여기의 경험을 통해 규정할 수 있는 것이다(Ching, 1998). 한류에 재현되고 동아시아 수용자들을 통해 연계된 동아시아 감수성을 개념화하는 것은 한류를 단지 유로-아메리카 근대성의 복제품으로 바라보거나 반대로 비교할 수 없는 독특한 무엇으로 바라보는 시각 모두를 뛰어넘는 것이다. 동아시아 감수성은 글로벌 모더니티에 언제나, 항시적으로 각인될 뿐만 아니라 민족적이면서 지역적인, 구체적인 실천들과 역사적인 경험을 통해 형성되는 것이다. 서구의 경험이 그러하듯이 동아시아 역시 하나의 기원이 존재하는 것이 아니고, 동아시아 역사도 단일한 내러티브로 모아질 수 없는 것이다(Mitchell, 2000).

동아시아 감수성의 두 번째 특질은 문화지리 속에서 과거, 현재, 미래가 균등하지 않으면서 동시적인 시간성들(uneven but simultaneous temporalities)에서 찾아볼 수 있다. 아시아의 많은 국가와 지역이 급격한 산업화를 진행하는 동안 아시아는 세계 경제의 중요한 지역으로 성장하였다. 그 과정에서 국가 중심적인 정책들, 즉 발전주의적 국가 모델이 시장과 수출 중심의 경제 성장을 주도했고(조희연, 2010), 발전주의는 경제뿐 아니라 일상과 문화 실천에서도 중요한 역할을 하였다. 1990년대 후반 경제위기를 국가 내 그리고 지역적으로 경험하면서 후기-발전부의 체제는 경제, 정치뿐 아니라 일상생활과 이데올로기 영역에 급격한 변화를 가져오게 된다(Cho, Y., 2008a). 이와 같이 압축적인 근대화 과정 속에서 과거는 때로는 전통이라는 이름으로 대중문화 속에서 재탄생되고, 현재형으로 재생산되고 확대 상상되는 모습은 균등하지 않으면서 동시적인 시간성들의 형상을 상징적으로 보여 준다.

한류에 대한 담론에서도 균등하지 않으면서 동시적인 시간성들의 모습을 동아시아 내 한류를 설명하는 방식을 통해 생각해 보자. 일군의 학자들은 한류의 지역 내 성공의 원인으로 이른바 아시아 가치론을 지지하는 모습을 보이기도 한다. 그들은 한국 대중문화 속의 유교적인 요소, 즉 가족애, 가부장제, 순수한 사랑 등 전통적인 요소가 근대적 도회적 배경과 젊은 주인공 등의 서구적 형식을 통해 재현된 것을 한류의 성공 요인으로 본다. 이러한 입장은 서양 대중문화가 특히 비도덕적이고 폭력적인 특성인 데 반하여 한류의 전통적인 요소가 아시아 내 한류 수용자들을 확산시키는 데 공헌했다고 주장한다. 아시아 가치론을 중심으로 한 한류에 대한 설명은 때로는 하나의 이론적 입장이라기보다 구체적인 증거와 논리가 결여된 채 이미 결론을 내리고 설명하는 방식을 취하고 있다. 아시아 가치론의 입장에 반대될 수 있는 예는 한국 드라마 가운데 한류의 중심에 있는 장르가 가족애를 중심으로 한 주말 드라마라기보다 트랜디 드라마라는 점이다(손병우·양은경, 2006). 아시아 가치론은 여전히 한국과 서양, 그리고 민족과 세계 혹은 지역과 세계를 이분법적인 이해에서 바라보는 것으로 한류를 적절히 설명하였다고 보기 어렵다.

기존의 입장과 거리를 두면서 동시에 동아시아 시청자들이 한국 대중문화를 통해 얻는 즐거움의 특성을 "낯선 친밀함(defamiliarized intimacy)"이라는 개념으로 설명하고자 한다. 여기서 낯선 친밀함은 동아시아 시청자들이 한국 대중문화 속에서 유교적인 요소와 가부장적인 재현들을 만나게 될 때 느끼는 감성을 설명하는 것이다. 다시 말해 그들은 유교적이고 가부장적인 재현들을 자신들의 현실에서 직접 경험하거나 쉽게 맞닥뜨릴 것이라고 생각하지 않지만, 어디선가 들어보거나 과거에서는 있을 수 있는 경험으로 상상할 수 있다. 그리고 현실과 다른 낯선 느낌과 왠지 모르게 익숙한 감정은 미국 문화 상품과는 다른 묘한 재미를 그들에게 가져다주는 것이다. 예를 들어 아시아 시청자들은 (서양인들과 달리) 한국 텔레비전 드라마 속의 유교적인 주제들에 대해 어느 정도 인식할 수 있다. 그러나 낯선 친밀함과 이로 인한 즐거움은 한국 드라마에 재현된 유교적 주제나 가부장적 관계들이 그들의 삶에 핵심적인 부분이 아니기 때문에 가능한 것이고, 즐거움을 경험한다고 해서 그들이 드라마 주인공들의 유교적인 경험과 동일시를 포함한 강한 정서적 친밀감을 느끼는 것은 아니다. 오히려 동아시아 시청자들은 한국 드라마의 유교적인 요소에 다양한 방식으로 놀라움이나 궁금증을 표현한다. 그들의 경험을 통해 유추해 볼 수 있는 것은 한류의 동아시아 시청자들은 한국 대중문화의 유교적인 재현에 대해 즉각적이거나 추상적인 인식 혹은 친밀감에도 불구하고 동시에 일종의 거리감을 형성한다는 것이다. 동아시아 시청자들이 경험하는 낯선 친밀감은 한류의 비균등하지만 동시적인 시간성들을 나타낸다.

한류 현상에서 발견할 수 있는 이러한 다양한 시간성들의 혼재는 기존의 다른 지역 대중문화 흐름에서도 나타난다. 아시아 내 일본 대중문화의 흐름을 추적한 이와부치(Iwabuchi, 2002)는 "친밀한 차이(familiar difference)"라는 개념을 통해 일본 드라마의 아시아 소비에서 간취되는 다양한 시간대의 압축적 공존과 공유된 장소성을 설명하였다. 이와 같이 동아시아 대중문화 속에서는 재현되거나 창조된 과거는 때로 동아시아 대중문화에서 반복적으로 나타나는 현상으로 자리매김하고 있다. 한국 대중문화 속에서 보이는 다양한 시간대의 공존 혹은 혼재성 역시 대부분의 아시아 국가들이 신속한 근대화 과정을 통해 경험했고, 여전히 따라잡으려고 하는 근대성에 대한 압축적인 경험을 상징적으로 드러낸다(Song, 2006: 51). 또한 비균질적인 시간대는 근대화 과정에서 아시아 국가 혹은 지역들이 상이하게 축적한 자본주의적 경제 성장의 동시적인 경험을 보여 준다. 지역 대중문화에 대한 지속적이고 열광적인 소비는 "다양한 지역의 아시아인들이 자본-소비주의적 근대성에 대한 유사한 경향성을 가지고 있음"을 설명해 준다(Chua, 2008: 81). 다양한 시간성의 혼재 속에서 과거와 현재가 꼭 시계열 순서대로 배열되기보다는 다양한 시간대들은 동시에 재현되고 비균질적으로 공존하게 된다(Harootunian, 2004). 이는 동아시아 대중문화 속의 다양한 시간대들이 비균질적이지만 공존하는 시간성이라는 감수성의 형식을 잘 보여 준다.

6. 동아시아 대중문화의 문화 논리로서 "이중적 각인(Double Inscription)"

지금까지 아시아 내 한국 대중문화의 인기와 한국 내 한류에 대한 다양한 담론을 동아시아 대중문화의 역사적 형성과 관련하여 검토하였다. 또한 동아시아와 한류와의 상호 연관성에 주목하여 동아시아 대중문화를 개념적으로 구성해 보고자 동아시아 대중문화에서 한류를 역사적으로 발생했던 다양한 우발적인 반복으로 개념화하였다. 그리고 우발적인 반복인 지역 내 대중문화 흐름으로 인해 상상되고 구체화되는 동아시아에 대한 거리감을 문화지리로서 동아시아라고 상정하고, 그 공간에서 구체적으로 동시에 아직 구조화되지 않은 감각들을 동아시아 감수성으로 논의하고자 하였다. 이는 한류를 통해 동아시아 대중문화를 개념화하고, 동아시아 대중문화의 역사성 및 다양성 가운데 한류를 파악함으로써 한류를 한국적이고 고유한 현상으로 보거나 서양 대중문화의 반복으로 보는 시선을 극복하고자 하는 시도에서 비롯된 것이다. 동시에 아시아에서 생산, 유통, 소비된 문화적 체험을 통해 동아시아의 대안적·지리적 감각을 상상해 보고, 대중문화 및 근대성에 대한 이론적 논의를 하기 위한 의도적인 시도였다. 결론을 대신하여 여기에서는 동아시아 대중문화의 문화 논리로서 "이중적 각인(double inscription)"에 대한 논의로 마무리하고자 한다.

우리가 제안하고자 하는 동아시아 대중문화의 문화 논리로서 이중적 각인이란 동아시아 대중문화 속에서 세계적인 것이 기항상성(always-present)으로 존재하여 민족/국가적인 것과 지역적인 것이 비균등하게 착종되어 있는 상태를 가리킨다. 앞에서 동아시아 감수성을 설명하는 가운데 한류 속에 재현되고 있는 글로벌 문화 요소가 지역 내 시청자들의 취향에 내재되어 있는 것은 상징적인 예라고 할 수 있다.

한류를 포함하여 지역 내 다양한 대중문화 흐름들이 동아시아 내 다양한 수용자들 가운데 익숙한 친밀성과 동시대성을 비균등하게 이끌어내고 있다. 다양한 시간성 및 공간성이 공시적으로 드러나는 동아시아 대중문화는 다양한 지역에 있는 사람들을 친밀한 방식으로, 때로는 일치하지 않은 목소리로 연결시켜 준다(Iwabuchi, 2014: 20).

이러한 의미에서 동아시아 대중문화 속의 이중적 각인은 민족적인 것, 지역적인 것, 세계적인 것이 동등한 위치에서 연결되어 있거나 그들이 연결되는 위계의 방식이 항상 같은 방식으로 결정된다고 보지 않는다. 이미 연구자들이 동아시아 대중문화의 발전은 국가 혹은 지역의 경계에 따라 동일한 교환이 아닐 뿐만 아니라 때로는 일방향적인 흐름임을 지적한 바 있다(Chua & Iwabuchi, 2008: 4). 또한 동아시아 대중문화가 탈국경적인 흐름에도 불구하고 여전히 문화 흐름이나 수용자들의 양식이 민족 정체성 그리고 민족/국가 문화의 틀로 규정되고 있다(Chua, 2008). 동아시아 대중문화 속에서 다양한 시간성, 특히 과거는 끊임없는 재현과 재해석을 통해 현재에 침투하고 있는데, 동아시아에서 민족 경계, 주권, 그리고 식민의 경험은 여전히 국가별로 첨예한 문제이다. 동아시아 사이에 인터넷을 포함한 다양한 정보 교환 및 이동이 가능해진 지금 동아시아 대중문화를 매개로 한 역사와 주권의 문제, 신자유화, 자유무역과 같은 경제 이슈 역시 국가, 지역, 세계의 경계가 단순히 무너진다기보다 새로운 방식으로 때로는 더욱 첨예하게 경쟁하고 있음을 발견하게 된다. 특히 국가 중심적으로 대중문화 흐름을 파악하고 문화산업 및 국가 성장의 도구로 바라보는 시각이 여전히 우세한 한국의 상황에서 민족/국가라는 프레임이 견고함을 인지함과 동시에 끊임없이 민족/국가의 틀을 뛰어넘을 수 있는 인식적·이론적·실질적 노력이 필요하겠다.

이중적 각인은 지역 내 공유되고 있는 글로벌 모더니티와 자본주의에 대한 경향성을 가리킨다. 대부분의 아시아 국가들이 매우 신속한 근대화, 산업화, 그리고 도시화 과정을 거치면서 다양한 시간대가 동아시아 대중문화에 압축적으로 재현되었다. 또한 아시아 내 활발한 수용과 인기는 대중매체 및 프로그램이 드러내는 자본주의적·소비문화적 근대성에 대한 지역 내 긍정적인 수용을 상징한다고 볼 수 있다. 동아시아 대중문화 속에 대표적으로 드러나는 아시아 중산층들의 삶과 도시적인 배경은 동아시아의 다양한 수용자를 연결하는 동시에 현재적인 형태의 동시대성이라 할 수 있다. 새로운 동아시아를 규정하는 중요한 특징으로 자본주의적 근대화 과정, 근대문화, 전면적인 도시화를 강조하는 해석은 동아시아의 문화 논리로 이중적 각인을 강조하는 것과 같은 맥락에 있다(Wee, 2012: 197-198). 현재의 동아시아 대중문화는 다른 시간성과 공간성 속에서 유사하게 근대적이며 동시에 자본주의적인 현재성을 반영하고 있다(Chua, 2008). 이중적 각인으로 동아시아 대중문화를 바라보는 방식은 동양과 서양을 이분법적 혹은 혼종 모델로 설명하는 것과 달리 민족/국가, 지역, 그리고 세계 간의 다양한 경합 양식을 드러내면서 아시아의 경험을 통해 아시아의 문화 논리를 이론화하고자 한다. 또한 동아시아의 대중문화는 국가/민족 문화 간, 근대화를 향한 지역 내 욕망, 미국 대중문화의 기항상성적인 영향력 간에 다양한 협상, 협력, 경쟁, 모순의 모습을 보여 줄 것이다. 동아시아 대중문화를 이론화하려는 시도는 대중문화 상품을 함께 소비하는 동아시아인들의 경험, 기억, 현재성을 이해하고, 대중문화를 통해 끊임없이 매개되고 재구축되는 그들의 정체성 및 감수성을 분석하고자 하는 노력이다.

제7장 동북아시대 속의 한국의 동아시아 담론, 그 궤적과 미래

1. 한국발 동아시아론 다시 읽기

이 장은 2000년대 초중반 한국에서 활성화된 동아시아론을 다시 검토함으로써 당시 한국 사회가 표출하는 국가적 그리고 지역적 욕망과 이데올로기를 탐색한다. 이를 통해 오늘날의 동아시아에서 한국발 동아시아론의 의미를 재점검하고 앞으로의 동아시아 대화의 가능성을 추적해 본다. '동아시아(East Asia)'라는 단어가 서구의 시각에서 구성된 개념이라는 인식은 이미 학계에서는 널리 알려져 있다. 사이드(Said, 1979)의 오리엔탈리즘 개념이 널리 논의되면서, 서양에 의해 정의되는 동양이자 비교 대상으로서 동양이라는 개념의 일부분으로 동아시아를 규정짓는 것은 상식 아닌 상식이 되었다. 결국 열등, 부족, 미개 혹은 비이성 등 전근대로 정의 내려진 동양이라는 개념은 중국 및 동아시아에 대한 근대성의 시발점을 외부의 충격이라고 보는 전통적인 동아시아에 대한 인식과 맥을 함께하고 있다.

그럼에도 불구하고 19세기 역사에서는 오리엔탈리즘에서 주목하는 동양과 다른 궤적을 그리고 있는 동아시아에 대한 담론들을 살펴볼 수 있다. 일례로 메이지 유신 이후 일본이 제국주의적 팽창을 위해 주장한 '대동아공영권'과 미국, 캐나다, 호주 등에 이주한 중국계 이주 노동자들에 대한 인종주의적 색채를 띤 '황화(黃禍, yellow peril)'론을 생각해 볼 수 있다(Tchen & Yeats, 2014). 두 담론은 그것을 형성하고 유포한 주체와 목적은 상이하지만, 동아시아를 주요 범주로 삼고 있다는 점에서 그리고 서양 세력 및 문명에 대한 대결과 위협의 대상으로 동아시아인을 상정한다는 점에서 유사점이 보인다. 여전히 서구중심주의, 인종주의, 근대중심주의에 기반한 담론들임에도 불구하고 동양, 여기서는 일본 제국과 황인으로 대표되는 새로운 주체가 서양에 대항하는 대안 세력이거나 서양 문명에 대한 위협으로 인식될 수 있다는 점에서 기존의 오리엔탈리즘과 차별성이 보인다.

동아시아론이 다시 주목받기 시작한 것은 1980년대 일본을 중심으로 한 아시아의 네 마리 용의 경제적 성장을 설명하기 위한 유교 자본주의에 대한 논의가 주요 계기가 되었다. 제2차 세계대전 이후 미국-유럽을 제외한 지역, 특히 구식민주의 국가 혹은 지역 가운데 상대적으로 눈에 띄는 경제적 성장을 이룬 동아시아 국가들에 대한 관심과 관련된 현상을 논의하는 가운데 동아시아는 다시 관심의 대상이 되었다. 1990년대 이후 일본의 버블 경제위기의 지속, 그리고 1990년 중후반 동아시아 지역의 경제위기를 지나면서 경제적 관점에서 동아시아의 환상은 많은 부분 퇴색되었지만, 여전히 유교 자본주의에 대한 논의와 경제적 영향력에 있어 동아시아의 중요성은 진행 중이라고 할 수 있다.

이 장은 한국발 동아시아 담론이 아시아를 둘러싼 세계의 지정학적 위계 속에서 동아시아의 역사적 경험을 관통하면서 형성된 지역 패권주의 및 이데올로기 그리고 무의식적 욕망과 열등감이 밀접하게 연관을 맺으며 형성된 것이라는 관점에서 접근한다. 다시 말해 서양 혹은 유럽-미국중심주의와 대비되고 전근대적인 존재로 인식된 동양의 일부로서, 백인종과 구별되고 인종적으로 열등한 황인종이라는 인식의 결과가 동아시아 담론이다. 그 또한 대동아공영권을 주장한 일본 제국주의의 피지배자이자 이등신민으로서 형성된 개인적·집단적 경험과 구조화된 의식의 결과 중 하나가 동아시아 담론임을 주장하고자 한다. 동시에 동아시아 담론은 서구 문명과의 경쟁에서 서구를 닮아 가고 서구를 넘어서고 싶은 욕망과 20세기 초 유일한 비서구 제국주의 국가로 군림하고 냉전 시기를 거쳐 경제대국으로 급성장한 일본에 대한 경쟁심을 내포하고 있다. 서구에 대한 근본적인 열등감 또는 결여에 대한 의식이 서구식 근대화 및 산업화 과정을 통해 서구 근대화의 모델을 습득하거나 때로는 서구를 역전하는 배경에서 동아시아 담론은 구체성을 띠고 다양한 의견을 통해 주요 담론으로 부상하였다. 이와 같은 의미에서 한국발 동아시아론은 서구적 근대화를 한국과 동북아시아에서 실현하는 동시에 넘어서고자 하는 역사적 욕망이 본격적으로 재현된 옐로우 퍼시픽의 대표적 유비(analogy) 중 하나라고 할 수 있다.

한국발 동아시아론은 1990년대 중반, 특히 소련을 중심으로 한 공산권의 몰락이라는 소위 탈냉전의 시기에 주목받기 시작했고, 1998년부터 시작한 김대중 정부와 노무현 정부 10년의 기간을 통해 활발하게 논의되었다.[1] 한국발 동아시아론은 탈냉전의 시기를 맞이하여 국가중심주의뿐 아니라 민족주의에 대한 비판에서 시작하였다. 이후 남한과 북한과의 새로운 관계를 모색하고 이를 통해 한국이라는 문제 설정을 한반도를 넘어 동아시아와 연계한 논의를 도모하였다. 이 장은 1990년대 후반부터 다양한 경로를 통해 논의를 축적해 온 동아시아 담론이

1 1990년대 이후 한국발 동아시아론에 대한 다양한 학자와 논자의 구체적인 주장과 주요 논의는 윤여일(2016)이 최근 학위논문을 바탕으로 출간한 책에 잘 정리 되어 있다.

정부의 주요 이념 및 정책과 국책 연구소, 다양한 연구기관, 관련 연구자들을 통해 한국 사회의 주류 담론으로 부상한 국면에 주목한다. 한국 사회에서 동아시아론이 주류 담론으로 자리 잡은 것은 노무현 정부의 동북아시대 구상 속에서 학계와 지식인들의 다양한 목소리를 통해 동아시아론이 구체화되면서부터였다. 이 장은 이 시기의 담론을 "동북아시대의 동아시아론"이라고 명명한다. 동북아시대의 동아시아론은 단지 학계의 담론으로만 머물러 있거나 반대로 정부정책으로 구체화된 논의를 주요 대상으로 하지 않는다. 동북아시대의 동아시아론은 다양한 학계의 담론이 제도화되는 단계에서 지식인들과 전문가들이 신문이라는 매체를 통해 대중에게 접근하여 대화를 시도한 논의들을 주요 대상으로 한다. 구체적으로 2006~2007년까지 〈경향신문〉에서 한국의 대표적인 지식인과 전문가를 집필진으로 구성하여 연재한 칼럼 「오늘의 동아시아」와 「동아시아의 오늘과 내일」에 나타난 주요 내러티브와 그들의 함의를 고찰하겠다.

동북아시대의 동아시아 담론을 지금 다시 읽는 작업은 다음과 같은 세 가지를 목표로 한다. 첫째, 노무현 정부가 동북아시대를 구상하는 시기에 학계에서 동아시아론이 부상했던 맥락은 무엇이었는지 살펴본다. 둘째, 동아시아론이 주류 담론이던 시기에 한국 사회가 구상했던 동아시아의 구체적인 상들을 분석한다. 셋째, 동북아시대의 동아시아 담론의 한계를 논의하면서 현재와 미래의 동아시아 담론의 가능성을 모색해 본다. 동아시아론이 유행이 지난 담론처럼 여겨지는 2010년 중반에 다시 한국발 동아시아론의 절망과 희망을 생각해 보는 것은 우리가 왜 다시 동아시아와 근대성을 함께 살펴보고 이론화를 시도해야 하는지에 대한 또 하나의 대답을 찾아가는 과정이다.

2. 한국은 왜 "동북아시대의 동아시아론"인가?

한국 학계에서 동아시아론의 증가는 한반도의 과도한 국가중심주의를 극복하고, 과도한 민족주의를 제어할 수 있는 틀로서 동아시아를 주목한 데에 그 배경이 있다. 즉, 민족주의에 대한 비판과 세계화 담론의 확산과 유행 가운데 중간 걸음과 같이 동아시아론이 등장했고, 그 이후 북한과의 관계 회복 등 한반도 문제를 새롭게 인식하는 틀로서 동아시아가 본격적으로 논의되었다. 이는 냉전 체제 시기에 한국이 개발독재를 통해 급속한 경제성장과 산업화를 진행시켰고, 1990년대 후반 경제위기를 거쳤음에도 세계적으로 경제적 성장 및 국제 정세에서의 영향력에 대한 인정의 필요가 그 주요 배경이 되었다. 동시에 동아시아론의 부상은 지리적 인접성, 공통된 역사 및 인종적 유사성이라는 소위 객관적인 지표들과 한자, 유교, 율령, 풍습 등 공유된 것으로 여겨진 문화적 요소에 주목한 부분이 혼합되어 있다. 그리고 1990년대 중반 탈냉전과 세계화 시대의 시작, 1990년대 후반 경제위기를 겪으면서 정치적, 경제적으로 운명 공동체적인 인식 증가 역시 한국발 동아시아론이 부흥한 배경이 될 수 있다.

그런데도 국가중심주의와 민족주의를 넘어서기 위한 대상이 반드시 동아시아가 되어야 한다는 필연적인 이유를 설명하기는 쉽지 않다. 예를 들어 한국에서 아시아론, 유라시아론, 아시아-태평양론이 발흥할 수 있는 여건이 존재하는 가운데 왜 동아시아인가? 혹은 2000년대 정부가 주도했던 동북아시대 논의와 동아시아론은 어떠한 관계인가? 동북아 균형자론, 동북아 허브 금융권 등 정부의 동북아 구상이라는 맥락에서 학계, 특히 인문사회계열 학자들이 동아시아론을 중심으로 다양한 담론 대결을 벌인 것은 주목할 부분이다.[2]

한국을 넘어서서 생각해 볼 때 탈냉전 및 경제위기 등 구조적 변화를 동일하게 경험하고, 역사적 경험을 공유했다고 여겨지면서 상대적으로 인접한 지리적 공간에 있는 국가들의 학계에서 논의되는 동아시아의 의미 또한 주목할 부분이다. 많은 학자가 지적한 바와 같이 중국의 지식인들 사이에서는 역사적으로 현재적으로 아시아 혹은 동아시아를 단위로 한 발상은 많지 않다(백영서, 2000a). 그럼에도 불구하고 조공 체제를 바탕으로 세상의 중심이 중국이라고 생각하는 중화질서와 사상이 청일전쟁 이후 붕괴되면서 아시아주의 혹은 아시아 연대에 대한 목소리가 등장한 시기가 있다. 서양의 패도문화에 대항하여 동양문화에 기반하는 왕도문화를 주장한 쑨원(2010)의 대아시아주의 그리고 아시아 약소민족이 국가주의를 벗어나 사회주의 국가를 건설해야 한다고 주창했던 류스페이(劉師培)의 아시아 연정제(劉師培, 2010)에 대한 논의가 대표적인 예라고 할 수 있다. 하지만 쑨원의 대아시아주의는 일본의 지지를 받으려는 정치적 의도가 강한 연설문이었고, 이론적으로 여전히 아시아와 서양의 이분법적 구도 속에서 아시아를 본질적인 것으로 여기는 한계가 있다. 류스페이의 연대론은 국가주의와 일본의 제국주의에 대한 비판이 있었지만 무정부주의, 세계주의, 그리고 비군국주의의 이상이 현실에서 실현되기 어렵다. 그러나 국공내전, 사회주의 국가 건설 및 냉전의 시기를 거치는 과정에서도 강한 중앙집권주의 국가를 건설한 중국의 학계에서 동아시아론은 여전히 변방의 목소리이다. 오히려 중국 지식인들 사이에서 아시아에 대한 논의가 활성화된 배경에는 중국이 세계화와 신자유주의 경제구조 확장에 적극적으로 참여하

2 2000년대 초 동아시아론에 대해 매우 비판적인 동양사학자 이성규는 창비 그룹을 비롯한 동아시아론자들이 너무 지사적이며, 미래의 문명과 사회를 건설하려는 기획자, 설계사 의식이 너무 강하고 이념적 편향성도 뚜렷하다고 비판한다(이성규, 2006).

고, 미국과 맞서는 헤게모니 국가로 올라선 상황이 있다. 중국 굴기의 경험, 특히 전 지구적 자본주의 체계의 형성에서 중국 체제의 경험을 아시아의 근대성 논의로 연결시키는 것이 대표적인 흐름이다. 예를 들어 중국의 현대적인 국제주의 전통을 서구, 특히 미국으로 대표되는 근대성에 대한 대안적인 모델로 구상하는 왕후이의 논의가 있다(왕후이, 2009; 왕후이, 2014). 한편, 거자오광(葛兆光)은 아시아 또는 동아시아를 탐구하는 의의를 전 지구화, 제국주의, 그리고 신자유주의에 저항하고 국가와 민족주의로부터 자율성을 찾는 지점에서 찾는다. 거자오광은 동아시아에 대한 탐구가 국가와 민족 간의 차이를 없애면서 지역을 획일화하고 서양적인 시각을 일방적으로 적용할 수 있음을 지적하면서, 동아시아 상상의 공동체인가, 공동체여야 하는가, 그리고 아시아주의가 존재하는지에 대한 질문을 던진다(거자오광, 2012).

일본 지식인들의 동아시아에 대한 논의는 제국주의 시기에서 비롯되었다. 일본을 동양의 이상으로 여기거나 아시아로부터 벗어나고자 하는 일본 지식인들의 탈아론은 정치적으로 대동아공영권 이데올로기에 활용되기도 하였다(마루카와 데쓰시, 2008; 후쿠자와 유키치, 2012). 서양의 근대성에 대한 욕망과 함께 이를 넘어서고자 하는 욕구는 전전과 전후에 걸쳐 근대의 초극 논의로 전개되기도 하였다(Calichman, 2008; Harootunian, 2002). 그 가운데 중화질서에 대한 역사적 논의를 새롭게 재편하기 위해 '지나(支那)'라는 공간을 만들고 일본의 역사 및 문명을 정당화하기 위한 동양학의 탄생은 제국주의 시기 일본 동아시아론의 정치적 한계와 구체적인 학계의 개입 지점을 명백히 보여 준다(Tanaka, 2004). 전쟁 이후 일본의 동아시아에 대한 심상지리는 전쟁의 패배자이자 제국주의 지배에 대한 책임을 벗어나면서 경제적 성장을 과시하고 미국과의 동맹을 통해 또 다른 방식의 탈아시아를 추구하였다. 일본의 동아시아 담론이 이런 역사적 경험 속에서 제국주의의 이데올로기적 지침대 역할을 했다는 비판은 전후 동아시아론의 부활 및 한계를 극명하게 보여 주었다. 근대를 초극하고자 했던 지식인들의 1940년대 논의는 일본에서 동아시아 사상이 가능한지에 대한 또 다른 입장을 보여 준다. 하지만 근대를 초극하려는 사상은, 대동아공영권에 대한 신화는 거부하지만, 이중 삼중으로 굴절된 형태로 동아시아의 신화에 말려든 상태를 보여 준다. 그 가운데 방법으로서의 아시아 그리고 일본의 사상적 전통을 형성하기 위해 "불 속에서 밤을 줍는 태도"를 역설한 다케우치 요시미(竹內好)의 논의는 탈근대 혹은 탈냉전의 일본학 연구자와 동아시아의 연구에 널리 재전유되고 있다(마루카와 데쓰시, 2008; 쑨꺼, 2003). 그런데도 일본에서의 아시아 혹은 동아시아는 여전히 과거 제국주의에 대한 암시 및 굴절된 욕망이라는 역사적 한계와 미국을 중심으로 한 또 다른 탈아시아에 대한 심상지리 속에서 제한적인 담론으로 머문다고 할 수 있다.

여기서 중국과 일본의 동아시아론의 상대적 부재는 주요 논점이 아니지만, 한국이 상상하는 동아시아 주요 국가 중에 동아시아론이 주류 담론으로 부상한 곳이 없다는 점은 역시 한국발 동아시아론을 사고하는 데 분명히 참고할 부분이다. 한편 천꽝싱(陳光興)이 상술하고 있는 1990년대 중반 대만의 남진론은 한국과 대만의 역사적·정치적 조건의 유사함과 함께 눈여겨볼 만한 대상이다. 천꽝싱(2003; Chen, 2000)은 1994년 음력을 기점으로 당시 총리였던 리덩후이(李登輝)가 동남아시아의 여러 나라를 방문한 것을 계기로 시작된 정부의 남진 정책과 그 이후 학계와 언론을 통해 구성된 남진 담론을 분석한다. 천꽝싱은 대만 정부의 남진 정책이 당시 대만의 중앙연구원의 학문적 지지와 함께 다양한 지식인이 '남향 특집' 등 문화 담론을 생산한 것에 주목하면서 남진론을 담론 공간에서 형성된 지식-권력의 복합체라고 명명한다(천꽝싱, 2003; Chen, 2000). 남진 담론의 분석을 통해 천꽝싱은 대만에 하위 제국

(sub-empire)으로서의 이데올로기가 형성되고 있음을 보여 준다. 천꽝싱이 제국주의 안에서 의존적인 2급 제국주의로 명명한 대만의 하위제국과 하위-제국주의는 대만 주류 사회의 이데올로기이자 하위 제국주의를 향한 대만 사회의 역사적이고 무의식적인 형상화를 의미한다.

대만의 남진론을 대만발 아시아론이라고 생각하고 그에 투영된 하위 제국에 대한 욕망을 비판한 천꽝싱의 문화 분석은 한국발 동아시아론을 재해석하기에 좋은 시작점을 제공한다. 대만과 한국의 역사적인 공통점이 일본 식민지였다는 것 외에도, 식민 이전에는 중화질서의 주변부였고, 해방 이후에는 미국의 동맹국으로서 철저히 냉전 시대의 산물을 공유하는 대상이었다는 점을 들 수 있다. 대만과 한국은 오랜 기간 미국의 군사적·경제적 헤게모니 우산 속에서 자국의 경쟁력을 키워야 했을 뿐만 아니라 현재는 공산주의 국가와 분단이라는 상황에 처해 있다. 내부적으로 두 국가 모두 1980년대까지 군사 통치 혹은 독재 정권이라는 권위주의적 사회를 경험하면서 냉전 시기를 거치며 급격한 경제성장을 거두었다. 대만과 한국은 공통적으로 전근대의 시기에는 피식민의 역사적 경험을 공유하고 자본과 기술을 수입해야 하는 처지였으나, 탈냉전 시기와 후기 자본주의 단계에서는 높은 경제력의 기반 위에서 자본과 기술을 수출하는 위치에 놓인 것이다.

두 국가 사이에 존재하는 구조적인 상동성(structural homology)은 남진론의 초석이 대만 민족주의이고, 남진은 주변에서 중심으로 이동하고자 하는 피식민자의 욕망이라고 분석한 천꽝싱의 접근을 한국의 동아시아론에 접목시킬 수 있는 가능성을 높인다. 현대적 의미의 동아시아론 역시 비록 그 시작이 국가와 민족중심주의로부터의 탈피라는 의제를 가지고 있었으나 여전히 자민족중심주의로부터 자유롭지 못하다. 이런 점에서 대만의 남진론은 일본 제국의 학자들이 동양론을 만들어 내고 그것이 대동아공영권으로 이어진 역사적 경험을 떠올리게 하는 유사점을 지닌다. 또한 동아시아론은 다른 아시아, 예를 들어 동남아시아, 중앙아시아, 남아시아, 중동 등 다양한 아시아를 차별하는 결과를 가져온다. 또한 한국발 동아시아론에서 동아시아는 여전히 한-중-일을 중심으로 한 3국 체제를 기반으로 다른 국가 및 사회를 배제하는 경향을 보인다. 한국발 동아시아론에서는 한자, 율령, 유교 등의 공유점을 찾고 있음에도 지리적으로 주변부에 놓인 베트남은 쉽게 배제되고, 북한과 몽골과 같은 경우는 국력이나 이념의 이유로 배제된다.

그러나 주변에서 본 아시아에 대한 시각 및 논의는 동아시아가 단일한 공간이 될 수 없음을 보여 줄 뿐만 아니라 민족과 국가 단위로만 구별될 수 없음을 보여 준다. 백영서는 주변에서 동아시아를 본다는 것을, 동아시아를 역사적 실체로서뿐 아니라 문화적 구성물로서 유동적 공간으로 적극적으로 사유하려는 방법이라는 현실론으로 제안한다. 궁극적으로 그는 주변에서 동아시아를 본다는 것은 주변의 시각을 통해 지배 관계에 도전하고 특권화하는 위험에서 벗어나 "동아시아를 안과 밖의 '이중적 주변의 눈'으로 새로운 지도를 그리는 작업"으로 정의한다(백영서, 2004: 16). 여기서 주변은 공간적 의미에서 오키나와와 제주도 같이 역사적, 지리적으로 중심에 대한 변방을 의미할 수 있고, 동시에 화교, 자이니치와 같이 동아시아에 존재하는 민족과 국가의 범주에서 하나에만 속할 수 없는 소수를 의미하기도 한다(정문길 외, 2004).[3] 또한 주변은 광의적으로는 인간다운 삶을 위한 움직임과 조직 간의 연대일 수 있고, 다양한 시민운동과 정부에 대한 반대 운동을 연결하는 실천의 네트워크이기도 하다. 그리고 문화적으로는 일류 및 한류 등 동일한 대중문화와 셀러브리티를 좋아하고 소비하면서 정서적 유대감을

3 다양한 공간 및 지역, 그리고 정체성에서 바라본 동아시아에 대한 시점에 관한 논의는 『주변에서 본 아시아』(2004)에 다양한 논문이 실려 있다.

형성하는 매우 느슨한 공동체를 가리킬 수도 있다.

동아시아에서의 동아시아론이 지니는 다양한 개념과 온도 차이는 다시 한번 한국 사회에서 동아시아가 상상되고 담론화된 이유와 배경에 대해 자문하게 한다. 동아시아는 한국에서 논의 가능한 것인가 혹은 당연히 논의해야 하는 것인가? 우리가 되돌아보려고 하는 2000년 초반에 융성했던 한국발 동아시아론은 더 이상 소수의 그리고 비판적인 학자들만의 논의가 아니라 정부의 시행 목표, 국책 연구소 및 다양한 지원 사업의 주요 대상이 되었다는 특이점이 있다. 정부에서 추진하는 정책 및 통치 이념과 불가피하게 상동하는 지점이 발생하게 된 국면에서 한국 지식인들이 생각하는 동아시아가 어떻게 상상되었고, 누가 주요한 주체로 떠올랐으며, 어떠한 실천들이 주요 어젠다였는지를 점검해 보고자 한다. 이와 같이 되돌아보는 작업은 그동안 한국발 동아시아론에 대한 다양한 비판, 특히 여전히 민족주의 경향에서 탈피하지 못하고 근대중심주의적이며 상아탑만의 현실적이지 못한 논의라는 비판들의 유효성을 동시에 점검할 수 있는 계기가 된다. 그리고 한국발 동아시아론이 한때의 낭만이었는지 아니면 아직도 상상이 가능한 실제태로서의 동아시아에 대한 논의였는지를 가늠할 수 있는 또 하나의 논점이 될 것이다.

3. 노무현 정부의 동북아시대 구상

많은 연구자가 언급하고 있듯이 한국에서 동아시아론이 본격적으로 논의되기 시작한 것은 1990년대 중반이다. 이 시기의 중요한 사회적 맥락은, 국내적으로는 군사독재 통치가 민간정권으로 교체되면서 정치적, 사회문화적으로 민주화 및 다양화가 진행되었고, 세계적으로는 소련을 중심으로 한 2세계의 몰락과 함께 냉전이 붕괴된 것이다. 탈냉전과 세계화 시대에 들어선 1990년대 후반에는 한국 및 동아시아가 경제위기를 겪으면서 동아시아 경제 블록과 같은 경제 공동체에 대한 관심과 필요성이 대두되었다. 경제위기와 IMF의 구조조정은 국내적으로 선거에 의한 첫 정권 교체가 이뤄지면서 김대중 정부가 출범한 가운데 남북 화해 모드의 시작과 다양한 협력 활동의 발생과 함께 진행되었다.

세기 전환기의 이 같은 국내외적 맥락에서 『창작과비평』의 주요 필자들은 한국의 동아시아론 논의를 이끌었으며, 이후 '서남재단' 등 민간이 주축이 된 연구단체가 본격적으로 학술적 동아시아론을 형성하였다. 학문 영역에서 진행된 한국의 동아시아론에 대한 평가는 다음과 같이 진행되었다. 이 장이 주목하는 동아시아론은 동북아시대 담론이 부상하면서 상호 조응되는 지점이다. 박명림에 따르면 노무현 정부의 동북아 구상 역시 국제-지역, 한반도, 남한 내부라는 3층 구조에 대한 인식에서 파악된 것이다(박명림, 2006a). 이러한 측면에 주목하여 노무현 정부의 동북아시대 담론 자체를 평가하기보다 동북아시대 담론이 동아시아론과 접합되었을 때의 구체적인 담론 양상인 동북아시대의 동아시아론을 살펴보고자 한다. 구체적으로는 노무현 정부 출범과 함께 동북아시대를 선언하고 정부가 직간접적으로 주도하는 단체들의 설립과 이에 대한 지원, 동북아와 관련된 대통령 및 정부 관계자들의 논의를 살펴본다. 다시 말해 동북아시대가 부상하면서 동아시아론이 상아탑을 넘어서 정부의 주요 정책과 정부가 후원하는 다양한 프로젝트로 구체화되고, 대중들이 주목할 수 있는 담론의 수준으로 광범하게 확산되는 지점이다.

노무현 정부의 동북아시대 담론은 2003년 대통령 인수위원회에서부터 구체화된다. 같은 해 1월에 대통령 인수위원회는 3대 국정 목표로 '국민과 함께하는 민주주의', '더불어 사는 균형발전 사회', 그리고 '평화와 번영의 동북아시대'를 선정하였다.[4] 대통령 인수위원회는 동시에 12대 국정과제를 설정했는데, 그중 한반도 평화 체제 구축과 동북아 경제 중심 국가 건설은 3대 국정 목표 중 '평화와 번영의 동북아시대'와 연결되어 있다.[5] 노무현 정부의 주요한 밑그림 설정 역할을 담당한 인수위원회에서 동북아시대를 천명한 것은 그동안 미국 중심의 외교에서 추후 구체화되는 한반도 균형자 논의 등 균형 외교로의 변화를 예고하였다. 이는 한국을 미국 혹은 일본 등 기존의 태평양권을 주축으로 하는 지리적 지점에 위치시키기보다는 한중일로 대표될 수 있는 동북아를 지향점으로 삼고 있음을 알 수 있다.

한반도 평화 체제 구축을 위한 주요 세부 추진 사항으로는 남북정상회담 등 남북회담의 정례화, 북한의 핵과 미사일 포기 등 대량살상무기 문제에 대한 포괄적이고 완전한 해결, 그리고 미래전 수행에 적합한 기술집약형 군 구조로의 발전 등을 제시하고 있다.[6] 김대중 정부 때부터 지속되어 온 북한과의 우호적인 관계와 정치 구조를 정례화, 체계화하고자 하는 방향성은 탈냉전 기류에서 한반도 평화 체제라는 목표를 구체화하는 것이다. 물론 한반도 평화를 위한 각론은 북한의 비핵화와 한국의 군사력 강화라는 점에서 학계, 특히 『창작과비평』의 논자들을 중심으로 한 동아시아론과 차이가 있다. 정부와 학계가 단계적 평화

4 대통령기록관(www.pa.go.kr) 〉 정책간행물 〉 『제16대대통령인수위원회백서: 대화』(2003), 제16대대통령인수위원회, 234-236쪽.

5 12대 국정과제는 그 외에도 부패 없는 사회, 봉사하는 행정, 지방분권과 국가균형발전, 참여와 통합의 정치개혁, 자유롭고 공정한 시장질서 확립, 과학기술 중심 사회구축, 미래를 열어 가는 농어촌, 참여복지와 삶의 질 향상, 국민통합과 양성평등의 구현, 교육개혁과 지식문화 강국 실현, 그리고 사회통합적 노사관계 구축 등이 있다[위 정책간행물(2003), 239-271쪽].

6 위 정책간행물(2003), 239-242쪽.

추진과 한반도 평화 체제를 통한 동북아 질서 수립이라는 공통 지점을 공유하지만, 학계가 평화 체제를 바탕으로 한 한반도의 단계적 접근론을 강조한다면, 노무현 정부의 추진 방식은 여전히 자국 중심적이고 확장적이다. 그럼에도 불구하고 동북아 공동체 형성과 이를 위한 한반도 평화 체제 구축을 위한 구성 요소 중 군사력에 대한 강조 및 군사적 자주주의 필요성에 대한 과도한 강조는 여전히 노무현 정부의 동북아 구상에서 우려할 점으로 지적된다(박명림, 2006a).

또한 노무현 정부의 주요 과제 중 주목할 것은 동북아 경제 중심국가 건설이다. 과제를 실행하기 위한 세부 추진 사항을 살펴보면 경제자유구역을 동북아 비즈니스 거점 지역으로 개발하고, 금융 관련 제도의 선진화, 인천공항, 부산항 등을 동북아 물류 중심 기지로의 개발, 그리고 동북아 경제협력체 형성 등이 있다.[7] 동북아를 중심으로 한 경제자유구역, 금융 관련 제도, 물류 중심 기지를 개발하고 그것들을 통해 동북아를 중심으로 한 경제협력체를 건설하려는 인수위원회의 과제는 노무현 정부에서 금융 동북아 허브에 대한 논의로 구체화되었다.

노무현 정부의 동북아에 대한 인식은 2003년 2월 25일 취임사에서도 구체화되었다. 노무현 대통령은 동북아시아가 세계 경제의 새로운 활력으로 떠오르고 있음을 전제하면서 한국의 미래를 동북아시대에서 찾고 있다.

> "21세기는 동북아시대가 될 것이라는 세계 석학들의 예측이 착착 현실로 나타나고 있습니다. … 우리 한반도는 동북아시아의 중심에 자리 잡고 있습니다. 한반도는 중국과 일본, 그리고 대륙과 해양을 연결하는 다리입니다. 이런 지정학적 위치가 지난날에는 우리에게 숱한 고통

7 위 정책간행물(2003), 253-257쪽.

을 주었습니다. 그러나 오늘날에는 오히려 기회를 주고 있습니다. 21세기 동북아시대의 중심적 역할을 우리에게 요구하고 있는 것입니다."[8]

노무현 대통령은 한반도의 지정학적 위치의 의미를 대륙과 해양을 연결하는 주요한 교두보로 상정하면서 직접 "동북아시대"를 명명하고 있고 동북아시대의 중심으로 한국을 지명하고 있다(김원배, 2003). 노무현은 계속되는 취임사에서 대통령 인수위원회가 제시한 실천 과제에 대해서도 언급한다. 구체적으로 인천공항, 부산항, 고속철도 등의 물류 기반을 21세기 동북아시대를 주도적으로 열어 갈 기본적 조건으로 강조하면서 한반도를 "동북아의 물류와 금융의 중심지"로 언급한다. 김원배(2003)는 동북아 중심 구상에서 물류 중심, 금융 중심, R&D 중심으로 가야 한다는 입장에 부분적으로 타당성이 있지만, 지리적·전략적 위치를 감안할 때 우선적으로 추진해야 할 기능은 물류라고 주장한다. 대륙과 해양, 중국과 일본을 연결하는 한반도의 지정학적 중요성이 아시아 지역의 구성원들에게 명료해진 역사적 계기가 임진왜란이라면(김시덕, 2015), 노무현 정부는 이러한 한반도의 지정학적 의미를 동북아, 특히 동북아의 경제적 의미의 중요성과 연결시키고 있다. 지정학적 위치는 변화되는 것이 아니지만, 한국의 위상과 주변국의 위상 변화에 연동되어 한국의 지정학적 위치가 변화됨을 알 수 있다.[9]

8 대통령기록관(www.pa.go.kr) 〉 정책간행물 〉 『노무현대통령연설문집 제1권: 2003년 2월 25일~2004년 1월 13일』(2004), 「제16대 대통령 취임사-평화와 번영과 도약의 시대로」, 대통령비서실, 26쪽, 27쪽.

9 지정학적 위치에 따른 국가 전략의 변화에 대해 박명림(2006a)은 한국의 자기정체성의 준거가 타자와의 관계적 인식에서 출발했음을 강조하면서 동북아시대 발언을 한국의 위치가 중견 국가로 성장한 것에 대한 자신감으로 평가한다.

대통령 취임사는 동북아시대의 의미가 단지 경제 영역에 국한되지 않고 세계의 번영과 평화의 공동체로 확장된다. "동북아에 '번영의 공동체를 이룩하고, 이를 통해 세계의 번영에 기여해야 합니다. 그리고 머지않아' 평화의 공동체로 발전해 나아갈 것"이라는 노무현 대통령의 주장은 한반도의 평화 정착을 통해 동아시아와 세계 평화에 기여하고자 하는 학계의 한반도 분단체제론과 맥을 같이한다(김학재, 2015; Baik, 2010; Paik, 2000). 동북아-남북-국내라는 3차원적인 접근을 통해 동북아 구상과 남북관계 발전을 연계시킨다는 점에서 동아시아론은 한반도, 특히 분단이라는 남북관계를 바라보는 시각과 유사하다(박명림, 2006b). 한반도에 평화를 제도적으로 정착시킴으로써 동북아시대를 열고, 이를 통해 한반도를 동북아의 평화 지대로 자리매김하고자 하는 의도는 대통령 인수위원회의 실천 사항을 구체적인 언술로 표현하고 있는 것이다.

대통령 인수위원회와 대통령 취임사에 나타난 동북아시대론은 동아시아의 경제적 성장과 미래 지향적 관계, 한반도의 평화 정착을 추구하고, 한반도 평화 체제를 통해 동북아와 세계 평화를 지향한다는 점에서 학계의 동아시아론과 유사한 지점들을 보여 준다. 동시에 국가중심주의적이고 확장적인 언술들을 다수 포함하고 있는데, 북한의 일방적 비핵화와 한국 군사력의 강화를 주장하는 측면이 그러하다. 그리고 민족주의적 감수성을 바탕으로 한국과 한국인이 한반도의 주인 그리고 이를 통해 동북아와 세계의 중심, 즉 지배자의 역할을 담당할 것을 강조한다.

> "존경하는 국민 여러분, 오랜 세월 동안 우리는 변방의 역사를 살아왔습니다. 때로는 자신의 운명을 스스로 결정하지 못하는 의존의 역사를 강요받기도 했습니다. 그러나 이제 우리는 새로운 전기를 맞이하고

있습니다. 21세기 동북아시대의 중심 국가로 웅비할 기회를 맞이하고 있습니다"[10]

일제 식민시기를 암시하면서 민족적 수치심을 자극하고 이를 통해 중심 국가 혹은 지배자로 도약할 것을 강조하는 언술은 대통령의 취임사라는 점에서 당연한 부분일 수 있다. 또한 동북아시대를 천명하고 이를 위한 한반도의 평화, 경제제도, 경제협력제의 구성 등을 제안하는 주체가 궁극적으로 한국이어야 한다는 국가주의를 암시하기 위한 변명일 수도 있다. 이러한 고려는 노무현 정부의 동북아시대 담론이 학계와 전문가, 그리고 대중의 동아시아 담론과 접합되면서 발생하는 심리적·이데올로기적 효과들을 탐색하는 데 필요하다.

노무현 정부의 동북아시대 구상은 대통령인수위원회에서 밝힌 바와 같이 경제협력 혹은 지역경제 공동체 형성을 위한 정책으로 구체화된다. 박명림은 동북아 구상에 대해 핵심 비전이 경제에서 출발하여 동북아 경제 중심 국가, 물류 허브, 그리고 금융 허브로 그 목표가 제시되었다고 평가한다(박명림, 2006a). 출범 이후 노무현 정부는 2003년 4월 동북아경제중심추진위원회를 설립하고 평화 촉진을 위한 동북아 사회간접자본의 건설, 동북아 공동체 형성 촉진, 동북아 물류 및 금융 허브 구축, 전략적 외국인 투자 유치 등을 추진하였다.[11] 또한 이 위원회는 2004년 6월 국무회의 의결을 통해 위원 25명과 자문위원회, 그리고 7개 전문위원회로 구성된 '동북아시대위원회'로 개편하고 "평화와 번

10 위 정책간행물(2004), 30쪽, 31쪽.

11 대통령기록관(www.pa.go.kr)〉역대 대통령 웹사이트 〉 동북아시대위원회(www.nabh.pa.go.kr) 〉 위원회 연혁; 동 사이트 〉 자료실 〉 정책자료실 〉「동북아경제중심의 비전과 자세(2003)」, 동북아경제중심추진위원회, 8-14쪽.

영의 동북아시아 공동체 건설"이라는 광범위한 목표를 내세웠다. 기존 경제 중심의 위원회 개편이 필요하게 된 것은 정권 출범과 함께 북한 핵 문제가 장기화되는 등 동북아시아의 안보가 불안정해지자 경제뿐 아니라 한반도와 동북아의 평화, 그리고 다양한 문화 교류의 필요성이 인식되었기 때문이라고 할 수 있다.[12] '동북아시대위원회'는 주요 과제로 국가의 중장기 외교안보전략의 구상, 남북 협력 방안의 모색, 동북아 국가 간의 경제협력 증진 및 사회문화 교류 확대의 추진 등을 제시하였다.[13] 2008년 1월까지 운영된 '동북아시대위원회'에는 정부위원과 민간위원이 다수 포함되었으며 평화, 금융 허브, 물류, 외국인 투자 유치, 경제협력, 사회문화협력 등의 전문위원회로 활동하였다. '동북아시대위원회'는 추후 금융동북아 허브 구상 등 지역 내 경제협력 및 주요 경제 전략으로 구체화되면서 노무현 정부의 동북아 구상 핵심 내용을 대변해 준다. 이 위원회가 보여 준 경제 중심에서 평화 및 사회문화 교류로까지의 사업 범위의 확장 변화는 경제 중심의 지역 전략이라는 정부의 의도를 드러내는 동시에 그 한계를 명확히 한다. 위원회가 최종 목표로 삼았던 네트워크 동북아, 열린 동북아, 함께하는 동북아 건설이라는 테제는 학계의 동아시아론이 추구하는 네트워크, 열린, 그리고 함께하는 지역주의의 이상을 적절히 차용하고 있음을 알 수 있다. 하지만 이 위원회를 구심점으로 한 노무현 정부의 동북아시대 구상이 담지하고 있는 경제 중심과 한국중심주의는 한편으로 이와 같은 위원회의 목표가 쉽게 달성될 수 없다는 한계를 보여 준다. 이러한 동북아 경제중심주의라는 명제 아래서 한국의 지정학적 위치에 대한 노골적인 강조

12 위 사이트 〉 자료실 〉 뉴스레터자료실 〉「특집 기획 '동북아시대위원회를 열며'」(2004. 7. 8), 합본(Vol. 03).

13 위 사이트 〉 위원회 소개 〉 위원장 인사.

는 아류제국의적 발상이라는 비판을 받는다(김양희, 2008). 동북아 구상의 경제 영역은 정부 초기에 활발하게 제안, 시도된 것에 비해 후기로 갈수록 정책 방향에 혼선이 생기거나 주요 의제로 제안되지 않는다. 특히 FTA 협약 추구 초기 과정에서 일본과 중국과의 협약이 무산되고 그 대신 한미 FTA가 2005년 이후 급물살을 타면서 경제 영역의 동북아 구상은 후순위로 밀려난다(김양희, 2008).

경제와 함께 노무현 정부의 동북아시대 구상에 있어 주요한 논점이 되었던 것은 동북아 균형자론이다. 동북아 균형자론은 2005년에 본격화되었다. 대통령 취임 2주년, 3·1절 기념사, 공사 임관식 등에서 노무현 대통령이 언급했고, 2005년 3월 22일 육군사관학교 졸업식 연설에서도 구체적으로 천명되었다.[14] 노무현 정부의 동북아 균형자 구상은 대통령 취임 시부터 동북아시대를 강조하고, 한반도의 평화가 지역평화 및 세계평화에 이바지할 것이라고 언급했다는 점에서 기존의 동북아 구상과 큰 차이점이 없다. 그런데도 경제 영역에서 동북아 금융허브 건설과 달리 균형자 외교 구상에 비난의 목소리가 높았던 것은 기존의 한미 관계, 특히 한-미-일의 안보 체계를 이탈했다는 평가가 있었기 때문이다(최영재, 2005). 동북아 구상은 박정희 정부에서 성립된 냉전시대 국가전략으로 한-미-일 협조 체제에서 탈냉전시대 중국과 소련과의 국교를 정상화한 이후의 세계화 시대에 대한 대응으로 세워진 국제 관계 및 안보전략이다(박명림, 2006b).

상대적으로 많은 논의를 이끈 외교정책인 균형자 구상과 한국이

14 "이제 우리는 한반도뿐 아니라 동북아시아의 평화와 번영을 위한 균형자 역할을 해 나아갈 것입니다. (중략) 앞으로 우리가 어떤 선택을 하느냐에 따라 동북아의 세력판도는 달라질 것입니다."(대통령기록관(www.pa.go.kr) 〉 대통령기록연구실 〉 연설기록 〉「육군 3사관학교 제40기 졸업 및 임관식 치사」)

중요한 균형자의 역할을 맡아야 한다는 주장은 경제 및 사회문화 영역과 비교해 보면 정부의 실질적인 정책 시행이 없었을 뿐만 아니라 현실적인 변화도 만들어 내지 못하였다. 동북아 균형자론은 한국의 외교 역량이 충분하지 않은 상황에서 독자적 능력을 갖춘 외교정책을 펴는 것이 비현실적이었을 뿐만 아니라 미국 역시 한국의 의도에 대해 의구심을 가질 수 있었다(이남주 외, 2005). 임원혁은 미국의 입장에서는 동북아시아 안보에서 여전히 중심적인 역할을 하려 했고, 균형자(balancer)보다 안정자(stabilizer) 역할을 하려 했다고 주장한다(이남주 외, 2005). 그 결과 동북아 균형자론은 실질적인 국제 관계를 위한 제안이라기보다 국내용으로 국민의 자긍심을 고취시키려는 의도가 다분하였다. 그리고 중견 국가론과 마찬가지로 동북아 균형자론과 동북아 중심국가론은 기저에 변방 콤플렉스가 있는 자기 만족적인 발언에 그쳤다는 평가가 내려지기도 한다(이남주 외, 2005).

노무현 정부의 동북아시대 구상의 중요한 지점은 역사 문제에 관한 관심이었는데, 구체적으로 '동북아 평화를 위한 바른역사정립기획단'과 '고구려연구재단'에서 출발하여 정권 중반기에 '동북아역사재단' 설립으로 구체화되었다. 노무현 정부는 역사 인식, 특히 일본과의 관계에서 발생하는 역사 문제는 한반도와 동북아시아 구상에 있어 핵심적인 문제라고 파악했고, 역사 갈등의 상존은 구체적으로 동북아역사재단의 설립으로 이어졌다(박명림, 2006a). 2004년 정부출연 연구기관으로 설립된 '고구려역사재단'은 중국의 역사 왜곡에 관해 체계적이면서도 학술적인 대응을 목표로 설립되었다. 구체적으로 중국이 공격적으로 추진한 동북공정에 대한 체계적이고 학술적인 대응을 위해 고구려사를 중심으로 고조선, 부여, 발해사 등을 포괄하는 연구를 진행하였다. '고구려역사재단'이 '동북아역사재단'으로 흡수, 확대되는 데 있어서 중요한 역할을 한 것은 정부가 2005년에 대통령 소속하에 발족한

'바른역사정립기획단(이하 기획단)'이다. 이 '기획단'은 역사 문제에 대해 보다 적극적이고 장기적으로 대응하기 위해 출범되었으며, '역사대응팀', '독도대응팀', '법률팀' 등으로 구성되었다.[15] '기획단'이 '고구려역사재단'을 흡수하여 '동북아역사재단'을 설립한 직접적 원인은 독도 문제와 일본의 역사교과서 왜곡 문제에 대처하기 위해서였다. '동북아역사재단'은 형식적으로 교육인적자원부 산하에 속했지만, 설립 당시에는 외교통상부를 주축으로 추진되면서 '고구려역사재단'과의 흡수통합이 원만하지 않았다(조선일보, 2008/12/30). 그럼에도 불구하고 청와대와 외교부는 연구 업무만 아니라 연구에 따른 외교전략 수립 등 정책 결정 기구와 연계하는 통합적 조정 기구가 필요하다는 입장을 내세워 '동북아역사재단' 설립을 준비했고, 2006년 9월에 재단이 설립된다. '고구려역사재단'과 '동북아역사재단' 모두 동아시아의 역사, 특히 한국과 밀접하고 경쟁적인 관계에 있는 중국과 일본과의 역사 관계에 대한 연구를 정부 주도하에 추진한다는 점에서 공통점이 있다. 다시 말해 이런 여러 역사 연구재단의 설립은 한국의 역사 연구와 동북아시아 국가 간 외교에 있어 역사에 대한 검증 및 자료가 중요한 역할을 한다는 정부의 인식이 본격적으로 구체화된 지점이다.

노무현 정부의 동북아 구상은 탈냉전과 세계화라는 세계적인 수준의 변화, 한·미·일 동맹에서 다자구조로의 외교정책 변화, 그리고 중견 국가로서 경제적·정치적·문화적 성장이라는 국내적 요인을 반영한 정책 제안이라고 볼 수 있다. 그런데도 동북아 구상은 한국 외교 역량의 한계, FTA 주요 대상의 변화, 노무현 정부의 정치적 역량 한계 등의 이유로 장기적·체계적 변화를 유도해 내지 못하였다. 꾸준한 남북

15 외교부(www.mofa.go.kr) 〉 뉴스〉 기고 / 인터뷰 〉 바른역사정립기획단 조중표 부단장 인터뷰 내용 중.

관계 회복에도 불구하고 북한 핵 문제가 여전히 상존했고, 노무현 정부는 탄핵을 받았으며, 동북아 균형자론은 보수세력의 강한 반대에 부딪혔다. 동시에 한국중심주의, 군비 강화에 대한 강조, 그리고 확장주의적 경제관은 국가정책이라는 점을 고려할 때도 아류제국주의이자 변방 콤플렉스의 강한 반동의 양상을 보였다. 이런 동북아 구상의 현실과 이상의 괴리, 아류제국의적 욕망은 동아시아론이 가진 모순과 맞닿아 있다.

4. 동북아시대의 동아시아 담론: 동아시아에 관한 네 가지 내러티브

앞서 언급한 바와 같이 2006~2007년은 동북아시대 구상이 대통령의 주요 언술에서부터 다양한 국가정책으로 시도되고, 언론과 학계의 주요 화두로 떠오른 시기이다. 이는 1990년대 중반 이후 인문학계와 사회학계를 중심으로 진행되어 온 동아시아론이 본격적으로 정책에 반영되는 과정을 경험한 시기인 동시에 대중에게도 동(북)아시아가 다양한 형태의 실체로 다가왔다. 당시의 동아시아론에 대해 "시대의 요청"으로, 동아시아가 "모든 영역에서 관심이 높아진 것은 문화적·경제적, 그리고 정치, 안보적으로 상호의존성"이 높아졌다고 평가하는 것도 이 때문이다(백영서, 2013: 205). 이에 이른바 동북아시대라고 불릴 만한 맥락에서 한국 사회에 논의되었던 동아시아론의 주요 내용과 특징적인 내러티브를 살펴보고자 한다.

한국발 동북아시대의 동아시아론을 탐색하기 위해 〈경향신문〉이 2006~2007년까지 연재했던 「오늘의 동아시아」와 「동아시아의 오늘과 내일」이라는 제목의 기획기사를 선정하였다. 이 기획기사는 각각

44개와 81개의 칼럼으로 이뤄졌는데, 첫 번째 기획기사는 경향신문사 문화부(당시 문화부장은 조운찬 기자)에서 연재를 담당했고, 두 번째 연재는 '서남재단'에 속한 서남포럼 연구자들이 신문사와 협의를 통해 후속 기획을 담당하였다. 서남포럼 연구자 중 주요 연구자는 최원식과 백영서였고, 두 기획 모두 다양한 영역의 지식인들과 전문가들에게 집필을 요청하여 일주일에 1회씩 연재하였다. 칼럼 형식으로 작성된 기획기사의 필진은 학자들뿐 아니라 사회활동가, 정책입안자, 현장전문가 등 다양한 영역의 전문가들로 구성되었다. 또한 A4 용지 1~2장 정도 분량의 기사는 학술적 깊이보다는 다양한 이슈와 현안을 다루면서 대중들과 소통할 수 있는 이슈들을 제시하고 있다. 125개의 기획기사는 1990년대부터 한국 학계를 중심으로 논의된 동아시아론이 점차 정치적 어젠다와 정책적 필요성, 그리고 대중적·사회적 관심으로 확장된 측면을 잘 보여 준다고 판단된다.

〈경향신문〉의 동아시아에 대한 기획기사를 통해 재현, 구성된 동아시아에 대한 담론을 동북아시대의 동아시아론이라고 명명하고, 노무현 정부의 동북아시대 구상이 전면화, 본격화된 시기에 구성된 동아시아론의 주요 특징을 살펴본다. 분석 방식은 기획기사를 양적인 분포나 빈도를 중심으로 분석하기보다 기획기사가 보여 주는 다양한 동아시아에 대한 의견의 특징적인 양상을 분석해 본다. 우리가 주목한 기획기사의 특징적인 양상, 즉 동북아시대의 동아시아론의 특징은 동아시아의 정의, 동아시아의 주요 주체, 동아시아의 역사 인식, 그리고 동아시아의 대중문화의 네 영역에서 찾아볼 수 있다.

1) 첫 번째 내러티브: 동아시아의 유연한 경계

동북아시대의 동아시아론에서 논의하고 있는 첫 번째 영역은 동아시아의 정의, 특히 지리적으로 동아시아는 어디까지이며, 정해진 구역이 있는지를 논의하는 것이다. 동아시아라는 기획기사에서 구체적으로 언급하는 대상은 주로 국가를 중심으로 영역이 구획되는데, 한국에서 시작하여 동북아의 한·중·일 세 국가가 중심이 된다. 동시에 동북아의 주요한 경제협력 파트너로서 아세안(ASEAN) 및 동남아시아가 언급되고 있다. 주요한 타자로서 미국이 함께 논의의 대상이 된다는 점이 주목된다. 그러나 기획기사는 동아시아의 주요 국가뿐 아니라 몽골, 대만, 북한 등 기존의 동아시아론에서 의도/비의도적으로 잘 언급하지 않는 국가와 제주도, 오키나와 등 도서 지역에도 관심을 둔다. 기획기사에서 나타나는 지리적 특성은 여전히 한·중·일이라는 3국을 중심으로 구성되지만, 지정학적 요인, 경제적 교류, 그리고 사람의 이동 등을 매개로 주변으로 확장이 자유로울 뿐만 아니라 주요 주체와 이슈에 따라 가변적이라는 것이다.

동아시아에 대한 논의에서 가장 먼저 떠오르는 질문은 그것의 정의 혹은 지리적 경계가 어디인가 하는 것이다(백영서, 2013; Spivak, 2008). 동북아시대론과 연결지어 생각해 보아도 동아시아는 단순히 동북아시아와 동남아시아의 총합을 가리키는 것인지 역시 모호하다. 〈경향신문〉의 기획기사도 "어디까지가 동아시아인지"라는 질문들과 함께 "과연 동아시아를 하나로 취급할 수 있는지"라는 질문으로 시작한다(김동택, 2006/07/21).[16] 기획기사의 주요 담당자이자 동아시아론의 주요 연구자인 백영서는 칼럼에서 동아시아의 지역적 범위에 대해 "좁은 의미로는 동북아를 가리키며, 넓은 의미로는 동북아와 동남아를 아우른다"고 설명한다(백영서, 2006/12/22). '동아시아'라는 주제로 연재된 기사들 속에

16 이하 〈경향신문〉의 기사 인용은 작성자와 게재된 날짜를 '연도/월/일'의 순으로 표기한다.

서 한·중·일 국가는 논의의 중심에 있고, 이러한 특징을 통해 한국에서 동아시아에 대한 심상적 지리는 주로 동북아 그리고 한·중·일이라는 국가가 과대 재현되고 있음을 알 수 있다. 시기적으로 동북아시대 구상이 정책과 언론에서 구체적으로 논의되고 국내외적 변화 속에서 한반도, 특히 한국이 동아시아의 정치, 경제, 그리고 문화 영역에서 중심적인 역할을 담당하기 바라는 기대감이 가감 없이 반영되었다. 동아시아를 동북아가 대표하고, 동북아를 한국이 매개하는 이런 지리적 상상력은 동북아시대의 균형자론 그리고 경제 허브 논의와 맞닿아 있다. 한·중·일이 동북아를 넘어 동아시아를 과대 재현하는 양상은 기존의 한국발 동아시아론에서 많이 발견되고, 또한 비판받아 온 부분이다.

한편 동아시아의 지리적 경계라는 측면에서 동북아시대의 동아시아론이 바라보는 시각은 주목할 만하다. 북한은 한반도의 절반인데도 한·중·일이 중심이 되는 동아시아론에서는 비중 있게 다루지 않고 있을 뿐만 아니라 동아시아 내 경제와 문화 교류 측면에서도 많이 언급되지 않는다. 한국발 동아시아론 가운데 북한과의 남북관계를 동아시아 및 전 세계의 평화 체제에 중요한 대상으로 바라보는 연구자들의 입장과 유사하게 동북아시대의 동아시아론은 북한을 중요한 대상으로 다루고 있다.[17] 북한의 정치와 군사적 의미뿐 아니라 한반도 관계의 중요성을 강조하는 맥락은 노무현 정부가 천명한 동북아 평화시대 정착에 있어 북한 그리고 북한과의 관계성을 강조한 것과 연결되어 있다(정영철, 2006/11/03). 기획기사가 북한 그리고 남북한 관계를 동아시아의 중요

17 '서남재단'과 '창비' 등의 동아시아론자들 역시 동일한 것을 강조하면서 남북분단 체제의 극복을 동아시아론의 목표로 삼고 있다. 이와 같은 지점은 이성규 등 보수적인 입장의 학자들이 동아시아론을 학문적인 접근이 아니라 정치적인 접근으로 평가하는 근거이기도 하다.

한 축, 특히 평화 체제 정착에 중심으로 상정하는 것은 백낙청의 “분단 체제론”의 연장이라고 볼 수 있다. 기획기사는 북한과 함께 대만 역시 동아시아의 오늘과 내일을 상상하는 데 있어서 주요한 지역으로 다룬다. 대만은 중국 제국주의와 미·일 제국주의 사이에서 또 다른 군사적 충돌의 위협이 있는 공간으로 그리고 아시아의 고아로서의 아픔을 지니고 살아가는 공간으로 부각된다(양태근, 2007/03/23; 양태근, 2007/09/21; 송승석, 2007/05/25). 대만의 경우 중국과 다른 동아시아의 중요한 이슈를 담지하고 있는 곳으로 논의된다.

기획기사가 보여 주는 지리적 경계에서 또 다른 특징은 동남아시아, 특히 아세안(ASEAN)을 주요한 지역으로 파악하고, 한국과 아세안 혹은 동아시아와 아세안과의 관계를 중요하게 다룬다는 점이다. 2000년대 이후 구체적으로 한·중·일이 추가된 아세안+3의 중요성이 언론 및 학계에서 강조된 것과 맥을 같이한다. 특히 “경제위기를 계기로 ‘동남아국가연합(ASEAN)+3(한·중·일)’을 중심으로 동아시아 공동체 논의가 진전”되고 있음을 강조한다(박은호, 2006/08/11). 아세안+3은 경제적 안정과 협력의 차원에서 논의되고 있지만, 공동체 의식의 부족, 경제력 편차, 과거 역사 갈등, 정치 체제의 차이 및 협력 경험의 부재 등으로 큰 성과를 보이지 못하는 것으로 평가된다(윤덕룡, 2007/03/02). 이것은 1990년대 말 경제위기 이후 지역 경제의 중요성이 부각된 상황에서 동남아시아 경제협력의 중심 역할을 하는 아세안이 전략적으로 부각된 시대적 요소가 반영된 것이다. 하지만 당시에 지적된 위험 요소는 현재 고스란히 나타나서 당시의 기대에 비해 한국 그리고 동북아와 동남아시아의 협력 및 교류는 많이 진전되지 못하였다.

동북아시대라는 국면에서 아세안과 동남아시아가 부상한 당시의 국면은 한국에서 상상하는 동아시아의 지리적 경계를 이해하는 단초가 된다. 동북아시아는 동남아시아와 함께 동아시아를 구성하는 분리된 두 개의 권역으로 이해되기보다는 동아시아를 협의적으로 대표하는 방식으로 구현되고 있다. 시대적 분위기와 지역을 둘러싼 기회와 힘의 역학이 동북아시대의 동아시아를 상상하는 데 있어 동남아시아를 중요하게 여기게 했지만, 동시에 달라지는 국가 간의 관계와 경제적 기회의 변화는 동아시아에 대한 지리적 상상을 변동시켰음을 알 수 있다.

기획기사는 전체적으로 동남아시아를 아세안으로 병치시킴으로써 동남아시아를 단일화하고 하나의 대상으로 여기는 시선을 부분적으로 반복하고 있지만, 개별 국가 및 여러 나라와 한국의 관계를 조망하는 것을 잊지 않는다. 베트남, 버마, 싱가포르 등을 구체적으로 논의하면서 각 지역-국가들과 동아시아의 역사적 관계, 그리고 동북아와 동남아를 연결하는 다양한 이주의 모습에도 시선을 돌린다. 동북아 구상의 주요한 성과로 여겨지는 동아시아 교과서에서 상정하고 있는 동아시아 지역 개념에도 "중국대륙과 한반도, 일본 열도, 류큐, 대만에 이르는 연안의 도서, 베트남까지를 포함"하고 있다(손안석, 2007/01/19). 냉전 시기부터 미국 및 한국을 포함한 동북아 영역과 다양하고 복잡한 관계를 맺고 있는 베트남에 대해서는 한국뿐 아니라 미국과의 새로운 관계를 조망하기도 한다(구수정, 2007/03/30). 제국의 주변국이 아닌 독립국으로서 베트남을 바라보면서 그들의 "탈주변적 그리고 탈동아적 의식은 그 길고 긴 저항의 역사 속에서 얻어진 것"이라고 평가한다(신윤환, 2007/07/20).

한국이 상상하고 있는 동아시아의 경계가 결코 지리적 경계와 동일하지 않다는 것은 기획기사를 포함한 다양한 동아시아의 상상지리 안에 미국이 여전히 중요한 타자로 자리 잡고 있다는 점에서도 드러난다. 이 책의 주요한 논거이기도 한 동아시아의 근대성 형성에 있어서 미국은 외부자이자 내부자인 것과 마찬가지로 기획기사에서 미국은 한반도를 포함한 동아시아의 경제, 정치와 안보, 문화에서 주요한 대상으로 언급되며, 지리적 상상력 안에서 중요하게 다뤄진다. 미국이 동아시아론에서 함께 논의되는 것은 환태평양권에 대한 논의가 강조되던 시대적 흐름과 함께하면서 19세기 말부터 동아시아에서 주요한 타자 역할을 담당한 역사적 지속성을 보여 준다(김명호, 2005). 동북아시대의 주목할 만한 변화라면 중국을 한·중·일, 그리고 동북아 관계뿐 아니라 동아시아의 중심축을 미국과 함께 조정할 수 있는 주요한 주체이자 세계질서 내에서 미국과 경쟁할 수 있는 유일한 대상으로 관측한다는 점이다. 중국의 부상을 한국에 미칠 경제적인 가능성과 함께 위협으로 바라보는 시점이 발견되는데, 이휘옥은 "동아시아에서 중국 위험을 중국 위협으로 재구성해야" 한다고 주장한다(이휘옥, 2006/09/08). 정치적 영역뿐 아니라 경제적 접근에서도 일본의 동아시아 전략 수정을 언급하면서 일본이 동(남)아시아와 당시 추진하고 있던 FTA의 목적을 중국 견제의 하나의 방식으로 설명한다(김양희, 2006/11/17). 기존의 동아시아 지역 상상이 한·중·일을 중심으로 태평양을 가로질러 미국과 연결 짓는 프레임이었다면, 동북아시대의 상상지도는 중국이 미국의 대척점에서 동아시아를 구성하는 것으로 변동되었다.

기획기사는 단지 국가 혹은 아세안과 같은 국가 협의체만 다루지 않고, 제주도나 오키나와 같은 지역을 함께 논의한다. 오키나와는 미군기지 이전 문제가 중심인 가운데 제국의 교차로로서 타이베이, 호찌민과 함께 유사한 고통을 공유한 지역으로서 연대의 가능성을 보여 준다(강태웅, 2007/03/16). 제주도는 동아시아 교류협력의 주요한 지점으로 제주국제평화센터, 제주평화연구원, 제주평화포럼 등이 주목할 사업으로 언급되었다(양길현, 2006/10/13). 그 외에도 기획기사는 간헐적으로 인도 등 남아시아, 호주와 같이 부분적으로 아시아와 연계된 지역까지 함께 다루고 있다. 기존의 동아시아론에서는 거리감이 있는 지역임에도 특정 주체와 이슈에 따라 동아시아의 상상지리에 포함되거나 배제되는 인도 및 호주의 존재와 그들과 동아시아와의 교류는 동아시아 경계의 확장성과 가변성을 상징한다.

동북아시대의 동아시아론은 한·중·일과 같은 동북아시아에 속한 국가들이 중심축에 놓여 있고, 경제 교류 및 안보 등 국제 관계를 중심으로 지리적 상상력이 확장되고 있다. 이와 같은 경향성은 지리적으로 고정된 영역으로서의 동아시아가 아니라 지리적 상상력에 의해 다양하게 구획되고 그려질 수 있는 동아시아를 상징한다. 기존 동아시아 논의에 대한 비판에서 지적되어 온 동북아 및 국가중심주의와 유사한 한계를 보인다. 그런데도 동남아시아의 개별 국가들과 국가가 아닌 지역 등에 대한 논의들은 기존 논의에서 '중심'이 아닌 '주변'이라고 일컬어질 수 있는 지역에 주목했다는 점에서 의의가 있다.

2) 두 번째 내러티브: 동아시아의 다양한 주체

동북아시대의 동아시아론이 주요하게 주목하는 두 번째 영역은 누가 동아시아를 구성하고 운영하는가 하는 동아시아의 주체들에 대한 논의이다. 기획기사에서는 기존의 민족-국가, 국가협의체뿐 아니라 국가를 넘어선 다양한 사회운동 및 노동자, 학생, 이주자 등 다양한 주체들의 활동에 주목하고 있다(김동택, 2006/07/21). 기존의 동아시아 논의가 한국과 민족-국가 중심에서 점차 주변 및 다양한 타자에게로 관심을 확장시키고 있는 것과 유사하게, 동북아시대의 논의에서도 초국가적인 움직임과 국익을 벗어난 다양한 활동에 대한 새로운 조명이 발견된다.

동아시아의 지역 경계에서 살펴보았듯이 민족-국가, 정부, 기업, 그리고 지역협의체는 국제 관계, 안보, 경제협력에 있어 주요한 주체들이었다. 민족-국가를 중심으로 한 주체들은 동아시아에서도 지역 경제협력과 북한 핵 문제 등 지역 안보와 같은 영역에서는 중요한 역할을 부여받는다. 한반도 및 동북아 평화 정착에 있어서 한국과 북한을 포함한 6자 회담의 주체는 국가 혹은 정부이고, 강대국은 동아시아를 대변하는 주체로 재현된다. 기존 논의와 비교하면 기획기사는 민족-국가를 넘어선 다양한 운동들, 움직임, 그리고 그를 구성하는 주체들에 주목함으로써 새로운 동아시아의 정체성을 파악하려는 시도를 보인다. 이기호는 "국민국가(nation-state)는 그 유효성을 다해 가고" 있는 변화 속에서 국가 혹은 정부가 유일한 그리고 꼭 의미 있는 주체일 필요는 없으며, "변화의 중심에 '국가'가 아니라 '시민'이 자리하고 있는, 아직 낯설지만 '국민' 대신에 '동아시아인'이라는 새로운 정체성"을 제안한다(이기호, 2006/08/04). 동시에 기획기사에서는 시민단체, 노동자와 같은 사회운동의 전형적인 구성원들과 함께 결혼 이민자, 유학생과 같이 새롭게 부상한 주체들을 중요하게 다룬다. 노동자, 학생, 그리고 시민단체들이 구성하는 다양한 사회운동을 통해 그들이 동아시아를 구성하는 주요한 주체로 부상됨을 알 수 있다. 동아시아의 중요성은 또한 한국 사회운동권에도 영향을 주었는데, 인권과 노동운동에서 아시아, 특히 '동아시아' 연대가 중요한 키워드로 부상하고 있다(전제성, 2006/09/15).

동아시아를 연결하는 사회운동의 주요 의제는 환경, 평화, 그리고 인권-민주 등이다. 이중 환경운동은 대표적으로 국가 단위를 넘어 지역간 다양한 조직 및 주체의 연대 활동이 논의되는 주제이다. 환경문제는 동아시아 차원에서 사고 되는 동시에 중국의 환경문제, 특히 산성비와 황사는 "월경성 이동을 통해 동아시아 지역 전체로 확산되는 지역환경문제"로 인식되기도 한다(원동욱, 2006/10/20). 평화운동에서는 북한의 문제가 다시 주목받는데, 국가 단위의 개입뿐 아니라 탈국가적인 활동의 가능성이 새롭게 검토된다. 기획기사는 여전히 진보 없는 동아시아 인권 상태를 지적하며, 인권은 동아시아 관점으로, 특히 "각국의 배타적인 경계"를 넘어설 것을 강조한다(이창수, 2006/10/27). 민주화 운동에 대한 주목은 버마의 반정부 시위와 군부의 시위 진압 문제에 주목하게 하고, 동시에 "식민지배-군부쿠데타-민주항쟁"으로 이어지는 버마와 한국의 닮은 역사에 관심을 갖게 한다(마웅저, 2007/10/05). 기획기사는 새로운 NGO 활동에 대한 전망 및 논의와 함께 지역 내에서 역사적으로 교류했던 활동 등에 대한 검토 역시 포함하고 있다. 특히 1960년대 반둥에서 개최된 제3세계 운동에 대한 고찰 및 전 지구화, 신자유주의화라는 변화 속에서 새로운 제3세계 운동에 대한 전망을 담고 있다. 이처럼 다변화, 다주체화된 그리고 국경을 넘어선 의제에 주목함으로써 기획기사는 기존 동아시아 논의의 외연을 확장하는 효과를 보여 준다.

사회운동에 대한 고찰은 국가를 넘어선 조직과 운동, 움직임을 지역 내 공동체에 대한 가능성을 논의하는 데 의의가 있다. 그러나 한국을 중심으로 진행되는 사회운동은 그 대상이 동아시아임에도 불구하고 기존의 발전주의, 패권주의, 그리고 지역-국가 간 위계질서의 이데올로기 잔재가 있어 비판의 대상이 된다. 구체적으로 한국 사회운동의 문제점은 "한국에서 동아시아 연대는 담론"에 머물고 있을 뿐만 아니라 "한국 활동가들이 '형제'보다는 '큰형'처럼 행세"하거나 "타문화에 폐쇄적인 태도"를 지니고 있다고 지적된다(전제성, 2006/09/15). 국가중심적 사고와 민족-국가 간 서열을 매기는 태도는 주체가 정부기관에서 개인과 그룹의 사회운동으로 변했음에도 불구하고 여전히 발견되고 있다. 동시에 단체 중심의 연대와 국익에 대한 미련, 그리고 운동의 수출이라는 관점이 한국 사회운동의 문제점으로 비판되었다(손제민, 2006/12/15). 전제성 교수는 한국 연대운동의 문제점으로 "연대 상대국의 운동으로부터 배우려는 자세가 부족한 자민족중심주의, 동아시아 지역협력 정세 등 지역에 대한 이해 부족, 연대운동의 인적-물적 자원 부족"을 꼽았다(도재기, 2006/12/15). 이러한 비판들은 동아시아를 연결하는 사회운동에서 그 주체가 민족, 국가, 정부기관이냐는 지점이 아니라 직접 참여하고 활동하는 각 개인과 그룹들의 내재된 정서, 특히 동아시아 내 타인들에 대한 인식이 중요함을 암시한다.

늘어나는 지역 내 이주와 지식 이동 가운데 개별 국가 및 사회에서 새롭게 주목받는 구성원들이 발견된다. 이주 노동자, 결혼 이민자, 유학생 집단으로 구성된 이른바 '이주 집단들'이다. 결혼 이주여성은 전 지구적인 현상일 뿐만 아니라 최근에는 지역 내 이동의 활성화로 인해 한국 내에서 주목을 받는 사람들이다. 한국 정부와 NGO들의 다양한 다문화 캠페인 및 활동이 있었음에도 불구하고 기획기사는 결혼 이주여성이 바라본 한국 사회를 성찰하면서 "한국 사회의 지배적 시각은 이들(이주여성)을 피해자, 약자로 보는 담론에" 머물고 있음을 비판한다(김이선, 2007/10/12). 국제결혼 가족의 증가를 통해 이주여성의 수가 늘어나는 가운데 동아시아 내 이주의 여성화에 주목하면서 여전히 "외국인 부인의 인권 침해와 한국 생활 적응에 초점"을 두는 한국의 다문화를 비판하는 것이다(김민정, 2006/11/20). 이주자들을 위한 방송국 혹은 국제방송은 지역통합을 촉진할 것이라는 진단이 보인다(현무암, 2006/11/24). 또한 결혼 이주자와 함께 최근 급격히 늘어 가고 있는 유학생, 특히 아시아 내 학생들의 교류에 주목한다(김명인, 2007/11/09; 김지훈, 2007/10/26; 최효찬, 2007/11/02). 이 유학생들을 통해 다양한 방식으로 이뤄지는 동아시아 지식 교류가 주목을 받는다. 〈경향신문〉의 기획자이면서 학계의 동아시아 담론을 주도한 지식인들이 참여하는 서남포럼 토론회는 "아시아 연대운동을 하는 시민운동가와 연구자들의 한마당"을 제공하였다(손제민, 2006/12/15). 2000년대 중반 한국발 동아시아 논의의 활성화는 유사한 주제에 관심이 있는 일본, 대만과 중국 학자들의 교류를 활성화했으며, 부분적으로 제도권을 통한 교류가 증가했음을 알 수 있다.

그리고 새로운 이주자들과 함께 화교와 조선족, 재일 자이니치와 같이 동아시아에서 역사적으로 오랜 기간 이주자의 정체성을 가진 주체들에 대한 재조명이 시도되었다. 동북아시대 그리고 중국과의 교류는 한국 화교 사회에도 변화를 주었는데, 그들은 더는 민주 진보당이 이끄는 대만을 조국으로 받아들이기 어려워지면서 스스로를 "막연히 중국인, 이도저도 아닌 샌드위치와 같은 존재, 붕 떠 있는 존재"로 표현한다(왕은미, 2007/06/22). 한국 화교는 여전히 제도적 차별을 받고 있고 사회의 인식에 있어서도 차별을 받는데, 그들을 외국인이 아닌 한국인의 구성원으로 바라보자고 주장한다(서남포럼, 2007/06/22). 폐쇄적인 한민족 공동체의 외연을 확장시켜 "네트워크로서의 한민족이라는 관점에서 재외동포를 바라"보는 관점은 기존의 민족적 전략에서 벗어나 동아시아의 역동성을 포착하게 해 준다(현무암, 2006/11/24). 해외동포에 대해 디아스포라라는 비유가 사용되는데(임성모, 2007/07/13), 초국가 시대의 코리안 디아스포라는 역사적으로 다양화 그리고 상이한 모습의 해외동포와 고국의 관계를 보여 준다(권숙인, 2007/07/06).

3) 세 번째 내러티브: 동아시아의 평화 지향적 역사 인식

동북아시대의 동아시아론이 주목하는 세 번째 영역은 역사로, 현재와 미래 동아시아의 비전이 지역 역사 및 과거사와 무관하지 않음을 보여 준다. 역사에 대한 인식에서 유교와 한자와 같이 동아시아에서 역사적으로 오랜 기간 사용하고 있는 문화적 요소들이 동아시아론을 위한 기반으로 언급된다. 하지만 동아시아라는 지역 협력체, 경제 구역, 공동체를 설정하는 데 있어 반복적으로 나타나는 난관은 동아시아에 속한 국가와 민족들 사이에 존재하는 민족주의 문제이다. 기획기사는 과거사에서 유래한 지역 내 갈등을 비중 있게 다루면서 그것을 극복하기 위한 도구로서 동아시아 교과서 및 동아시아 내 공동 교육제도를 중요하게 제기한다.

기존의 동아시아론에서 동아시아 지역을 연결시키는 요소로 언급되는 것은 유교와 한자이다. 유교와 한자는 중국을 중심으로 역사적으로 다양한 교류를 맺어 왔던 동아시아 사회에서 과거부터 공유해 오던 문화 요소이다. 그러나 유교와 한자가 각 국가 및 지역에 미친 영향과 활용되는 방식이 현저하게 다름에도 동아시아의 문화적 특성을 단순히 유교와 한자로 규정하는 것은 본질적으로 아시아를 사유하는 사고방식이다(Tanaka, 2004). 동북아시대의 동아시아론에서 유교와 한자는 동아시아를 연결시킬 수 있는 도구이기는 하지만, 그 의의와 함께 그 한계가 논의된다. 지금 그리고 여기서 필요한 것은 과거로부터 현재까지 공유하는 문화적 요소를 인지하면서 각 사회에서 다양하게 전유되는 방식 그리고 시간에 따라 전유되는 방식의 변화를 살펴보는 것이다.

문화적 요소보다 동북아시대 동아시아론이 집중하는 역사 영역은 동아시아 내 국가, 민족, 집단 간에 존재하는 역사 문제에 관한 이해와 갈등, 그리고 그것을 개선하고자 하는 움직임이다. 노무현 정부의 역사 및 교육에 대한 접근에서 동아시아 문제에 천착한 것 역시 일본과의 역사 인식과 영토 분쟁이 중요한 요소였다. 이러한 시대적 흐름을 반영하듯이 기획기사도 교과서의 역사 서술, 일본 정치인들의 야스쿠니 신사 참배, 위안부 보상, 전범 처리 등 일본의 전쟁 책임 등에 대한 주제를 많이 다루었다. 한·중·일의 역사 갈등과 영토 분쟁에 있어 "1차적인 원인 제공자는 과거 행위를 부정하는 일본"이라고 명시한다(신주백, 2006/09/01). 일본의 우경화는 당시 동북아 평화에 큰 걸림돌이었으며, 한국의 일본에 대한 비난은 또 다른 국가주의로 회귀할 가능성을 내포하였다(진창수, 2006/08/25). 역사 분쟁은 단지 한일 관계에만 국한되기보다 동아시아, 특히 한-중-일 간에 첨예한 문제였다. 한국과 중국 간의 역사 인식에도 차이가 있고 “중국사회과학원 변강사지연구센터가 중심이 되어 추진한 동북공정”은 “한국고대사에 관한 중국 학계의 경향”을 보여 주며 또 다른 불씨가 되었다(김지훈, 2006/09/22).

교과서 서술, 위안부 등 역사 문제에 관한 서술과 함께 주목받은 요소는 동아시아 내 영토 분쟁에 관한 것이다. 독도를 둘러싼 일본과의 갈등이 한국의 동아시아론에서 가장 중심이 되었던 반면, 동남아해를 둘러싼 일본과 중국의 영토 분쟁은 상대적으로 논의가 적었다. 역사 인식과 영토 분쟁 논의 속에 동아시아론은 주체가 한반도 혹은 한국이 되는 경우가 많았고, 그로 인해 논쟁의 대상은 전 식민지배자였던 일본으로 설정되었다. 역사 인식과 일본의 전쟁 책임에 대한 철저한 논의는 동아시아 내 다양한 국가, 민족과 구성원이 서로에 대한 이해를 높이고 불필요한 민족주의 대립의 감정을 줄이는 데 필수불가결하다. 기획기사는 일본이 감당한 전쟁 책임을 언급하면서 “단순히 흘러간 역사가 아니라 엄격하게 전쟁 책임을 추급함으로써 두 번 다시 그러한 과거의 전철을 밟지 말자는 역사의 교훈”이 필요하다고 평가한다(서민교, 2007/10/19). 하지만 역사 문제에 대한 논의는 한국의 입장만 대변하거나 일본에 대한 증오만 강조하면서 또 다른 방식으로 민족주의 정서를 양산하는 효과를 나타내기도 한다. 한국의 동아시아론이 지역을 위한 논의가 아닌 자국중심주의라는 비판을 받는 것도 같은 맥락이다. 자국중심주의의 또 다른 양상으로 역사 인식 및 민족 관계에서 피해자로서 한국의 모습만 강조하는 경향도 발견되는데, 이것은 지나친 자기 비하이자 피해자라는 인식을 바탕으로 한 앞으로 한국의 확산을 정당화하는 논리이기도 하다. 한편 기획기사는 앞서 논의한 바와 같이 베트남전쟁에 시선을 돌리고 한국군의 책임과 현재 및 미래의 한국과 베트남의 교류에 주목한다. 한국 역시 역사적으로 누군가에게 정복자 혹은 침략자의 역할을 했고, 앞으로의 관계 회복을 위해서는 역사적 반성과 화해를 위한 움직임이 먼저 필요함을 보여 주는 대목이라고 할 수 있다.

기획기사는 과거 역사에 대한 평가 및 사회에 대한 다양한 인식뿐 아니라 앞으로 어떠한 교육을 해야 할 것인가에 대한 논의로 시선을 돌린다. 특히 한·중·일 동아시아 공동 역사교과서 편찬을 비롯하여 앞으로 세 나라의 교육기관과 담당자 교류 등 국가를 넘어 교육의 제도화에 대한 평가와 진단을 한다. 신주백은 그 가운데 중요한 성과이자 주목할 만한 노력으로 "교과서 대화"를 통한 "한·중·일 간의 공통 역사교재를 출판"하고 "한일 역사 공동연구위원회"라는 제도를 만든 것을 지목하고 있다(신주백, 2006/09/01). 이기호는 교과서 편찬에 대해 동아시아를 지역으로 함께 이해하고자 하는 것은 시민들의 노력이며, "각국의 언어로 공동의 교과서를 냈다는 사실은 동아시아가 공유할 수 있는 역사의 근거를 제시"한 것이라고 평가한다(이기호, 2006/08/04).

이와 같이 시민단체와 연구자들을 중심으로 시작된 지역이 공유하는 역사교과서 출판은 노무현 정부에서 시작된 〈동아시아사〉를 고등학교 선택 교과목으로 추가하려는 정책적 논의로 확장되었다. 기획기사는 정부 차원의 동아시아 교과서 채택과 전문가를 통한 지역 역사교과서 개발에 큰 관심을 보였다. 즉, 국사와 세계사의 중간 다리 역할을 할 뿐만 아니라 관계사적인 측면에서 한국의 역사를 새롭게 서술할 수 있는 동아시아 교과서의 탄생에 대한 기대감을 드러내었다(유용태, 2007/01/19). 안병우는 "하나의 역사로서 동아시아사는 아직 그 정체성을 분명히 하지 못한 상태"라고 평가하면서 "열린 눈으로 우리를 객관화하고, 세계사적 시각에서는 놓칠 수밖에 없는 동아시아 지역사회 공통의 경험을 이해"할 것이라고 한다(안병우, 2007/01/12). 백영서는 역사서를 넘어 '동아시아학'이라는 전공의 필요성을 주장하여 "전지구화에 대한 적응과 극복의 이중과제를 동시에 감당하기 위한 학문적 기초로 [중략] 비판적·역사적 동아시아학"의 창립을 주장한다(백영서, 2006/12/22). 연세대 동아시아학 연계전공의 시작과 수업을 통한 한·중·일 대학생 심포지엄의 개최 역시 동북아시대의 동아시아론을 논의하기 위한 시도이다(정문상, 2006/12/22). 분석 단위로 동아시아가 언급되며, 동아시아 담론이 힘을 얻으면서 한·중·일 지식인들 사이에 동아시아 대학 구상 역시 논의되었다(백영서, 2007/06/08).

19세기 말부터 다양한 이념 및 사상을 바탕으로 한 동아시아론이 제기되었지만, 21세기의 동아시아론은 이제 서양 세력과의 대결과 지역 내 경제적 이익과 정치 세력화만 중심으로 정당화될 수는 없다. 동북아시아의 동아시아론에서는 이러한 역사적 경험, 특히 실패의 경험을 반추한 흔적들이 발견된다. 지역공동체 그리고 지역주의로 나아가기 위해 동아시아 국가들과 거주민들이 가지고 있는 과거사에 대한 인식과 각 국가 및 민족에 대한 분노를 충분히 이해하는 것이 중요함을 논증하는 것이다.

4) 네 번째 내러티브: 동아시아의 자발적인 대중문화

동북아시대의 동아시아론이 논의하는 네 번째 영역은 한류 등 대중문화와 지역 내 일상 문화의 교류이다. 대중문화에 주목한 것은 한류가 2000년대 초반 중국과 일본 등 주변국에서 시작되어 동남아 국가들로 확산되던 시기적 특성이 담론에 반영된 것이다. 한류라는 문화적·상업적 현상은 동아시아 문화 혹은 동아시아 문화 공동체가 가능한 것이냐는 지역적 구상에 영향을 주었을 뿐만 아니라 기존의 동아시아 사회의 문화 현상을 다시 고찰하게 하였다. 특히 일본과 중국의 대중문화와 문학의 의미를 생각함으로써 현재와 미래의 동아시아 문화 교류의 가능성을 논의한 특징이 있다. 또한 대중문화의 영역을 단순히 영화, 드라마, 게임과 같은 엔터테인먼트 사업뿐 아니라 식품과 의류, 화장품과 같이 일상생활의 요소로까지 확대하여 논의하고 있다.

대중문화에 대한 논의는 첫 번째 기획이었던 '오늘의 동아시아' 보다 두 번째 기획인 '동아시아의 오늘과 내일'에서 집중되었다. 한류라는, 당시에는 예상하지 못한 문화 현상으로 인해 한국의 전문가들이 동아시아를 배경으로 하는 문화 흐름과 문화권 형성에 대한 논의를 시작하여 동북아시대에 동아시아 문화 형성의 가능성에 대한 논의를 전개하였다. 동아시아의 문화 향방을 일류(日流)와 이를 동반한 한류로 보면서도, 한류는 "동아시아의 문화선택"으로 해석하기도 한다(백원담, 2006/09/29). 혹은 송승헌과 같은 한류 배우를 통해 "국경을 넘어 동아시아 대중들을 하나로 엮어 내며 동아시아에 새로운 대중적 정체성을 만들어 내고" 있다고 평가한다(임우경, 2007/02/29). 기획기사는 동아시아 대중문화의 중심에 여전히 한류 혹은 한국 배우를 언급하고 있는 한편 대중문화를 통한 동아시아의 문화 교류는 단지 한류를 통해서 시작된 것이 아님을 보여 준다. 동아시아 내 문화 파트너로서 홍콩 영화의 유형과 영향력, 일본 대중문화 등 일류에 대한 고찰을 통해 동아시아 문화 형성에 대한 역사적인 근거와 다양한 기원을 모색한다. 영화 및 아시아 영화제는 역시 동아시아, 특히 동아시아의 젊은이들을 연결해 주는 소통의 도구가 된다. 홍콩 영화에 대한 논의는 아시아 영화의 가능성과 한계에 대한 탐색으로 이어진다. 김소영은 범아시아 영화 프로젝트들이 늘어나고 있지만, 여전히 "민족 국가 차이의 기호를 없애려고 할 때 범아시아 합작은 아시아를 아우르는 대신 범박한 내용으로 전락"한다고 평가한다(김소영, 2007/09/07). 한국 온라인 게임의 아시아 시장에서의 성공을 논의하면서 게임 역시 "하나의 한류 혹은 게임 한류"로 명명하기도 한다(강재호, 2007/09/14). 동남아로 한류의 인기가 확장되기 시작한 것과 함께 동남아 한류에 대한 논의도 발견된다. 한류가 동남아로 확장되었을 뿐만 아니라 쌀국수나 똠얌꿍(tom yam kung)

등 한국에 동남아류가 생긴 것을 긍정적으로 평가하기도 한다(이한우, 2007/07/27).

기획기사는 한국 대중문화에 있어서 홍콩과 일본 대중문화 등 주변국들의 문화 흐름으로부터의 영향력에 대한 고찰과 함께 상호 교류의 가능성을 함께 보고 있다. 2007년 이미 일본에서 한류의 기세가 많이 꺾였다는 평가에도 불구하고 강태웅은 "10년간의 교류가 가져다준 인식의 변화"에 주목하고 "문화 파트너로서 한일 간 대중문화의 교류" 가능성을 타진한다(강태웅, 2007/02/02). 그리고 한류에 앞서서 "중국 속의 일본과 한국의 대중문화"에 주목한다(임우경, 2007/02/09). 또한 기획기사의 한류에 대한 논의는 한류 초기 한류를 통한 민족주의 정서 고취 혹은 경제적 이익을 중심으로 한 담론과는 차별점을 보인다. 여전히 한국의 주류 담론에는 "한국의 문화 상품이 일본 시장을 장악하거나 정복하는 식의 표현이 많이" 쓰인다(강태웅, 2007/02/02). 중국의 입장에서는 "한류가[를] 한국 정부의 문화 지원 정책이 일궈 낸 성과로 보고" 국가 차원의 대책을 마련하는 것은 오히려 민족주의를 재생산하는 기제가 된다고 우려하기도 한다(임우경, 2007/02/09). 일본에서도 "한류가 한국 정부의 거국적인 지원으로 형성, 장려"되었다는 평이 있다(황성빈, 2007/02/23). 대중문화, 한국어, 그리고 한국 문화의 아시아 및 세계 확산은 한국학에 관한 관심으로 이어졌다(이영호, 2007/04/13). 그 가운데 동아시아와는 가깝고도 먼 호주의 한국학에 대한 주목은 동아시아에서의 한국학뿐 아니라 호주에 관한 생각을 하게 한다(모한, 2007/04/16). 한국어 수업이 동아시아 국가들의 대학에 다양하게 개설된 것은 한국 대중문화뿐 아니라 한국 기업에 인력을 공급하기 위해서이다(홍정선, 2007/04/20).

또한 기획기사는 동아시아 문화라는 흐름은 대중문화에서만 기인한 것이 아님을 중국과 대만, 그리고 동아시아의 문학과 대중적 흐름을 통해 논증하고 있다. 문학에 나타난 동아시아의 정서, 중국의 문학과 문화운동을 통한 논의는 동아시아 문화가 단순히 대중문화 영역에 머물고 있지 않음을 보여 준다. 같은 시기 일류는 드라마와 팝 음악보다는 무라카미 하루키의 소설과 문학으로 이해된다(신수정, 2007/04/27; 최정아, 2007/05/11). 일본 대중문화와 일류의 특성을 무국적성으로 바라보는 시각은 한류가 동아시아에서 다른 의미를 가질 수 있는 가능성을 보여 준다. 반면 중국 문학의 위기는 역사적·민족적 트라우마가 너무 쉽게 해소되면서 탈-민족을 꿈꾸는 그래서 무국적성이라는 위기에 빠졌다고 평가된다(백지운, 2007/05/18). 또한 아시아의 고아라는 대만의 소설을 통한 동아시아의 감수성을 다시 읽는 작업은 한·중·일이라는 중심의 시선뿐 아니라 주변에서 바라본 동아시아를 생각하게 한다(Ching, 2001).

대중문화를 통한 동아시아의 교류 활성화와 현지화는 일상생활의 다양한 영역, 특히 대중문화를 통해 재현된 유행을 가능하게 한다. 한류 등 동아시아 내 문화 유통을 통해 활성화된 문화 교류는 사람들의 이동과 직접 만남을 통해 문화가 상호 교류되는 것이다. 한류를 통해 중국인들이 한국을 방문하는 경우 한국인과 중국인의 면대면 접촉이 발생할 뿐만 아니라 중국인들은 한국의 문화와 일상생활을 경험하게 된다. 그리고 중국인들을 위한 음식과 중국 식당이 한국에 증가하면서 쌍방향적인 문화 교류가 발생한다(주영하, 2007/08/31). 이욱연은 한국인과 중국인의 빈번한 상호 방문과 교류에 주목하면서 한국 사회에 화류(華流) 집단이 재등장하고 화류 열풍이 "한국인들의 일상으로, 한국인 생활문화 속으로 확대"되고 있음을 강조한다(이욱연, 2007/01/26). 국경을 넘어선 사람들의 이동뿐 아니라 미디어의 재현을 통해 한국 화장품, 의류, 그리고 식품 등의 지역 내 유통과 유행이 가능하게 된 것이다.

동아시아 대중문화를 구성하는 다양한 지역 내 대중문화 흐름들 그리고 대중문화를 통해 한·중·일뿐 아니라 동남아시아까지 연결되는 문화 양상은 동아시아의 지리적 경계가 유동적이며 가변적임을 보여주는 또 하나의 근거이다. 동아시아 상상지리는 지리적 경계와 거주하는 사람들, 공유하는 역사만이 아니라 미디어와 대중문화 같은 문화 상품의 유통과 교류를 통해 매개된다(Appadurai, 1996). 대중문화와 일상생활의 실천을 통해 구성되는 동아시아, 지역공동체, 그리고 유행공동체에 대한 상상은 지역주의 담론이 정치와 경제 결사체뿐 아니라 개인적인 부분과 취향의 영역에서도 가능함을 보여 준다. 한류라는 현상은 여전히 시장 중심적이고 국가주의적인 욕망 및 영향력에서 자유롭지 않음에도 불구하고, 동아시아 대중문화의 역사성과 다양한 주체 및 공동체에 의한 실천이라는 점에서 다양한 가능성이 열려 있음을 알 수 있다. 특히 동북아시대 구상이 상당 부분 대통령의 국정 제시와 정부의 정책에서 기인했고, 정권의 교체와 국제 정서의 변화에 따라 부침이 심했다는 점을 감안할 때 사적 영역을 통한 동아시아 교류 및 상상의 가능성은 보다 장기 지속적이고 자발적이라는 측면에서 주목할 필요가 있다.

5. 신냉전기에 동아시아론은 지속가능한가?

아시아에서의 동아시아론은 길게는 19세기 서양 제국과의 만남과 일본 제국의 부상을 계기로 촉발되었다. 그리고 두 번의 세계대전과 종전 후 냉전 및 탈냉전을 거치면서 미국의 영향력 아래 급격한 경제 성장을 이룬 동아시아 주요 국가들을 중심으로 변형된 동아시아론이 종종 제기되었다. 반면 한국발 동아시아론은 1990년대 중반 세계화의 파고와 민족주의의 위기를 중심으로 본격적인 논의가 진행되었다. 이 장에서 살펴보고 있는 동북아시대의 동아시아론은 이러한 역사적 맥락 속에서 가능했던 논의인 동시에 1990년대 말 한국과 동아시아의 경제 위기를 거치고 새로운 정권에서 남북관계가 재편되던 시기, 그리고 중국의 성장 및 한류의 시작을 목도하던 시기에 발생한 사회적 담론이다. 국내적으로는 정치권과 언론, 학계에서 다양한 토론과 비판이 상대적으로 자유로운 시기였고, 근대화 시기의 성장을 바탕으로 소비문화와 대중문화가 활발히 공유되던 때이기도 하다. 〈경향신문〉의 칼럼을 통해 검토해 본 동북아시대의 동아시아론은 10여 년이 지난 지금 한국 그리고 동아시아 맥락에서 바라볼 때 과연 얼마나 유효한, 즉 지속가능한 담론이었는가? 노무현 정부의 임기가 끝난 이후 동북아시대 혹은 동북아 구상이 더 이상 정책적으로 사회적으로 활발히 언급되지 않는 지금, 동아시아는 그래도 여전히 한국 사회와 지식인들에게 의미 있는 화두일까? 결론을 대신하여 동북아시대의 동아시아론 가운데 지금 그리고 여기에서 지속가능한 영역과 실천은 무엇인지 생각해 본다.

동북아시대의 동아시아를 주제로 한 기획기사에 대한 당시의 평가를 살펴보자. 기획기사는 추후 편집을 거쳐 책으로 출판되기도 했는데, 총평가에서 "현장감이 있는 글이 많아서 좋았다"는 의견과 기획기사를 통해 동아시아에서 "어디가 부족하다는 것도 알 수 있고, 어떤 부분을 키워야 할지도 알 수" 있다는 의견이 개진되기도 하였다(이병한·백지운, 2007/12/28). 하지만 동북아시대의 동아시아론 역시 한국 중심적인 시각에서 충분히 벗어나지 못했다는 지적이 발견된다. 여전히 동아시아의 통합을 위한 "비전과 로드맵을 우리[한국]가 제시해야겠다는 결단과 스스로에 대한 적극적 역할 부여"를 요청하는 등 한국이 지역의 중심자에 서야 한다는 욕망이 표현된 것이다(윤덕룡, 2007/03/02). 역사적 재고찰에서도 기존의 한국을 은둔의 나라라고 한 것은 역사 폄하라고 평가하면서, 한국학의 세계화를 위한 단계적 전략을 기획한다(이

영호, 2007/04/13). 대중문화 영역에서도 "동남아에서 한류는 명품"이라고 하면서 "아시아 사람들의 정서적 유대를 강화하는 도구"라고 주장한다(이한우, 2007/07/27).

그런데도 동북아시대의 동아시아론은 안중근이 꿈꾸었던 동아시아론처럼 이상주의적이지만은 않으면서[18] 대만의 남진론에서 찾아볼 수 있는 아류-제국주의가 전면적으로 나타나지도 않는다. 기획기사의 논조는 1990년대 이후 한국의 동아시아론에 담겨 있던 민족 중심적인 사유를 완전히 벗어던진 것은 아니지만, 민족주의적 입장이 전면에 드러나지 않았다는 점만으로도 기존의 논의들과 차별점이 있다. 이런 측면에서 기획기사에서 바라보는 동아시아론은 1990년대 이후 한국 사회에서 제기된 민족주의에 대한 자성이 이미 반영된 모습이라고 할 수 있다. 특히 동북아시대의 동아시아론은 한반도와 국내적 차원, 그리고 정치-경제를 넘어 문화 영역에서 기대감과 자부심을 바탕으로 의미 있는 실천의 가능성을 전망하고 있다. 다시 말해 한반도 차원에서는 김대중 정부 이후 남북 평화 교류가 활성화되고 국내에서 민주주의적 토론 및 비판의 가능성이 증가하는 가운데 정치적·군사적 평화가 증대할 것이라는 기대감이 높아지고 있었음을 알 수 있다. 경제적으로는 양극화와 비정규직화 같은 신자유주의적 폐해가 전면화되지 않은 상황에서 1990년대 말 경제위기를 극복하고 FTA 등을 통한 성장의 가능성을 바라보게 되었다. 문화적으로는 한류가 중국을 포함한 동아시아 지역에 확산되고 있는 가운데 한국 문화(언어 등)가 한반도 밖에서 향유되기 시작한 첫 국면이었다. 이와 같은 기대감이 자칫 확장주의적이거나

18 안중근은 동아시아에서의 일본 역할에 대한 기대를 품은 채 한-청-일이 각각 자주독립을 유지하는 세력균형론을 구상화하면서 아시아 연대를 꿈꾸었다(안중근, 2010).

한국 혹은 한반도 중심주의로 흐르지 않은 것은 나름의 의미를 지니는 반면, 과연 얼마나 많은 담론이 현재까지 유효하며 짧은 미래의 시간 속에서 유의미한 그림으로 그려질 수 있는지는 더 생각해 보아야 한다.

2016년을 지나는 시점에서 한국과 동아시아는 이른바 신냉전 체제에 들어서고 있다는 논란이 일어나고 있다.[19] 국내적으로 정치의 자유로운 토론과 민주주의의 가능성은 극단적으로 줄어들고, 사회적으로는 경쟁과 긴장감이 혐오로 재생산되고, 경제적으로는 빈부의 양극화가 벌어지고 비정규직 일자리가 일반화되고 있다. 그리고 남북관계의 상징이었던 금강산 관광과 개성공단은 폐지된 채 개선의 기미를 보이지 않고, 북한이 핵과 미사일 실험을 계속 강행하면서 한반도 관계는 점차 악화되어 흡사 치킨 게임을 벌이고 있는 듯하다. 동아시아 차원에서 중국과 동남아시아 국가들은 남중국해 영토 분쟁을 하고 있으며, 한국의 사드 배치로 인해 미-일 동맹 관계와 중국과의 관계는 극도의 긴장 상태로 접어들고 있다. 동북아 구상이 한창이던 2006년에 미국과 북한과의 갈등과 미일 동맹의 강화라는 환경에서 내려졌던 "미래의 동북아는 사라지고, 과거의 동북아만 미쳐 날뛴다"는 평가는 지금 훨씬 선명하게 다가온다(김연철, 2006/08/18).

노무현 정부가 지속해서 강조한 금융과 유통 허브로서 한국의 가능성이 실현되지 못했을 뿐만 아니라 동아시아 지역의 차원에서 개선된 안전망이 나타나고 있지 않다. 역사 인식에서도 독도와 남중국해 등 영토 분쟁은 가속화되고 있고, 야스쿠니 신사와 위안부 문제 등 산적한 역사 갈등이 해소될 기미가 보이지 않고 있다. 정치적으로 아세안은 나

19 2016년에는 북한의 핵과 미사일 실험이 계속되고 있을 뿐만 아니라 한국 내 사드(THAAD)라고 불리는 미국 미사일 방위시설 설치를 둘러싸고 중국과 한국 그리고 중국과 미국 간의 긴장감이 증가하고 있다.

름의 영향력에도 불구하고 최근에는 한국 및 동아시아 협력 단체의 주요한 요소로 여겨지지 않고 있다. 동아시아의 경제 수치는 미국의 월가 위기를 거치면서도 지속적인 성장세에 있지만, 동아시아 내에서 증가한 경제 교류 및 협력은 여전히 동아시아에 거주하는 보통 사람과, 이주자의 여건과 권리를 개선해 주지 못하고 있다. '동북아역사재단'의 자율적인 학문적 역할은 점점 한계를 드러내고 있으며, 특집호를 기획한 '서남재단' 역시 내부적 사정으로 인해 이제는 동아시아 연구에 대한 학문 지원을 중지하였다. 동북아시대의 동아시아론이 논의하고 있는 많은 평화의 움직임과 한반도 평화 체제를 위한 가능성은 2016년 현재 대폭 좁아진 것처럼 보인다. 동북아시대 구상의 주요 어젠다와 당시 동아시아론은 장밋빛 전망이었을 뿐만 아니라 사상누각의 상징처럼 다가온다. 정책적인 관심과 재정적인 지원이 줄어들면서 동아시아론은 이제 한물간 철 지난 유행 담론이라고 비판하는 의견처럼 말이다.

이른바 탈민족, 탈냉전, 그리고 세계화라는 전 지구적 변동 속에서 이에 대한 학문적 논의로 시작된 동아시아론이 정치-정책적으로 동북아 구상이 전면화된 시기에 대중을 향한 담론으로 어떻게 구성되었는가를 살펴본 것은 단지 당시 담론의 의의와 한계를 논하기 위한 것이 아니다. 그보다는 동북아시대 동아시아론의 요소를 살펴봄으로써 국가와 민족 간의 갈등과 대립, 동북아 정세의 변화, 그리고 정권 변화에 따른 정책의 교체 속에서 실천할 수 있고 지속가능한 동아시아의 영역을 생각해 보고자 하는 것이 목표였다. 네 영역에서 살펴본 동북아시대 동아시아론의 논의를 통해 다음과 같은 명제들을 생각해 보고자 한다.

우선, 정부정책으로서의 동아시아론은 그 파급 효과에도 불구하고 실현가능성과 지속가능성이 현저하게 떨어진다. 신냉전의 출현과 같은 국제 정세의 변화 그리고 북학의 김정은 체제 및 한국의 보수안보 정권의 집권 속의 한반도는 동북아시대 동아시아론의 실현 불가능성 또는 무효성만을 반증해 주는 듯하다. 특히 한반도 평화 체제와 경제 허브 도시, 동아시아 균형자론과 같은 논제들은 당시에도 그리고 현재와 미래에도 현실적인 근거가 충분치 않은 채 정치적 구호로만 남겨져 있다.

과거사에 대한 반성 없는 동아시아론은 공허한 외침일 뿐만 아니라 또 하나의 팽창주의적·제국주의적·서구 중심적 욕망의 복제물일 수 있다. 동북아시대 구상이 구체화된 계기 중 하나는 한·중·일의 역사 분쟁이었고, 이는 역사에 대한 재인식, 화해의 노력, 그리고 책임지는 자세가 없이는 현재와 미래의 동아시아가 있을 수 없다는 인식에서 비롯되었다. 동북아시대의 동아시아론에도 일본에 대한 전쟁 책임, 한국의 베트남전 책임, 이민자 등 소수자에 대한 지원, 그리고 동아시아의 민족주의 갈등에 대한 고찰이 담겨 있다. 특히 동아시아 시민단체에서 시작된 공동 교과서를 통한 상호 이해의 가능성과 성찰적인 입장의 견지에 대한 기대감은 지속가능한 동아시아의 실천이 무엇인지를 고민하게 해 준다.

동아시아에 등장하고 있는 다양한 주체, 특히 기존의 민족-국가의 경계의 틀을 벗어난 주체들과 그들을 연결하는 운동은 지속적인 활력이 되고 있다. 1990년대 이후 아시아 내 국경을 넘어선 다양한 사람, 그들을 중심으로 한 모임과 운동들, 그리고 그들로 인한 각 지역 및 국가의 변동에 대한 고찰은 동북아시대 동아시아론에서 많이 논의되었다. 평화와 인권을 위한 시민사회 운동과 교류, 다문화 및 이주 노동자들, 그리고 그들을 위한 운동들, 유학생의 증가 현상은 국제 정세와 정권의 변화와 상관없이 지속해서 활성화되고 있다. 국가와 정부를 기반으로 하지 않는 탈국가적 주체와 움직임은 지금 그리고 미래에도 동아시아와 동아시아론의 생동력을 촉발하는 주요한 주체들이다. 그리고 그들에 대해서 단순히 일개 국가 발전을 위한 도구나 수단이 아닌 지역 교류와 상호 이해를 위한 구체적인 실천으로 접근하는 입장은 지속가능한 동아시아론을 위한 주요한 전제이기도 하다. 동아시아의 다양한 국가, 주체, 그리고 단체 간의 상호작용적인 움직임, 특히 동아시아의 여러 곳을 오가며 교류하는 움직임은 지역 내 상호 이해를 높일 수 있을 것이다.

마지막으로 한류와 대중문화를 통한 동아시아 교류, 상호 이해, 그리고 대중문화로 촉발된 다양한 형태의 여행과 일상에서의 만남은 동아시아론의 중요한 부분으로 부상하고 있다. 한류는 단지 한국 대중문화의 성장이나 한국 문화의 우수성을 입증하는 수단이 아니라 동아시아 내 다양한 지역 문화의 흐름과 역사적인 교류를 통해 가능해진 것이다(이 책 제6장 참조). 동북아시대의 동아시아론이 점검하고 있는 동북아와 동남아의 한류 확장, 그리고 일류와 화류 등의 다양한 특성을 한국 중심적인 사고가 아닌 동아시아 대중문화의 교류 및 활성화라고 볼 때 대중문화와 그를 통한 다양한 교류의 가능성은 계속 발견된다. 한류 및 대중문화에서도 국가-민족 중심성을 벗어나서 탈국가적이며, 국가와 지역을 연결하는 사고가 나타난다. 이 같은 탈국가/민족적 자세는 한국어 및 한국학의 다양한 지역으로의 보급에서도 동일하게 요청된다.

한국과 한반도 그리고 동아시아와 미국의 구조적 여건이 많이 변화했고, 특히 한국 내에서 평화와 민주주의, 경제적 평등의 가능성이 갈수록 희박해져 감에도 동북아시대에서부터 지금까지 지속된 움직임들은 내일의 동아시아를 상상하는 데 의미 있는 도구가 될 수 있다. 물론 한류, 한국어, 한국학 등을 일종의 K-culture로 포섭하고자 하는 국가의 의도는 지금도 뚜렷하고, 이를 통해 경제적 영토 및 이익의 확장을 추구하는 목소리도 여전하다. 따라서 개인과 집단, 그리고 일상의 영역에서 계속 실천될 뿐만 아니라 국가를 넘어 연결지어 생각하려는 사고나 정서에 착목할 필요가 있다. 현재 그리고 미래에도 국가-민족 그리고 민족주의가 동아시아와 한국에 중요한 요소임을 단순히 거부하는 것도 사상적 오류지만, 국가-민족 그리고 민족주의가 현재 그리고 미래에도 중요한 준거이자 원칙으로 작동해야 한다는 주장에는 강하게 반대할 필요가 있다(권혁범, 2009). 그럴 때 비로소 정치, 경제, 그리고 사회적 파고 속에서도 점점 다양화되고 일상 속에서 실천되고 있는 동아시아의 움직임들은 열등한 것이 아닌, 아류 제국으로가 아닌 탈식민, 탈근대, 탈제국, 탈냉전을 위한 동아시아론으로서 그 가능성을 내포하게 될 것이다.

제8장 『동아시아사』 교과서: 글로벌 히스토리의 가능성

본론의 마지막 장에 해당하는 이 장에서 우리는 최근 한국에서 진행 중인 역사교육의 새로운 시도인 '동아시아사' 교과목의 특성을 검토하고, 이를 통해 담아낼 수 있는 미래지향적 가능성을 열린 자세로 모색하고자 한다. 동아시아 담론의 여러 한계적 국면에도 불구하고 한국의 『동아시아사』 교과서는 유럽중심주의뿐 아니라 중국중심주의까지 가급적 배제하면서 평화적으로 공존하는 동아시아에 대한 희망을 담으려는 지향성이 분명하기 때문이다. 또한 향후 관련 연구와 확장 가능한 서술방식의 모색을 통해 최근 세계 사학계의 핫이슈로 떠오른 '(세계사가 아닌) 글로벌 히스토리'로 발전할 수 있는 연결고리를 제시하고자 한다. 단순한 여러 국가사의 나열이 아닌 글로벌 히스토리 역시 유럽중심주의와 근대중심주의에 대한 대안적 모색이자 새로운 근대성의 탐색이라는 지적 모색의 한 결과물이기 때문이다.

1. 한국사–동아시아사–세계사의 3분법

지난 2007년 한국에서 '동아시아사'라는 고등학교 교과목이 역사과 선택과목의 하나로 신설되었다. 이른바 한국·중국·일본을 포괄하는 동아시아 지역의 역사를 종합적으로 파악하는 교과목이 고등학생을 대상으로 '탄생'한 것이다. 세계 대부분의 역사 교과가 자국사-세계사 구조의 2분법 체제로 운영되고 있으며, 한국 역시 예외가 아니었던 흐름을 고려할 때 한국사와 세계사의 중간 형태로 이해될 수 있는 '동아시아사'의 등장은 그 자체만으로도 논쟁과 관심의 대상이 되었다. 이후 2009년 개정 교육과정('미래형 교육과정')을 통해 한국의 고등학생들이 한국사-동아시아사-세계사라는 3분법 체제로 구성된 역사 교과목을 선택하도록 역사과목의 골격이 확립되었고, 교육현장에서는 2012년 1학기부터 『동아시아사』가 선택과목으로 등장하였다. 당시 2개 출판사에서 통과한 『동아시아사』 교과서는 출간하자마자자인 2012년 부분 교육개정(교육과학기술부 고시 제2012-14호)을 통해 2014년에 3개 출판사에서 출간된 것이 검정을 통과하였다(2018년 현재 2015년 개정 교육과정에 맞추어 새롭게 4개 출판사의 교과서가 검정을 통과하여 2018년 고등학교 1학년 학생들에게 제공되었다).

『동아시아사』 교과서를 둘러싼 논쟁과 문제 제기는 여러 가지가 있겠으나, 크게 보아 그 신설 과정의 '급진성', 동아시아라는 지역 개념의 '불분명성(不分明性)' 또는 '가변성(可變性)', 동아시아 지역 발전과 평화에 이바지하겠다는 교과서 저술 목표의 '당위성(當爲性)', 유럽중심주의(euro-centrism) 또는 중국중심주의(sino-centrism)나 자국사중심주의로부터 얼마나 자유로울 수 있겠는가에 대한 '탈중심주의론', 그렇다면 과연 한국에서 유통되는 동아시아사의 서술 주체는 누구이어야 하겠는가의 '주체성', 그리고 이러한 수많은 논의에도 불구하고 단기간에 한정된 분량으로 완성된 교과서 내용 서술의 '합목적성(合目的性)' 등으로 요약해 볼 수 있겠다. 이외에도 이 책 제7장에서 개략적으로 살펴보았듯이, 1990년대 이후 비교적 꾸준하게 진행되어 온 한국의 동아시아 담론에 대해서도 수많은 논쟁이 있어 왔다. 이는 19세기에서 20세기로 바뀌는 전환기에 등장한 '아시아주의' 또는 '아시아연대론'이나 1930~1940년대 일본발 '대동아공영권'과 마찬가지로 외적으로 동아시아의 평화와 공영을 표방하고 있다는 유사함이 있지만, 어디까지나 냉전 체제 이후 한반도를 둘러싼 국내외적 상황의 변화 속에서 등장한 것이다. 무엇보다 『동아시아사』 교과서의 등장은 그동안 자국사와 세계사라는 두 가지 관점을 통해 역사를 이해하던 기존의 통념을 한국사-동아시아사-세계사의 세 가지 관점으로 확장시켰다는 점에 가장 큰 의미가 있을 것이다. 즉, 한국과 세계 사이에 '동아시아'라는 역사적 공간을 설정함으로써 구조적으로 한국사와 세계사의 괴리를 극복하며 한국사와 세계사를 통합적으로 파악할 수 있는 가능성이 열린 셈이다. 이는 기존에 주로 national 또는 inter-national한 시각에서 역사를 파악하는 국가 중심의 세계사에서 regional 또는 inter-regional한 시각에서 역사를 파악하려는 움직임, 즉 세계사의 구성 주체가 국가에서 지역 문명으로 이동하는 추세와 궤를 같이한다(유용태, 2006: 481-482). 지역 문명의 강조가 세계사를 유럽중심주의에 빠지지 않게 하고, 국가사를 감정적인 자국중심주의로 빠지지 않게 하는 데 유용하다고 판단하기 때문이다.

최근에는 유럽/서구중심주의와 함께 그 짝이 되는 근대중심주의에 대한 문제의식 속에서 동아시아를 "서구 중심적·근대 중심적 인식에서 벗어나 한국사와 동아시아사, 나아가 세계사를 재구성하는 하나의 방법이자 시각"으로 파악하려는 시도가 설득력 있게 제시되었다(배항섭, 2015a). 이에 따르면 유럽/서구중심주의와 근대중심주의는 유기적으로 얽혀 있고, 이는 서구=근대, 비서구=전근대라는 도식으로 쉽게 연결되었다. 그 결과 유럽/서구와 흐름이 다른 동아시아적 역사발전의 특성을 강조하는 과정에서도 또 다른 중심주의(가령 중국중심주의)나

자민족중심주의로 치우치는 경향이 부지불식간에 나타났다. 프랑크(Andre Gunder Frank)의 『리오리엔트(ReOrien)』나 캘리포니아 학파의 중요 연구자인 포머란츠(Kenneth Pomeranz)의 『대분기(Great Divergence)』, 웡(Roy Bin Wong)의 『변화하는 중국(China Transformed)』 등에서 보여 주었던 새로운 세계사 이해는 분명 서구 중심적 역사 인식을 비판하는 데 유용했으나, 근대가 낳은 발전론적 역사 인식에 대한 문제의식이 약했던 것이 사실이다. 이중적 식민화를 체험했던 동아시아의 경험을 반추할 때 이러한 두 가지 중심주의를 동시에 경계하게 해 주는 이중적 문제의식은 『동아시아사』 교과서를 분석하는 이 장에도 동일하게 적용된다.

그렇다면 실제로 『동아시아사』 교과서가 이러한 가능성과 문제의식을 얼마나 그리고 어떻게 담아내고 있는지를 따져 볼 필요가 있다. 이에 이 장에서는 『동아시아사』 교과서 가운데 동아시아의 지역문명을 세계사와의 연계성 속에서 파악하면서 전근대와 근대가 중첩하는 시기를 취급하고 있는 '은 유통과 교역망'이라는 주제에 주목한다. 이 주제는 최근 부각되고 있는 '글로벌 히스토리(Global History)'의 중요한 주제 가운데 하나이기도 하다. 『동아시아사』 교과서의 등장 과정과 내용을 이러한 문제의식 속에서 재평가하면서, 이 책이 탐구하는 다양한 근대성 모색 및 동아시아인으로서의 해석이라는 프레임 속에서 『동아시아사』 교과서의 한계와 가능성을 동시에 가늠해 보고자 한다.

2. '은 유통과 교역망'이라는 내용 요소

2012년 처음 공개된 『동아시아사』 교과서는 모두 6개의 대단원과 26개의 내용 요소로 기획되었다. 최종적으로 통과된 2종의 교과서 가운데 천재출판사에서 출간된 것('천재판'으로 약칭)은 26개의 내용 요소를 모두 담고 있으나, 교학사('교학판'으로 약칭)에서 출간된 것은 국민국가에 관한 내용을 담고 있는 다섯 번째 대단원에서 하나의 내용 요소를 생략하였다. 2년 뒤인 2014년 출간된 부분 개정판 『동아시아사』 교과서는 기존의 '천재판'과 '교학판'에 비상출판사('비상판'으로 약칭)가 추가되었는데, 6개의 대단원은 동일하고 내용 요소만 23~24개로 일부 축소되었다. 1단원, 5단원, 6단원에서 각각 1개씩의 내용 요소가 줄어들었지만, 2012년도에 4개 내용 요소를 담고 있던 '교학판'은 오히려 2014년도에 1개 내용 요소를 더하여 총 24개의 내용 요소를 담았다. 2014년 출간된 3종의 교과서 목차를 제시하면 〈표 8-1〉과 같다.

6개 대단원은 대체로 시대순으로 이어지지만 『동아시아사』 23~

〈표 8-1〉 2014년 출간 『동아시아사』 교과서 3종 목차 비교

대단원	내용 요소 (천재판)	내용 요소 (교학판)	내용 요소 (비상판)	해당 시기
I. 국가의 형성 (동아시아 역사의 시작과 국가의 형성: 비상)	1. 동아시아의 자연환경과 생업	1. 동아시아의 자연환경과 생활 양식	1. 자연환경과 생업	선사~ 기원 전후
	2. 선사 문화의 전개	2. 동아시아의 선사 문화	2. 신석기 문화	
	3. 국가의 성립과 발전	3. 국가의 성립과 발전	3. 국가의 성립과 발전	
II. 동아시아 세계의 성립	1. 인구 이동과 전쟁	1. 지역 간 인구 이동과 전쟁	1. 인구 이동과 전쟁	기원 전후~ 10세기
	2. 국제 관계와 외교 활동	2. 책봉·조공과 동아시아의 국제 관계	2. 동아시아의 다양한 국제 관계	
	3. 율령과 유교에 기초한 통치 체제	3. 율령과 유교에 기초한 통치 체제	3. 율령과 유교에 기초한 통치 체제	기원 전후~ 10세기
	4. 불교의 전파와 토착화	4. 불교의 전파와 수용	4. 불교의 전파와 문화 교류	

III. 국제 관계의 변화와 지배층의 재편	1. 유목 민족의 성장과 국제 관계의 다원화	1. 유목 민족의 성장과 다원적 국제 관계	1. 유목 민족의 성장과 다원적 국제 관계	10~16세기
	2. 사대부와 무사	2. 새로운 지배층, 사대부와 무사	2. 생산력의 발전과 새로운 지배층의 등장	
	3. 성리학의 성립과 확산	3. 성리학의 전개	3. 성리학의 성립과 확산	
	4. 교류의 활성화와 국제질서의 변화	4. 동아시아 국제질서의 재편과 동요	4. 몽골제국 이후의 지역 내외 교류	
IV. 동아시아 사회의 지속과 변화	1. 17세기 전후의 동아시아 전쟁	1. 동아시아의 국제 전쟁	1. 17세기 전후 동아시아 전쟁	16~19세기
	2. 16~19세기의 사회 변동	2. 16~19세기의 사회 변동	2. 16~19세기의 사회 변화	
	3. 학문과 과학기술, 서민 문화	3. 학문과 과학기술, 서민 문화의 발전	3. 학문과 과학기술, 서민 문화	
	4. 교역관계의 변화와 은 유통	4. 교역관계의 변화와 서구와의 교류	4. 지역 내 교역관계의 변화, 서구와의 교류	
V. 근대국가 수립의 모색	1. 근대화 운동과 국제 관계 변동	1. 개항과 근대국가 수립	1. 근대화 운동과 군계 관계 변동	19세기 ~ 1945년
	2. 제국주의 침략과 민족운동	2. 러일전쟁과 3국의 다른 길	2. 제국주의 침략과 민족운동	
	3. 침략 전쟁의 확대와 국제 연대	3. 반제 민족운동과 워싱턴 체제	3. 침략 전쟁의 확대와 국제 연대	
	4. 서구 문물의 수용	4. 일본의 침략 전쟁과 민중의 피해	4. 서구 문물의 수용	
	* 기존 '4. 평화를 향한 노력' 삭제	5. 서구 문물의 수용과 사회의 변화		
VI. 오늘날의 동아시아	1. 전후 처리와 동아시아의 냉전	1. 전후 처리와 동아시아의 냉전	1. 전후 처리와 동아시아의 냉전	1945년 이후
	2. 경제 성장과 교역의 활성화	2. 경제 성장과 교역의 활성화	2. 경제 성장과 교역의 활성화	
	3. 정치와 사회의 발전	3. 정치·사회의 발전	3. 정치·사회의 발전	
	4. 동아시아의 갈등과 화해	4. 동아시아의 역사 갈등과 화해	4. 갈등과 화해	

24개의 내용 요소는 주제별 구성이라는 점에서 다른 역사 과목과 차별화된다. 즉, 각 내용 요소는 시대적인 구분에 포함되면서도 가능한 주제별로 독립이 가능할 수 있도록 안배되었다. 2012년과 2014년 개정판의 내용 요소 가운데 가장 큰 변화는 '농경 사회와 목축 사회'(I단원), '소농경영'(III단원), '평화를 향한 노력'(V단원)이라는 주제가 사라진 것이다. 작은 변화로는 '소농경영'이 빠진 자리에 몽골제국의 등장과 이후 재편된 국제질서를 다루는 내용 요소('몽골제국 이후의 제역 내외 교류', '교류의 활성화와 국제질서의 변화', '동아시아 국제질서의 재편과 동요')가 들어가고, V단원의 주제어가 '국민국가'에서 '근대국가'로 변화한 것이다. '학습 부담 경감'을 목표로 한 2015년 교육 과정을 반영한 2018년 개정판은 기존의 대단원 II와 III이 하나로 합쳐지고 내용 요소는 23~24개에서 15개로 대폭 줄어들었다.

이처럼 다양한 내용 요소 가운데 이 장은 국가 단위의 서술을 초월할 뿐만 아니라 세계적인 차원에서 이뤄진 교역을 배경으로 진행된 '교역망의 발달과 은 유통'에 대한 부분을 분석한다. 교과서에는 IV단원의 4장에 배치된 '교역관계의 변화와 은 유통'(천재판), '교역관계의 변화와 서구와의 교류'(교학판), '지역 내 교역 관계의 변화, 서구와의 교류'(비상판)라는 조금씩 다른 이름을 지닌 내용 요소이다. 이 요소는 기존 2012년도에는 '은 유통과 교역망'(교학판), '교역망의 발달과 은 유통'(천재판)이라는 제목으로 구성된 것으로, 모두 ① 동아시아 지역 내의 교역관계 변화상과 ② 은 유통을 매개로 한 서구와의 교류를 공통으로 내용으로 담고 있다. 비록 명칭에서 다소간 차이가 있지만, 핵심을 정리하면 '교역망의 발달과 은 유통'으로 볼 수 있다. 2018년 개정판 4종류의 교과서 모두 대단원 III. 동아시아의 사회 변동과 문화 교류의 2장에 '교역망의 발달과 은 유통'이 배치되어 있다.

동아시아 역내·외의 은(銀)을 매개로 한 유통과 교역망의 변화를 담고 있는 이 내용 요소는 조공-책봉 체제를 언급하는 '동아시아의 국제 관계(혹은 국제 관계와 외교 활동)'와 근대 이후 개항 및 제국주의 침략에 관한 내용 요소와 함께 각국사(동아시아 3국)의 나열로는 서술하기 곤란한 부분이다. 또한 공간적으로는 세계사와의 밀접한 관련성을 포괄하고 시기적으로 전근대와 근대가 중첩되는 내용으로, 앞서 지적했던 '동아시아'적 맥락이 부각될 수 있는 부분이라 판단된다. 물론 3종의 교과서에서 이러한 맥락이 얼마나 효과적으로 서술되고 부각되었는지는 상세한 분석이 필요하고, 실제 고등학교 현장(교사와 학생들)에서 어떻게 해석되고 이해되는지는 이 책의 주제와 상관없이 또 다른 중요한 이슈임이 틀림없다.

이 장은 '교역망의 발달과 은 유통'이라는 대단히 매력적인 제목의 내용 요소가 고등학생을 비롯한 한국인 일반의 '동아시아사' 인식과 어떤 관련성이 있는지에 논의를 집중하고자 한다. 이를 위해 먼저 『동아시아사』 교과서의 '탄생' 경위를 짚어 볼 필요가 있는데, 그 긴박한 '탄생' 과정이 '교역망의 발달과 은 유통'이라는 '참신한' 내용 요소의 설정과 일정한 상관관계가 있기 때문이다. 물론 '교역망의 발달과 은 유통'이라는 내용 요소의 설정에 점점 부각되고 있는 '글로벌 히스토리(Global History)'의 연구 성과와 이에 관한 관심이 반영되어 있음도 확인할 것이다. 이 과정에서 글로벌 히스토리의 한 분야인 '17세기 위기론'이라는 학계의 연구 동향을 교과서 서술과 관련하여 언급할 것이다. 마지막에는 이러한 분석을 근거로 할 때 『동아시아사』 교과서를 통해 '세계사 속의 동아시아사' 그리고 '동아시아 속의 한국사'라는 관점이 포착될 수 있는지, 궁극적으로는 『동아시아사』 교과서에서 동아시아 근대화에 대한 한국인의 관점이 어떻게 표현될 수 있는지에 대한 진단과 전망까지 담아 보고자 한다.

논의를 시작하기 전에 먼저 언급할 것은 『동아시아사』 교과서와

‘동아시아사’에 대한 구분이다. 이 글은 교육 차원에서 운위되는 『동아시아사』와 연구 차원에서 운위되는 ‘동아시아사’를 『 』와 ‘ ’의 구분을 두고 서술하며, 필요에 따라 교과목 자체를 강조할 경우 〈 〉로 표기할 것이다.

3. 『동아시아사』 교과서의 ‘탄생’

먼저 〈동아시아사〉라는 새로운 교과목이 설정되는 배경을 살펴보자. 2018년 현재 한국 중등교육의 역사과 편제는 기본적으로 1997년에 고시된 제7차 교육과정의 범주에 속해 있으나, 실제는 2006년 11월 23일 교육부가 발표한 ‘역사교육 강화방안’을 근거로 진행된 2007년 개정 교육과정의 연장선상에 놓여 있다(김한종, 2008; 김한종, 2011). 2006년에는 일본 우익 교과서의 역사 왜곡, 중국의 동북공정(東北工程)으로 불거진 역사 분쟁 등으로 인해 ‘역사교육 강화방안’이 마련된 것이고, 이때 고등학교 〈역사〉는 시수를 6단위(주당 3시간)로 확대하여 7차 교육과정에서의 4단위(2시간)에 비해 중요성이 높아졌다.

2007년 개정 교육과정의 주요 내용은 〈역사〉가 〈사회〉에서 완전히 독립된 것은 아니지만 다른 사회과 과목과 분리되어 독립 과목이 된 것, 한국사와 세계사의 연계 교육을 강화하여 〈역사〉라는 과목명을 사용한 것, ‘국사’ 대신 ‘한국사’로 용어를 바꾼 것, 심의 과정이 국정(國定)에서 검정(檢定)으로 전환된 것(당시 ‘국사’와 함께 ‘국어’, ‘도덕’ 교과서도 검정제로 전환되었음), 그리고 고등학교 2학년부터 선택과목으로 기존의 세계사에 해당하는 〈세계역사의 이해〉에 덧붙여 〈한국문화사〉와 〈동아시아사〉가 신설된 것을 꼽을 수 있다. 이때 선택과목으로 거론되었던 3과목은 2009년 개정 교육과정을 통해 〈한국문화사〉가 사라지고

2과목(〈동아시아사〉와 〈세계사〉)만 남게 되었다.

당시 고등학교 〈역사〉 과목은 〈한국사〉로 과목명이 변경됨과 동시에 필수에서 선택과목으로 전환되었으나, 2011년 언론사와 여론의 비난을 받고 2012년부터 다시 필수과목으로 환원되었다. 이후 2013년 고교 한국사 검인정 교과서(뉴라이트 계열이 집필한 교학사 교과서)의 부실 파동이 생기자 정부는 문제 원인을 현행 검정제에 있다며 2014년 1월부터 역사교과서 국정화 여부를 검토해 오다가 2015년 10월 국정화 방침을 확정하였다. 이에 따라 한국사 교과서는 검정 전환 6년 만에 다시 국정 체제로 회귀하였다. 이 책에서는 한국사 교과서의 국정화와 이념적 편향성에 대한 논쟁을 덧붙일 겨를이 없다. 다만 국정 교과서라는 것이 본질적으로 역사 해석을 하나로 통일하는 것이기에 학생들이에게 다양한 역사적 사고와 해석을 할 수 있는 가능성을 차단시킬 가능성이 농후하다는 점은 지적하고 싶다(김한종, 2015: 7, 243-247). 교과서의 국정화는 서구 중심, 근대 중심의 일체화된 세계사 서술에서 벗어나 동아시아인의 관점에서 다양한 근대성을 모색하려는 이 책의 문제의식과도 상치되기 때문이다(2016년 11월 국정교과서 현장 검토본이 공개된 이후 내용의 편향성 및 여러 오류의 발견으로 비난 여론이 거세어지고, 2017년 1월 공개된 최종본에도 각종 사실관계 오류가 확인되고 이를 채택하겠다는 연구학교도 나오지 않으면서 그 존재가 유명무실화되었다. 결국 2017년 5월 문재인 정부의 교육부에서 중학교 역사와 고등학교 한국사 교과서 발행 체제를 검정으로 전환하는 내용의 고시를 내림으로써 1년 7개월간 이어온 국정교과서 논란이 폐지로 종식되었다).

이처럼 급변하는 역사 교과목과 교육방침의 변동 가운데 우리가 주목하는 것은 2006년에서 2007년으로 넘어가는 무렵에 '급속하게' 등장한 〈동아시아사〉이다(안병우 외, 2006; 황지숙, 2008). 구체적으로 〈동아시아사〉는 2006년 11월 23일 교육부가 발표한 '역사교육 강화방안'

에 공식적으로 처음 등장한 뒤, 같은 해 12월 사회과 교육과정 개정안 토론회의 종합토론에서 처음 토론의 대상이 되었고, 이듬해인 2007년 1월 하순에 〈동아시아사〉 교육과정 시안이 제시되고, 같은 해 2월 22일 개정 교육과정으로 확정 고시되었다. 일반 역사학자뿐 아니라 대중에게 공식적으로 알려진 뒤 3개월 만에 교과목으로 결정된 것이다.

교과서의 모형 단원 역시 교육과정으로 확정된 이후인 2007년 6월부터 개발 착수되어 2008년 2월 전체 26개 내용 요소 가운데 4개 내용 요소에 대한 결과물이 배포되었다(교육인적자원부, 2008). 동북아역사재단에서 출간한 『동아시아사 교과서 집필 안내서』는 2008~2009년 완성되어 2009년 10월에 각 출판사와 집필을 희망하는 연구자들에게 배포되었다. 그리고 2010년부터 약 3개 출판사에서 『동아시아사』에 대한 집필팀이 꾸려져 집필이 시작되었으나 1개 출판사는 다른 사정으로 중도에서 포기하고, 나머지 2개 출판사에서 기획한 『동아시아사』 교과서가 모두 2011년 8월 검정을 통과하였다. 결과적으로 2007년 2월 고등학교 역사과 선택과목의 하나로 등장한 〈동아시아사〉가 4년 6개월 만에 『동아시아사』 교과서의 형태로 완성되었다.

〈동아시아사〉가 공론화되고 교과서로 만들어지는 과정이 이처럼 순조롭게 진행된 것 같으나 그 이전부터 학계는 물론이고 교육계에서도 동아시아사의 필요성이 제시된 바 있다. 2003년 전국역사교사모임에서 〈동아시아사〉 개설이 필요하다는 논의가 있었고, 이후 교과서와는 별개로 '동아시아사' 서술의 필요성을 강조하는 논의는 비교적 꾸준히 진행되었다. 이러한 논의의 배경에는 크게 세 가지 요인이 있었는데 ① 균형 있는 세계사 교과서 서술을 위한 방안, ② 국사 교육의 새로운 패러다임으로서의 필요성, ③ 평화로운 동아시아 공동체의 건설을 위한 실천 운동 일환에서의 필요성이 그것이다(정연, 2008: 16). 이외에도 민간 차원으로 한·중·일 공동 역사교재를 발간하거나 한·일 간의 공동 역사수업이 진행된 바도 있다(김정인, 2007). 한국사·중국사·일본사 전공자 3인이 의기투합하여 공동으로 집필한 『함께 읽는 동아시아 근현대사』(창비) 역시 결과물은 2010년에 나왔으나 그 기획과 집필은 2005년부터 시작된 것이다. 그리고 2005년 새로운 역사과 교육과정이 개발되던 초기, 연구진들이 세계사 과목의 하나로 구상했던 과목이자 전근대 시기 한국사와 세계사를 통합하는 한 방안으로 〈동아시아사〉의 개설이 제안된 바도 있다(신성곤, 2005). 이처럼 급속하게 등장한 〈동아시아사〉 교과서의 배후에는 교육계와 학계의 다양한 목소리가 축적되어 있었다.

이러한 상황에서 급진적으로 『동아시아사』 교과서가 '탄생'한 직접적인 계기는 영토 분쟁을 비롯한 한·중·일 3국 사이의 첨예한 역사 문제 갈등이 자리 잡고 있었다. 전쟁과 관련한 과거사를 정리하고 영토 분쟁이 반복되는 지역에 대한 역사적 사실을 정리하고 교육함에 있어 민족주의적 자국사의 틀을 벗어난 '동아시아사'라는 지역사의 설정은 일국사로 포괄하기 어려운 설명을 효과적으로 담아낼 수 있는 틀로 기대되었다(안병우 외, 2006: 1). 하지만 이 역시 거시적으로 볼 때는 1991년 소련의 해체로 냉전 체제가 붕괴된 후, 즉 동아시아를 하나의 인식 단위로 파악할 수 있는 외적 조건이 20여 년 가까이 축적된 상황과도 관련이 깊다(유용태·박진우·박태균, 2010: 25-26).

4. 『동아시아사』 교과서의 주제별 접근 방식: 구성적 특징

역사의 3분법에 대한 중요한 선례로 유럽 통합 이후 등장한 유럽 공동의 역사교과서 『유럽의 역사』(1992)와 국가사-지역사(유럽사)-세계사에 대한 인식이 있었다. 서로 상이한 국적의 유럽 역사를 14인이 공동으로 집필한 대학 수준의 역사교과서인 『유럽의 역사』는 일국의 역사로 포착되지 않는 '유럽적 현상'을 포착하기 위해 기획된 지역사이다. 그 서장(序章)인 「유럽의 정체성」에서는 유럽의 지리적 특징, 언어의 다양성, 유럽 문화의 다양성, 사회문제에 대한 경제적 접근 방식을 제시하였다. 하지만 책임 편집을 맡은 들루슈가 서문에서 밝혔듯이 유럽사의 저술자들은 "개별 국가사가 해소(해체)되어야 할 것은 아니지만, 그것 너머에 전 유럽적인 역사 탐험이라고 하는 보다 포괄적인 전망"을 했고, 이에 근거하여 유럽사가 "부모, 교사, 학생, 교육가, 그리고 정책 결정자들이 민족적 차원과 더불어 유럽적 차원을 역사교육에 좀 더 본격적으로 도입할 것을 숙고해 보는 계기"가 되기를 희망하였다(들루슈, 2002: 4). 즉, 새로운 『유럽의 역사』는 개별 국가사를 대신하기 위한 것이 아니라 이를 보완하기 위한 '또 하나의 역사'로 기획된 것으로, 과거 국가사 차원과 마찬가지로 지역사 차원의 정체성 형성에 기여할 것을 기대하고 있었다(유용태, 2006: 482).

유럽사와 동아시아사는 민족적 정체성의 연원과 성격에 작지 않은 차이가 존재한다. 그런데도 한국의 〈동아시아사〉는 일국의 역사로 포착되지 않는 지역사 부분을 보완하며, 역사교육에 있어 지역사적(유럽적) 차원의 사고력을 함양하려는 '유럽사'와 유사한 의도를 가지고 (동아시아적 차원의 사고력 함양을 목표로) 기획된 측면이 있다. 아울러 동아시아 3국 사이의 갈등과 분쟁을 강조하기보다는 국제교류와 우호의 관점에서 이를 화해시켜 보려는 적극적인 의지가 〈동아시아사〉의 신설에 작용하였다. 『유럽의 역사』가 등장함에 '유럽연합'이라는 실질적인 지역공동체가 배경에 깔려 있듯이 〈동아시아사〉는 구체적인 '동아시아 연합체'까지는 아니더라도 평화적으로 공존하는 동아시아 국가들 사이의 관계를 지향한다. 이는 〈동아시아사〉 교과서의 '총괄 목표'와 제VI단원(2018년 개정판에서는 제V단원)에 설정된 내용 요소를 통해서도 확인할 수 있다.

일본의 나카무라 사토루 역시 제2차 세계대전 이후 약 2000년까지 사용된 한국·중국·일본·대만의 역사교과서를 분석한 후 고등학교 교과목에 〈동북아시아사〉의 신설을 통해 역사의 3분법을 주창한 바 있다. 이는 국제적인 상호 이해를 심화하는 역사교육을 목표로 한 것으로, 국제교류와 우호의 역사를 중시하는 동시에 인접국과의 대립 및 침략의 슬픈 과거에 대해서도 침묵하지 않음으로써 동아시아 역사 속에서 일본의 양면성을 교육하기 위함이라고 밝힌 바 있다(나카무라 사토루, 2006: 298-304). 어쨌든 고등학교 『동아시아사』 교과서의 출간을 통해 한국의 역사교육은 유럽과 유사하게 자국사-지역사(동아시아사)-세계사라는 삼분법을 띠게 되었다. 이러한 모양새는 기존 역사교육의 문제로 누차 지적되어 온 '자국사와 세계사의 분리'를 극복할 수 있는 가능성을 제시하는 듯하나, 이에 대한 장밋빛 평가를 하기에는 아직 해결해야 할 문제가 적지 않은 듯하다(강선주, 2012).

그럼에도 『동아시아사』 교과서의 구조에서 가장 주목할 만한 부분은 앞서 언급했던 것처럼 주제별 구성으로 짜인 내용 요소일 것이다. 『유럽의 역사』는 서장을 제외하고 모두 시간 순서에 따른 구성으로 되어 있다. 그러나 『동아시아사』 교과서의 경우 6단계의 대단원은 시기별 고려가 되어 있으나 그 안에 포함된 4~6개의 내용 요소는 주제별 구성을 취하고 있다. 따라서 기원 전후 시기부터 10세기를 포괄하는 II단원에 속해 있는 '국제 관계와 외교 활동'(혹은 '책봉·조공과 동아시아의 국제 관계', '동아시아의 다양한 국제 관계')이라는 내용 요소의 경우 조공-책봉 체제에 대한 개념과 주제 설명에 주안점을 두되 반드시 시대에 국한될 필요는 없었다. 따라서 세 교과서 모두 전한(前漢) 시대(B. C. 202~A. D. 9) 중원 지역과 흉노(匈奴)의 대결 구도부터 논의가 시작되어 주로 8세기 전후의 다원적인 외교 관계에서 그치지만, 이 시기에 그 원형이 마련된 조공-책봉 체제는 19세기 후반까지 중국과 주변국 사이의 외교적 의례(protocol)로 작동되었다. 따라서 III장의 '유목 민족의 성장과 국제 관계의 다원화'나 IV장의 '17세기 전후의 동아시아 전쟁'에서도 언제든지 원용이 가능한 '열린' 구조를 취하고 있다. 주제별 구성에서 말미암은 '열린' 구조는 우리가 주목하려는 IV장 '동아시아 사회의 지속과 변화'의 네 번째 내용 요소인 '교역망의 발달과 은 유통'에도 동일하게 적용된다. IV장은 전근대와 근대가 혼재하는 16~19세기를 설명하는 장이지만, 동아시아 교역망에 대한 언급을 위해서는 이전 시기인 14세기 후반, 즉 명조(明朝) 전반기부터 시행된 해금(海禁) 정책에 대한 언급이 빠질 수 없다. 또한 동아시아의 은 유통은 16세기 후반기가 그 전성기에 해당하지만, 이때 형성된 유통망과 그 거래의 방향은 18세기까지 이어지고, 결국 19세기 충돌과 개항이라는 주제와 직결된다. 따라서 '은 유통과 교역망'에 대한 학습은 이후 V장의 첫 번째 내용 요소인 '개항과 근대국가 수립'(근대화 운동과 국제 관계 변동)을 이해하기 위한 전제 조건이 된다. 이는 반대로 19세기 중엽 개항 이후의 역사를 각국의 17~19세기 역사와 상호 관련하여 이해할 필요와도 호응한다(유용태, 2012: 90).

이처럼 『동아시아사』 교과서는 시간적인 구성과 주제별 접근이라는 두 마리 토끼를 모두 잡으려고 시도하고 있다. 이외에도 '인구 이동과 전쟁/지역 간 인구 이동과 전쟁', '새로운 지배층, 사대부와 무사/생산력의 발전과 새로운 지배층의 등장', '동아시아의 갈등과 화해' 등의 내용 요소는 모두 그 제목만으로 어느 시대에 대입해 놓아도 적용이 가능한 '열린' 제목이다. 모든 내용 요소가 '열린' 구조를 취한 것은 아니지만, 전체적으로 『동아시아사』 교과서는 이러한 주제별 접근을 지향했으며, 이러한 구조적 특징은 시대순에 따라 기술된 기존의 〈한국사〉나 〈세계사〉 교과서와의 차별점이기도 하다.

아마도 이는 〈동아시아사〉가 가장 최근에 생겨난 교과목이라는 점, 기존의 〈한국사〉나 〈세계사〉와 일정한 차별성을 확보해야 했던 필요성과 관련성이 있을 것이다. 이유가 어찌 되었든 이러한 구조적 특징은 기존의 역사교과서에 익숙한 교사와 학생들에게 처음에는 상당히 낯설게 다가왔을 것이고, 그 결과 교육과정에서 일정한 혼란이나 새로운 발상(혹은 착상)을 가능케 했을 가능성이 크다. 그중에도 '교역망의 발달과 은 유통'은 이러한 혼란 혹은 발상의 전환을 가장 많이 야기했을 내용 요소 가운데 하나일 것인데, 그 이유를 탐색해 보도록 하자.

5. '교역망의 발달과 은 유통'의 참신성과 '글로벌 히스토리(Global History)'와의 연관성

'교역망의 발달과 은 유통'은 그 제목부터가 '참신'하다. 가장 '참신'한 접근은 은 유통(silver trade)이라는 주제를 통해 동아시아 교역망의 형성 및 서구와의 교류에까지 접근하려는 시도이다. 2007년, 2011년, 2015년에 각각 발표된 학습 내용 성취 기준을 살펴보자(〈표 8-2〉 참조). 핵심적인 용어는 은 유통, 동아시아 교역망, 그리고 서구와의 교류 세 가지인데, 이 모든 것을 연결하는 소재는 역시 은이다. 그렇다면 은 유통과 관련한 연구와 교육적 소재가 풍부해야 이 내용 요소를 효과적으로 채울 수 있을 터인데, 우선 기존에 존재하던 〈한국사〉나 〈세계사〉 교과에서 이 시기 은 유통을 얼마나 비중 있게 다루어 왔는지부터 따져 볼 필요가 있다. 2003년도에 발간된 7차 고등학교 『세계사』 교과서(3종)를 보면, 중국의 일조편법(一條鞭法) 시행을 언급하거나 유럽의 신항로 개척 및 가격혁명, 그리고 아편전쟁에 대한 부분에서 은과 관련한 서술이 있을 뿐 이를 동아시아적 맥락과 연결해서 설명한 부분은 없다.

〈표 8-2〉『동아시아사』 교과서 '교역망의 발달과 은 유통' 성취 기준

2007년 교육과정	2011년 교육과정	2015년 교육과정
IV. 국제질서의 변화와 독자적 전통의 형성	IV. 동아시아 사회의 지속과 변화	IV. 동아시아의 사회 변동과 문화 교류
② 은 유통의 활성화와 동아시아 교역망의 발달, 서구와의 교류를 이해한다.	④ 동아시아 지역 내의 교역 관계가 변화하고, 은을 매개로 서구와 교류하였음을 이해한다.	② 동아시아 지역의 교역망 발달과 서양과의 교역 확대로 인한 은 유통의 활성화 과정을 이해한다.

그렇다면 한국의 사학계에서 은 유통이 쟁점으로 취급되고 논의되었던 적이 있었을까? 16~19세기의 은 유통이라면 한국의 조선시대, 중국의 명·청시대, 일본의 에도막부, 서양의 '대항해시대'의 연구사에서 학술사적 맥락을 찾아야 할 텐데, 은 유통을 언급한 소수의 논문이 있을 뿐 2007년 이전 한국의 한국사, 동양사, 서양사 학계에서 이 문제가 쟁점화되거나 관심 있게 주목받았던 적은 사실상 없었다고 해도 과언이 아닐 것이다(원유한, 2006; 윤병남, 2007; 이정수·김희호, 2006; 이준갑, 1999; 주경철, 2008; 한명기, 1992; 한명기, 2004; Oh, 2004). 『동아시아사』 교과서는 어떤 근거로 기존의 역사교과서에서 주목하지 않았던 은 유통을 내용 요소의 전면에 내세우면서 16~19세기 전반기의 '동아시아사'를 서술하려 했던 것일까? 일견 떠오르는 이유는 세계 사학계에서 점차 주목을 받고 있는 '글로벌 히스토리'와의 관련성이다.

'글로벌 히스토리(Global History)'란 기본적으로 세계화(globalization)가 가속화된 20세기 이후에 등장한 개념이자 역사 방법론으로, 기존의 '세계사(World History)'와 달리 '달에서 조망'하는 것과 같은 지구적 관점이 필요하다는 역사적 관점이다. 대표적인 연구자인 스타브리아노스(L. S. Stavrianos, 1913~2004)의 『글로벌 히스토리(A Global History: From Prehistory to the 21st Century)』는 그 상징적인 저작물로 1971년 미국에서 출간된 이후 1999년까지 모두 7차 개정판이 나왔고, 2005년 중국

의 북경대학출판사에서 번역, 출간되어 이후 베이징대(北京大), 푸단대(復旦大) 등 중국의 주요 대학에서 광범위하게 활용되었다(조영헌, 2009: 75-78). '달에서 조망'하는 지구적 관점이 필요하다는 그의 신조는 이후 마셜 호지슨(Marshall G. S. Hodgson), 윌리엄 맥닐(William H. McNeill), 필립 커틴(Philip D. Curtin) 등과 함께 '지구사(Global History)' 연구를 촉진시키는 중요한 계기를 마련하였다(김원수, 2009; 조지형, 2008). 만주학(滿洲學)과 청사 전공자인 크로슬리(Pamela Kyle Crossley)가 저술한 『글로벌 히스토리란 무엇인가(What is Global History?)』에 따르면, 지구사는 하나의 학문이라기보다는 지구 차원의 거대한 이야기를 담아내는 사고 방법이자 서술 방법이라는 측면을 강조하면서 '분기(divergence)', '수렴(convergence)', '전염(contagion)', '체제(systems)'라는 네 가지 접근 방법으로 기존의 세계사를 재구성하는 방법론을 제시하였다(Crossley, 2010). 한국에서는 '지구사(地球史)'로 번역되기도 하고, '글로벌 히스토리'를 그대로 사용하는 논자도 있으나 중국에서는 '전구사(全球史)'로 번역, 사용하고 있다(조지형, 2008: 209-210).

은 유통 역시 국가나 지역을 초월하는 초지역성(혹은 초국가성)과 유동성이 그 특징이기에 '글로벌 히스토리' 연구자들의 주된 관심 분야 중 하나가 되었다. 에트웰(Atwell)이나 플린(Flynn)은 그 대표적인 연구자로, 이미 1980년대부터 세계적인 차원에서 은 유통을 언급하면서 주요 은 수입국인 중국의 역할에 주목해 왔다(Atwell, 1982; Atwell, 1986; Flynn & Giraldez, 1985; Flynn & Giraldez, 1995). 주요 내용을 요약하면 16세기 중엽 아메리카 대륙에서 발굴된 은 가운데 일부는 스페인 갤리온(Galleon) 무역선을 타고 태평양을 통해 마닐라를 거쳐 중국으로 유입되고, 또 다른 일부는 유럽과 인도를 경유하여 포르투갈 상인을 통해 중국의 동남부 지역으로 대량 유입되며 세계를 하나의 경제권으로 형성해 가고 있었다는 논의이다. 그 대가로 중국의 차, 비단, 도자기 등이 유럽으로 유출되었음이 함께 지적되면서 중국을 비롯한 동아시아(좀 더 정확하게는 동남아시아까지 포함하여)가 유럽을 비롯한 지구적인 경제권과 연동되고 있었음을 강조한다. 이 책 제2장에서 언급한 바 있는 '초기 근대(early modern)' 및 '초기 지구화(early globalization)'의 중요한 논거이기도 하다.

은 유통의 지구적 광범위성과 관련하여 17세기 전반기 명조 경제의 하락이 은 유입의 급격한 감소, 즉 유럽과 아메리카 대륙의 경제 상황과 연동되어 있다는 지적이 관심의 대상이 되었다. 전근대 중국 왕조(명조)의 쇠락을 내부적인 요인이 아니라 외부의 은 유입 감소와 연결지으려는 시도만으로도 논쟁의 대상이 되기에 충분하였다. 흥미로운 사실은 당시 명조가 경험했던 각종 자연재해가 17세기 전 지구적으로 진행된 '소빙기(Little Ice Age)'와 연동되어 있다는 연구 결과와 호응한 것이다(Brook, 2010; Parker, 2013: ch. 5). 즉, 명조의 몰락과 청조의 등장에 있어 왕조 지배자의 도덕성, 환관, 재정 위기 내지는 시스템의 문제 외에 대외적인 요인(경제적·환경적)이 얼마나 영향을 미쳤는지에 대해 관심이 집중되었다. 이른바 '17세기 위기론(Seventeenth-Century Crisis)'에 관한 논쟁인데, 이에 대한 논자들의 해석과 입장 차이에 대해서는 다시 언급할 것이다.

문제는 은 유통의 정확한 양을 측정할 수 없다는 데 있었다. 즉, 16세기 아메리카 대륙과 일본 등지에서 중국으로 이동하는 은의 경로와 대략적인 추세는 확인할 수 있었지만, 실제 얼마나 지속해서 얼마나 많은 양의 은이 이동했는지에 대해서는 모든 연구자가 잘 알려진 단편적인 몇몇 자료를 근거로 추론할 뿐이다. 가령 대부분 논자들이 사용하는 아메리카-마닐라-중국 사이의 은 유통량 연구는 촨한성(全漢昇)의 연구(全漢昇, 1972)이지만, 정작 그 연구에서 제시한 '표 1. 16~18세기 아메리카 백은의 필리핀 운송 액수'에는 1633~1688년의 증감에 대한 구체적인 자료가 빠져 있다. 따라서 아메리카에서 마닐라로 이동한 은 가운데 어느 정도가 중국과 동남아시아로 나뉘어 유통되었는지 그리고 동남아시아로 유통되던 은 가운데 어느 정도가 다시 중국으로 유입되었는지 확인하는 것은 현재 자료로는 사실상 불가능에 가깝다. 따라서 당시 동아시아의 은 유통을 언급할 경우에도, 시기별로 대략적인 은 이동 경로만 확인하거나 몇 년 정도 단기간의 자료를 가지고 장기간에 대한 대략의 상황을 추정할 뿐이다. 각 세기 유통량의 범위와 균형에 대한 체계적인 지식을 얻기가 대단히 어렵다는 것이다. 그런데도 아메리카 대륙에서 중국으로의 은 유입을 강조하면서 월러스틴(I. Wallerstein)과 브로델(Fernand Braudel) 등의 '유럽중심주의'적 세계사 인식과 차별화된 세계사 인식을 추구했던 프랑크(Andre G. Frank)의 『리오리엔트(ReORIENT)』는 큰 주목을 받았다. 프랑크의 연구는 기본적으로 '유럽중심주의'적 세계관이 아닌 글로벌 경제의 시야를 확보하려는 시도에서 나온 결과물이며, 특히 1500년 이후 유럽이 세계사의 패권을 장악하기 시작했다는 강고한 기존 관점에 대한 비판서이기도 하다.

이를 위해 대표적인 비유럽 세계의 핵심 지역으로 중국을 부각시켰으며, 중국이 주도하는 세계 경제의 흐름이 1500년이 아니라 적어도 18세기 중엽까지 지속했음을 논증하였다(강성호, 2010; 강진아, 2004; Frank, 2003). 그는 이것을 장기적인 팽창 국면으로 파악했으며, 대표적인 증거는 당시 중국으로 빨려들어 가는 전 세계의 화폐인 은이었다. 이러한 은의 흐름을 야기한 근본 원인은 중국이 생산했던 비단, 도자기, 차의 강력한 경쟁력에 있었고, 유럽은 만성적인 무역적자를 메울 수 있는 마땅한 대안 상품이 없었으나 신대륙에서 채굴한 은이 그 역할을 대체했다고 해석하였다. 이처럼 프랑크의 논의는 세계사 서술의 유럽 중심성을 공격하며 중국 중심의 동아시아의 역할을 강조했으므로, 결론에 대한 수긍 여부를 떠나, 동아시아 근세(近世. 혹은 초기 근대)

에 대한 역사 서술에 적지 않은 영향을 미칠 수밖에 없었다. 즉, 16~18세기 은 유통은 세계사적인 맥락과 연결된 동아시아를 그려내는 동시에 이를 '유럽중심주의'적 시각으로부터 해방시킬 수 있는 매력적인 소재로 부각된 것이다. 동아시아적 권역을 강조하면서도 세계사와의 관련성을 확보하려는 『동아시아사』 교과서에 '교역망의 발달과 은 유통'이라는 내용 요소가 포함된 것도 이와 무관하지 않으리라 여겨진다. 실제 교과서의 서술에서도 "중국은 '외국 은의 무덤'이라 불릴 정도였다."라든가 "유럽인들에 의한 아메리카 은의 유입은 동아시아의 교역망을 세계로 연결해 주는 역할을 하였다."라는 언급 등을 통해 이 시기 동아시아의 교역 능력과 방향이 세계사의 흐름과 동떨어지지 않았음을 강조한다.

중국으로 유입된 아메리카와 일본 은이 명·청 시대 중국의 경제뿐 아니라 사회 전반에 결정적인 영향력을 미쳤음은 이미 오래전부터 많은 연구자가 강조한 바이지만, 당시 중국의 사회와 경제가 이러한 은 유통량의 변화에 얼마나 취약했는지에 대해서는 입장이 엇갈린다. 또한 프랑크의 논의는 동아시아의 근대성을 유럽중심주의로부터 '해방'시켜 주는 것 같으나, 결국은 중국이 다시 천하질서의 중심으로 복귀하는 '중국중심주의'로 해석될 가능성도 농후하다(강성호, 2010: 318-322; 김기봉, 2012: 159). 이는 앞서 언급한 것처럼 서구가 구축한 형태의 '근대'를 반드시 도달해야 하는 것으로 전제하는 목적론적 역사 인식의 흔적이다. 국가와 민족의 경계를 넘어서서 동아시아의 경험을 상호 비교하며 동아시아의 근대화 과정을 검토하려면 '중국중심주의'나 '근대중심주의'로 환원될 가능성에 대한 또 다른 경계와 성찰이 요구된다. 이는 『동아시아사』 교과서에도 동일하게 적용되는 요구 사항이다.

6. 글로벌 히스토리와 '17세기 위기론'

당시 은 유입량의 감소가 명조의 멸망에 영향을 끼쳤다는 '17세기 위기론'은 중국만의 현상이 아니라 지구적인 차원에서 진행된 현상이므로 글로벌 히스토리의 주요 쟁점이 되었다. 〈동아시아사〉에서 이 문제를 비중 있게 담고 있지는 않으나 '은 유통'이라는 소재 자체가 '17세기 위기론'의 핵심 사안임은 분명하다. 그뿐 아니라 '17세기 위기론'에서 취급하는 지구적인 현상과 이에 대한 지역사회의 다양한 반응은 일국사(자국사)중심주의로의 환원을 경계하는 〈동아시아사〉에서 다원적인 역사교육의 소재로 발전시킬 수 있는 부분이다. 이에 은 유통이 명조의 흥성과 멸망에 어떤 영향을 주었는지에 대한 〈동아시아사〉 교과서의 서술을 실마리로, 지구적 차원에서 진행된 '17세기 위기론'에 대해서 좀 더 살펴볼 필요가 있다.

한 왕조가 멸망하게 된 요인을 한두 가지로 정리하는 것은 쉬운 일이 아니며, 실제 한 왕조의 멸망에는 정치·군사·경제·문화적 요인 등이 복합적으로 작용하기 마련이다. 이는 명조의 멸망에도 마찬가지이며, 이에 대해서는 명조의 쇠락을 연구한 다양한 학자만큼이나 다양한 해석이 이뤄졌다(劉志剛, 2010). 역사교과서는 이 가운데 가장 유력한 해석의 논거들을 요약하여 보여 주는데, 2017년 기준 『동아시아사』(3종)와 『세계사』(4종)를 살펴보면 크게 세 가지 요인으로 정리할 수 있다. 첫째는 정치적 혼란으로, 무능한 황제의 방관, 환관 세력의 정치 개입, 사대부 관료들의 정쟁 등이 그 배경이 되었다. 둘째는 재정 악화로, 그 근본 요인은 계속된 북로남왜(北虜南倭)의 방어, 만리장성 보수, 임진왜란 발발 시 조선으로의 출병에 있었다. 셋째는 농민반란으로, 재정적 어려움을 타개하기 위한 가혹한 세금 징수가 이를 야기하였다. 정치적 혼란과 재정 악화 요인이 명조 멸망의 간접적인 요인이라면 농민반란은 직접적인 요인이라고 볼 수도 있겠지만, 사실상 이 세 가지 요인은 순차적이라기보다는 복합적으로 발생하였다. 그렇다면 이러한 요인으로 명조의 멸망을 설명하는 것이 충분한 것인가?

『동아시아사』 교학판에는 명조의 멸망을 은 유통과 관련짓는 의미 있는 구절이 담겨 있다. "외국 은에 대한 의존도가 높아지면서 명의 경제는 은 유입량의 변화에 따라 크게 흔들리게 되었다. … 그런데 이 은이 제대로 순환하지 않자 민간에서는 은 부족으로 고통을 겪었다. 또한 17세기 후금의 위협이 높아져 국방비로 들어가는 은의 지출은 급격히 증가한 데 비해, 에스파냐의 쇠퇴로 무역을 통한 은 유입이 줄자 명의 경제가 위기에 빠질 정도였다."(139쪽) 직접 언급한 것은 아니지만, 세계적인 차원에서 이뤄진 은 유통의 감소가 명조의 멸망과 밀접하게 관련되어 있다는 '17세기 위기론'의 핵심 주장이 반영된 표현이다. '17세기 위기론'을 간략하게 정리하면, 재정 상황의 악화와 농민반란, 정치적 변혁이나 왕조 교체 등의 현상이 한두 지역에 국한되지 않고 17세기에 전 지구적으로 광범위하게 발생했다는 담론으로, 명조의 멸망과 청조의 흥기는 '17세기 위기론'의 대단히 중요한 동아시아의 사례 중 하나로 취급되었다. 본래 유럽에서의 보편적인 위기 현상을 설명하기 위해 등장했던 '17세기 위기론'이지만, 유럽과 비유럽 지역과의 비교 연구가 진행되기 시작하면서 17세기 중국의 왕조 교체를 주목한 것이다.

가장 먼저 17세기 중국을 유럽의 '17세기 위기론'과 접목해서 해석했던 에드셰드(Adshead)는 명에서 청으로의 왕조 교체를 왕조 내부의 정치사적 문제로만 해석하는 것은 불충분하며, 이를 17세기 전반기에 발생했던 세비아(Seville) 시스템의 침체로 인한 은 유입의 감소와 연결지어 설명하였다. 더 나아가 에드셰드는 이러한 세계 통화 시스템의 문제라는 공통적인 위기에 직면한 중국과 유럽이 서로 다른 대응을 했으며, 이것이 바로 17세기 이후 유럽과 중국이라는 두 문명의 역사를 갈

라놓는 분수령이 되었다고까지 평가하였다(Adshead, 1973: 272-280). 하지만 은 유통의 감소가 명조의 멸망과 밀접하게 관련되어 있음을 학계의 관심사로 확대시킨 학자는 앞서 언급했던 에트웰(Atwell)이다. 그는 명조 멸망의 주된 요인을 만력제(萬曆帝)의 실정이나 태정(怠政)으로 돌리는 전통적인 해석 대신 외국 은 유입의 감소가 명조의 경제와 정치적 안정을 심각하게 손상시켰다는 측면을 부각시켰다(Atwell, 1977; Atwell, 1982). 즉, 세량의 은납화를 추진하던 명조는 16세기 중엽 이후로 일본과 스페인령 아메리카 대륙으로부터 막대한 은을 공급받게 되었고, 이는 장거정(張居正)이 대학사 수보로 집권하던 시기(1572~1582) 태창(太倉)에 약 600만 냥(225,000kg)의 은을 비축할 정도로 호경기를 이끄는 배경이 되었다(오금성, 2018: 299-311; Huang, 1974: 294-301). 문제는 은의 대량 유입으로 활성화된 명조의 경제가 지나치게 은의 유통 구조에 의존하게 된 상태에서 1630년대와 1640년대에 은 유입이 급격하게 줄어들었다는 데 있었다.

가장 큰 감소 요인은 마닐라를 경유하는 중국과 스페인 사이의 무역이 1610년대 이후 여러 난관에 봉착하면서 발생하였다. 1630년 이전에는 네덜란드와 영국이 중국과 스페인 선박을 공격하고 방해한 것이 난관의 주요인이었지만, 1634년부터는 스페인의 필립 4세가 아카풀코의 타락을 빌미로 엄격한 무역 금지를 강제했을 뿐만 아니라 1639~1640년에 2만 명이 넘는 중국인이 마닐라에서 스페인인에게 대학살을 당하면서 은 유통이 감소하였다. 이와 함께 포르투갈 상인들이 중개했던 일본 은의 중국 유입도 감소하였다. 1511년 이래 포르투갈이 점령해 오던 믈라카(Malacca)를 1641년 네덜란드가 점령하며 고아(Goa)와의 연결을 봉쇄하자 포르투갈 상인들의 중국 무역 거점인 마카오(Macao)가 고립되었다. 게다가 도쿠가와 막부가 1635년 주인선(朱印船) 무역을 중지시키고 1639년에는 포르투갈의 입국을 거부함으로써 나가

사키와 마카오 사이의 교역에도 큰 차질이 발생하였다. 그 결과 전성기 시절 매년 400만~500만 냥(150,000~187,000kg)에 달했던 중국과 일본의 은 교역량은 1642~1643년에 150만 냥(56,250kg) 수준으로 하락하였다. 이처럼 은 유입의 감소는 은으로 세금을 납부해야 하는 백성들의 부담을 상대적으로 가중시켰고, 국방비 증가를 위한 명조의 거듭된 징세가 상황을 더 악화시킨 결과 각지의 농민반란과 만주의 침략에 명조는 쉽게 무너지고 말았다는 것이다(Atwell, 1982: 86-89).

바로 이 지점에서 은 유통이 중국의 '17세기 위기론'과 연결되었다. 아메리카 대륙에서 발굴된 은의 유통 경로가 유럽과 태평양을 포괄하는 세계적인 유통망과 관련되어 있을 뿐만 아니라 은 유통의 변화는 중국뿐 아니라 유럽의 위기에도 영향을 미치며 일정한 상관관계를 지니고 있었기 때문이다. 또한 극단적인 기후 변화, 특히 한랭한 날씨가 일본과 아메리카 대륙의 은 생산에 부정적인 영향을 미쳤을 가능성도 제기되었다. 기후학자 램(Lamb)이 지적했듯이 기온과 강우 형태의 변동은 특히 고지에 위치한 광산의 채광(採鑛)에 중대한 영향을 미칠 수 있기 때문이다(Lamb, 1977: 272-273). 그리고 엘니뇨(El Niño) 현상으로 태평양의 계절풍 방향이 바뀌면서 아카풀코와 마닐라를 왕래하는 갤리온 무역의 항해 시간이 길어지며 선박의 침몰 위험 요소도 증가하였다(Parker, 2013: 14-16, 128). 에트웰은 15세기 중엽 중국을 비롯해 전 세계적으로 발생했던 경제적 위축 현상과 그 회복(15세기 후반에서 16세기 전반에 걸쳐)의 요인도 두 가지 지구적 현상, 즉 귀금속 생산의 증감 및 화산 활동으로 야기된 기후 패턴의 변화로 해석하였다(Atwell, 2002). 요컨대 명조 말기의 중국 경제가 지구적인 통화 체계와 밀접하게 연동되었다는 전제에서, 명조의 멸망을 '17세기 위기론'에서 파악하는 관점은 설득력을 더해 갔다. 당시 명나라를 "유럽 돈의 무덤"이라고 표현하거나(Wakeman & He, 2009: 28), 그 결과 당시 중국인은 "은 중독자"가 되어 버렸다는 평가가 나온 것도 이 때문이다(Eastman, 1999: 178).

하지만 은 유입의 감소가 명조의 운명에 미친 영향에 대한 부정적인 입장도 만만치 않게 등장하였다. 은 유입 감소 현상과 명조의 멸망이 동시적으로 발생한 것은 사실이지만 양자 사이의 인과관계를 명확하게 입증하기 위해서는 외국산 은 유입의 감소량에 대한 정확한 추정과 그것이 역사적으로 얼마나 유의미한 정도였는지가 명확히 해명되어야 하는데, 그렇지 않았다는 주장이다. 골드스톤(Goldstone)은 명의 몰락과 은 유입의 감소를 연결시키는 것은 "중국 경제의 엄청난 규모"를 무시하는 '과장'된 주장이라고 일축하였다(Goldstone, 1988: 115-116). 무엇보다 논쟁의 핵심은 1630~1640년대 외국산 은 유입이 실제 얼마나 줄어들었고, 이런 변화가 어떤 의미를 지니는가에 집중되었다. 폰 글란(Richard Von Glahn)은 명조의 멸망과 외국 은 유입의 감소를 연결 짓는 '17세기 위기론자'들의 논점에는 이론적인 문제와 실증적인 문제가 함께 있다고 지적하였다. 즉, 은의 유입이 인플레이션을 유발하기 위해서는 그 유입되는 양이 기존에 비축된 통화의 양에 상당한 영향을 끼쳐야 하는데, 통화의 유입보다 비축된 통화의 양이 가격 결정에 더 유력한 요인이라는 연구 성과를 근거로 위기론자들의 주장은 이론적인 토대에 결함이 있다는 것이다. 아울러 명말 100년(1550~1645) 동안 일본, 아메리카, 인도양과 유럽 등지에서 중국으로 유입된 은이 모두 7,325톤인 반면, 명조의 마지막 5년(1641~1645) 동안 은 유입량은 그 이전에 비해 300톤 정도 덜 유입되었음을 실증적으로 제시하였다. 마지막 5년 동안 300톤의 은 유입 감소는 결코 적은 양이라고 보기 어려울지 모르지만, 지난 100년 동안 중국에 유입된 7,325톤의 4%에 불과하기 때문에 위기론자들이 지적했던 명조의 몰락과 같은 "급격한 효과를 야기하기에는 충분하지" 않다고 주장하였다. 또한 이 마지막 5년 동안 일본, 필리핀 등지와의 밀무역을 통해 매년 평균 50톤 정도의 은

이 유입되었다는 사실 역시 "명조의 쇠락 시기에 중국의 은 수입이 급격하게 줄었다"는 주장의 반례로 보았다(Von Glahn, 1996: 436-440, 445-451). 플린과 기랄데즈(Flynn & Giraldez) 역시 1635년 이후 중국과 스페인 사이의 무역이 급감했다는 위기론자들의 견해를 반박하며, 아카풀코와 필리핀 사이의 교역이 1630년대 후반에서 1640년대 초반 상대적으로 건강하게 유지되었다고 주장하였다(Flynn & Giraldez, 1995: 435; Flynn & Giraldez, 1999: 27).

이처럼 명조의 운명과 은 유입 감소 사이의 관련성을 부정하는 연구는 에트웰을 비롯한 17세기 위기론자들의 주장을 "일반적 통념(conventional wisdom)" 정도로 간주하였다. 위기론자들이 유럽발 '17세기 위기론'에 편승하여 부족한 증거와 과장을 덧붙여 은 유입의 감소를 명조의 '위기'로 강조했다는 것이다. 이에 대해 에트웰은 후속 작업을 통해 앞서 언급했던 부정론적 연구의 일정 부분을 수용하면서도 다시 조목조목 반론을 제시하였다. 특히 17세기 전반기 일본 막부의 은 유출에 대한 여러 부정적인 조치, 1641년에 97척까지 증가했던 중국 정크선의 나가사키 정박이 1642~1643년까지 매년 34척 수준으로 하락한 사실, 그리고 1640년대 일본과 필리핀 무역에 깊이 연루되어 있는 복건과 광동 해안 지역의 경기 침체 상황 등을 종합하면서 명조 최후의 시점에 일본 은의 유입 감소는 부정할 수 없는 사실이라고 재차 강조하였다(Atwell, 2005).

여기서 유념해야 할 점은 17세기 위기론자들도 명조의 멸망 요인을 은 유통의 변화만으로 설명하는 것이 아니라는 점이다. 에트웰(Atwell)이 2005년 논문에서 다시 강조했던 1982년 논문의 결론을 인용하면 "명 왕조가 1644년에 멸망한 것은 단지 은의 유입이 이전 단계보다 급격하게 줄어들었기 때문이 아니라 줄어든 은이 명조의 어려움을 더욱 악화시키고 그 안정적 기반을 약화시켰기 때문"이었다. 즉, 위기론자들은 지구적인 차원으로 진행되는 은 유통의 변화를 17세기 명조의 멸망 요인 가운데 하나로 위치 지우려고 했던 것이지 멸망의 유일한 혹은 적어도 가장 중요한 요인으로까지 '무리하게' 강조했던 것은 결코 아니었다. 다만 에트웰도 인정하듯이 지난 20여 년 동안 변화된 것이 있다면 명조 경제에 부정적인 영향을 미쳤던 또 다른 지구사적 요소인 기후 변동에 관한 관심의 고조였다. 기후 변동이 은 유통과 함께 중국의 '17세기 위기론'을 이해하는 또 하나의 주요 쟁점으로 부각되었다.

7. '17세기 위기론'과 기후 변동(자연재해)

중세온난기(Medieval Warm Period)와 20세기 이후 지구 온난화 사이에 발생한 소빙기의 시점과 종점에 대해서는 다양한 견해가 존재하지만, 17세기가 소빙기의 절정이라는 사실에 대해서는 의견이 모아지고 있다(Zhang & Crowley, 1989: 841). 이처럼 소빙기가 장기간에 걸쳐 있었으므로 중국에서는 소빙기를 "명청소빙기(明淸小氷期)"로 부르기도 한다(滿志敏, 2009: 255). 중국사의 기후 변동을 세계사적인 관점에서 조망하려는 접근은 1960년대 축가정(竺可楨)으로부터 본격 시작되었다. 그는 지난 5천 년 동안 중국의 기후는 각각 네 차례의 온난기와 한랭기가 있었으며, 소빙기는 마지막 한랭기에 해당한다고 보았다. 또한 1470~1890년에 이르는 소빙기 안에서도 다시 세 차례의 한랭기(1470~1520년, 1620~1720년, 1840~1890년)가 있었다(竺可楨, 1972). 유소민(劉昭民)은 제4차 한랭기에 속한 명대의 기후를 크게 네 시기의 변화로 구분하고, 지구 표면의 평균 기온이 3℃ 내려가면 대기중의 수분이 20% 감소되어 심한 한재(旱災)가 발생한다고 지적하였다(劉昭民, 2005: 169-183).

축가정과 유소민의 자료를 종합하면, 명대 특별히 한랭했던 시기는 1458~1552년 사이의 1세기와 1600~1643년 사이의 40여 년이었다.

파커 역시 나이테의 폭을 근거로 800~1800년까지 동아시아의 기온 변화를 그래프로 제시했는데, 17세기 중엽, 특히 명에서 청으로 정권이 교체되는 1644년 무렵이 그 천 년 가운데 가장 한랭한 날씨(오늘날보다 평균 2℃ 낮음)였음이 주목된다(Parker, 2013: 136)(〈그림 8-1〉 참조). 적도 지역에 비해 북반구의 온도 변화는 컸고, 농작물의 수확에 미치는 영향 역시 컸다. 대체로 북위 30~50°에 분포하는 온대 지역에서 작물의 성장기에 2℃가 하락하면 쌀 수확량은 30~50% 감소하고, 곡물 경작의 한계 고도는 약 400m가 하락하였다. 기후 한랭화로 인해 농작물의 성장 기간이 짧아질수록 수확량도 급감하였다. 일반적으로 혹한의 겨울은 보리와 밀의 성장에는 도움이 되지만, 동계 반년의 극심한 추위는 경우가 다르다. 조선에서는 17세기 극심한 혹한으로 보리와 밀이 얼어 죽은 경우가 종종 발생했고, 중국에서 혹한은 아열대 과수들의 생장에 치명적이었는데 감귤의 냉해는 그 대표적인 사례이다. 중국 북부에서는 17세기에 대나무, 감나무, 매실나무, 녹나무 등 온대성 나무들도 빈번히 동사하였다(김문기, 2010: 179-181).

은 유통 문제에서 기후 변화로 관심을 확대시킨 에트웰(Atwell)은 단기간의 지구적 기후 변동의 요인으로 화산 폭발, 태양 활동, 엘니뇨 현상에 주목하였다. 이러한 자료 가운데 특히 화산 폭발 및 먼지 베일 지수(Dust Veil Index)와 기후 한랭화 사이의 상관성을 밝히는 자연과학 연구를 근거로 에트웰은 1200~1699년 사이에 발생했던 다섯 차례의 기후 변동(1225~1233년, 1256~1262년, 1444~1464년, 1584~1610년, 1636~1644년)에 주목하였다(Atwell, 2001). 에트웰이 주목했던 네 번째 기간(1584~1610년)은 지난 600년 동안 가장 한랭했던 여름인 1601년이 포함되어 있다. 무엇보다 이 기간에 중국은 변경 지역에서 발생한 각종 군사적 도전에

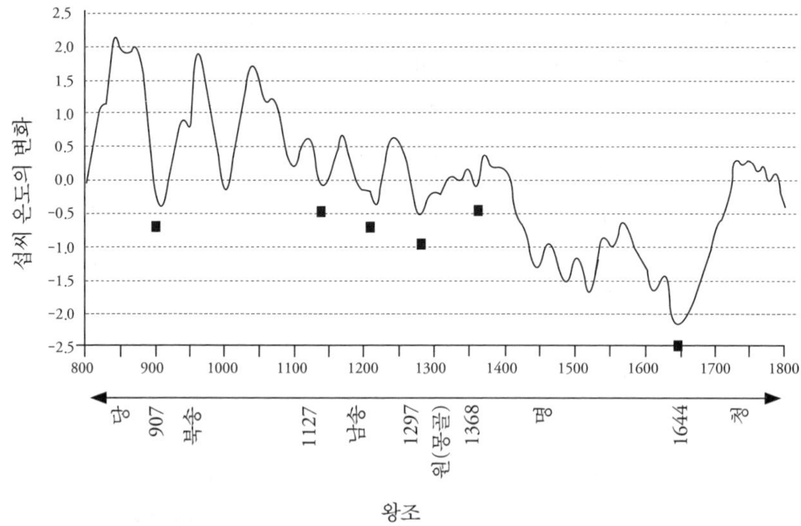

〈그림 8-1〉 왕조별 온도의 변화

출처: Parker, 2013: 136.

직면했는데, 일본의 침략을 받은 조선으로의 원군 파견과 누르하치의 거병(1583년) 및 후금 수립(1589년경)이 주목된다. 날씨로 인한 경제적 상황의 변화가 누르하치의 조직력 확대에 어떤 영향을 미쳤는지는 신중한 접근이 필요하지만, 당시 전 지구적인 기후 변화의 징후로 기온, 강우, 계절풍의 패턴이 바뀌는 상황에서 만주족이 성장한 것을 주장하는 논자들은 적지 않다(Atwell, 2001: 61-62; Brook, 2010: 244-245; Parker, 2013: 125).

에트웰이 주목했던 마지막 기간(1636~1644년)은 앞서 언급했던 외국산 은 유입이 감소했던 시기이자 과거 600년 사이에 각각 세 번째, 스물여덟 번째, 열 번째로 추웠던 세 해가 1641~1643년까지 연달아 집중되었던 시기였다. 동일한 시기 인접한 일본에서 발생한 칸에이(寛永) 대기근(1641~1643년) 역시 가뭄과 냉해로 인한 결과였다. 북반구의 나이테를 분석한 기후학자들은 1641년이 1601년과 1816년에 이어 최근

600년 동안 세 번째로 여름이 추웠던 시기로 추정하는데, 이는 같은 해 1월 필리핀의 파커(Parker) 화산 폭발로 인한 기후 한랭화와 관련된 현상이었다. 강남의 지방지에도 1641년 2~3월 사이에 검은 안개와 흙비가 내렸고 이로 하늘이 가려져 어두웠다고 기록되어 있는데, 강남이 화산 폭발의 영향권에 있었을 가능성을 보여 준다(김문기, 2005: 80-81).

특별히 1641년(숭정 14)이 명조의 멸망과 관련해서 주목되는 것은 그 이전까지 주로 화북 지역에 머물던 소빙기의 각종 재해 상황(극심한 가뭄, 한재, 황충 재해, 역병 등)이 이 시기를 전후하여 양자강을 넘어 강남 지역으로 급속하게 남하했기 때문이다(Parker, 2013: 127). 당시 중국 경제의 중심지였던 강남의 기록자들은 1641년 각종 자연재해로 인한 참상의 심각성을 '기황(奇荒)'이라고 표현하였다. 당시 기황의 참담함을 가장 잘 보여 주는 것은 '인상식(人相食)'의 풍조로, 이전과 달리 강남 전역에서 그 풍조가 목도되었을 뿐만 아니라 관에서도 통제할 수 없는 상황이 되어 버렸다. 1630년대 후반 소강 상태를 보이던 화북 지역의 농민반란이 활력을 얻어 최고조에 돌입하게 된 것도 1641년 전후 전국에 걸쳐 발생한 한재(旱災)와 황재(蝗災)가 배경이 되었다. 무엇보다 농민반란 소식이 강남에 미친 영향은 두 가지 두려움의 발생이었다. 하나는 농민반란군이 강남으로 진출할 수 있다는 두려움이고, 다른 하나는 강남 내부에서 이에 호응한 난이 발생할지 모른다는 두려움이었다. 강남이 무너진다는 것은 곧 국가의 창고가 무너진다는 것을 의미하는 상황에서, 1641년을 전후한 3년의 기황을 겪으면서 강남 백성들의 마음은 공황(恐惶) 상태에서 이미 명조를 떠난 것이나 다름없었다(김문기, 2005: 83-92, 98-105).

1642년 이후에는 아열대 지역인 영남(嶺南, 광동과 광서) 지역에서도 한랭한 날씨로 인해 이모작이 불가능해지며 농작물의 소출이 급감하였다. 농민반란군과 만주군이 북방 지역에 대한 침략의 수위를 높

〈표 8-3〉 원 · 명 시대 아홉 번의 늪(sloughs)

연도	연호	상황
1295~1297	元貞	가뭄, 홍수, 용의 출현
1324~1330	泰定	가뭄, 기근, 황충
1342~1345	至正	추위, 가뭄, 기근, 홍수, 전염병
1450~1455	景泰	추위, 한재, 기근, 홍수, 전염병
1516~1519	正德	추위, 한재, 기근, 지진, 전염병, 용의 출현
1544~1546	嘉靖	추위, 가뭄, 기근, 전염병
1586~1588	萬曆 1	추위, 가뭄, 기근, 홍수, 황충, 전염병, 용의 출현
1615~1617	萬曆 2	추위, 가뭄, 기근, 황충, 지진, 용의 출현
1637~1643	崇禎	추위, 가뭄, 기근, 황충, 지진, 전염병, 모래폭풍, 용의 출현

출처: Brook, 2010: 270.

이고 있을 무렵 소빙기 기후는 남방의 최남단까지 강타했던 것이다(Marks, 1998: 134-147). 원과 명의 역사 속에 나타나는 이상 기후를 소빙기와 관련하여 주목했던 브룩(Brook)은 이 시기 한파, 가뭄, 홍수, 메뚜기 떼, 지진, 전염병, 기근 현상을 총망라하여 정리하면서 최소한 2~3년 이상 지속된 재난의 시기를 '아홉 번의 늪(sloughs)'으로 정리하였다(〈표 8-3〉 참조). 문제는 명조의 마지막 재난 시기(1637~1643)로 1637년부터 지속된 연속적인 가뭄은 그 직전부터 시작된 기근, 메뚜기 떼와 함께 상황을 더욱 악화시켰다. 화북 지역에서 시작된 '식인(食人)' 풍조는 점차 양자강 델타 지역으로 확산되었고, 가뭄과 기근의 여파로 발생한 전염병은 산서, 섬서, 몽골 지역 등 서북 지역의 인구 급감을 가져왔다. 1642년 잠시 멈춘 듯한 전염병은 1643년부터 다시 창궐했는데, 기존에 남쪽으로부터 경제 물자를 북경으로 운송하던 대운하는 이제 북쪽으로부터 전염병을 옮기는 '고속도로'가 되었다. 기근과 함께 찾아온 전염병은 치명적이었다. 브룩은 "원이나 명의 그 어떤 황제도 숭정제가 겪었던 것처럼 심각하게 비정상적인 기후 상황에 직면한 황제는 없었다."라고 평가하였다(Brook, 2010: 249-252).

하지만 17세기 기후 변화가 명조의 몰락에 미친 영향을 평가할 때는 은 유통에 대한 고려와 마찬가지로 신중함이 요구된다. 특히 '기후 결정론(climate determinism)'에 빠질 위험을 경계해야 한다. 비록 양자 사이의 상관성을 보여 주는 자료는 풍부하지만, 비정상적인 기후 변동이 모든 왕조의 운명을 결정지었던 것은 결코 아니며, 전 지구적으로 발생한 동일한 조건이더라도 이에 반응하는 인간의 대응과 사회적 구조에 따라 역사적 전개는 다양하게 나타나기 때문이다. 17세기 소빙기의 이상 기후는 명조의 몰락과 함께 완화되지 않았으며, 오히려 17세기 후반기에 더 극심해졌다(김문기, 2007a: 246-247). 명조가 이러한 기후 변동을 극복하지 못하고 멸망했다면, 청초의 상황은 어떻게 이해해야 할까? 이와 관련하여 김문기는 17세기 전반과 비교하면 더 한랭해진 후반기에 오히려 구황서(救荒書)의 출간과 구황론의 대두가 줄어드는 현상에 주목하여, 이를 기후 변동보다 국가의 황정(荒政) 능력의 향상으로 해석하였다. 즉, 1580년대에서 명말까지 강남을 중심으로 구황론이 집중적으로 등장한 것은 강남 출신 관료, 문인들이 절체절명의 상황을 스스로 극복하려는 몸부림이었다(김문기, 2009: 233-241). 이는 명말 중앙과 지방의 황정 체계가 제 기능을 발휘하지 못했음을 반증하는 것으로, 재정 악화와 만력제의 태정(怠政) 등으로 상황은 더욱 악화되었다. 반면 17세기 후반기에도 재해와 흉작이 이어졌으나 명말의 "식인(食人)"과 같은 극단적인 기근 현상이 발생하지 않은 것은 청조의 황정이 명말의 그것에 비해 효율적이었음을 보여 준다(김문기, 2007b: 117-120). 이는 분명 이전 왕조의 실패를 감계(鑑戒)로 삼은 청초의 집권층이 위기 상황에 효과적으로 대처하고 있었음을 보여 주는 것으로, 17세기 전반에서 후반까지 이어지는 이상 기후와 위기 상황이 과장되었다고 보기는 힘들 것이다.

만약 17세기에 중국에서 발생한 '위기'의 결과를 명조의 멸망으로 삼는다면 그 '위기'의 발단은 곧 명조 멸망의 발화점이 될 것이다. 그렇다면 명조라는 '생태계'가 무너지는 위기의 발원지는 어디에 있는가, 황제의 무능력인가, 관료들의 부패와 파벌주의인가, 농민반란인가, 외적의 침입인가, 전염병인가, 은 유입의 감소인가, 혹은 비정상적인 기후인가? 글로벌 히스토리의 연구방법론과 밀접하게 연관된 '17세기 위기론'에 주목하여 은 유입의 감소와 비정상적인 기후 변동이 명조의 몰락에 기여했음을 주장하는 최근의 연구사적 경향을 분석해 보았다. 이를 통해 이 두 요소가 17세기 전반기에 광범위하게 발생했으나, 특히 1630년대 후반에서 1640년대 전반기에 '동시적'이자 '집중적'으로 발생하면서 기존의 여러 불안정한 상황을 더욱 악화시키고, 나아가 명조의 생명력이 임계점(tipping point)에 도달하는 데 기여했음을 확인할 수 있었다. 분명 명조의 몰락 과정에는 기후 변동 외에 다양한 서사 구조가 담겨 있을 것이지만, 은 유통과 기후 변동이라는 전 지구적 현상을 추가해야 할 이유는 충분해 보인다. 아직 『동아시아사』 교과서는 은 유통만 취급하고 있으나 지구적 관점에서 은 유통과 짝을 이루는 기후 변동 및 자연재해에 관한 서술이 추가될 때 동아시아와 글로벌 히스토리와의 관련성은 더욱 높아질 것이다. 기후 변화에 대해서는 『조선왕조실록』이라는 장기간에 걸친 훌륭한 자료가 남아 있을 뿐만 아니라 유사한 상황에서 한·중·일의 대응방식을 비교할 수 있는 좋은 소재가 될 수 있기 때문이다.

8. 세계사 속의 동아시아사, 동아시아 속의 한국사

이상과 같이 『동아시아사』 교과서의 '탄생' 과정과 그 배경으로서 '글로벌 히스토리'에 관한 관심의 증대 그리고 '글로벌 히스토리'의 핵심 소재인 은 유통과 기후 변화의 내용을 『동아시아사』 교과서의 내용과 비교하여 분석하였다. 그럼에도 불구하고 남은 문제는 『동아시아사』, 그중에서도 '교역망의 발달과 은 유통'이라는 참신한 내용 요소 가운데 한국, 즉 16~19세기 조선의 역할과 중요성은 어떠했느냐 하는 '실존적'인 질문이다. 환언하면 한국에서 저술된 『동아시아사』에서 한국인의 관점은 어떻게 구현되어야 하는가? 물론 한국에서 저술된 『동아시아사』 교과서라고 해서 반드시 한국이 모든 내용 요소마다 주도적인 위치를 점해야 한다거나 한·중·일 3국의 상황이 동일한 분량으로 서술되어야 한다는 주장(정연, 2011: 14)에는 동의하지 않으며, 또 이는 사실상 불가능할 것이다. 쑨거(孫歌)가 지적했듯이 "뷔페식의 아시아 연구는 사유 방식과 이론 구축에 아무런 독창성을 갖추고 있지 못하며, 지식의 형식을 빌려 이미 있는 국민국가 이념을 강조하는 데 불과"하기 때문이다(쑨거, 2004: 276).

반면 내용 요소에서 다루는 주제마다(혹은 시대마다) 한국의 역할과 위상은 끊임없이 변화되었고, 따라서 한국의 역할에 대해 역사적 현실을 반영하는 '불균질성'이 오히려 한국판 『동아시아사』의 독창성(originality)이 될 것이라 기대한다. 가령 내용 요소 가운데 '새로운 지배층, 사대부와 무사', '성리학의 성립과 확산' 혹은 '17세기 전후 동아시아 전쟁'에서 차지하는 한국사의 분량이 전체에서 3분의 1 이상을 차지하거나, 동아시아에서 한국적 특성을 강조하는 것은 문제가 없으면 오히려 장려할 만하다. 하지만 '은 유통과 교역망'에서 묘사되는 조선의 지정학적 특성과 해금 및 쇄국을 고집하는 중국과 일본 사이에서의 매개적 기능, 그런데도 시간이 갈수록 더욱 확대되는 해양 중심의 세계 교역망에서 조금씩 '소외되는 듯' 보이는 조선의 위상(이성규, 2007: 175-180; Lee, 1999)은 은폐해야 할 약점이나 유럽중심주의(혹은 중국중심주의)에 압도된 시각의 투영이 결코 아니다. 유럽이 자진해서 찾아오던 중국이나 네덜란드를 통해 서양 서적들을 자국어로 번역하여 직접 수용하던 일본과 달리, 중국을 경유하여 한문으로 번역된 서학서를 통해 간접적으로 해양 세계 너머의 서구를 경험해야 했던 조선이 동남아 해역을 중심으로 확산된 해양 네트워크로부터 단절되는 것은 자연스러운 결과일 수밖에 없었다(이종찬, 2016: 545-589).

동시에 일본의 우익 사학자들이 객관성을 확보하려는 일본 교과서의 서술을 비판할 때마다 사용하는 '자학사관(自虐史觀)'이라는 표현 역시 이러한 측면에 함부로 적용할 수 없다. 오히려 역사적 현실에 대한 정직한 대면과 성찰을 통해 19세기 개항과 국민국가 수립 과정에서 한국뿐 아니라 동아시아 세계가 일정 부분 공유해야 했던 고통과 왜곡된 상호 인식의 뿌리를 더 선명하게 인식할 수 있을 것이다. 이 점에서 동아시아 3국이 근세 이후 해양을 통한 왕래를 차단하고 자국어 발전을 통한 공통어의 상실을 경험하게 됨으로써 상호 소원(疏遠)하게 되었다는 고병익의 오래전 지적은 탁견이라고 할 것이다(고병익, 1995: 23-40).

이와 동시에 '교역망의 발달과 은 유통'을 통해 살펴볼 수 있는 동아시아와 한국은 21세기 글로벌화된 세계 경제와 그 속에서 수입과 수출로 생존의 길을 모색하는 우리의 상황과 많이 닮았다. 오늘날의 달러에 해당하는 은, 자본주의(혹은 신자유주의)에 해당하는 동아시아 무역망과 세계 무역망과의 경계 없는 연계, 그리고 달러의 흐름을 좌우하는 신기술 및 스마트폰과 같은 새로운 상품에 해당하는 자기, 비단, 차, 인삼 등이 그러한 예이다. 이러한 상황에서 '은의 블랙홀'이라고 불리던 중국과 지리적으로나 외교적으로 가장 가까웠기 때문에 그 영향에서 결코 자유로울 수 없던 조선의 한국, 그리고 중국과의 관계에서 발생하는 무역의 역조 현상을 반전시키기 위해 벌이는 일본, 네덜란드, 영국, 미국 등의 경쟁 국면은 '교역망의 발달과 은 유통'에서 언급하는 시대나 오늘날이나 그 강도와 유형만 다를 뿐 본질에서는 대단히 유사하다.

19세기 후반기에 접어들면 이러한 제국 혹은 강대국 사이에 끼여 일종의 곤경(困境)에 처한 한국의 위상과 역할은 좀 더 분명해졌다. 이러한 열강의 힘겨루기 속에서도 한국인은 '타자(他者)'와의 직간접적인 접촉을 통해 자기 정체성을 확립하고 유지하려는 근성을 보여 주었다(Schmid, 2007: 63-66). 15세기까지 주로 중국이라는 거대한 '거울'을 통해 비교적 쉽게 정체성을 확립해 왔던 한국은 19세기에 이르러 저물어 가는 중국과 떠오르는 일본이라는 두 제국 사이에 끼여 복잡한 자기 인식을 하기 시작했고, 이후 강력한 서양과 일본, 그리고 여전히 영향력이 사라지지 않은 중국 사이에서 더욱 어려워진 '정체성 유지'라는 과업을 끝내 이뤄 냈기 때문이다.

15세기적 국면이 19세기적 국면으로 전환하는 시기가 바로 이 장에서 주목하고 있는 '교역망의 발달과 은 유통'이 확대되던 시기였다. 중국 일변도에서 쉽게 벗어나지 못하던 한국의 대외 교역망이 바야흐로 일본과 동남아시아로 그리고 다시 서구를 비롯한 세계로 확대될 수 있는 가능성과 일정한 한계가 동시에 목도되는 시기라고도 볼 수 있다. 이러한 가능성과 한계는 비단 한국만의 특수성은 아니었고, 동시기 중국(명과 청)과 일본(에도막부)의 대외정책에 대한 평가에도 유사하게 적용된다. 이에 대한 반면교사 내지는 비교 관점에서 접근해야 할 나라는 일본이겠지만, 이 역시 19세기 메이지유신의 '성공'과 양무운동의 '실패'라는 이분법적인 인식의 틀에서 벗어나 다시 판도가 많이 바뀐 21세기적 관점에서 새롭게 해석할 수 있는 여지는 충분하다. 가령 15~19세기가 '육지의 아시아'에서 '바다의 아시아'로 그 화두가 변화되는 시기였고, 이 과정에서 중국은 오랜 기간 위협적인 대상이었던 육지(가령 한반도 지역과 운남의 티베트 등)의 안보 문제에 최우선의 가치를 둔 반면 바다는 관심의 주변부에 머무를 수밖에 없었다는 지적이 있다(白石隆·ハ

ウ、カロライン, 2012: 152-166).

이 시기의 동아시아를 바다에서 바라본다면, '경합하는 바다'에서 '공생하는 바다'로 변화되어 갔다. 각 지역을 연결하는 바다에서 경계를 강화하는 바다로 그 성격이 변화되지만, 그 속에서도 바다를 통한 인적·물적 교류가 암묵적인 상태에서 압축적으로 전개되면서 동아시아 각국은 정면의 충돌을 회피하고 함께 이익을 향유하는 일종의 '공생' 관계를 형성한 것이다(羽田正, 2013: 2부와 3부). 물론 이는 바다의 아시아에서 자신의 위상을 자리매김해야 하는 섬나라 일본의 시각이 강조된 것임을 고려해야 한다. 하지만 '교역망의 발달과 은 유통'의 시대 그리고 그 속의 동아시아와 한국을 서술하고자 할 때 보다 적극적이면서 진지하게 적용할 수 있는 관점이라고 생각된다. 대륙과 해양의 접점에 있는 한국의 지정학적 특성과 실제 역할은 '육지의 동아시아'를 강조하건 아니면 '바다의 동아시아'를 강조하건 간과할 수 없는 중요성을 모두 지니고 있다. 내 것과 네 것의 명확한 경계를 구분하려 하고 모든 것을 우리 민족과 국가의 틀 안에서 보려는 역사 해석의 틀에서 자유로울 수만 있다면, 전근대 시기 누구에게도 배타적인 점유의 공간이 될 수 없었던 바다와 그 바다를 둘러싼 동아시아의 역사에 대해 한층 유연하고 풍성한 논의를 이끌어 낼 수 있을 것이다.

이와 관련하여 로빈슨은 동아시아 해양 세계에서 조선의 역할이 비중 있게 취급될 수 있음을 보여 주는 사례 연구를 보여 주었다(로빈슨, 2007). 김시덕은 임진왜란에 대해서 "대륙 세력과 해양 세력 충돌의 장"이라는 의미 부여를 시도하면서, 임진왜란 이전의 한반도는 유라시아 동부라는 거대한 무대의 주변부였지만, 임진왜란을 통해 그 이후의 한반도는 대륙과 해양 세력 간의 '지정학적 요충지'가 되었다고 강조하였다. 한반도가 대륙의 중국으로서는 해양 세력(일본)의 대륙 진출을 저지하는 완충지가 되고, 일본에는 대륙과 중원으로 진출하기 위해 반드시 확보해야 하는 거점이었기 때문이다(김시덕, 2015). 2005년 중국에서 정화(鄭和)의 대원정 500주년을 기념하고 2013년에는 시진핑(習近平)이 "일대일로(一帶一路: 육로를 통해 중국과 중앙아시아와 유럽을 연결하는 일대(one belt)와 해로를 통해 중국 남부에서 아세안 국가 및 서남아를 거쳐 아프리카와 유럽으로 이어지는 일로(one road)의 구축을 주장하는 제안)"를 제안할 뿐 아니라, 2014년에는 인도 수상 나렌드라 모디(Marendra Modi)가 "마우삼루트 프로젝트(Project Mausam Routes: Maritime Routes and Cultural Landscapes across the Indian Ocean. 인도양으로 연결된 공동체들의 상호 교류와 문화를 만들어 낸 몬순 계절풍의 이름인 마우삼에서 가져온 인도발 해양 실크로드 비전)"라는 제안까지 덧붙이면서 초국경을 특징으로 하는 해양 실크로드에 대한 국제정치적·학문적 관심이 증폭되고 있다. 하지만 이러한 해양 무역로에 대한 강조와 이로 말미암은 해양 문명에 대한 학문적 관심은 영토와 자원을 둘러싼 분쟁으로 연결될 가능성이 크기 때문에 해양 세계를 초국경 문화 교류의 현장이자 대화·협력·공생을 위한 새로운 질서가 창출되는 공간으로 만들기 위해서는 '해양 실크로드 커먼즈(Commons)'와 같은 성찰적 접근이 더욱 필요한 시점이다(노영순, 2015). 해양 세계로의 진출이 곧 근대적 성공의 근거라고 보는 근대중심주의적 시각이 문제라고 한다면, 기존에 부정적인 시각으로만 취급하던 15~19세기 동아시아의 해금(海禁)에 대해서도 새로운 해석의 여지가 열릴 수 있다(하세봉, 2016).

이처럼 대륙 패러다임 일변도에서 벗어나 해양 패러다임을 동시에 고려하는 시각이야말로 지금의 시점에서 "다양한 관점에서 자료를 활용하여 역사적 사고력과 역사의식을 기르고 나아가 동아시아 지역의 발전과 평화에 이바지하는 자세"를 함양하고자 하는 『동아시아사』 교과서의 총괄 목표에 부합할 수 있는 한 방안이 아닐까 생각한다. 물론 해양 패러다임을 중심으로 이뤄지는 글로벌 히스토리의 전개가 대륙 패러다임 속의 북중국과 만주·몽골·한국 등 이웃 지역의 역사 전개를 후진적·전근대적·전자본주의적으로 간주할 가능성에 대해서는 주의를 기울여야 하며(이정일, 2012: 38-39), 거란-여진-몽골-만주로 이어지는 천 년의 동아시아 북방민족 제국의 역사를 복원해 나가는 동아시아상에 대한 제안에도 귀 기울일 필요가 있다(박원호, 2012a: 431-435). 박원호는 더 나아가 "동아시아사의 일국일 뿐인 한국의 역사를 동아시아 전체의 시각에서 바라보지 못하고 주변국과 '대외관계'의 창구를 통해서만 서술하는 것이 '한국사'를 잘 이해하는 지름길이 아니니" 라고 지적하면서 "한국사 연구자는 '동아시아사로서의 한국사'를, 동양사 연구자는 '세계사 속에서 동아시아사'의 새로운 패러다임을, 서양사 연구자는 '유럽중심주의'에서 탈피하여 동서양을 결합한 새로운 역사 방법론을 모색하는 목표를 지향"해야 한다고 주장했는데(박원호, 2012b), 이 책에서 강조하는 『동아시아사』의 방향성과도 잘 부합한다. 신채호의 '아(我)와 비아(非我)의 투쟁'으로 점철되었던 한국사를 극복하고 '세계 속의 한국사'라는 목표를 위해 그 중간 단계로 '기억의 장'으로서의 동아시아사를 주창했던 김기봉 역시 큰 범주에서는 같은 문제의식을 담고 있다(김기봉, 2006: 182-198). 동아시아에 대한 주목이 다시 중국이나 미국과 연계된 일본이 주도하는 패권주의로 흐르지 않아야 함을 오래전부터 강조했던 백영서가 주장한 '이중적 주변의 눈'(서구 중심의 세계사 전개에서 주변화를 강요당한 동아시아라는 주변의 눈과 동아시아 내부의 위계질서에서 억눌린 주변의 눈), 그리고 이를 배경으로 전개된 '자아확충과 충실의 동아시아사'라는 개념 역시 "동아시아에서 한국이란 무엇인가?"라는 정체성 문제를 풀어 가는 방안으로 여전히 유의미하다(백영서, 2004; 백영서, 2007).

요컨대 '세계사 속의 동아시아사'와 '동아시아사 속의 한국사'를 균형감 있게 포착할 수 있는 『동아시아사』를 지향한다면, 초지역성(초

국가성)과 유동성을 학습의 기본 요소로 담고 있는 '교역망의 발달과 은 유통'과 같은 주제를 교육적 차원뿐 아니라 학문적인 차원에서도 한 단계 심화시킬 필요가 절실하다. 은 유통과 함께 글로벌 히스토리의 핵심 주제인 기후 변동을 함께 검토한 것도 이 때문이다. 이는 곧 글로벌 히스토리와 자유롭게 연결될 수 있는 동아시아사 내지는 대륙과 해상에서 공동으로 진행되는 지구적 광역 경제권을 염두에 둔 동아시아사 연구를 촉구하는 것으로, "지금" 그리고 "여기"서부터의 관점이 담긴 동아시아의 다양한 근대성을 탐구하는 이 책의 고민이기도 하다.

제9장 마치면서: 현재와 미래를 위한 역사 읽기

이 연구는 동아시아와 근대성을 설명하고 이론화하고자 했던 기존의 다양한 연구에 대한 비판적 성찰이자 대안적 반응을 도모하고자 시작되었다. 동아시아의 역사적인 경험을 바탕으로 현지인의 입장에서 이론적 틀을 마련하는 작업은 기존 탈식민이론이 추구해 왔던 '유럽을 지방화(provicializing Europe)'(Chakrabarty, 2000)하고 '다양한 아시아들(other Asias)'(Spivak, 2008)을 드러내는 작업과 그 결을 같이한다. 이 책의 관심이 왜 동아시아이고 근대성인지에 대한 대답의 시작으로 동아시아와 근대성에 대한 논의에 존재하는 서구중심주의에 대해 논의하였다. 그리고 '지금' 그리고 '여기'라는 관점에서 동아시아 근대성과 주체의 특성을 옐로우 퍼시픽을 통해 개념화하고, 주요 서사들을 설명하였다. 옐로우 퍼시픽이라는 거대 서사를 통해 동아시아가 서양 근대성의 대안적인 모델이거나 인류 문명에서 유일한 혹은 비교 불가한 독특한 형태임을 주장하려는 것이 아니다. 동아시아 근대성을 개념화함으로써 동아시아의 경험 역시 서양의 경험 그리고 다른 지역의 근대화 경험과 비교 가능하고 서로를 설명하고 상상하는 데 유용한 자원이자 근대성의 다양한 가능태(potentiality)임을 제안하고자 하였다. 서구 혹은 일반이론을 동아시아의 경험에 적용하기보다 현지인의 현존과 관점,

그리고 언어로 규정하고자 하는 시도는 세계 학문 체제 내에 항상 그리고 언제나 자리 잡고 있는 서양중심주의에 대한 적극적인 대응이라고 할 수 있다. 동아시아를 새롭게 파악하고자 하는 움직임으로 지역 내 "다양한 지역의 흐름, 관계와 연결고리를 탐색하고, '서양'이 이론의 근원지라는 생각에 비판적이고 여러 사회 간의 대화와 협업을 증진하고자" 하는 것이다(Burgess, 2004: 18).

그 결과 우리는 동아시아의 근대성과 근대적 주체의 특질을 '옐로우 퍼시픽'으로 명명하고 이를 탐색하기 위해 19세기 중화질서의 변동 지점을 시작으로 21세기 중국의 '청사공정' 및 한국의 『동아시아사』 교과서 도입까지를 검토하였다. 서론에서 밝혔듯이 1세기가 넘는 장구한 역사적 시간과 다양한 국가-민족-지역의 특성을 시계열에 따라 분석하는 것이 아니라 옐로우 퍼시픽의 특징을 잘 드러내는 세 가지 내러티브를 설정하고 이들이 구체적으로 탐색 되는 맥락과 지점을 논의하였다. 제1부에서는 동아시아 근대성의 특징과 동아시인의 주체 인식을 역사적인 관점에서 고찰하였다. 구체적으로 주목한 지점은 19세기까지 동아시아에서 지탱했던 중화질서가 내부의 변동을 기점으로 와해되는 국면이다. 동시에 중화질서의 몰락은 동아시아에 새로운 힘의 부상을 가리키는데, 대표적으로 아메리카가 동아시아 지리에 처음 등장하고 일본이 비서구 사회로는 유일하게 제국으로 성장한 지점이다. 20세기 초 일본 제국의 지배, 즉 식민의 경험과 함께 진행된 근대화의 변동은 당시 동아시아 사회를 설명하는 중요한 특징이다. 그리고 오늘날 제국-식민-근대라는 복합적 국면을 어떻게 해석하고 개념화하는가의 문제는 학문의 영역일 뿐만 아니라 미국을 중심으로 재편된 세계 학문 체제 속에서 또 하나의 주변에 놓인 한국 지식인의 딜레마를 상징적으로 드러낸다. 제2부에서는 동아시아 근대성에 대한 담론들을 분석하면서 한국학 및 지역학의 새로운 가능성을 함께 고찰하였다. 동아시아에서 자국의 역사를 다시 기술하는 것은 단지 과거를 다시 쓰는 작업일 뿐만 아니라 현재의 사회와 소속 구성원에게 내일을 향한 청사진을 보여 주는 작업이다. 동시에 한 국가의 역사 쓰기는 인접한 다른 국가들과의 필연적인 갈등 내지는 새로운 논의 거리를 유발하게 된다. 우리는 20세기 말 냉전이 전 세계적으로 종식되고 동아시아 내부에서 경제적·문화적 유통이 활발해지는 기점에서 중국과 한국의 새로운 역사 쓰기에 주목하였다. 구체적으로 중국의 굴기와 함께 청나라 역사를 다시 쓰는 국가적 프로젝트의 의미를 동아시아적 맥락에서 고찰했고, 세계 최초로 한국에서 『동아시아사』라고 명명된 교과서를 고등학교 과정에 도입한 배경과 주요 내용을 탐색하였다. 또한 한국 대중문화의 아시아 유통과 인기를 통해 한류와 동아시아를 연결시키는 작업은 한국학 연구의 새로운 가능성과 한국학 및 동아시아학의 새로운 미래를 보여 준다고 제시하였다. 그리고 2000년대 초 한국발 동북아시아 담론을 비판적으로 고찰함으로써 앞으로 한국 사회와 구성원이 고민하고 추구할, 즉 변화하는 동북아 정세에서 지속가능한 담론의 가능성을 생각하였다.

우리가 제기한 옐로우 퍼시픽은 완결적인 성격을 지닌 이론이기보다는 더 많은 구체적인 사례와 국면에 대한 논의를 통해 다시 쓰이고 보완될 개념에 더 적합하다. 역설적이지만, 결론에서 다시 미완의 개념화 작업을 제안함으로써 앞으로 근대적 동아시아 주체에 대한 더 다양하고 확장된 논의가 촉발되기를 기대한다. 앞에서 동아시아의 근대성과 근대화 과정이 보편적인지 아니면 특수한 것인지에 대한 이슈에 거의 주목하지 않은 이유가 여기에 있다. 그보다는 동아시아의 경험을 재해석함으로써 동아시아 근대성의 특징을 옐로우 퍼시픽이라는 개념으로 이론화하는 동시에 이에 대한 구체적 서사를 구성하는 데 집중하였다.

'옐로우 퍼시픽'을 굳이 '황색의 태평양'으로 표현하지 않은 것은 앞으로 영어를 모국어로 사용하는 학자와 학계 집단을 포함하여 한국어 논문을 읽을 수 없는 다양한 민족, 국가의 연구자들과 대화를 바라는 희망의 표현이다. 그리고 동아시아 근대성을 이론화하는 과정에서 서양의 경험을 토대로 한 이른바 일반이론이나 보편적 연구를 배제하지 않았다. 이는 이 연구가 서구 이론을 아시아와 한국 사회에 적용 또는 응용하는 지식의 중계 역할보다는 아시아와 한국의 경험을 통한 이론화 작업을 통해 서양 혹은 비서양의 전문가들과 대화를 희망함을 상징한다. 이 대화의 방향은 서양 학자들의 반응에만 민감해하기보다 인접한 국가, 지역, 사회 연구자들의 연구를 귀담아듣고 부지런히 만나 프로젝트를 꾸리는 것에서 시작될 것이다. 따라서 이 책의 결론은 우리의 주장을 마치는 공간이자 새로운 대화를 시작하는 영역이다.

1. 동아시아 근대성 논의에서 한국학의 새로운 가능성

제1장에서 밝혔듯이 이 책은 동아시아인이자 한국인이라는 현지인의 입장에서 동아시아 근대성의 특질을 이론화하는 작업을 담고 있다. 동아시아 현지인의 입장을 구성하는 주요한 맥락은 서구 열강의 침입, 주변 국가의 제국주의화, 미국의 정치경제적 영향력, 탈냉전 및 신자유주의화 등이 있다. 동아시아인들은 이러한 세계적인 변화에 적응하는 동시에 자신의 자리에서 현존의 문제를 감당하며 개인적·집합적 정체성을 형성해 왔고, 또 앞으로도 그러할 것이다. 그렇다면 이와 같은 동아시아 근대성의 형성과 특징에 대한 설명, 규정, 해석, 그리고 개념화는 누가, 어떻게 할 수 있을까? 탈식민이론에서 자주 언급되는 표현을 활용해 보면, '동아시아인들은 말할 수 있는가?'라는 물음에 대한 응답으

로부터 한국에서 시작하는 동아시아 근대성 논의의 새로운 가능성을 생각해 본다.

사이드의 『오리엔탈리즘』으로 대표가 되듯이 서양 지식인들이 바라본 동양 사회와 동양인에 대한 시각과 편견에 대한 통찰력 있는 비판은 탈식민이론의 주된 논쟁거리였다. 이 책 제2장에서 언급한 페어뱅크(Fairbank, 1968) 등 미국 학계에서 제시된 서구의 '충격'으로 전근대적 중화질서가 무너지고, 이에 대한 '대응'으로 동아시아의 근대가 형성되었다는 학설 역시 서양인이 동아시아 근대를 규정지었던 주요한 인식 체계 중의 하나이다. 발로우(Barlow)를 필두로 한 미국 학자들 그룹과 국제 저명 학술지 『포지션스(positions: Asia critique)』를 중심으로 집중하여 논의된 '식민 근대성(colonial modernity)' 개념은 추후 한국 식민시기 연구와 근대성 연구에 큰 반향을 불러일으켰다. 오리엔탈리즘, 서구의 충격 테제, 그리고 식민 근대성 등 주요 개념과 인식 틀이 동아시아 각 사회와 집단을 설명하는 데 얼마나 유효한가에 대한 논의를 제외하고라도, 한국 및 동아시아 학계에서 미국으로 대변되는 서구 학계에 대한 과도한 의존은 동아시아의 근대성 이해가 지닌 현실적 한계를 그대로 보여 준다.

서구 학계의 동양 인식이 동양 사회에 그대로 이식될 뿐만 아니라 동양 지식인들에게 내재화되어 있다는 비판은 이미 상식에 속할 정도로 많이 지적된 문제이다. 그중 서양 사회 및 역사에 근거한 이론에 대한 과도한 의존, 즉 학문적 식민성에 대한 비판은 1990년대 한국 지식계의 인문학 비평을 중심으로 지속해서 제기되었다(김성기, 1996; 조혜정, 1992). 이런 와중에 2015년 출판된 김경만(2015)과 김종영(2015)의 책은 한국 지식인과 대학교수 사회의 식민성과 미국중심주의의 폐단을 다시 부각시키는 계기가 되었다. 김종영은 그의 저서 『지배받는 지배자: 미국 유학과 한국 엘리트의 탄생』(2015)에서 미국 유학파 한국 지식인을 '지배받는 지배자'로 명명하면서, 그들이 중간자이자 지식 매개자 역할을 담당하면서 계층화되는 현상을 다음과 같이 비판한다.

> "미국 유학파 지식인들은 미국에서 만들어진 개념이나 방법론을 한국적 맥락에 적용시키거나 미국 연구자들이 경쟁적으로 다투는 문제를 회피하여 덜 중요한 문제를 다루게 된다. 지식상품을 일부 개조하는 방식으로 유지한다. … 이들의 위치와 지식생산 자체는 미국의 우수한 연구자들과 국내 로컬의 연구자들 사이의 중간에 자리 잡고 있다."(김종영, 2015: 6장, 174)

김경만 역시 한국의 사회과학자들이 서구 의존적인 사대주의적 자기 비하에 빠져 있다고 평가하면서, 조한혜정 등 1990년대부터 한국 지식 사회를 비판적으로 논의한 연구자들을 비판대에 올려놓았다. 이러한 문제의식을 기반으로 김경만은 글로벌 지식장의 변동을 위한 제안을 다음과 같이 하고 있다.

> "서구학문의 지배로부터 벗어날 수 있는 유일한 길은 글로벌 지식장에 직접 들어가 이 상징공간을 지배하는 서구 학자들과 부딪히고 논쟁함으로써 그들이 만들어 놓은 지식장의 구조를 변형시키는 일이다."(김경만, 2015: 서문, 13)

하지만 그가 글로벌 지식장의 변동을 위한 증거로서 제시한 본문, 즉 자신이 하버마스 등 서구의 주요 학자들과 얼마나 구체적인 논의를 주고받았는지를 기술한 대목은 오히려 스스로를 비롯한 한국 학계가 서구 대학자의 인증에 얼마나 깊이 종속되어 있는지를 보여 줄 뿐이다. 김종영의 연구는 미국 대학 시스템에 종속되어 있는 한국 지식계에서 지배자이자 해방자로서의 역할을 지닌 지식인의 이중성을 훌륭하게 부각시켰지만, 한국 학문공동체의 천민성 극복을 위한 논의는 주요한 논제가 아니었다.

서구 학문에 대한 한국 학계의 뿌리 깊은 종속성을 지적한 김종영과 김경만의 문제의식은 그 범주를 동아시아적 맥락에서 고찰했던 우리의 문제의식과 상통한다. 다만 우리는 이러한 종속성과 서구 중심성의 한계를 강조하기보다는 그 대안을 옐로우 퍼시픽이라는 담론으로 제시하는 것이 보다 시의적이고 생산성 있는 논의라고 판단하였다. 서구에 대한 종속성을 우려하여 서구의 이론을 가급적 배제하거나 '우리들'만의 논의를 강조하기보다는 현지인의 경험과 언어로 동아시아 그리고 근대성을 설명하고 해석하는 거대 서사를 서구인들도 익숙한 개념으로 형상화하는 방식을 선택하였다. 다시 말해 식민지 근대성 혹은 서구의 충격론과 같은 기존의 이론을 현지화하고 역사적 현장을 검증하는 방식으로 한국의 학문적 종속성에 반대하기보다, 옐로우 퍼시픽이라는 거대 서사를 제안하고 각각의 사회, 집단, 그리고 시기에 따라 논의를 전개한 것이다.

동아시아 근대성 형성의 경험을 옐로우 퍼시픽으로 이론화하고자 하는 우리의 시도에는 지역학으로서 한국학이 지닌 또 하나의 가능성이자 과제를 논의하려는 목적도 담겨 있다. 기존에 서구에서 생산된 이론 체계의 적용 대상이거나 현지화의 가능성을 논의하는 지역학이 아닌, 새로운 이론적 틀을 생산하고 이를 통해 서구를 포함한 다양한 지역의 학자들과 논의할 수 있는 연구방법론을 한국학에 도입하려는 모색이라 할 것이다.

유로-미국중심주의(Euro-American centrism)적인 세계 학계에서 한국학을 포함한 아시아를 대상으로 한 지역학은 대체로 보편적 이론의 생산에 기여하기보다는 일반이론을 적용하거나 평가하는 개별 연구의 역할을 한다. 그리고 그러한 체계 속에서 한국 및 아시아 지역을 전공하는 학자는 일반론을 보충하는 사례 연구나 구체적인 정보를 제공하는 역할을 담당하곤 한다. 서구에서 지식이 생산되고 확산되는 방식에 대해 사회학자이자 아시아학 연구자인 리(Lie)는 "아시아학은 아시아의 구체적인 지식을 강조하는 특별하고 개별적인 사안에만 집중한 채 일반적이고 보편적인 지식을 생산하지 못하였다. … 반면 사회과학은 지역학을 특별한 지식의 보관소 정도로 경시"하고 있음을 신랄하게 비판하였다(Lie, 2012: 5). 일반학과 특수학의 이분법이라는 질곡에 빠져버린 서구 학계의 지역학, 특히 아시아학의 위치에 대한 리의 비판은 다음과 같이 계속된다.

> "누군가 아시아에 초점을 둔다면 그의 연구는 본질적인 것이 아닌 개별적이고 우연적인 것으로 간주된다. … 근대화 이론에 손쉽게 의존한 나머지 아시아 연구에 빠진 것이 있다면 그것은 이론을 구성하는 프로젝트이다. 서구를 우회하는 아시아 연구는 이론적이고 방법론적인 논의를 회피한다."(Lie, 2012: 12)

리의 비판은 서구 학계 내에서 손쉽게 발견되는 지역학에 대한 인식과 학문 생산에서 소외당하거나 스스로 역할을 제한시킨 지역학 현황에 대한 평가이다. 리는 지역학이 소외되거나 사례로만 활용되는 한계의 이유를 1960~1970년대 아시아학이 주요 대학의 학부 시스템에 자리 잡지 못한 것, 그 결과 지속적인 학문 후속세대를 위한 네트워크와 비전을 형성하지 못한 것에서 찾고 있다.

이처럼 지역학이 가지게 되는 일반적인 한계뿐 아니라 지리적·언어적 차이와 차별에서 오는 이중적인 부담은 아시아에서 아시아를 연구하는 학자들의 입장과 역할을 더욱 제한적으로 만든다. 탈식민이론,

특히 정체성 논의에서 있어 에스닉의 중심성(ethnic-centrism)보다 기관의 위치성(institutional situatedness)이 더욱 중요하다고 강조하는 천(Chun)은 다음과 같이 주장한다.

> "나는 아시아의 많은 학회를 다녀왔고 그곳에서 "우리" 아시아인들이 항상 자신들은 특정 지역의 전문가의 역할로만 규정당한 반면에 서구 전문가들은 당연히 이론자로 대접받고 있다는 불평을 들어왔다. 글로벌 학계의 체계 속에서 이와 같은 사고 체계는 오랜 기간 현저하게 정치적으로 작동해 왔다."(Chun, 2008: 705)

천의 논의는 이중적인 한계에서 학문계의 주변인이나 기껏해야 지역 전문가로서의 위치만 지탱하게 되는 아시아 연구자들의 '가련한' 현주소를 잘 보여 준다.

이러한 특징은 한국을 주요 연구 대상으로 하는 연구에서 더욱 두드러진다. 영어가 아닌 동아시아의 자국어로 논문을 쓰거나 토의하는 것이 자연스러운 학자들에게 현재 서구 중심의 학문 체계와 평가 시스템은 또 다른 장벽으로 작동한다. 그 결과 때로는 서구 이론가들의 입맛에 맞는 연구들, 즉 서구 이론을 적용해 보고 반영하는 개별 사례 연구에 천착하거나 아니면 아예 서구 학계의 결과를 애써 무시하며 '우리끼리의' 논의로 충분한 것처럼 자부하기도 한다. 매우 다른 반응이지만 서구중심주의에 대한 나름의 반응이자 서구 학계에 대한 상처가 반영된 모습이라 할 수 있다. 하지만 지금 우리가 일반론으로 쉽게 수용하는 사회과학의 이론이라는 것을 다시 돌이켜 보면, 이 역시 유럽-미국이라는 구체적인 로컬의 사회와 역사의 맥락 속에서 진행된 사례 연구였던 것이다(Lie, 2012).

그렇다면 기존의 강고한 서구중심주의적 세계 학문 체계에서 한국학은 어떻게 돌파구를 찾을 것인가? 우리는 기존의 서구 시각에서 정립된 지역학의 개념을 넘어 한국인의 시각으로 동아시아를 이론화하는 작업에서 그 가능성을 찾고자 하였다. 기존에 서구에서 주도했던 지역학으로서의 한국학이 한국어를 배우면서 한국 역사 및 문학 등을 연구하며 하나의 지역이자 민족-국가로서 한국에 대한 전문가가 되는 과정을 뜻한다면, 한국인의 시각으로 접근하는 한국학은 기존의 지역학과는 다른 의미가 있어야 한다고 생각하였다.

여기서 우리가 강조하는 '한국인의 시각으로 접근하는 한국학'이란 한국인의 역사적 경험과 지정학적 관점을 통해 한국의 역사, 문화, 사회문제 등을 조망하되 이를 동아시아적 맥락에서 해석할 뿐만 아니라 이론화하는 학문을 지칭한다. 한국이 결여된 동아시아나 동아시아를 생략한 한국의 문제는 역사적으로나 현실적으로 사실상 존재가 불가능하기 때문이다. 기존의 한국학과 차별되는 지점은 크게 두 가지이다. 하나는 한국이라는 지역에 국한되는 것이 아니라 한반도라는 지정학에서 출발하되 동아시아적 시좌(視座)까지 확보하는 공간의 확장 가능성이다. 다른 하나는 한국인을 포함한 동아시아인의 역사적 경험과 현재적 감각을 중시하되 이를 비교 대상이나 일반이론에 관한 사례 혹은 반례 연구로 국한하지 않고 또 다른 이론화 작업의 대상으로 승화하는 자아 존중이다. 이러한 시각의 한국학이야말로 지역학을 도구화하지 않으며 동아시아의 다양한 지역과 집단을 서로 이해하고 연결함으로써, 세계화 시대 각지에서 진행되는 다양한 지역학 이해와 이를 종합하는 학문적 통합에 기여할 수 있을 것이다.

한국인의 시각으로 접근하는 한국학으로 동아시아 근대성을 논의하는 것은, 동아시아 내에서 독특하면서도 일반적인 과정을 겪은 한국의 근대성을 보여 줌으로써 근대성의 다중성을 드러내는 데 기여할 것이다. 본문에서 강조했듯이 글로벌 지식 체계 속에서 아시아를 연구하는 지역학은 주류 학문이자 이론을 생산하는 영역으로 인정되기보다는 사례 연구와 실증적 자료를 제공하는 역할에 머물렀던 것이 지금까지의 현실이다. 이와 같은 지식 체계 속에서 동아시아의 경험 및 현실은 서구 이론에 비추어 정상 혹은 비정상의 평가를 받거나, 기껏해야 서구의 이론을 수정, 보완하는 기능에 만족해야 하였다. 이 연구는 이러한 기존의 현실을 충분히 인정하고 수용하되 여기에 만족하지 않고 한 걸음 더 나아가 한국을 비롯한 동아시아의 경험을 세계의 공공재로 존중하면서, 근대성이라는 것이 서구의 전유물로만 논의될 수 없음을 서구의 이론과 타자로서의 서구를 염두에 두면서 논의하였다.

이러한 관점을 견지할 경우, 연구의 대상인 한국과 동아시아는 원거리에 있는 학문의 영역에만 존재하는 것이 아니라 집단과 사회의 역사적 경험과 개인의 일상 속에서도 구성된다. 예를 들어 과거 일본 제국의 지배를 경험한 한국과 대만이 현재 일본을 대하는 태도에서 드러나는 차이들, 그리고 오랜 기간 중화질서를 구축했으나 1세기 반의 굴욕을 경험했고, 이제 다시 '굴기'하려는 거대 중국에 대한 주변 동아시아인의 태도는 단지 앎의 영역에서 해석되지 않는다. 한국에서 진행되는 한국학과 동아시아학이 서구에서 진행되는 한국학 또는 동아시아학과 늘 본질적으로 차이가 난다고 단언할 수는 없겠지만, 주체(主體)의 차이는 미세하지만 대단히 유의미한 차이와 다름을 생산할 가능성이 크다는 것이 우리의 판단이다. 우리는 이러한 '여기' 그리고 '지금'의 학문을 "존재론적 인식론"이라 명명하고 이 책의 제2부에서 구체적인 논의를 진전시켰다.

2. 동아시아 학문공동체, 한국학-지역학, 그리고 지식생산의 지정학

한국인의 시각으로 접근하는 한국학 혹은 한국인의 시각으로 동아시아를 이론화하는 작업은 학문 체계의 세계적 위계 구조를 비판적으로 성찰하는 동시에 최근 활발해진 동아시아 지식인들 간의 학문공동체와의 연대를 지향한다. 옐로우 퍼시픽의 세 번째 서사에서 논증했던 바와 같이 현재 한국학, 동아시아학 등 지역학의 중심은 미국이다. 여기서 미국은 국가나 연구자의 국적, 인종 또는 민족의 문제만 가리키는 것이 아니다. 오히려 미국 내 대학과 연구소, 그리고 그것들을 중심으로 한 학회, 학술지, 출판, 장학제도 등을 포함하는 학계 시스템과 학문 생태계를 의미한다. 연구자의 인종과 민족이 중요한 만큼 어떠한 학계 시스템과 생태계에서 연구하는가가 중요하다. 지식 노동의 세계적 분화(global division)를 비판하면서 천(Chun)은 "학계 시스템은 우리가 인종적으로 누구인가에 상관없이 우리 안에 착종되어 종국에는 우리가 누구인지를 주관적으로 정의한다"고 설명한다(Chun, 2008: 692). 세계적으로 위계가 구성된 기존의 학계 시스템에서 지역학은 스스로를 이론 생성보다는 사례 연구로 자리매김해 왔다. 학문 시스템의 중심이 아닌 주변에서 진행되는 연구 역시 서구 학계에서 인정하고 이해하는 연구 대상, 문제 제기, 그리고 질문의 틀 안에서만 의미 있는 연구로 받아들여지곤 한다. 미국이 중심이 된 서구 학계가 이해하지 못하는 사회현상들, 문제 틀이나 이론, 그리고 언어는 현실에서 어떠한 의미가 있는지와 상관없이 '별로 중요하지' 않거나 '파악될 수 없는' 문제가 되는 것이다.

지식생산에 있어 세계적인 위계가 존재하는 이러한 현실에서 변방의 연구자들도 이론을 구성하여 세계적 학문 토론의 장에 함께 참여할 수 있을까? 다시 말해 우리가 옐로우 퍼시픽이라는 거대 서사를 이론화하는 시도의 결과물을 한국의 대학 출판사에서 한국어로 출판하는 작업이 전 세계 차원의 지식 체계, 그리고 한국학과 동아시아학에 어떠한 의미를 던질 수 있을까?

학문의 지정학이라는 관점에서 볼 때, 한국 학계는 공간적으로 한국이라는 변방, 언어적으로 사용 인구에 절대적 한계가 있는 한국어라는 이중적 곤경에 처해 있음은 주지의 사실이다. 이에 대한 한국 학계의 대응은 크게 대조적인 두 가지 반응으로 전개되었다. 하나는 피동적인 대응으로, 동양과 한국의 철학과 언어를 바탕으로 하는 이론 생산을 하면서 한국을 벗어난 학계 시스템과 대화의 시도를 굳이 하지 않는 방식이다. 이른바 국문학, 국사학 등 '국학'이라 불리는 학문을 중심으로 이뤄졌다. 다른 하나는 적극적인 대응으로, 서구의 이론과 방법론을 적극적으로 도입하면서 서구 학계로부터 인정을 희구하는 것이다. 서구의 언어를 탐구하는 학문이나 주로 서구에서 분류가 시작된 사회과학을 중심으로 이러한 반응이 두드러졌다. 너무 단순화한 것 같지만, 피동적인 대응이나 적극적인 대응 모두 지식의 지정학이라는 측면에서 여전히 서양 중심성에서 벗어날 수 없다. 서구 학계 시스템을 단순히 무시하거나 동아시아 논의에서 서구 이론을 지워 버리는 것만으로 서구 중심성이나 글로벌 지식생산의 구조적 위계는 전혀 흔들리지 않기 때문이다. 서구 이론의 적극적인 수용 역시 학문의 거간꾼 역할에 머물거나 사례 연구라는 기존 지역학 연구의 주변성을 답습할 따름이다.

한국 대학 시스템은 상대적으로 후자의 방식을 중심으로 진행 중이다. 특히 미국 대학으로의 유학과 박사학위 취득, 영어 논문 작성 및 이른바 해외 저명 학술지에서의 출판, 그리고 미국과 유럽 학자들과의 교류를 중시한다(강명구, 2014). 이러한 경향은 비단 한국만의 특수성이 아니라 아시아 국가들의 학계 동향에서도 유사하게 발견된다. 그러다 보니 아시아 각국의 지식인들은 각자 서구 학계로부터의 인정에 경쟁적으로 몰두한 나머지 서로의 학문에 대한 돌아봄과 대화가 낯선 상태가 되고 말았다. *Inter-Asia Cultural Studies*의 주필인 천꽝싱과 추아벵홧은 그동안 "아시아 지식인들이 서구만을 바라보다가, 아시아 학자들의 관계는 멀어졌다"고 평가한다(Chen & Chua, 2007: 2).

우리의 작업은 한국 학계의 관행적인 대응을 직시하는 동시에 이를 한걸음이라도 넘어서기 위한 노력으로, 학문의 지정학이라는 관점에서 스스로를 '인터-아시아적 실천'이라 부르고자 한다. 인터-아시아적 실천의 첫 번째 요소는 다시 한번 반복하지만, 아시아 연구자가 로컬에서 이론 생산을 시도하는 것이다. 아시아를 이론화하고자 하는 시도에 대해 딜릭(Dirlik)은 아시아 연구의 아시아화(Asianization)라고 부르면서, 그 시도 자체가 "유럽 중심적인 지식의 헤게모니, 특히 학계의 미국 지배를 직접 겨냥하고" 있다고 주장한다(Dirlik, 2000: 164). 아시아 이론화의 논리로 회자하는 '방법으로서 아시아'를 재개념화한 천꽝싱은 "서양이 지역(아시아)에 내재하는 하나의 조각임을 인식하여 우리(아시아)는 서양을 지역의 반대되는 대상으로 여기는 것이 아니라 다양한 조각들과 함께 우리를 구성하는 요소로 인식"할 것을 강조한다(Chen, 2010: 233).

인터-아시아적 실천의 두 번째 요소는 한국 및 동아시아 지역민들의 역사적 경험을 중시하며 이를 이론의 틀 안에 담아내는 것이다. 이는 서양과 동양의 경험을 이분법적으로 바라보거나 동아시아에서 서구의 흔적을 없애려는 시도와는 결이 완전히 다른 것이다. 우리는 동아시아 질서의 변동에서 중국의 자족적인 물류 시스템의 작동 원리와 세계 체제 속에서의 한계, 청일전쟁을 계기로 실질적으로 체감되는 중화질서의 해체, 그리고 일본 제국 및 냉전 시기에 서양 문물과 대중문화가 동아시아에 전파되고 수용된 양상에 주목하면서 이를 직간접적으로 경험했던 사람들과 연구자들의 목소리를 근거로 이론화를 꾀하였다. 이를 근거로 다시 전 지구적 관점에서 주목받아 온 근대성 형성의 논의에 참여하고자 하였다. 동아시아 근대성을 이론화하는 이러한 시도는 딜릭이 중국의 근대성을 역사화하는 논의에서 착안하였다. 딜릭은 중국 근대성의 연구 과정에서 난제는 단순히 근대성의 역사에서 유럽을 없애는 것이 아니라 역사를 재구성함으로써 역사 과정의 결과로 근대성을 인식하고, 그 가운데 유럽과 유럽인의 핵심적 역할을 이해하는 것이라 주장한다(Dirlik, 2011: 21). 이러한 작업을 통해 우리는 근대성을 구성하는 다양한 방식과 역사적 경로가 있었음을 재확인하면서, 이른바 '다양한 근대성' 논의에 '옐로우 퍼시픽'이라는 담론을 추가하게 되었다.

인터-아시아적 실천의 세 번째 요소는 한국과 동아시아 지역 연구자들의 연구 성과를 의도적으로 적극 참고하는 것이다. 당연히 우리는 서양 이론 및 이론가의 논의를 배제하거나 서양과 동양이라는 이분법적 태도로 이론을 적용하려는 의도가 전혀 없다. 오히려 기존에 지나치게 분리되었던 두 측면을 조화하기 위한 전략적 구상으로 동아시아 지역 연구의 성과를 의도적으로 존중하려 한 것이다. 옐로우 퍼시픽이라는 개념을 통해 한국과 동아시아 연구자들의 연구를 존중하는 태도로 동아시아에 대한 이론화 작업과 함께 다시 전 지구적 차원의 근대성 논쟁에 참여하고 기여하려는 것이다. 대중문화의 생산 및 소비, 그리고 연구에 있어서 아시아 내 상호 참조 현상을 개념화한 이와부치(Iwabuchi)는 인터-아시안 레퍼런싱(inter-Asia referencing)을 "아시아 경험을 통해 개념과 이론을 구성하는 의미 있는 전략"이라고 평가하면서 "이는 단지 학계에 국한되는 것이 아니라 일상의 실천에서 국경을 넘어선 대화 등을 포괄"한다고 주장하였다(Iwabuchi, 2014: 43-44).

인터-아시아 실천의 네 번째 요소는 지역 내 연구자들과 좀 더 유연하고 개방적인 대화와 직접적인 만남 및 토론을 추구한다. 이미 한국 내에서도 서남포럼과 성공회대학교 아시아연구소 등을 중심으로 다양한 아시아 학자를 초청하여 동아시아가 공통으로 직면한 과제를 탐구하려는 노력이 진행된 바 있다. 지역 및 세계적인 수준에서 다양한 학회, 예를 들면 일본 문화연구자들을 중심으로 한 Cultural Typhoon, 아시아 문화연구자들을 중심으로 한 Inter-Asian Cultural Studies Society 등도 같은 맥락으로 볼 수 있다. 서구 학계와 함께하지만 다수의 아시아 연구자가 북미가 아니라 아시아라는 공간에서 진행하는 AAS-in-Asia와 InterAsian Connenctions, ICAS(International Convention of Asian Scholars) 등도 활발한 활동 중에 있다. 아시아 학자들이 서로 만나고 토론하고 문제를 공유하려는 실천은 유럽과 미국 학자 및 학계의 인정에 구속받지 않겠다는 의미이자 "지식생산에 있어서 비식민적 전환(decolonial-turn)이라 불릴 수 있는 지적인 노력"이다(Ching, 2010: 184).

이 책의 시작에서 우리는 옐로우 퍼시픽이라는 거대 서사를 앞으로 더 많은 토론 및 대화를 위한 초대일 뿐 동아시아 근대성을 설명하는 정답이나 기존의 이론을 반박하거나 그보다 우월한 개념으로 제시하지 않았음을 밝혔다. 지식생산에 있어 변방 그리고 지역 및 지역 언어의 한계를 인정하되 이를 그대로 받아들이지 않는 우리의 실천이, 지역적 경험을 근거로 한 더 많은 개념과 이론화의 초석이자 이를 추구하는 다양한 연구자 및 연구집단과 협력적인 토론의 장으로 기능하길 소망한다. 동아시아를 설명하고 이론화하는 개념들이 풍성해지는 것은 궁극적으로는 지식생산에 있어서 서구중심주의를 넘어설 뿐만 아니라 서구를 포함한 다양한 지역과 전 지구적 차원의 근대성 논의가 좀 더 다원화되고 생산적이 되는 데 기여할 것이다. 따라서 새로운 지역학과 한국학의 유용성은 한국 그리고 동아시아의 연구자보다는 오히려 다른 지역 연구자들의 연구와 이론화 과정에 기여하는 데서 찾을 수 있을 것이다.

3. '근대'라는 사회적 트라우마를 극복하기 위한 세 가지 전략

'지금 그리고 여기'라는 시공간적 배경에서 시작된 동아시아의 근대성에 대한 우리의 거대 서사를 마치면서 이 서사가 과거에 머물지 않고 미래를 위한 새로운 토론의 장이 시작되기를 소망한다. 이를 위해 본 논의의 주요 전략을 다음과 같이 세 가지로 정리해 보았다. 현재화된 과거(past)가 곧 역사(history)이고, 이러한 역사적 사고와 대화 속에서 미래를 통찰할 뿐만 아니라 함께 구성해 나갈 수 있다고 믿기 때문이다. 일본 연구자 모리스-스즈키(Morris-Suzuki)가 제안했듯이 "역사에 대한 우리의 이해는 단지 지적인 문제가 아니다. 오히려 과거와의 조우는 감정, 상상, 그리고 순수한 지식을 포함하고" 있기에 우리는 "과거에 대한 우리의 지식인 세계에서 우리가 어떻게 행동해야 할지에 대한 도움을 준다"고 믿는다(Morris-Suzuki, 2005: 24). 우리의 동아시아 근대성 검토는 다른 의미로 현재와 미래를 위한 역사 읽기이자 근대화 과정에서 동아시아가 경험한 사회적 집단적 트라우마를 극복하기 위한 출발점이라고 생각한다.

1) 전략 하나: 동아시아 근대성 형성 과정을 정직하게 직면하기

동아시아의 근대화 과정에서 가장 눈에 띄는 점은 서구라는 외적 지배와 중국/일본이라는 내적 지배가 동시적으로 발생하는 '이중적 구속'과 그로 인해 형성된 '이중적 자의식'이었다. 이 과정은 18세기 후반부터 그 조짐이 나타나 19세기에 접어들면서 본격화된 중국적/중화적 국제질서의 와해, 서구 열강들과의 경쟁과 충돌, 19세기 후반부터 시작되어 20세기로 이어진 일본 제국주의의 확장, 그리고 미국의 헤게모니 장악으로 요약할 수 있다. 내부와 외부라는 이중적 타자와의 관계성 속에서 형성된 동아시아인의 '이중적 자의식'은 물리적인 이동을 통해서가 아니라 자신들이 살아온 현장과 실존의 공간에서 이뤄졌다. 그리고 이 과정이 대단히 빠르고 동시적으로 진행되었기에 전통과 근대, 동양과 서양, 유교와 크리스트교, 로컬과 글로벌이 동아시아라는 공간에서 혼합되고 중층적으로 쌓였다. 이러한 역사적 경험은 어떤 의미에서 사회적·집단적 트라우마의 축적이라고 부를 수 있는데, 이는 근본적으로 18세기 이전까지의 자의식이 와해되고 분열되는 상황에서 내부와 외부에서 발생하는 새로운 경험을 소화하고 체화할 시간적 여유가 없었기 때문이다.

급속한 서세동점(西勢東漸)의 상황과 함께 전개되는 일본이라는 내부적 '괴물'의 제국주의화와 그로 의한 식민지배는 제국의 신민(臣民)뿐 아니라 식민 그리고 반식민의 대중에게도 커다란 상처를 동시에 남겼다. 그 상처는 과거뿐 아니라 현재에도 지속해서 반복되고 때로는 증폭되는 중이다. 과거 식민 역사에 대한 분노, 새로운 제국화에 대한 주변 국가의 경계, 역사 분쟁과 자민족 중심의 역사 쓰기, 서양과 근대에 대한 끈질긴 열등감, 사회진화론에 기반한 발전/성장주의, 비교를 통한 내부의 경쟁 등은 한·중·일을 불문하고 공통으로 경험하는 동아시아 내부의 현실이다.

신체적·정신적 충격으로부터 깊은 상처를 받은 개인이 그 트라우마에서 벗어나기 위한 첫걸음이 자신의 상처와 충격을 정면으로 직시하는 것이듯이 지금 우리에게도 이러한 역사적 경험을 정면으로 응시하는 지적 용기가 요청된다. 자신의 상처와 상황이 발생하고 형성되었던 지점과 관점을 뒤돌아보고 이를 자신과 타인의 시선으로, 동시적으로 인지하는 것에서 상처 혹은 트라우마를 극복할 수 있는 기반이 확보된다.

그렇다면 사회적 차원과 동아시아 차원의 트라우마를 극복하고

자기존중(self-esteem)을 획득하는 것은 어떻게 가능한가? 여기서 조심해야 할 부분이 바로 열등감의 극복이 곧 우월감으로 표출되는 것, 즉 울증(鬱症)이 조증(躁症)으로 전화(轉化)될 가능성이다. 실제 동아시아의 과거 역사에서 내부적인 열등감이 일정한 상황 변화나 견제 세력의 부재 등에 따라 확장주의적이고 침략적인 방식으로 외부로 표출되었던 사례는 적지 않으며, 현재도 이러한 가능성은 동아시아 3국에 모두 내재되어 있다. 누차 지적했던 19세기 후반 이래 일본 제국주의의 팽창이나 최근 G2로 굴기한 중국이 막대한 경제력과 군사력을 바탕으로 주변국과 육지뿐 아니라 해양에서 영토 분쟁을 연출하는 것, 미국과의 동맹 관계 유지와 외화벌이를 위해 8년간 베트남에 파병했던 한국의 사례가 모두 이에 해당한다. 2000년대 이후 해외에서의 한국 대중문화의 인기를 관찰하면서 한국 언론과 정부는 한류에 대해 민족적이고 팽창주의적 언술을 무차별적으로 사용하였다. 최근 화장품, 패션, 한식과 같은 일상 문화부터 한글, 성형수술, 관광까지 모든 영역에 이른바 'K' 혹은 '한류'를 붙이는 방식은 한국 사회의 열등감을 우월감으로 덮어 보려는 시도나 다름없다. 우월감으로 포장된 한국의 공격성은 "식민지배를 겪은, 서구 근대성에 대한 열등감에 시달렸던 황인종 조선인의 욕망, 무의식"에서부터 잠복되어 왔는지 모른다(유선영, 2017: 29). 이처럼 스스로에 대한 우월감과 열등감이 널뛰는 자아의식, 민족과 동아시아 지역에 대한 의식의 지평 위에 자기 존중감 회복과 평화적 공존은 과연 가능한 일인가?

사회적 차원에서 트라우마와 열등감을 극복하고 진정한 자기와의 만남 그리고 이를 통해 자기존중이 회복되기 위해서는 개인적인 치유 과정과 마찬가지로 공동체, 사회, 민족, 국가, 그리고 동아시아라는 지역의 차원에서 과거의 아픔, 상실, 그리고 수모의 장소와 시간을 견디면서 현재의 상태를 직시하는 인내의 과정과 고백의 용기가 필요하다.

19세기 이후 외부적, 내부적으로 제국주의의 침략과 저항 속에서 무고한 수많은 생명의 희생이 1세기 넘도록 이어졌다. 굳이 이를 기억해 내기 위한 박물관이나 기념비의 건립, 조계지의 공원화 작업이 추진되지 않아도, 여전히 우리의 뇌리에는 이러한 과거의 상처가 끈질기게 살아 있어 현재의 삶에 영향을 미친다. 이러한 상처와 트라우마가 무의식중에 파괴적으로 분출되지 않고 건강하게 회복되기 위해서는 이를 정직하게 직시하는 기억의 공간과 성찰의 시간이 필요하다. 그런 의미에서 한국 그리고 동아시아는 여전히 '부재의 반추(reflecting absence)'가 절실하게 필요한 공간이다. 2001년 9·11 테러로 무너진 세계무역센터 쌍둥이 빌딩 자리에 마련된 9·11 추모공원의 두 개 인공 우물은 '부재의 반추'를 보여 주는 대표적인 상징물이다. 여기서 '부재의 반추'는 무고한 생명의 희생을 오랫동안 기억하겠다는 살아남은 자들의 약속이다. 세계에서 가장 비싼 땅에 그것도 어쩌면 빨리 잊고 싶은 테러와 죽음의 공포를 영원히 잊지 않겠다는 기억의 공간이 마련된 것이다.[1]

한국과 동아시아는 어떠한가? 한국 그리고 동아시아는 여전히 '부재의 반추'가 가능한 기억의 공간이지만, 그런데도 실제로는 사회적 트라우마에 대해 기억하지 않거나 잊힘을 강요받는 '반추의 부재(the absence of reflecting)'가 발생하는 공간이기도 하다. 잠시 한국의 최근 상황을 돌아보자. 1994년 무너진 성수대교 참사 이후 이를 기억하기 위한 성수대교 참사 희생자 위령탑은 일반인들이 걸어서 접근하기 어려운 강변북로 도로 사이에 세워졌다. 1995년 삼풍백화점 붕괴 이후

1 9·11 추모공원과 한국 사회의 기억에 대한 연결의 아이디어는 JTBC 뉴스룸의 〈앵커브리핑〉(2015년 7월 14일 방송분)을 시청하면서였다. 〈앵커브리핑〉의 제목은 「잊기 위하여, 잊혀지게 하기 위한 가장 으슥한 곳에…」이다. http://news.jtbc.joins.com/article/article.aspx?news_id=NB10963150(검색일: 2016. 8. 10)

이를 기억하기 위한 위령탑은 백화점이 위치했던 서초동 대법원 맞은편 노른자 땅이 아니라 엉뚱하게도 '양재시민의숲'에 세워졌다. 세월호는 침몰 이후 3년이 지난 2017년 인양되었지만, 여전히 진실규명은 충분히 이뤄지지 않은 채 광화문 광장에는 희생자 가족들의 천막시위가 기억의 공간으로 마련되어 있다. 아직도 세월호 타령이냐 하는 목소리는 과거의 아픔과 상처를 애써 외면하려는 시도일 뿐 그로 인한 개인과 사회의 트라우마 회복에 도움이 되지 않는다. '부재의 반추'가 절실한 시간과 공간에 '반추의 부재'가 강요되는 실상을 고백하지 않을 수 없다. 현재 우리나라 내부의 고통과 상처에도 공감하지 못한다면 과거 동아시아 주변국의 고통과 상처에 어떻게 공감하며 새로운 대화의 장을 마련해 나갈 수 있겠는가?

우리는 옐로우 퍼시픽이라는 담론을 통해 동아시아 근대성과 근대적 주체의 형성 과정에서 발생한 '이중적 구속'과 '이중적 자의식'을 직시하고자 하였다. 한국 사회의 집단 불안의 기원을 찾기 위해 식민지의 트라우마를 탐색한 유선영은 "과거의 심연을 성찰하면서 현재를 '직면'하기 위한 통과의례라는 의미"를 자신의 연구에 부여하였다(유선영, 2017: 9). 우리의 탐색도 열등감이 발생한 지점을 정시(正視)하고 분석하는 것에 관심을 집중했고, 이는 과거의 성공과 실패를 판단하는 것이 아니라 현재를 똑바로 바라보기 위한 노력인 셈이다. 그 속에서 열등감이 발생한 지점을 아울러 학문과 인식의 차원에서 동아시아 근대성에 대한 한국 학계의 지정학적 의미와 지적 고민의 의미를 고찰해 보았다.

2) 전략 둘: 옐로우 퍼시픽으로 동아시아 근대성을 개념화하기

동아시아 근대성을 '옐로우 퍼시픽'이라는 새로운 용어로 개념화하는 것은 다음과 같은 목표가 있다. 서론에서 제시하고 본론에서 논증했듯이, 옐로우 퍼시픽이란 단일 국가와 민족의 경계를 넘어 동아시아의 경험들을 상호 비교하면서 동아시아라는 공간에서 형성되는 근대성 및 근대적 주체를 묘사하는 거대 서사의 이론 틀이다. 비록 그 용어는 '블랙 애틀란틱스'에서 차용한 것이고, 옐로우라는 영어 개념에 논란이 많은 것은 사실이지만, 이는 서구의 이론 체계를 동아시아에 적용하기보다 지금 그리고 여기의 경험을 바탕으로 동아시아 내부와 외부의 대화의 장을 열기 위한 전략이었다. 즉, 한국 학계에서 먼저 '황인(the Yellow)'이라는 이슈를 안과 밖의 시선으로 제시하면서, 태평양을 중심으로 거대하게 작동하는 미국중심주의 그리고 세계질서의 구조적 변화에서 동아시아의 복잡한 역사적 맥락을 현재적인 문제의식 속으로 복원하고자 한 것이다.

동시에 옐로우 퍼시픽은 지식 그리고 학문의 지정학적 위계를 그대로 받아들이지 않고자 하는 의지의 표현이기도 하다. 기존 유로-미국 중심주의적인 세계 학계에서 한국학을 포함한 동아시아 지역학은 일반론을 보충하는 사례 연구나 구체적인 정보를 제공하는 주변적이고 특수한 위상에 머물렀다. 혹은 서구 학계의 연구 결과를 세심한 지역성이 결여된 것이라 여기며 애써 무시하거나 일정한 거리를 두는 경향성도 발견할 수 있다. 매우 다른 반응이지만, 모두 서구중심주의가 만들어 놓은 일반론과 개별론, 서구 학계에 대한 무의식적 열등감과 상처가 투영된 모습이었다. 따라서 옐로우 퍼시픽은 동아시아인이 동아시아의 역사적 경험을 바탕으로 동아시아의 근대성이 지닌 이중성/중층성을 담아내는 일반론 내지는 거대 서사를 지향하고 있다. 우리의 문제의식은 최근 『비-유럽인도 생각할 수 있나?(Can Non-Europeans Thinks?)』라는 도발적인 책을 출판한 이란학 연구자인 다바쉬(Dabashi)의 문제의식과 맞닿아 있다. 다바쉬는 유럽의 지식계가 역사적으로 형성해 놓은 인식 체계(epistemics)를 비판하면서 "과거 식민의 경험이 있는 유색의 연구자들(colored boys and girls from their former colonies)이 새로운 세계의 지형학(topography)을 그릴 것"을 요청하고 있다(Dabashi, 2015: 4).

그렇지만 옐로우 퍼시픽 담론이 서구의 이론 및 학문 체계를 단순히 거부하는 것이 아니었음은 본문을 통해 누차 강조한 바이다. 서구 학계를 중심으로 논의된 이론과 토의에 귀 기울이지 않는 것은 서양과 동양을 이분법적으로 사고하는 방식의 피해망상적인 대응일 수 있다. 물론 근대성과 동아시아에 대한 서구의 방대하고 치밀한 이론적 축적 앞에서 열등감에 사로잡히지 않으면서 유연한 시각으로 이론을 정립해 가는 과정은 결코 쉬운 일이 아니며, 이 책이 단 여덟 개 장으로 그것을 성공적으로 이뤘다고 자임할 수는 없다. 그런데도 '옐로우 퍼시픽'이라는 거대 서사를 그것이 현저하게 드러나는 다양한 지점을 중심으로 이론화하고자 했던 것이다. 그리고 '지금' 그리고 '여기'를 강조함으로써 단지 연구자의 인종 및 민족적 정체성을 넘어 연구자가 성장하고 현재 일하고 있는 장소성을 강조하고, 존재론적 인식론을 본격적으로 드러내고자 하였다. 다바쉬의 질문을 우리의 표현으로 수정하면 "비-유럽 학계에 소속된 연구자도 생각할 수 있나?"로 할 수 있을 것이다. 학문의 식민성과 글로벌 학계의 위계는 단지 연구자의 정체성으로 결정되는 것이 아니라 연구자가 속한 대학, 교육기관, 그리고 거주하는 도시와 국가의 위계 및 식민성과도 긴밀하게 연결되어 있는 것이다.

우리는 옐로우 퍼시픽이라는 개념을 통해 동아시아 근대성을 고찰함에 있어 과거에 대한 서구적 해석과 이론적 틀에 시각이 고정되지 않도록 유의하였다. 동아시아에서 근대화 과정은 현재의 모습에 대한 결정적인 조건이자 현실태임을 충분히 직시한다. 일찍이 이탈리아의 역사학자 크로체(Benedett Croce, 1866~1952)가 모든 역사는 "현대의 역사"라고 선언했던 것처럼, 과거의 역사란 본질적으로 현재의 문제의식에 비추어 볼 때 '역사'로 의미가 있게 되기 때문이다(Carr, 1996, 재인용). 이 맥락에서 역사란 "역사가와 사실의 부단한 상호작용의 과정, 즉 현재와 과거의 끊임없는 대화"라는 카(Edward Hallett Carr, 1892~1982)의 명제가 나왔음은 널리 알려진 사실이다(Carr, 1996: 35-47).

이 책에도 21세기에 접어들어 G2 시대가 전개되면서 본격화된 태평양을 둘러싼 미국과 중국의 긴장과 충돌 양상을 어떻게 해석해야 할 것인가에 대한 현재적 문제의식이 담겨 있다. 19세기 후반부터 태평양을 자신들의 호수로 만들고자 했던 미국의 야심이 1895년 청일전쟁에서 승리한 해양국가 일본을 중요한 파트너로 만들었고, 이러한 미국의 광범위한 태평양 정책 속에서 동아시아의 이중적 구속과 이중적 자의식이 심화했음은 앞서 언급한 바와 같다. 이 체제의 유일한 균열이 중국의 굴기였고, 급기야 2013년 시진핑(習近平)이 강조한 "일대일로(一帶一路)"라는 구호와 함께 본격화되는 해양 강국으로의 지향성은 기존 대륙 세력과 해양 세력의 충돌이자 태평양을 둘러싼 주도권 다툼으로 비화될 가능성이 농후하다. 이러한 현실적 문제의식에서 대운하시대 중국의 해금 정책이 가진 의미를 새롭게 해석하고, 대륙과 해상에서 공동으로 진행되는 지구적 광역 경제권을 염두에 둔 동아시아 연구와 『동아시아사』 교과서에 대한 개선을 촉구하였다.

물론 논의에서 중국중심주의와 동아시아 근대의 독특성과 우월성이 과도하게 부각되는 것을 경계한다. 우월성을 강조하는 것은 서양중심주의나 근대중심주의를 지나치게 의식한 발상일 수 있고, 독특성을 지나치게 강조하면 더 이상의 대화는 단절되기 쉽기 때문이다. 다만 한국인의 관점에서 바라보는 동아시아와 근대성이기에 서술에 있어 동아시아 3국에 대한 뷔페식 균형보다는 이슈와 맥락에 따른 '불균질성'을 그대로 노출하였다. 이것이 비록 '실기(失期)'나 '실패'로 점철된 것처럼 보일지라도, 그 자체로 충분히 주목받아 마땅한 의미 있는 우리네 공동체의 민낯이자 현재적 과거라고 생각한다.

3) 전략 셋: 대답이 아닌 대화를 위한 초대

사회적 수준의 트라우마와 상처의 극복은 정직한 자기 인식에서 시작하지만, 그것으로 극복의 단계까지 나아갈 수는 없다. 일정한 시간과 공간을 둔 타자 인식이 가능해지면, 이제 상처와 트라우마를 극복하기 위한 보편적 가치의 추구와 실천이 요청된다. 이 책은 이러한 추구와 실천을 본격적으로 논의할 여력이 없었으나, 기존의 여러 논의를 통해 쉽게 추출할 수 있는 동아시아 근대화를 해석하는 보편적 가치로 평화와 민주, 역사적/시대적 책임 등을 들 수 있을 것이다. 이보다 더 긴요한 것은 이러한 가치에 대한 인식을 머리에서 가슴으로 전이시키는 실천으로, 그것은 자신의 상태를 자신의 언어로 발화하는 것이고, 주변과 더 많은 대화를 통해 자신에 대한 분석을 성찰하고 재조정하는 과정을 수반한다.

일반적으로 집단기억은 그 집단 구성원들과 다른 집단을 구별 짓는 정체성을 형성한다. 그로 인해 집단기억은 집단 외부에 대해서는 배타적인 반면 집단 내부에서는 지속적, 연속성, 동질성의 의식으로 그 구성원을 아우른다(전진성, 2006). 동아시아에서도 한국, 중국, 일본은 각각의 집단기억으로 내부적인 동질성을 확인하는 한편 타국과 구별되는 정체성을 형성해 왔다. 동시에 동아시아 근대화 과정에서는 외부와 내부의 타자에 대한 공통적인 집단기억을 공유하기도 한다. 하지만 이러한 공통적인 집단기억 중에는 전쟁과 갈등으로 인한 상처와 트라우마가 더 많은 것이 사실이다. 그렇다면 이러한 과거의 집단기억은 고정되고 불변하는 것인가? 아니면 능동적으로 매개하는 행위자(active agents)를 통해 재구성이 가능한 것일까?

집단기억과 역사의 접점으로서의 역사 인식에 대한 뤼젠(Rüsen)의 견해는 우리의 논의와 관련해 새로운 실천의 가능성을 열어 준다(양호환, 2009). 이를 소개한 양호환에 따르면, 뤼젠에게 역사 인식이란 미래를 전망하는 동시에 현재를 이해하기 위해 과거를 해석하는 인간의 지적 활동으로, 크게 네 유형으로 구분된다(양호환, 2009: 20-21). 그 네 가지는 전통적(traditional)·전형적(exemplary)·비판적(critical)·발생적(genetic) 유형이다. 전통적 유형의 역사 인식은 시간에 따른 중요한 변화를 인정하지 않으며, 사회 구성원들이 공통의 기원이 있다는 생각을 유지함으로써 연대감을 이끌어 낸다. 전형적 유형은 과거의 특정 사건을 문화적 보편으로 삼아 이것을 다른 경우에 적용시킨다. 현재의 위대한 인물을 만들기 위해 과거의 영웅을 찬양하는 방식으로, 과거를 현재를 위한 교훈적인 내용으로 인식한다. 비판적 유형은 현재의 가치 체계를 문제화함으로써 과거를 단절적인 것으로 파악한다. 마지막 발생적 유형은 변화와 발전 개념 속에서 역사에 그 의미를 부여하는 역사 인식이다. 즉, 과거의 지속성을 인정하는 동시에 변화된 현재의 상황과 규범을 이해하는 것이다. 이러한 역사 인식은 인간이 스스로를 시간 속에 위치시키며 그들의 과거를 설명하는 다양한 방식을 통합하는 관점을 제공해 준다.

옐로우 퍼시픽은 동아시아 근대성에 대한 완결된 대답이나 반드시 더 나은 개념이라고 생각하지 않는다. 그런데도 이 개념을 제안한 것은 동아시아, 근대성, 그리고 근대적 주체를 해석하는 이론적 도구들을 늘리고, 이를 통해 동아시아 근대성이라는 과거가 고정된 사실이나 확고부동한 집단기억이 아니라 얼마든지 능동적 매개자를 통해 재해석이 가능하다고 생각하기 때문이었다. 이는 뤼젠이 제시했던바, 과거의 지속성을 인정하는 동시에 변화된 현재 상황을 인정하고 그 속에서 역사에 새로운 의미를 부여하는 통합적인 관점과 궤를 같이한다. 이러한 역사 인식의 실천을 통해 동아시아의 집단기억에 대한 재구성이 가능할 것이다.

4. 마치면서 그리고 시작하면서

동아시아인의 위치에서, 근대성 형성과 동아시아인의 현존을 개념화하려는 이론적 논쟁이 부족하다는 인식에서 이 책은 연구자가 속해 있는 '지금'과 '여기'를 이해하고 싶은 호기심과 열정에 대한 답변으로 시작하였다. 옐로우 퍼시픽이란 단일 국가와 민족의 경계를 넘어서 동아시아의 경험들을 상호 비교하며 동아시아라는 공간에서 근대성이 형성되는 과정을 설명하는 개념이자 거대 서사라 할 수 있다. 동아시아와 근대성 모두 서구의 모델을 바탕으로 이론화된 개념으로 인식 체계에서 서구중심주의를 상징하는 단어들이다. 서양에 의해 동양이라는 단어의 탄생과 위계화된 지식 체계의 구조가 전 지구적 근대성을 특징지을 수 있다면, 우리는 동아시아인이 동아시아 근대성 그리고 근대적 주체에 대해 말할 수 있는가에 대한 나름의 대답을 모색해 본 것이다.

우리가 명명한 '옐로우 퍼시픽'은 그동안의 다양한 논의와 함께 동아시아 근대성을 정의하는 다양한 이론 틀 또는 접근의 폭을 넓히는 이론적 도구의 역할을 할 것이다. 동시에 학문의 세계적 위계 속에서 여전히 변방이자 로컬인 한국에서, 한국어로 이론화 작업을 시도하는 전략적 접근은 서구 학계가 만들어 내는 이론과 지역학자들이 논의하는 개별 연구라는 이분법적 틀을 넘어서는 시도라 볼 수 있다(Lie, 2012). 탈식민이론 등 서구 학계에서 만들어 낸 다양한 이론 틀을 동아시아와 한국의 상황에 적용하여 차이점과 유사점을 논의하는 것이 아니라 지금 그리고 여기에서 동아시아를 설명하는 인식의 틀을 제안하는 것이다. 앞으로 학문적 가능성과 확장성을 쉽게 예단할 수 없지만, 옐로우 퍼시픽이라는 거대 서사를 제안함은 외부, 즉 서구의 시선으로 정의 내려지고 서양과 대비되고 동경과 경멸의 대상으로 동양을 정의 내려온 기존 학문 체계의 관습에 대해 적극적인 거부를 하고자 하는 이론적 실천이다. 앞서 언급한 것처럼 옐로우 퍼시픽이라는 개념을 제안하며 기대하는 것은 이 개념과 분석이 '지금', '여기'의 현상을 매끄럽게 설명해 주는 '정답'이 아니라 앞으로 더 많은 질문과 대화를 이끌어 낼 수 있는 '촉매제'가 되길 기대하는 것이다. 그러므로 이 책의 논의를 통해 더 많은 질문 속에서 공동의 지적 작업이 구체화되고 재구성되길 기대한다.

이러한 이론적 작업을 통해 기대하는 것은 더 많은 인접 학문, 인접 지역과의 대화이다. 세계적 학문 체계 속에서 한국이라는 변방, 한국어로 이론화하는 작업의 가능성, 그리고 옐로우 퍼시픽에 대한 정치한 논의를 기대한다. 우선 우리가 원하는 것은 서양 학계로부터의 인정이나 주목이 아니라 한국 학계로부터의 다양한 대화와 토론이다. 그러기에 한국 학계의 기존 논의를 진영 논리에 얽매이지 않으며 검토하고자 했고, 한국 학계의 의미 있는 연구 성과를 누락 없이 인용하고자 하였다. 하지만 동시에 한국과 한국인, 한국어라는 민족-국가의 경계에 사로잡히지 않고자 영어권 학자의 논의와 이론을 참조하였다. 우리가 동아시아 근대성의 거대 서사를 옐로우 퍼시픽이라고 명명한 것은 영어를 사용하는 학자들과의 대화를 배제하지 않기 위해서이다.

이제 우리는 서구의 시선에 종속되지 않으면서 동시에 민족적인 틀에 갇히지 않기 위해 식민의 경험을 공유한 학자들과 "다양한 식민성들(multiple colonialities)"에 대해 논의할 때가 되지 않았을까? 이 책 제1장에서 논의한 바와 같이 아시아 연구자들과 함께 로컬에서 다양한 이론 생산을 위한 인터-아시아적 실천은 동아시아와 근대성에 대한 다양한 입장과 존재 조건을 드러내는 또 하나의 탈식민적(de-colonial), 탈제국적(de-imperial)인 지적 실천이라 생각한다. 이에 우리는 옐로우 퍼시픽에 대한 반론이나 또 다른 대안 개념들의 등장을 환영하고 열린 자세로 대화를 준비하고 있다. 이는 동아시아 근대성에 대한 다양한 토론과 대화를 이끌어 내기 위해 옐로우 퍼시픽이라는 거대 서사를 이론화한 이유이다.

참고문헌

강내희(2000). 「한국 근대성의 문제와 탈근대화」, 『문화과학』 22: 15-40.

강명구(2014). 「어떤 학자와 교수를 키울 것인가: 대학평가과 지식생산」, 『커뮤니케이션 이론』 10(1): 127-168.

강상규(2013). 『조선정치사의 발견: 조선의 정치지형과 문명전환의 위기』. 창비.

강선주(2012. 10. 6). 「고등학교 동아시아 과목에서 동아시아사와 세계사 연계 방안」, 『동아시아사의 방법과 서술: 한국사 및 세계사와 연관하여』. 역사학회 창립60주년기념 추계학술대회. 서울대학교 신양인문학술정보관.

강성호 (2010). 「안드레 군더 프랑크」, 『역사비평』 편집위원회. 『역사가들: E. H. 카에서 하워드 진까지』. 역사비평사.

강진아(2004). 「16~19세기 중국경제와 세계체제: '19세기 분기론'과 '중국 중심론'」, 『이화사학연구』 31: 15-31.

강진아(2008). 「동아시아로 다시 쓴 세계사: 포머란츠와 캘리포니아학파」, 『역사비평』 2: 235-265.

거자오광(2012). 『이 중국에 거하라』. 이원석(역). 글항아리.

고병익(1995). 「동아시아 나라들의 相互疏遠과 통합」, 정문길 외(편). 『동아시아, 문제와 시각』. 문학과지성사.

고석규(2002). 「다시 생각하는 한국의 식민지 근대성과 민족주의」, 『문화과학』 31: 98-117.

공제욱·정근식(편)(2006). 『식민지의 일상: 지배와 균열』. 문화과학사.

교육인적자원부(2008). 『역사교과서 모형단원 개발 고등학교 동아시아사』. 서울특별시교육청.

구범진(2012). 『청나라, 키메라의 제국』. 민음사.

권내현(2015). 「동아시아 은 교역과 조선」, 미야지마 히로시·배항섭(편). 『동아시아는 몇 시인가?: 동아시아사의 새로운 이해를 찾아서』. 136-167쪽. 너머북스.
권혁범(2009). 『민족주의는 죄악인가』. 생각의나무.
기시 도시히코·쓰치야 유카(편)(2012). 『문화냉전과 아시아: 냉전 연구를 탈중심화하기』. 김려실(역). 소명출판.
김경만(2015). 『글로벌 지식장과 상징폭력: 한국 사회과학에 대한 비판적 성찰』. 문학동네.
김경일(1998). 『지역연구의 역사와 이론』. 문화과학사.
김기봉(2006). 「제4장 '기억의 장'으로서의 동아시아: 국사에서 동아시아로」, 『(역사를 통한) 동아시아 공동체 만들기』. 155-198쪽. 푸른역사.
김기봉(2007). 「탈근대에서 국사와 동아시아사」, 『역사학보』 196: 305-323.
김기봉(2012). 「서양의 거울에 비친 중국」, 『철학과 현실』 95: 149-160.
김동노(1998). 「식민지시대의 근대적 수탈과 수탈을 통한 근대화」, 『창작과비평』 47: 112-132.
김동노(2001a). 「발전국가의 산업화 전략과 가족 이기주의」, 『사회발전연구』 7: 5-26.
김동노(2001b). 「서평, 식민지의 민족주의를 넘어 근대로」, 『동아시아비평』 6: 28-40.
김명호(2005). 『초기 한미관계의 재조명: 셔먼호 사건에서 신미양요까지』. 역사비평사.
김문기(2005). 「明末 江南의 氣候와 崇禎 14년의 奇荒」, 『中國史硏究』 37: 71-109.
김문기(2007a). 「17세기 江南의 小氷期 氣候」, 『明淸史硏究』 27: 229-268.
김문기(2007b). 「17세기 江南의 氣候와 農業: 『歷年記』에 대한 분석을 중심으로」, 『東洋史學硏究』 99: 83-122.
김문기(2009). 「17세기 江南의 災害와 救荒論」, 『역사와경계』 73: 223-264.
김문기(2010). 「17세기 中國과 朝鮮의 小氷期 氣候變動」, 『역사와 경계』 77: 133-194.
김백영(2004). 「대중의 눈을 통한 '근대'의 재발견」, 『창작과비평』 125: 369-383.
김선민(2011a). 「만주제국인가 청제국인가?: 최근 미국의 청대사 연구동향을 중심으로」, 『사총』 74: 93-121.
김선민(2011b). 「신청사의 등장과 分岐: 미국의 청대사 연구동향」, 『내일을 여는 역사』 45: 191-208.
김선민(2016). 「청 제국의 지배이념과 지배체제」, 『사총』 88: 1-41.
김성기(1996). 『패스트푸드점에 갇힌 문화비평』. 민음사.

김시덕(2015).『동아시아, 해양과 대륙이 맞서다』. 메디치미디어.
김양희(2008).「노무현 정부의 동북아시아시대구상에 대한 비판적 고찰」,『동향과 전망』74: 44-80.
김영민(1998).『탈식민성과 우리 인문학의 글쓰기』. 민음사.
김원(2006).『여공 1970: 그녀들의 반역사』. 이매진 컨텍스트.
김원배(2003).「동북아중심 구상의 재검토」,『창작과비평』31(2): 28-39.
김원수(2009).「세계화 시대의 글로벌 히스토리」, 한국서양사학회(편).『유럽중심주의 세계사를 넘어 세계사들로』. 66-91쪽. 푸른역사.
김은실(2008).「조선인 식민지 지식인 나혜석의 근대성을 질문한다」,『한국여성학』24(2): 147-186.
김정인(2007).「동아시아 공동 역사교재 개발, 그 경험의 공유와 도약을 위한 모색」,『역사교육』101: 35-63.
김종영(2015).『지배받는 지배자: 미국 유학과 한국 엘리트의 탄생』. 돌베개.
김진균·정근식(1997).「식민지체제와 근대적 규율」, 김진균·정근식(편저).『근대주체와 식민지 규율권력』. 13-29쪽. 문화과학사.
김진송(1999).『서울에 딴스홀을 허하라: 현대성의 형성』. 현실문화연구.
김학재(2015).『판문점 체제의 기원: 한국전쟁과 자유주의 평화기획』. 후마니타스.
김학준(2010).『서양인들이 관찰한 후기 조선』. 서강대학교출판부.
김한종(2008).「역사 교육과정을 어떻게 볼 것인가」, 전국역사교사모임.『역사, 무엇을 어떻게 가르칠까』. 33-52쪽. 휴머니스트.
김한종(2011).「중등 역사교과서 개편의 과정과 성격」,『한국고대사연구』64: 5-42.
김한종(2015).『역사교과서 국정화, 왜 문제인가』. 책과함께.
김현미(2005).『글로벌 시대의 문화번역』. 또하나의문화.
김형종(2008).「중화인민공화국에서의 청사편수: '신청사' 편찬 토론에 나타난 중국 학계의 반응 분석」, 정혜중·김형종·유장근.『중국의 청사공정 연구』. 69-132쪽. 동북아역사재단.
김혜경·정진성(2001).「"핵가족" 논의와 "식민지적 근대성": 식민지 시기 새로운 가족개념의 도입과 변형」,『한국사회학』35(4): 213-244.
김호동(2010).『몽골제국과 세계사의 탄생』. 돌베개.
나카무라 사토루(편저)(2006).『동아시아 역사교과서는 어떻게 쓰여 있을까?』, 한국학중앙연구원 한국문화교류센터(역). 에디터.

노영순(2015). 「초국경 해양실크로드와 코즈모폴리턴 커먼즈」, 『해양도시문화교섭학』 12: 259-292.

니시지마 사다오(2008). 『일본의 고대사 인식: '동아시아세계론'과 일본』, 이성시(편), 송완범(역). 역사비평사.

도면회(2001). 「식민주의가 누락된 '식민지 근대성'」, 『역사문제연구』 7: 251-272.

류스페이(2010). 「아시아 현정세와 연대론」, 최원식·백영서(편). 『동아시아인의 '동양' 인식』. 128-152쪽. 창비.

마루카와 데쓰시(2008). 『리저널리즘: 동아시아의 문화지정학』, 백지운·윤여일(역). 그린비.

미야지마 히로시(2013). 『미야지마 히로시, 나의 한국사 공부』. 너머북스.

미야지마 히로시(2015). 「'유교적 근대론'과 한국과 일본의 역사적 위치」, 미야지마 히로시·배항섭(편). 『동아시아는 몇 시인가?: 동아시아사의 새로운 이해를 찾아서』. 36-61쪽. 너머북스.

미야지마 히로시·배항섭(편)(2015). 『동아시아는 몇 시인가?: 동아시아사의 새로운 이해를 찾아서』. 너머북스.

미조구치 유조·이케다 도모히사·고지마 쓰요지(2012). 『중국 제국을 움직인 네 가지 힘』. 조영렬(역). 글항아리.

박명림(2006a). 「노무현의 '동북아구상' 연구: 인식, 비전, 전략」, 『역사비평』 8: 148-179.

박명림(2006b). 「동북아 시대, 동북아 구상 그리고 남북관계」, 『통일연구원 학술회의총서』. 3-45쪽. 통일연구원.

박상수(2010). 「한국발 '동아시아론'의 인식론 검토: 동아시아 연구, '초국가적 공간'으로부터 접근하자」, 『아세아연구』 53-1: 73-100.

박양진(2008). 「중국 역사공정의 비판적 검토: 하상주단대공정과 중화문명탐원공정을 중심으로」, 『역사비평』 82: 299-320.

박원호(2009). 「'동아시아사로서의 한국사' 구성을 위한 再論」, 『한국사학보』 34: 241-260.

박원호(2012a). 「북방민족 역사상의 복원을 통한 동아시아의 새로운 패러다임」, 『역사교육논집』 49: 419-439.

박원호(2012b, 10. 6). 「'동아시아사로서의 한국사'를 위한 마지막 提言」, 『동아시아사의 방법과 서술: 한국사 및 세계사와 연관하여』. 역사학회 창립60주년기념 추계학술대회. 서울대학교 신양인문학술정보관.
배경한(2016). 『중국과 아시아: 근현대 중국의 아시아 인식과 아시아주의』. 한울아카데미.
배성준(2000). 「'식민지 근대화' 논쟁의 한계 지점에 서서」, 『당대비평』 13: 161-178.
배항섭(2015a). 「머리말: "동아시아는 몇 시인가?"라는 질문」, 미야지마 히로시·배항섭(편). 『동아시아는 몇 시인가?: 동아시아사의 새로운 이해를 찾아서』. 10-33쪽. 너머북스.
배항섭(2015b). 「동아시아사 연구의 시각: 서구, 근대 중심주의 비판과 극복: "동아시아는 몇 시인가?"라는 질문」, 미야지마 히로시·배항섭(편). 『동아시아는 몇 시인가?: 동아시아사의 새로운 이해를 찾아서』. 62-93쪽. 너머북스.
백영서(2000a). 「중국에 '아시아'가 있는가?: 한국인의 시각」, 정문길 외(편). 『발견으로서의 동아시아』. 55-73쪽. 문학과지성사.
백영서(2000b). 『동아시아의 귀환: 중국의 근대성을 묻는다』. 창작과비평사.
백영서(2004). 「주변에서 동아시아를 본다는 것」, 정문길·최원식·백영서·전형준(편). 『주변에서 본 동아시아』. 13-38쪽. 문학과지성사.
백영서(2007). 「自國史와 地域史의 疏通: 동아시아인의 역사서술의 성찰」, 『역사학보』 196: 103-125.
백영서(2013). 『핵심현장에서 동아시아를 다시 묻다: 공생사회를 위한 실천과제』. 창비.
백원담(2005). 『동아시아의 문화선택 한류』. 펜타그램.
브루스 커밍스(2015). 「1894~2014년 간의 동아시아 질서에서 일본에 대한 미국의 선호」, 임현진·손열(편). 『갑오년의 동아시아: 1894와 2014』. 195-232쪽. 진인진.
사카이 나오키(2008). 『일본, 영상, 미국: 공감의 공동체와 제국적 국민주의』. 최정옥(역). 그린비.
서울특별시교육청(2008). 『고등학교 『동아시아사』 모형 단원 개발 보고서』.
손병우·양은경(2006). 「중국의 한국 TV 드라마 수용을 통해 본 한류」, 김수이(편). 『한류와 21세기 문화비전: 욘사마에서 문화정치까지』. 277-314쪽. 청동거울.
스기야마 마사아키(1999). 『몽골 세계제국』. 임대희·김장구·양영우(역). 신서원.
신성곤(2005). 『역사 교과서의 국사와 세계사 편제: 다양한 통합 방안의 모색』. 역사교과서 체제 모색을 위한 워크숍 자료.
신성곤(2008). 「한국 '동아시아사' 교과서의 구성과 그 특징」, 연민수 외. 『동아시아 역사교과서의 주변국 인식』, 191-237쪽. 동북아역사재단.

신승하(2000). 『중국사학사』. 고려대학교출판부.
신용하(1997). 「'식민지근대화론' 재정립 시도에 대한 비판」, 『창작과비평』 25(4): 8-38.
신웬어우(辛元歐)(2005). 「郑和의 下西洋」, 『중국의 대항해자 정화의 배와 항해』, 김성준·최운봉·허일(편역). 19-62쪽. 심산.
신윤환(2006). 「동아시아의 한류를 보는 눈: 담론과 실체」, 신윤환·이한우. 『동아시아의 한류』. 9-48쪽. 전예원.
신윤환·이한우(2006). 『동아시아의 한류』. 전예원.
신현준(2013). 「한국 TV드라마의 국제배급 네트워크의 진화: 초기 한류에서 중화권의 트랜스아시아 중개자들을 중심으로」, 임현진·강명구(편). 『동아시아 대중문화소비의 새로운 흐름』. 137-171쪽. 나남.
쑨거(孫歌)(2004). 「아시아 담론과 '우리들'의 딜레마」, 정문길·최원식·백영서·전형준(편). 『주변에서 본 동아시아』. 271-284쪽. 문학과지성사.
쑨꺼(孫歌)(2003). 『아시아라는 사유공간』. 류준필 외(역). 창비.
쑨원(2010). 「대아시아주의」, 『동아시아의 '동양' 인식』. 최원식·백영서(편). 159-171쪽. 창비.
안병우 외(2006). 『동아시아사 교육과정 시안 개발』. 2006년 동북아역사재단 학술연구과제 연구결과보고서.
안병직(1997). 「한국근현대사 연구의 새로운 패러다임: 경제사를 중심으로」, 『창작과비평』 25(4): 39-58.
안종철(2009). 「문명개화에서 반공으로」, 『동방학지』 145: 189-225.
안중근(2010). 「동양평화론」, 최원식·백영서(편). 『동아시아의 '동양' 인식』. 196-206쪽. 창비.
안치영(2009). 「중국 고위층의 역사문화 집단학습」, 『동북아문화연구』 18: 245-265.
야마무로 신이찌(2003). 『여럿이며 하나인 아시아』, 임성모(역). 창작과비평사.
양재영(2014). 「'신청사'와 '청사공정'의 同·異와 그 의미」, 고려대학교 교육대학원 석사학위논문.
양호환(2009). 「집단기억, 역사의식, 역사교육」, 『역사교육』 109: 1-35.
오금성(2007). 『모·순(矛·盾)의 공존: 명청시대 강서사회 연구』. 지식산업사.
오금성(2018). 『장거정 시대를 구하다』. 지식산업사.
왕후이(2014). 『탈정치 시대의 정치』, 성근제·김진공·이현정(역). 돌베개.

우성민(2012).「중국 역사학계의 새로운 해석에 대한 비판적 검토」,『진단학보』116: 89-117.
원유한(2006).『한국 화폐사(고대부터 대한제국시대까지)』. 한국은행 발권국.
원정식(2003).「淸初 福建社會와 遷界令 實施」,『동양사학연구』81: 41-78.
유길준(2004).『서유견문』. 허경진(역). 서해문집.
유상철 외(2005).『한류 DNA의 비밀: 소프트 파워, 소프트 코리아의 현장을 찾아서』. 생각의나무.
유선영(1997).「황색 식민지의 문화정체성」,『언론과 사회』18: 81-122.
유선영(2017).『식민지 트라우마: 한국 사회 집단 불안의 기원을 찾아서』. 푸른역사.
유용태(2006).「다원적 세계사와 아시아, 그리고 동아시아」,『환호 속의 경종: 동아시아 역사인식과 역사교육의 성찰』. 478-518쪽. 휴머니스트.
유용태(2008).「한국의 동아시아사 인식과 구성」,『역사교육』107: 121-157.
유용태(2012. 10. 6).「동아시아 지역사 서술의 현황과 과제」,『동아시아사의 방법과 서술: 한국사 및 세계사와 연관하여』. 역사학회 창립60주년기념 추계학술대회. 서울대학교 신양인문학술정보관.
유용태·박진우·박태균(2010).『함께 읽는 동아시아 근현대사』. 창비.
유장근(2008).「중화인민공화국 시대의 청사 연구동향과 만주족의 지배 문제」, 정혜중·김형종·유장근.『중국의 청사공정 연구』. 133-183쪽. 동북아역사재단.
유장근(2014).『현대중국의 중화제국 만들기』. 푸른역사.
윤건차(2006).「지식인의 '친일의식'을 어떻게 생각하는가?: '친일파'에 대한 고찰을 중심으로」, 공제욱·정근식(편).『식민지의 일상: 지배와 균열』. 593-621쪽. 문화과학사.
윤병남(2007).『구리와 사무라이: 아키타번을 통해 본 일본의 근세』. 소나무.
윤여일(2016).『동아시아 담론: 1990~2000년대 한국사상계의 한 단면』. 돌베개.
윤욱(2015).「新淸史와 앞으로의 과제」,『역사와 세계』47: 329-341.
윤해동(2000).『식민지의 회색지대』. 역사비평사.
윤해동(2006).「머리말: 한국 근대 인식의 새로운 패러다임을 위하여」, 윤해동 외(편).『근대를 다시 읽는다: 한국 근대 인식의 새로운 패러다임을 위하여(1)』. 11-28쪽. 역사비평사.
윤해동 외(편)(2006).『근대를 다시 읽는다: 한국 근대 인식의 새로운 패러다임을 위하여』. 역사비평사.

윤휘탁(2006).『신중화주의: 중화민족 대가정 만들기와 한반도』. 푸른역사.

이경구(2013).『조선후기 사상사의 미래를 위하여: 개념과 사유 체계의 지속과 대립으로 본 18, 19세기 한국의 사상』. 푸른역사.

이기형(2006).「탈지역적 수용되는 대중문화의 부상과 '한류현상'을 둘러싼 문화정치」, 김수이(편).『한류와 21세기 문화비전: 욘사마에서 문화정치까지』. 221-249쪽. 청동거울.

이남주·배긍찬·박명림·임원혁(2005).「탈중심의 동북아와 한국의 '균형자' 역할」,『창작과비평』33(3): 16-50.

이성규(2004).「中國 古代 商業의 性格에 관한 一試論」,『中國古代史硏究』12: 61-91.

이성규(2006).「무엇을 위한 '동아시아'인가?」,『인문학연구』36: 47-88.

이성규(2007).「고대 동아시아 교류의 열림과 닫힘」, 한림대학교 아시아문화연구소(편).『동아시아 경제 문화 네트워크』. 101-180쪽. 태학사.

이송순(2006).「일상을 통해 본 식민지근대성, '균열의 식민지'」,『역사비평』76: 484-499.

이승렬(2007).「'식민지 근대'론과 민족주의」,『역사비평』80: 82-110.

이영훈(2004).「총설: 조선후기 경제사 연구의 새로운 동향과 과제」, 이영훈(편).『수량경제사론 다시 본 조선 후기』. 367-392쪽. 서울대학교출판부.

이정수·김희호(2006).『조선의 화폐와 화폐량』. 경북대학교출판부.

이정인(2014).「'사회주의 정신문명'에서 '중화문화'로의 이동: 개혁개방 이후 중국 문화정책의 흐름」,『중국문화연구』24: 61-88.

이정일(2012. 10월 19일).「구미 중국사 학계의 지구사(Global History) 서술과 한국사: 조선후기 정체성 연구로의 시사」,『동아시아역사의 실체와 새로운 청사연구의 방향을 찾아서』. 고려대학교 한국사연구소 주최 학회.

이종찬(2016).『열대의 서구, 조선의 열대』. 서강대학교출판부.

이준갑(1999).「청 중기 사천의 銀流通 擴大와 白蓮教反亂」,『中國史硏究』6: 151-186.

이준갑(2010).「중국의 청사공정 연구상황, 2002-2009」, 김형종 외.『중국의 청사 편찬과 청사 연구』. 21-76쪽. 동북아역사재단.

이준갑(2011).「乾隆49年(1784)~50年(1785)의 教案과 天主教共同體」,『東洋史學硏究』117: 163-217.

이준갑(2012). 「乾隆49年(1784)~51年(1786)의 教案과 乾隆帝」, 『東洋史學研究』 121: 229-313.

이진경(2006). 「민족, 하위 제국주의, 초국가적 노동: 한국의 이주 노동자들과 미국의 한국 이민자들」, 『황해문화』 50: 285-295.

이진경(2010). 『역사의 공간』. 휴머니스트.

이홍락(1997). 「내재적 발전론 비판에 대한 반비판」, 『역사비평』 41: 229-242.

임계순(2004). 「18세기 청조 제2의 정치중심지, 승덕 피서산장」, 『명청사연구』 21: 155-188.

임지현(1999). 『민족주의는 반역이다』. 소나무.

임현진·손열(편)(2015). 『갑오년의 동아시아: 1894와 2014』. 진인진.

임형택(2009). 「19세기 바다, 실학에서 바다로 열린 學知: 이강회(李綱會)의 경우」, 『문명의식과 실학: 한국 지성사를 읽다』. 161-212쪽. 돌베개.

장세진(2012). 『상상된 아메리카: 1945년 8월 이후 한국의 네이션 서사는 어떻게 만들어졌는가』. 푸른역사.

장정아(2008). 「"민간문화유산"에서 "위대한 중국의 문화유산"으로」, 『한국문화인류학』 41(1): 167-208.

전인갑(2008). 「현대 중국의 지식 구조 변동과 '역사공정'」, 『역사비평』 82: 269-298.

전인갑(2013). 「'中國夢'과 문화주의 전통」, 『철학과 현실』 98: 95-108.

전인갑(2016). 『현대중국의 제국몽(帝國夢)』. 학고방.

전진성(2006). 「기억의 정치학을 넘어 기억의 문화사로: '기억' 연구의 방법론적 진전을 위한 제언」, 『역사비평』 8: 451-483.

정근식(2006). 「서장: 식민지 일상생활 연구의 의의와 과제」, 공제욱·정근식(편). 『식민지의 일상: 지배와 균열』. 13-46쪽. 문화과학사.

정문길·최원식·백영서·전형준(편)(2004). 『주변에서 본 동아시아』. 문학과지성사.

정병욱(1998). 「역사의 주체를 묻는다: 식민지 근대화론 논쟁을 둘러싸고」, 『역사비평』 43: 228-242.

정여울(2007). 「서평공간. 길들여지지 않는 회색의 다성성」, 『문학과 사회』 77: 407-412.

정연(2008). 「고등학교 '동아시아사'의 성격과 내용 체계」, 『동북아역사논총』 19: 7-34.

정연(2011). 「〈동아시아사〉 교과서의 한국사 서술 검토」, 『역사교육연구』 14: 245-

275.
정연태(1999).「'식민지근대화론'논쟁의 비판과 신근대사론의 모색」,『창작과비평』 27(1): 352-376.
정혜중(2008),「중국에서의『청사고』연구와 평가」, 정혜중·김형종·유장근,『중국의 청사공정 연구』. 29-68쪽. 동북아역사재단.
조경란(2016).『국가, 유학, 지식인: 현대 중국의 보수주의와 민족주의』. 책세상.
조석곤(1998a).「식민지근대화론과 내재적 발전론 재검토」,『동향과 전망』여름(38): 62-95.
조석곤(1998b).「근대화론자=친일파=매국노인가?」,『월간 말』2: 150-155.
조석곤(2006).「식민지 근대화론 연구성과의 비판적 수용을 위한 제언」,『역사비평』 75: 57-75.
조영래(2009).「"신중화주의" 속의 "통일적다민족국가론": 20세기 중국통사 저술을 중심으로」,『한중사회과학연구』13: 301-327.
조영헌 (2007).「대운하」. 오금성 외.『명청시대 사회경제사』. 이산.
조영헌(2008).「북경 首都論과 대운하: 明朝를 중심으로」,『中國史研究』55: 109-144.
조영헌(2009).「'文明崛起'와 '제3세계': 2000년 이후 중국 고등교육의 세계사 인식」,『역사교육』112: 63-92.
조영헌(2010).「청조의 수도론과 황제의 순행」, 김형종 외.『중국의 청사 편찬과 청사 연구』. 119-162쪽. 동북아역사재단.
조영헌(2011a).『대운하와 중국 상인』. 민음사.
조영헌(2011b).「원·명·청 시대 首都 북경과 陪都의 변천」,『歷史學報』209: 63-106.
조영헌(2012).「淸史工程 10년의 빛과 그림자」,『민족연구』52: 4-34.
조영헌(2013).「『동아시아사』교과서의 '은 유통과 교역망': 주제의 설정과 그 의미」,『동북아역사논총』39: 141-182.
조영헌(2014a).「'대운하시대'(1415~1784), 중국의 상업과 변경 정책」,『사총』81: 209-247.
조영헌(2014b).「'17세기 위기론'과 중국의 사회 변화: 명조 멸망에 대한 지구사적 검토」,『역사비평』107: 168-200.
조영헌(2016).「正德帝의 南巡과 南京」,『명청사연구』45: 37-84.
조지형(2008).「지구사의 미래와 역사의 재개념화」,『역사학보』200: 201-230.

조지형·강선주 외(2008).『지구화 시대의 새로운 세계사』. 혜안.

조한혜정 외(2003).『'한류'와 아시아의 대중문화』. 연세대학교출판부.

조형근(2006).「한국의 식민지 근대성 연구의 흐름」, 공제욱·정근식(편).『식민지의 일상: 지배와 균열』. 49-82쪽. 문화과학사.

조혜정(1992).『탈식민지 시대 지식인의 글 읽기와 삶 읽기 1』. 또하나의문화.

조희연(1997).「현단계 한국사회 구성체논쟁의 구도와 쟁점에 관한 연구」, 박현채·조희연(편).『한국사회 구성체논쟁 1: 80년대 한국사회 변동과 사회구성체논쟁의 전개』. 13-94쪽. 한울아카데미.

조희연(2010).『동원된 근대화: 박정희 개발동원체제의 정치사회적 이중성』. 후마니타스.

주경철(2008).『대항해 시대: 해상 팽창과 근대 세계의 형성』. 서울대학교출판부.

주윤정(2006).「일상생활 연구와 식민주의」, 공제욱·정근식(편).『식민지의 일상: 지배와 균열』. 83-104쪽. 문화과학사.

천정환·정선태(2004).「책벌레들을 통해 본 우리 근대의 풍경」,『당대비평』25: 341-359.

천꽝싱(2003).『제국의 눈』. 백지운(역). 창작과비평사.

최영재(2005).「객관성 상실한 공격적 주장으로 이슈만들기: 동북아 균형자론에 대한 불균형 보도」,『매체비평』5: 69-73.

최원식·백영서(편)(1997).『동아시아인의 '동양' 인식: 19~20세기』. 문학과지성사.

최원식·백영서(편)(2010).『동아시아인의 '동양' 인식』. 창비.

프레데리크 들루슈(책임 편집), 자크 알드베라 외 공저(2002).『새 유럽의 역사』. 유승준(역). 까치.

케네스 로빈슨(2007).「조선을 통해서 본 15~16세기 해양 동아시아의 형성」, 한림대학교 아시아문화연구소(편).『동아시아 경제 문화 네트워크』. 203-230쪽. 태학사.

하세봉(2016).「새로운 상상의 가능성: 해양사 연구」,『역사와 경계』101: 1-31.

한명기(1992).「17세기초 銀의 유통과 그 영향」,『奎章閣』15: 1-36.

한명기(2004).「16, 17세기 明淸交替와 한반도: '再造之恩', 銀, 그리고 쿠데타의 변주곡」,『明淸史硏究』22: 37-64.

한일문화교류기금, 동북아역사재단(편)(2011).『한국과 일본의 서양문명 수용: 1910년 — 그 이전 100년』. 景仁文化社.

허혜윤(2009).「청사공정의 배경과 현황」,『중국근현대사연구』42: 107-126.

허혜윤 외(2008). 「청사공정의 배경과 현황: 국가청사편찬위원회 관계자들을 만나다」, 『역사비평』 82: 321-349.

현광호(2010). 『세계화 시대의 한국근대사』. 선인.

홍성구(2007). 「청조 해금정책의 성격」, 이문기 외. 『한·중·일의 해양인식과 해금』, 동북아역사재단.

황지숙(2008). 「'동아시아사', 무엇을 어떻게 가르칠까」, 전국역사교사모임. 『역사, 무엇을 어떻게 가르칠까』. 191-216쪽. 휴머니스트.

후쿠자와 유키치(2012). 『문명론의 개략』. 임종원(역). 제이앤씨.

히라타 유키에(2005). 『한국을 소비하는 일본: 한류, 여성, 드라마』. 책세상.

『경향신문』 연재기사 특집 〈오늘의 동아시아〉, 〈동아시아의 오늘과 내일〉.

〈고등학교 동아시아사 교육과정 해설서〉, 〈2009 개정 고등학교 역사 교육과정〉.

Adshead, S. A. M. (1973). "The Seventeenth Century General Crisis in China," *Asian Profiles* 1: 271.

Ahn, Y. (2008). "The Colonial Past in Post-Colonial South Korea: Colonialism, Modernity and Gender," in S. Richter (ed.), *Contested Views of a Common Past: Revisions of History in Contemporary East Asia*. pp. 157-180. Frankfurt/New York: Campus Verlag.

Anderson, B. (1983). *Imagined Communities: Reflections on the Origin and Spread of Nationalism*. London & New York: Verso.

Andrews, D. A. (2001). *Michael Jordan, Inc.: Corporate Sport, Media Culture, and Late Modern America*. Albany: State University of New York Press.

Ang, I. (2004). "The Cultural Intimacy of TV Drama," in K. Iwabuchi (ed.), *Feeling Asian Modernities: Transnational Consumption of Japanese TV Dramas*. pp. 303-309. Hong Kong: Hong Kong University Press.

Ang, I. & Stratton, J. (1996). "A Cultural Studies without Guarantees: Response to Kuan-hsing Chen," *Cultural Studies* 10(1): 71-77.

Appadurai, A. (1996). *Modernity at Large: Cultural Dimensions of Globalization*.

Minneapolis and London: University of Minnesota Press.

Arrighi, G. (1994). *The Long Twentieth Century: Money, Power, and the Origins of Our Times*. 백승욱(역)(2010). 『장기 20세기: 화폐, 권력, 그리고 우리 시대의 기원』. 그린비.

Arrighi, G. (2007). *Adam Smith in Beijing: Lineages of the 21st Century*. 강진아(역)(2009), 『베이징의 애덤 스미스: 21세기의 계복』. 길.

Atkins, T. E. (2001). *Blue Nippon: Authenticating Jazz in Japan*. Durham and London: Duke University Press.

Atwell, W. S. (1977). "Notes on Silver, Foreign Trade, and the Late Ming Economy," *Ch'ing-shih wen-t'i* 3(3): 1.

Atwell, W. S. (1982). "International Bullion Flows and The Chinese Economy "CIRCA" 1530~1650," *Past and Present* 95: 68.

Atwell, W. S. (1986). "Some Observations on the "Seventeenth -Century Crisis" in China and Japan," *The Journal of Asian Studies* 45(2): 223.

Atwell, W. S. (1998). "Ming China and the Emerging World Economy, c. 1470-1650, Mote," in W. Frederick & Denis C. Twitchett (eds.), *The Cambridge History of China, Vol 8, The Ming Dynasty, 1368~1644, Part 2*. pp. 376-416. New York: Cambridge University Press.

Atwell, W. S. (2001). "Volcanism and Short-Term Climatic Change in East Asian and World History, c. 1200-1699," *Journal of World History* 12(1): 29-98.

Atwell, W. S. (2002). "Time, Money, and the Weather: Ming China and the "Great Depression" of the Mid-Fifteenth Century," *The Journal of Asian Studies* 61(1): 83-113.

Atwell, W. S. (2005). "Another Look at Silver Imports into China, ca. 1635-1644," *Journal of World History* 16(4): 467-489.

Baik, Y. (2010). "Editorial Introduction: Korea as a Problematic and Paik Nak-chung," *Inter-Asia Cultural Studies* 11(4): 481-487.

Barlow, T. E. (1997a). *Formations of Colonial Modernity in East Asia*. Durham, NC: Duke University Press.

Barlow, T. E. (1997b). "Introduction: On "Colonial Modernity," in T. E. Barlow (ed.), *Formations of Colonial Modernity in East Asia*. pp. 1-20. Durham, NC: Duke

University Press.

Barlow, T. E. (2012). "Debates Over Colonial Modernity in East Asia and another Alternative," *Cultural Studies* 26(5): 617-644.

Bartlett, B. S. (2011). "The Newly Digitized Archives Program at China's Number One Historical Archives, Beijing," *Late Imperial China* 32(1): 1-12.

Bauman, Z. (2000). *Liquid Modernity*. Cambridge, UK; Malden, MA: Polity Press.

Blussé, L. (2008). *Visible Cities: Canton, Nagasaki, and Batavia and the Coming of the Americans*. Cambridge, Mass.: Harvard University Press.

Brook, T. (1999). *The Confusion of Pleasure: Commerce and Culture in Ming China.* 이정·강인황(역)(2005). 『쾌락의 혼돈: 중국 명대의 상업과 문화』. 이산.

Brook, T. (2008). *Vermeer's Hat: The 17th Century and the Dawn of the Global World.* 박인균(역)(2008). 『베르메르의 모자』. 추수밭.

Brook, T. (2010). *The Troubled Empire: China in the Yuan and Ming Dynasties.* 조영헌(역)(2014). 『하버드 중국사 원·명: 곤경에 빠진 제국』. 너머북스.

Burgess, C. (2004). "The Asian Studies "Crises": Putting Cultural Studies into Asian Studies and Asia into Cultural Studies," *International Journal of Asian Studies* 1(1): 121-136.

Calichman, R. F. (2008). *Overcoming Modernity: Cultural Identity in Wartime Japan*. New York: Columbia University Press.

Carr, E. H. (1962). *What is History?* 곽복희(역)(1996). 『역사란 무엇인가(개정판)』. 청년사.

Cha, V. D. (2009). *Beyond the Final Score: The Politics of Sport in Asia*. New York: Columbia University Press.

Chakrabarty, D. (2000). *Provicializing Europe: Postcolonial Through and Historical Difference.* Princeton and Oxford: Princeton University Press.

Chang, M. G. (2007). *A Court on Horseback: Imperial Touring & The Construction of Qing Rule, 1680-1785.* Cambridge, Mass.: Harvard University Press.

Chen, K-H. (2000). "The Imperial Eye: The Cultural Imaginary of a Subempire and a Nation-State," *Positions* 8(1): 9-76.

Chen, K-H. (2001). "America in East Asia," *New Left Review* 12: 73-87.

Chen, K-H. (2010). *Asia as Method: Toward Deimperialization*. Durham and London:

Duke University Press.

Chen, K-H. & Chua, B-H. (2007). "Introduction: The Inter-Asia Cultural Studies: Movements Project," in Chen, K-H & Chua, B-H (eds), *The Inter-Asia Cultural Studies Reader*. pp. 1-5. New York and London: Routledge.

Chen, T-H. (2012). "From the "Taiwan Yankees" to the New York Yankees: The Glocal Narratives of Baseball," *Sociology of Sport Journal* 29: 546-559.

Ching, L. (1994). "Imagining in the Empires of the Sun: Japanese Mass Culture in Asia," *Boundary 2* 21(1): 198-219.

Ching, L. (1998). "Yellow Skin, White Masks: Race, Class, and Identification in Japanese Colonial Discourse," in Chen, K-H (ed.), *Trajectories: Inter-Asia Cultural Studies*. pp. 65-86. London: Routledge.

Ching, L. (2000). ""Give Me Japan and Nothing Else!": Postcoloniality, Identity and the Traces of Colonialism," *The South Atlantic Quarterly* 99(4): 763-788.

Ching, L. (2010). "Inter-Asia Cultural Studies and the Decolonial-Turn," *Inter-Asia Cultural Studies* 11(2): 184-187.

Ching, L. (2001). *Becoming "Japanese": Colonial Taiwan and the Politics of Identify Formation*. Berkeley, Los Angeles & London: University of California Press.

Cho, H. (2005). "Reading the 'Korean Wave' as a Sign of Global Shift," *Korea Journal* 45(4): 147-182.

Cho, U. (2005). "Positioning the Korean Wave in the Nexus between Globalization and Localization," *Korea Journal* 45(4): 143-146.

Cho, Y. (2008a). "The National Crisis and De/Reconstructing Nationalism in South Korea during the IMF Intervention," *Inter-Asia Cultural Studies* 9(1): 82-95.

Cho, Y. (2008b). "Broadcasting Major League Baseball as a Governmental Instrument in South Korea," *Journal of Sport and Social Issues* 32(3): 240-254.

Cho, Y. (2010). "Expansion of U. S. Sport in South Korea: From Globalizing to Localizing U. S. Sport Entertainment," in D. Shim, A. Heryanto, & U. Siriyuvasak (eds.), *Pop Culture Formations Across East Asia*. pp. 233-258. Seoul: Jimoondang.

Cho, Y. (2011). "Desperately Seeking East Asia Amidst the Popularity of South Korean Pop Culture in Asia," *Cultural Studies* 25(3): 383-404.

Cho, Y. (2012a). "Colonial Modernity Matters?: Debates on Colonial Past in South

Korea," *Cultural Studies* 26(5): 645-669.

Cho, Y. (2012b). "Major League Baseball as a Forged National Pastime: Constructing Personalized National Narratives in South Korea," *Inter-Asia Cultural Studies* 13(4): 532-547.

Cho, Y. (2016a). "Double Binding of Japanese Colonialism: Trajectories of Baseball in Japan, Taiwan, and Korea," *Cultural Studies* 30(6): 926-947.

Cho, Y. (2016b). "Toward the Post-Westernization of Baseball?: The National-Regional-Global Nexus of Korean Major League Baseball Fans during the 2006 World Baseball Classic," *International Review for Sociology of Sport* 51(6): 752-769.

Cho, Y. (2017). "Historicizing East Asian Pop Culture," in K. Iwabuchi, C. Berry, & E. Tsai (eds.), *Routledge Handbook for East Asian Pop Culture*. pp. 13-23. New York: Routledge .

Cho, Y. & Leary, C. (2012). "Introduction: Modern Sports in Asia: Cultural Perspectives," *Sport in Society: Cultures, Commerce, Media, Politics* 15(10): 1323-1328.

Cho, Y. & Zhu, H. (2017). "Interpreting the Television Format Phenomenon between South Korea and China through Inter-Asian Frameworks," *International Journal of Communication* 11: 2332-2349.

Choi, J. (2008). "The New Korean Wave of U," in H. K. Anheier & Y. R. Isar (eds.), *The Cultural Economy*. pp. 148-154. L. A., London, New Delhi, Singapore: Sage.

Chua, A. L. (2012). "'Singapore's 'Cinema-Age' of the 1930s: Hollywood and the Shaping of Singapore Modernity," *Inter-Asia Cultural Studies* 13(4): 592-604.

Chua, B-H. (2000). "Consuming Asians: Ideas and Issues," in B-H. Chua (ed.), *Consumption in Asia*. pp. 1-34. London and New York: Routledge.

Chua, B-H. (2004). "Conceptualizing an East Asian Popular Culture," *Inter-Asia Cultural Studies* 5(2): 200-221.

Chua, B-H. (2008). "Structure of Identification and Distancing in Watching East Asian Television Drama," in B. H. Chua & K. Iwabuchi (eds.), *East East Asian Pop Culture: Analysing the Korean Wave*. pp. 73-89. Hong Kong: Hong Kong University Press.

Chua, B-H. (2010). "Disrupting Hegemonic Liberalism in East Asia," *Boundary 2* 37(2): 199-216.

Chua, B-H. (2011). "Pop Culture China," *Singapore Journal of Tropical Geography* 22(2): 113-121.

Chua, B-H. (2012). *Structure, Audience and Soft Power in East Asian Pop Culture*. Hong Kong: Hong Kong University Press.

Chua, B-H & Cho, Y. (2012). "Editorial Introduction: American Pop Culture," *Inter-Asia Cultural Studies* 13(4): 485-494.

Chua, B-H & Iwabuchi, K. (2008). *East East Asian Pop Culture: Analysing the Korean Wave*. Hong Kong: Hong Kong University Press.

Chun, A. (2008). "The Postcolonial Alien in Us All: Identity in the Global Division of Intellectual Labor," *Positions* 16(3): 689-710.

Chun, A. (2012). "The Americanization of Pop Culture in Asia?" *Inter-Asia Cultural Studies* 13(4): 495-506.

Cipolla, C. M. (1965). *Guns Sails and Empires: Technological Innovation and the Early Phases of European Expansion, 1400-1700*. 최파일(역)(2010). 『대포, 범선, 제국: 1400~1700년, 유럽은 어떻게 세계의 바다를 지배하게 되었는가?』. 미지북스.

Cohen P. A. (2010). *Discovering History in China: American Historical Writing on the Recent Chinese Past* (2nd pbk. ed.). 이남희(역)(2013). 『학문의 제국주의: 오리엔탈리즘과 중국사』. 순천향대학교출판부.

Crossley, P. K. (1997). *The Manchus*. 양휘웅(역)(2013). 『만주족의 역사: 변방의 민족에서 청 제국의 건설자가 되다』. 돌베개.

Crossley, P. K. (2008). *What is Global History?* 강선주 (역)(2010). 『글로벌 히스토리란 무엇인가: 세계사에서 지구사로, 역사학의 최전선』. 휴머니스트.

Curtin, M. (2010). "Introduction: in focus: China's rise," *Cinema Journal* 49(3): 117-120.

Curtin, M. (2013). "Renationalizing Hong Kong Cinema: The Gathering Force of the Mainland Market," in AYH Fung (ed.), *Asian Popular Culture: The Global (Dis) Continuity*. New York: Routledge.

Dabashi, H. (2015), *Can Can Non-Europeans Think?* London: Zed Books.

Delouche, F. (1994). *Histoire de l'Europe*. 윤승준(역)(2008). 『새 유럽의 역사』. 까치.

Di Cosmo, N. (1999). "State Formation and Periodization in Inner Asian History," *Journal of World History* 10(1): 1-40.

Dirlik, A. (1994). "The Postcolonial Aura: Third World Criticism in the Age of Global Capitalism," *Critical Inquiry* 20(2): 328-356.

Dirlik, A. (2000). *Postmodernity's Histories: The Past as Legacy and Project*. Lanham, MD.: Rowman and Littlefield.

Dirlik, A. (2002). "Rethinking Colonialism: Globalization, Postcolonialism, and the Nation," *Interventions: International Journal of Postcolonial Studies* 4(3): 428-448.

Dirlik, A. (2011). "Revisioning Modernity: Modernity in Eurasian Perspectives," *Inter-Asia Cultural Studies* 12(2): 284.

Dirlik, A. (2014). "Developmentalism," *Interventions: International Journal of Postcolonial Studies* 16(1): 30-48.

Dodgen, R. A. (2001). *Controlling the Dragon: Confucian Engineers and the Yellow River in Late Imperial China*. Honolulu: University of Hawaii Press.

Dong, M. Y. et al. (eds.) (2008). *The Modern Girl Around the World: Consumption, Modernity, and Globalization*. Durham and London: Duke University Press.

Downs, J. M. (1997). *The Golden Ghetto: The American Commercial Community at Canton and the Shaping of American China Policy, 1784-1844* (1st ed.). 周湘·江滢河(譯)(2015). 『黃金圈住地: 广州的美国商人群体与美国对华政策的形成, 1784-1844』. 广东人民出版社.

Dreyer, E. L. (2007). *Zheng He: China and the Oceans in the Early Ming Dynasty, 1405-1433*. New York: Pearson Longman.

Duara, P. (1995). *Rescuing History from the Nation: Questionng Narratives of Modern China*. 문명기·손승희(역)(2004). 『민족으로부터 역사를 구출하기: 근대 중국의 새로운 해석』. 삼인.

Duara, P. (2010). "Asia Redux: Conceptualizing a Region for Our Times," *The Journal of Asian Studies* 69(4): 963-983.

Dudden, A. P. (1992). *The American Pacific: From the Old China Trade to the Present*. Oxford University Press.

Dunning, E. (2002). "Figurational Contributions to the Sociological Study of Sport," in J. Maguire & K. Young (eds.), *Theory, Sport and Society*. pp. 211-237. Amsterdam & Boston: JAI.

During, S. (2000). "Postcolonialism and Globalization: Towards a Historicization of

Their Inter-Relation," *Cultural Studies* 14(3/4): 385-404.

Eastman, L. E. (1988). *Family Fields and Ancestors: Constancy and Change in China's Social and Economic History, 1550-1949.* 이승휘(역)(1999). 『중국사회의 지속과 변화, 1550-1949』. 돌베개.

Ebrey, P., Walthall, A., & Palais, J. (2009). *East Asia: A Cultural, Social, and Political History* (2nd ed.). Boston : Houghton Mifflin.

Eisenstadt, S. N. (2002). *Multiple Modernities*. New Bruinswick & London: Transaction Publishers.

Elliott, M. C. (2001). *The Manchu Way: The Eight Banners and Ethnic Identity in Late Imperial China.* 이훈·김선민(역)(2009). 『만주족의 청제국』. 푸른역사.

Elman, B. A. Elman (2007). "Ming-Qing Border Defence, the Inward Turn of Chinese Cartography, and Qing Expansion in Central Asia in the Eighteenth Century," in Diana Lary (ed.), *The Chinese State at the Borders*, Vancouver: UBC Press.

Elvin, M. (2004). *The Retreat of the Elephants: An Environmental History of China.* New Haven: Yale University Press. 정철웅(역)(2011). 『코끼리의 후퇴』. 사계절.

Escobar, A. (2007). "Worlds and Knowledges Otherwise: The Latin American Modernity/Coloniality Research Program," *Cultural Studies* 21(2-3): 179-210.

Fairbank, J. K. (1953). *Trade and Diplomacy on the China Coast: The Opening of the Treaty Ports, 1842-1854*. Cambridge, Mass.: Harvard University Press.

Fairbank, J. K. (1968). *The Chinese World Order: Traditional China's Foreign Relations,* Cambridge, Mass.: Harvard University Press.

Fairbank, John K., Reischauer, Edwin O., & Craig, Albert M. (1973). *East Asia, Tradition & Transformation*. Boston: Houghton Mifflin. 김한규·전용만·윤병남(역)(1999). 『동양문화사』(상·하). 을유문화사.

Finnane, A. (2004). *Speaking of Yangzhou: A Chinese City, 1550-1850*. Cambridge, Mass.: Harvard University Asia Center.

Flynn, Dennis O. (1999). "Spanish Profitability in the Pacific: The Philippines Inmigo the Sixteenth and Seventeenth Centuries," in Dennis O. Flynn, Lionel Frost, & A. J. H. Latham (eds.), *Pacific Centuries: Pacific and Pacific Rim History Since the Sixteenth Century*. pp. 23-37. London: Routledge.

Flynn, Dennis O. & Giraldez, A. (1985). "Arbitrage, Chian and the World Trade in the Early Modern Period," *Journal of the Economic and Social History of the Orient* 38(4): 429-448.

Flynn, Dennis O. & Giraldez, A. (1995). "Born with a 'silver spoon': the Origin of World Trade in 1571," *Journal of World History* 16(2): 201-221.

Frank, Andre G. (1998). *ReOrient: Global Economy in the Asian Age*. 이희재(역)(2003). 『리오리엔트』. 이산.

Gaonkar, P. (2001). *Alternative Modernities*. Durham & London: Duke University Press.

Garon, S. & Maclachlan P. L. (2006). "Introduction," in S. Garon & P. L. Maclachlan (eds.), *The Ambivalent Consumer: Questioning Consumption in East Asia and the West*. pp. 1-15. Ithaca and London: Cornell University Press.

Gilroy, P. (1993). *The Black Atlantic: Modernity and Double Consciousness*. Cambridge, Mass.: Harvard University Press.

Gilroy, P. (1996). "Route Work: The Black Atlantic and the Politics of Exile," in I. Chamers & L. Curti (eds.), *The Post-Colonial Question: Common Skies, Divided Horizons*. pp. 17-29. London and New York: Routledge.

Giraldez, A. (2015). *The Age of Trade: The Manila Galleons and the Dawn of the Global Economy*. Rowman & Littlefield Publishers.

Von Glahn, Richard. (1996). "Myth and Reality of China's Seventeenth-Century Monetary Crisis," *The Journal of Economic History* 56(2): 429-454.

Goldstone, Jack A. (1988). "East and West in the Seventeenth Century: Political Crises in Stuart England, Ottoman Turkey, and Ming China," *Comparative Studies in Society and History* 30(1): 103-142.

Grossberg, L. (2010). *Cultural Studies in Future Tense*. Durham and London: Duke University Press.

Guttmann, A. & Thompson, L. (2001). *Japanese Sports: A History*. Honolulu: University of Hawaii Press.

Guttmann, A. (1994). *Games and Empires: Modern Sports and Cultural Imperialism*. New York: Columbia University Press.

Guttmann, A. (2004). *From Ritual to Record: The Nature of Modern Sports* (update with a new afterword). New York: Columbia University Press.

Hall, S. (1993). "Culture, community, nation," *Cultural Studies* 7(3): 349-363.

Hall, S. (1996). "When was 'The Post-Colonial'? Thinking at the Limit," in I. Chamers & L. Curti (eds.), *The Post-Colonial Question: Common Skies, Divided Horizons*. pp. 242-260. London and New York: Routledge.

Harootunian, H. (2002). *Overcome by Modernity: History, Culture, and Community in Interwar Japan*. Princeton and Oxford: Princeton University Press.

Harootunian, H. (2004). "Shadowing History: National Narratives and the Persistence of the Everyday," *Cultural Studies* 18(2/3): 181-200.

Hevia, J. L. (1995). *Cherishing Men from Afar: Qing Guest Ritual and the Macartney Embassy of 1793*. Durham: Duke University Press.

Ho, Ping-Ti. (1967). "The Significance of the Ch'ing Period in Chineses History," *Journal of Asian Studies* 26(2): 189-195.

Ho, Ping-Ti. (1998). "In Defence of Sinicization: A Rebuttal of Evelyn Rawski's 'Reenvisioning the Qing'," *The Journal of Asian Studies* 57(1): 123-155.

Hopkins, A. G. (ed.) (2002). *Globalization in World History*. New York: Norton.

Huang, R. (1974). *Taxation and Governmental Finance in Sixteenth-Century Ming China*. London; New York: Cambridge University Press.

Iwabuchi, K. (2002). *Recentering Globalization: Popular Culture and Japanese Transnationalism*. Durham and London: Duke University Press.

Iwabuchi, K. (2004). "Introduction: Cultural globalization and Asian Media Connections," in K. Iwabuchi (ed.), *Feeling Asian Modernities: Transnational Consumption of Japanese TV Dramas*. pp. 1-24. Hong Kong: Hong Kong University Press.

Iwabuchi, K. (2013). "Korean Wave and Inter-Asian Referencing," in Y. Kim (ed.), *The Korean Wave: Korean Media Go Global*. pp. 43-57. New York: Routledge.

Iwabuchi, K. (2014). "De-westernization, Inter-Asian Referencing and Beyond," *European Journal of Cultural Studies* 17(1): 44-57.

Iwabuchi, K. (2017). "East Asian Popular Culture and Inter-Asian Referencing," in K. Iwabuchi, C. Berry, & E. Tsai (eds.), *Routledge Handbook for East Asian Pop Culture*. pp. 24-33. New York: Routledge.

Jeong, D-Y. (2002). "Globalization and Recent Changes to Daily Life in the Republic of Korea," in J. B. Lewis (ed.), *Korea and Globalization: Politics, Economics and*

Culture. pp. 10-35. London: Routledge Curzon.

Kang, D. C. (2010). *East Asia Before the West: Five Centuries of Trade and Tribute* (Contemporary Asia in the World). New York: Columbia University Press.

Keane, M. (2006). "Once We Were Peripheral: Creating Media Capacity in East Asia," *Media, Culture & Society* 28(6): 835-855.

Kelly, W. W. (2004). "Sense and Sensibility at the Ballpark: What Fans Make of Professional Baseball in Modern Japan," in W. W. Kelly (ed.), *Fanning the Flames: Fans and Consumer Culture in Contemporary Japan*. pp. 79-106. Albany: State University of New York Press.

Kelly, W. W. (2007). "Is Baseball a Global Sport? America's 'National Pastime' as Global Field and International Sport," *Global Networks* 7(2): 187-201.

Kelly, W. W. (2011a). "The Sportscape of Contemporary Japan," in V. L. Bester, T. C. Bester, & A. Yamagata (eds.), *Routledge Handbook of Japanese Culture and Society*. pp. 251-262. London and New York: Routledge.

Kelly, W. W. (2011b). "East Asian Olympics, Beijing 2008, and the Globalization of Sport," *The International Journal of the History of Sport* 28(16): 2261-2270.

Kelly, W. W. (2011c). "Koshien Stadium: Performing National Virtues and Regional Rivalries in a 'Theatre of Sport'," *Sport in Society* 14(4): 482-494.

Kelly, W. W. (2013). "Japan's Embrace of Soccer: Mutable Ethnic Players and Flexible Soccer Citizenship in the New East Asian Sports Order," *The International Journal of the History of Sport* 30(11): 1235-1246.

Khoo, O. (2014). "Wong *Kawaii*: Pop Culture China and the Films of Wong Kar-wai," *The Journal of Popular Culture* 47(4): 727-741.

Kiku, K. (2006). "The Japanese Baseball Spirit and Professional Ideology," in J. Maguire & M. Nakayama (eds.), *Japan, Sport and Society: Tradition and Change in a Globalizing World*. pp. 35-54. London: Routledge.

Kikuchi, Y. (2007a). "Introduction," in Y. Kikuchi (ed.), *Refracted Modernity: Visual Culture and Identity in Colonial Taiwan*. pp. 1-17. Honolulu: University of Hawaii Press.

Kikuchi, Y. (2007b). "Refracted Colonial Modernity: Vernacularism in the Development of Modern Taiwanese Crafts," in Y. Kikuchi (ed.), *Refracted Modernity: Visual*

Culture and Identity in Colonial Taiwan. pp. 217-247. Honolulu: University of Hawaii Press.

Kim, B-C. (2008). "Professional Baseball in Korea: Origins, Causes, Consequences and Implications," *The International Journal of the History of Sport* 25(3): 370-385.

Kim, H-M. (2005). "Korean TV Dramas in Taiwan: With an Emphasis on the Localization Process," *Korea Journal* 45(4): 183-205.

Kim, J. (2012). "The Birth of Academic Subalterns: How do Foreign Students Embody the Global Hegemony of American Universities?" *Journal of Studies in International Education* 16(5): 455-476.

Kim, P. H. & Shin, H. (2010). "The Birth of "Rok": Cultural Imperialism, Nationalism and the Glocalization of Rock Music in South Korea, 1964-1975," *Positions* 18(1): 199-230.

Kim, S-J. (2009). "Interpreting Transnational Cultural Practices: Social Discourses on a Korean Drama in Japan, Hong Kong and China," *Cultural Studies* 23(5-6): 736-755.

Klein, M. A. (2006). *Growing the Game: The Globalization of Major League Baseball*. New Haven: Yale University Press.

Kumarini, S. (2010). "Brown: From Identity to Identification," *Cultural Studies* 24(2): 167-182.

Lamb, H. H. (1977). *Climate Present, Past and Future,* Vol. 2, London: Methuen.

Lee, D-H. (2004). "Cultural Contact With Japanese TV Dramas: Modes of Reception and Narrative Transparency," in K. Iwabuchi (ed.), *Feeling Asian Modernities: Transnational Consumption of Japanese TV Dramas*. pp. 251-272. Hong Kong: Hong Kong University Press.

Lee, H. (2010). "Performing Korean-ness on the Global Stage: Ho-Jin Yoon's Musical 'The Last Empress'," *Theater Research International* 35(1): 54-65.

Lee, H. & Cho, Y. (2012). "Special Issue on Colonial Modernity and Beyond in the East Asian Context," *Cultural Studies* 26(5).

Lee, J. (1999). "Trade and Economy in Preindustrial East Asia, c. 1500-c. 1800: East Asia in the Age of Global Integration," *The Journal of Asian Studies* 58(1): 2-26.

Lee, K. (2008). "Mapping Out the Cultural Politics of "the Korean Wave" in

Contemporary South Korea," in B. H. Chua & K. Iwabuchi (eds.), *East East Asian Pop Culture: Analysing the Korean Wave*. pp. 175-189. Hong Kong: Hong Kong University Press.

Leonard, J. K. (1996). *Controlling From Afar: The Daoguang Emperor's Management of the Grand Canal Crisis, 1824-1826*. Ann Arbor: The Univ. of Michigan, Center for Chinese Studies.

Liao, P-H. (1997). "Postmodern Literary Discourse and Contemporary Public Culture in Taiwan," *Boundary 2*, 24(3): 41-63.

Lie, J. (2012). "Asian Studies/Global Studies: Transcending Area Studies and Social Sciences," *Cross-Currents* 3: 1-23. http://cross-currents.berkeley.edu/e-journal/issue-2).

Li, K. (李康英) (2010), *The Ming Maritime Trade Policy in Transition, 1368 to 1567*. Wiesbaden: Harrassowitz.

Lin, C-Y & Lee, P-C. (2007). "Sport as a Medium of National Resistance: Politics and Baseball in Taiwan during Japanese Colonialism, 1895-1945," *The International Journal of the History of Sport* 24(3): 319-337.

Ma, Z. (2008). "Research Trends in Asia: 'Writing History during a Prosperous Age': The New Qing History Project," *Late Imperial China* 29: 120-145.

Maguire, J. (1999). *Global Sport: Identities, Societies, Civilizations*. Cambridge, Mass.: Polity Press.

Mahan, A. T. (1987). *The Influence of Sea Power upon History 1660-1783.* 김주식(역)(2006). 『해양력이 역사에 미치는 영향』. 책세상.

Mao, Liping & Ma, Zhao (2012). ""Writing History in the Digital Age": The New Qing History Project and the Digitization of Qing Archives," *History Compass* 10(5): 367-374.

Marchetti, G & Kam, T. S. (2007). "Introduction: Hong Kong Cinema and Global Change," in G, Marchetti & T. S. Kam (eds.), *Hong Kong Film, Hollywood and the New Global Cinema*. pp. 1-9. London and New York: Routledge.

Marks, R. (1998). *Tigers, Rice, Silk, and Silt: Environment and Economy in Late Imperial South China.* Cambridge; New York: Cambridge University Press.

Matsuda, H. (2011). Book Review: Modan Gāru to Shokuminchiteki Kindai: Higashi

Ajia ni okeru Teikoku, Shihon, Jendā (Modern Girls and Colonial Modernity), by Ruri Itō, Hiroko Sakamoto, & Tani E. Barlow (eds.), Tokyo: Iwanami Shoten, 2010. Social Science Japan Journal: 1-4, retrieved from ssjj.oxforadjournals.org. on Feb 15th 2011.

Matsuda, H. (2012). "America, Modernity, and Democratization of Everyday Life: Japanese Women's Magazines during the Occupation Period," *Inter-Asia Cultural Studies* 13(4): 518-531.

Mignolo, W. D. (2000). "The Many Faces of Cosmo-polis: Border Thinking and Critical Cosmopolitanism," *Public Culture* 12(3): 721-748.

Mignolo, W. D. (2007). "Introduction: Coloniality of Power and De-Colonial Thinking," *Cultural Studies* 21(2/3): 155-167.

Mignolo, W. D. (2011). *The Darker Side of Western Modernity: Global Futures, Decolonial Options*. Durham, NC: Duke University Poress.

Miller, T., Lawrence, G. MacKay, J., & Rowe, D (2001). *Globalization and Sport: Playing the World*. London, Thousand Oaks, New Delhi: Sage Publications.

Mitchell, T. (2000). "The Stage of Modernity," in T. Mitchell (ed.), *Questions of Modernity*. pp. 1-34. Minneapolis and London: University of Minnesota Press.

Morris, A. (2004). "Baseball, History, the Local and the Global in Taiwan," in D. K. Jordan, A. D. Morris, & M. L. Moskowtiz (eds.), *The Minor Arts of Daily Life: Popular Culture in Taiwan*. pp. 175-203. Honolulu: University of Hawaii Press.

Morris, A. (2006). "Taiwan: Baseball, Colonialism, and Nationalism," in G. Gmelch (ed.), *Baseball without Borders: The International Pastime*. pp. 65-88. Lincoln: University of Nebraska Press.

Morris-Suzuki, T. (2005). *The Past within Us: Media, Memory, History*. London & New York: Verso.

Morse, H. B., Tuck, P. J. N., Pritchard, E. H., Greenberg, M., Spence, J. D., & Staunton, G. (eds.) (2000). *Britain and the China Trade 1635-1842*. New York: Routledge.

Mui, L. H. & Hoh-Cheung (1963). "The Commutation Act and the Tea Trade in Britain 1784-1793," *The Economic History Review* 16(2): 234-253.

Mungello, D. E. (1999). *The Great Encounter of China and the West, 1500-1800*. Rowman & Littlefield Publishers. 김성규(역)(2009). 『동양과 서양의 위대한 만남

1500-1800: 대항해 시대 중국과 유럽은 어떻게 소통했을까』. 휴머니스트.

Oh, Doo Hwan & Lewis, J. B. (2004). "The Silver Trade and Silver Currency in Chosun Korea," *Acta Koreana* 7(1): 87-114.

Ok, G. (2007a). *The Transformation of Modern Korean Sport: Imperialism, Nationalism, Globalization*. New Jersey: Hollym.

Ok, G. (2007b.) "The Political Significance of Sport: An Asian Case Study — Sport, Japanese Colonial Policy and Korean National Resistance, 1910-1945," in B. Majumdar & F. Hong (eds.), *Modern Sport: The Global Obsession. Political, Religion, Class, and Gender Essays in Hour of J. A. Mangan*. pp. 149-169. London: Routledge.

Otake, O. & Hosokawa, S. (2005). "Karaoke in East Asia: Modernization, Japanization, or Asianization?" in A. Abbas & J. N. Erni (eds.), *Internationalizing Cultural Studies: An Anthology*. pp. 51-60. Malden, Mass.: Blackwell Publishing.

Oyama, S. (2009). "The East Asian Brandscape: Distribution of Cultural Power in the Age of Globalization," in J. Mackintosh, C. Berry, & N. Liscutin (eds.), *Cultural Studies and Cultural Industries in East Asia: What a Difference a Region Makes*. pp. 133-148. Hong Kong: Hong Kong University Press.

Paik, N-C. (2000). "Coloniality in Korea and a South Korean Project for Overcoming Modernity," *Interventions: International Journal of Postcolonial Studies* 2(1): 73-86.

Parker, Geoffrey (2013). *Global Crisis: War, Climate Change and Catastrophe in the Seventeenth Century*. New Haven: Yale University Press.

Perdue, P. (1998). "Comparing Empires: Manchu Colonialism," *International History Review* 20-2: 255-262.

Perdue, P. (2005). *China Marches West: The Qing Conquest of Central Eurasia*. 공원국(역) (2012). 『중국의 서진: 청(淸)의 중앙유라시아 정복사』. 길.

Pomeranz, K. (2000). *The Great Divergence: China, Europe, and the Making of the Modern World Economy*. Princeton and Oxford: Princeton University Press.

Pope, W. P. (2012). "Imported Others: American Influence and Exoticism in Japanese Interwar Popular Music," *Inter-Asia Cultural Studies* 13(4): 507-517.

Rawski, E. S. (1996). "Reenvisioning the Qing: The Significance of the Qing Period in Chinese History," *Journal of Asian Studies* 55(4): 829-850.

Rawski. E. S. (1998). *The Last Emperors: A Social History of Qing Imperial Institutions*. 구

범진(역)(2010). 『최후의 황제들: 청 황실의 사회사』. 까치.

Reaves, A. J. (2002). *Taking in a Game: A History of Baseball in Asia*. Lincoln: University of Nebraska Press.

Reid, A. (1988). *Southeast Asia in the Age of Commerce 1450-1680, Volume One: The Lands below the Winds*. New Haven and London: Yale University Press.

Ricci, Mattew (1953). "Translated from Latin by Gallagher," in M. Ricci & N. Trigault, *China in the Sixteenth Century: The Journals of Mattew Ricci, 1585-1610*. New York, Random House.

Roden, D. (1980). "Baseball and the Quest for National Dignity in Meiji Japan," *American Historical Review* 85(3): 453-464.

Rowe, W. T. (1984). *Hankow: Commerce and Society in a Chinese City, 1796-1889,* Stanford University Press.

Rowe, W. T. (2009). *China's Last Empire: The Great Qing.* 기세찬(역)(2014). 『하버드 중국사 청: 중국 최후의 제국』. 너머북스.

Rowe, W. T. (2001) *Saving the World: Chen Hongmou and Elite Consciousness in Eighteenth-Century China*. Stanford, Calif.: Stanford University Press.

Ryoo, W. (2009). "Globalization, or the Logic of Cultural Hybridization: The Case of the Korean Wave," *Asian Journal of Communication* 19(2): 137-151.

Said, E. W. (1979). *Orientalism*. New York: Vintage Books.

Schmid, A. (2002). *Korea between Empires, 1895-1919.* 정여울(역)(2007). 『제국 그 사이의 한국, 1895~1919』. 휴머니스트.

Shim, D. (2006). "Hybridity and the Rise of Korean Popular Culture in Asia," *Media, Culture & Society* 28(1): 25-44.

Shin, G-W. (2006). "Asianism in Korea's Politics of Identity," *Inter-Asia Cultural Studies* 6(4): 616-630.

Shin, G-W. & Robinson, M. (2001a). *Colonial Modernity in Korea*. Cambridge, Mass.: Harvard University Press.

Shin, G-W. & Robinson, M. (2001b). "Introduction: Rethinking Colonial Korea," in G-W. Shin & M. Robinson (eds.), *Colonial Modernity in Korea*. pp. 1-18. Cambridge, Mass.: Harvard University Press.

Shin, H. (2009). " 'Have You Ever Seen the Rain? And Who'll Stop the Rain?: The

Globalizing Project of Korean Pop (K-pop)," *Inter-Asia Cultural Studies* 10(4): 507-523.

Smith, P. C. (1984). *The Empress of China.* 《廣州日報》國際新聞部法律室(譯)(2007). 『中國皇后號』. 廣州出版社.

Song, J. (2006). "Family Breakdown and Invisible Homeless Women: Neoliberal Governance during the Asian Debt Crisis in South Korea, 1997-2001," *Positions* 14(1): 37-65.

Spivak, G. C. (1988). "Can the Subaltern Speak?" in *Marxism and the Interpretation of Culture*. pp. 271-313. Macmillan Education UK.

Spivak, G. C. (2008). *Other Asias*. Malden, Oxford & Victoria: Blackwell.

Stoler, A. L. & Copper, F. (1997). "Between Metropole and Colony: Rethinking a Research Agenda," in F. Copper & A. L. Stoler (eds.), *Tensions of Empire: Colonial Cultures in a Bourgeois World*. pp. 1-58. Berkeley: University of California Press.

Sundeen, J. T. (2001). "A "Kid's Game"?: Little League Baseball and National Identity in Taiwan," *Journal of Sport & Social Issues* 25(3): 251-265.

Swope, K. M. (2009). *A Dragon's Head and a Serpent's Tail: Ming China and the First Great East Asian War, 1592-1598*, University of Oklahoma Press.

Szymanski, S. & Zimbalist, A. (2005). *National Pastime: How Americans Play Baseball and the Rest of the World Plays Soccer*. Washington, DC: Brookings Institution Press.

Tanaka, S. (1993). *Japan's Orient: Rendering Pasts into History*. 박영재·함동주(역)(2004). 『일본 동양학의 구조』. 문학과지성사.

Tchen, J. K. W. & Yeats, D. (2014). *Yellow Peril! An Archive of Anti-Asian Fear.* London and New York: Verso.

Tikhonov, V. (2016). "Social Darwinism as History and Reality: "Competition" and "The Weak," in Early Twentieth-Century Korea," *Critical Asian Studies* 48(3): 315-337.

Tonio, A. (2009). *How Taiwan became Chinese: Dutch, Spanish, and Han Colonization in the Seventeenth Cenctury*. New York: Columbia University Press.

Van Dyke, P. A. (2007). *The Canton Trade: Life and Enterprise on the China Coast, 1700-1845*. Hong Kong: Hong Kong University Press.

Wakeman, Frederic. (1986). "China and the Seventeenth-Century Crisis," *Late Imperial China* 7(1): 1. Wakeman, Lea H. & Liang, He. (eds.) (2009). *Telling Chinese*

History: A Selection of Essays, Berkeley: University of California Press.

Waley-Cohen, J. (1991). *Exile in Mid-Qing China: Banishment to Xinjiang, 1758-1820*. New Haven: Yale University Press.

Waley-Cohen, J. (2004). "The New Qing History," *Radical History Review* 2004(88): 193.

Wang, H. (2009). *The End of the Revolution: China and the Limits of Modernity*. London and New York: Verso.

Wee, C. J. W. (2012). "Imagining the Fractured East Asian Modern: Commonality and Difference in Mass-Cultural Production," *Criticism* 54(2): 197-225.

Weinbaum, Alys Eve et al. (eds.) (2008). *The Modern Girl around the World: Consumption, Modernity and Globalization*. Durham: Duke Univrsity Press.

Whiting, R. (2003). *You Gotta Have Wa*. New York: Vintage Books.

Williams, R. (1977). *Marxism and Literature*. Oxford and New York: Oxford University Press.

Woodside, A. (2006). *Lost Modernities: China, Vietnam, Korea, and the Hazards of World History*. 민병희(역)(2012). 『잃어버린 근대성들: 중국, 베트남, 한국 그리고 세계사의 위험성』, 너머북스.

Yang, F. C. I. (2012). "From Korean Wave to Korean Living: Meteor Garden and the Politics of Love Fantasies in Taiwan," *Korea Observer* 43(3): 419-445.

Yoo, S-Y. (2001). "Embodiment of American Modernity in Colonial Korea," *Inter-Asia Cultural Studies* 2(3): 423-441.

Yoshimi, S. (2003). "America' as Desire and Violence: Americanization in Postwar Japan and Asia during the Cold War," *Inter-Asia Cultural Studies* 4(3): 433-450.

Yoshimi, S. (2006). "Consuming America, Producing Japan," in S. Garon & P. L. Maclachlan (eds.), *The Ambivalent Consumer: Questioning Consumption in East Asia and the West*. pp. 63-84. Ithaca and London: Cornell University Press.

Yu, J. (2007). *Playing in Isolation: A History of Baseball in Taiwan*. Lincoln: University of Nebraska Press.

Zhang J. & Crowley, T. J. (1989). "Historical Climate Records in China and Reconstruction of Past Climates," *Journal of Climate* 2(8): 833-849.

Zhao, Gang (2013). *The Qing Opening to the Ocean: Chinese Maritime Policies, 1684-*

1757. Honolulu: University of Hawaii Press.

乾隆(1968).『海澄縣志』. 成文出版社.

『乾隆朝上諭檔』(1988). 中國第一歷史檔案館(編). 中國檔案出版社.

高國抗(1985).『中国古代史学史概要』. 오상훈·이개석(역)(1998).『중국사학사』(하). 풀빛.

昆冈·李鸿章(1991).『淸會典事例』(1991). 中華書局.

丘濬.「漕運之議」(通海運)(1962).『明經世文編』. 中華書局.

唐文基(1994).「洪任輝事件與乾隆的閉關政策」,『福建學刊』6: 64-69.

黨爲(2010).「近三十年来的美国清史研究: 以新清史为线索」. 华东师范大学.

黨爲(2012).『美國新清史三十年: 拒絕漢中心的中國史觀的興起與發展』. 上海人民出版社.

唐红丽(2015).「"新清史"学派的着力点在于话语构建: 访中央民族大学历史文化学院副教授钟焓」,『中国社会科学报』2015年5月6日第734期. http://sscp.cssn.cn/xkpd/xhgc/201505/t20150506_1721596.html

戴逸(2004).「纂修淸史, 此其時也」,『淸史編纂體制體例討論集』(上). 中國人民大學出版社.

戴逸(2012).「淸朝的興,盛,衰,亡」,『淸史纂修研究與評論』.

杜家驥(2008).『八旗與清朝政治論稿』. 人民出版社.

劉小萌(2001).『滿族從部落到國家的發展』. 이훈·이선애·김선민(역)(2013).『여진 부락에서 만주 국가로』. 푸른역사.

馬大正(2012).「世界視野與淸史纂修工程」, 國家淸史纂修工程出版中心·吉林省社科院 社會科學戰線編輯部(編).『淸史纂修研究與評論』. 上海古籍出版社.

馬釗(主編)(2007).『1971-2006年美國淸史論著目錄』. 人民出版社.

滿志敏(2009).『中國歷史時期氣候變化研究』. 山東教育出版社.

潘向明(2011).『淸代新疆和卓叛亂研究』. 中國人民大學出版社.

樊鏵(2009).『政治決策與明代海運』. 社會科學文獻出版社.

常建華(2010).「國家認同: 清史研究的新視角」,『淸史研究』4: 1-17.

徐曉東(2013).「中国"新清史"研究」,『赤峰学院学报(汉文哲学社会科学版)』6: 37-38.

梁嘉彬(1999).『廣東十三行考』. 廣東人民出版社.
楊念群(2009).「我看“大一統”暦史觀」,『讀書』4: 22-29.
楊念群(2010).『何处是“江南”?: 清朝正统观的确立与士林精神世界的变异』. 명청문화연구회(역)(2015).『강남은 어디인가: 청나라 황제의 강남 지식인 길들이기』. 글항아리.
楊念群(2011).「超越“漢化論”與“滿洲特性論”: 清史研究能否走出第三條道路?」,『中國人民大學學報』2: 116-124.
吳啓訥(2014).「清朝的戰略防衛有異於近代帝國的植民擴張~兼論英文中國史學界中的‘歐亞大陸相似論’和‘阿爾泰學派’」, 汪榮祖(主編)(2014).『清帝國性質的再商榷: 回應新淸史』. 台北远流出版社.
王培華(2005).『元明北京建都與糧食供應: 略論元明人們的認識和實踐』. 文津出版社.
汪榮祖(主編)(2014).『淸帝國性質的再商榷: 回應新淸史』. 台北远流出版社.
王鍾翰(2006).『淸史滿族史講義稿』. 鷺江出版社.
姚大力(2015a).「大清国”等同于“中国”吗?」 2015-4-05. http://news.163.com/15/0405/11/AMED8QH000014SEH.html
姚大力(2015b).「“新清史”之争背后的民族主义」 2015-4-15. http://www. 21ccom.net/articles/culture/pinglun/20150415123630.html
于沛(2006).「關于編修淸史“世界眼光”的思考」, 陳捷先 等(主編).『淸史論集』(上). 人民出版社.
劉潞·于慶祥(2012).「《圖錄叢刊》編纂八問答」,『淸史纂修硏究與評論』.
劉鳳雲(2012).『北京與江戶: 17-18世紀的城市空間』. 中國人民大學出版社.
劉鳳雲·劉文鵬(編)(2010).『淸朝的國家認同: “新淸史”硏究與爭鳴』(淸史硏究叢書). 中國人民大學出版社.
劉昭民(1982).『中國歷史上氣候之變遷』. 박기수·차경애(역)(2005).『기후의 반역: 기후를 통해 본 중국의 흥망사』. 성균관대학교출판부.
劉仲華(2010).『漢宋之間: 翁方綱學術思想硏究』. 中國人民大學出版社.
劉志剛(2010).「時代感與包容度: 明淸易代的五種解釋模式」,『淸華大學學報』(哲社版) 25.
李尙英(2012).「“中華文史網”與淸史纂修」,『淸史纂修硏究與評論』.
李愛勇(2012).「新淸史與“中華帝國”問題: 又一次沖擊與反應?」,『史學月刊』4: 106-118.

李治亭(2005).「給清史以準確的歷史定位」,『河南師範大學學報』32(6): 9-11
李治亭(2011).「論清代邊疆問題與國家“大一統”」,『雲南師範大學學報(哲社版)』1.
李治亭(2012).「新修≪清史≫傳記撰寫工作紀實」,『清史纂修研究與評論』.
李治亭(2015).「“新清史”: “新帝国主义”史学标本」,『中国社会科学报』2015年4月20日第728期. http://sscp.cssn.cn/xkpd/zm_20150/201504/t20150420_1592234.html
李澤厚(2008).『中國現代思想史論』. 김형종(역)(1992).『중국현대사상사의 굴절』. 지식산업사.
李澤厚·劉再復(1995).『告別革命: 回望二十世紀中國』. 김태성(역)(2003).『고별혁명: 리저허우와 류짜이푸의 대화』. 북로드.
蔣竹山(2015).『人蔘帝國: 清代人蔘的生產消費與醫療』. 浙江大學出版社.
全漢昇(1969).「明清間美洲白銀的輸入中國」,『香港中文大學 中國文化研究所學報』2(1): 59-79.
全漢昇(1972).『中國經濟史論叢』(1). 香港 中文大學新亞書院.
定宜庄(2008).「由美国的“新清史”研究引發的感想」,『清華大學學報(哲学社会科学版)』23(1): 9-11.
曹雯(2006).「清代廣東體制再研究」,『清史研究』2: 82-96.
趙珍(2012).「生態環境史研究與《清史·生態環境志》編纂」,『清史纂修研究與評論』.
朱誠如(2012).「從《圖錄叢刊》論圖像史學的勃興」,『清史纂修研究與評論』.
朱鴻(1989).『明成祖與永樂政治』. 國立臺灣師範大學歷史研究所.
竺可楨(1972).「中國近五千年來氣候變遷的初步研究」,『考古學報』1.
馮爾康(2005).「清史研究與政治」,『史學月刊』3: 5-11.
夏明方(2006).「十八世紀中國的“現代性建構”」,『史林』6: 116-142.
夏明方(2007).「一部沒有“近代”的中國近代史: 從“柯文三論”看“中國中心觀”的內在邏輯及其困境」,『近代史研究』1: 1-20.
何星亮(2011).「“大一统”理念與中国少数民族」,『雲南社會科學』5: 91-96.
華立(2004).「臺灣佛光大學〈第一屆清史學術硏討會〉參Han加記」,『満族史研究』3: 181-187.
黃仁宇(2005).『明代的漕運』. 張皓 等(譯). 新城出版社.
黃興濤(2012).「清朝滿人的“中國認同”: 對美國“新清史”的一種回應」,『清代政治與國家認同』(上).

加藤直人(2005).「中日学者清史研究座談会:『清史』編纂をめぐる日中学術協力の可能性」, 滿族史研究会(編).『滿族史研究』4: 210-217.

姜尚中(1996).『オリエンタリズムの彼方へ: 近代文化批判』. 이경덕·임성모(역)(1997/2002).『오리엔탈리즘을 넘어서』. 이산.

谷光隆(1972).『明代馬政の研究』. 東洋史研究會.

宮崎市定(1976).『中國經濟開發史の概要」,『アジア史研究』4. 朝日新聞社.

楠木賢道 (2016),「日本の最新の淸史研究の傾向と日本學者が見た中國淸史研究」, 동북아역사재단 주최 〈청사 연구의 최근 동향과 전망 학술대회〉(2016년 11월 24일) 발표문.

檀上寛(2013).『明代海禁 = 朝貢システムと華夷秩序』. 京都大學學術出版會.

白石隆·ハウ、カロライン(2012).『中國は東アジアをどう變えるか: 21世紀の新地域システム』. 中央公論新社.

飛田忠順(1925).『早稲田大学野球部史』. 48-60頁. 明善社.

石橋崇雄(2000).『大清帝国』. 홍성구(역)(2009).『대청제국 1616-1799: 100만의 만주족은 어떻게 1억의 한족을 지배하였을까?』. 휴머니스트.

城地孝(2004).「隆慶和議の政治過程: 明代後期の內閣專權の背景」,『東洋學報』86(2): 247-278.

小野和子(1986).「山西商人と張居正: 隆慶和議を中心に」,『東方學報』58: 555-592.

新宮學(2004).『北京遷都の研究』. 汲古書院.

新聞集成明治編年史(1940). 第十二卷. 新聞集成明治編年史編纂会編. 327-328頁. 林泉社.

羽田正(編)(2013).『東アジア海域に漕ぎだす 1: 海から見た歴史』. 조영헌·정순일(역)(2018).『바다에서 본 역사: 개방, 경합, 공생. 동아시아 700년의 문명 교류사』. 민음사.

原朗(2014).『日清·日露戦争をどう見るか: 近代日本と朝鮮半島·中国』. 김연옥(역)(2015).『청일·러일전쟁 어떻게 볼 것인가: 동아시아 50년전쟁(1894~1945) 다시 보기』. 살림.

張永江(著). 村上信明(訳)(2005).「近百年来における中国の清史編纂事業と最新の進展状況(上)」,『満族史研究』4: 1-21.

張永江(著). 大坪慶之(訳)(2006).「近百年来における中国の清史編纂事業と最新の進展状況(下)」,『満族史研究』5: 1-27.

田村大五(2004).「最強軍団の衝撃」,『日米野球交流史―永久保存版』, B. B. mook: スポーツシリーズ (325). 3-7頁. ベースボール·マガジン社.

第一高等学校寄宿寮 編(1930).『向陵誌』. 第一高等学校寄宿寮.

趙景達(2012).『近代朝鮮と日本』. 최덕수(역)(2015).『근대 조선과 일본』. 열린책들.

中村哲(2005).『東アジアの歴史教科書はどう書かれているか 日·中·韓·台の歴史教科書の比較から』. 한국학중앙연구원 한국문화교류센터(역)(2006).『동아시아 역사교과서는 어떻게 쓰여 있을까?』. 에디터.

鄒愛蓮(2010).「日本関係清代档案をめぐる国際研究集会報告文化遺産の応急的保護と清史編纂プロジェクト」,『東京大学史料編纂所研究紀要』20: 138-148.

찾아보기

발간사

아시아의 시대가 열렸고, 동시에 아시아연구의 전성시대가 도래했습니다. 서울대학교 아시아연구소는 2009년 9월 출범한 이래 '지역과 주제를 결합한 아시아 연구의 글로벌 허브'를 목표로 아시아 연구 기반 구축 및 기초연구 활성화를 위해 노력해 왔습니다. 아시아연구소는 지난 10년의 활동을 겸허히 돌아보며 '아시아의 미래, 교류와 협력, 그리고 지역 정보 공유'를 키워드로 '아시아와 세계를 잇고, 새로운 미래를 빚는 세계적 아시아 연구 플랫폼'이 되고자 합니다.

물론 아시아의 시대가 온다고 해서 아시아 사람들이 잘살고 평화롭게 협력하는 공동체가 이루어진다는 것은 아닙니다. 아시아 지역 혹은 국가 사람들이 어떤 공동체를 만들어 가고 싶은가, 아시아 공동체가 인류에게 어떤 도움이 되는 것인가를 꾸준히 질문하고 이에 대한 답을 찾아야 합니다. 서구 식민지 경험 이후 아시아 각국은 지속적인 내부 갈등과 적대, 민족주의와 인종차별, 혐오가 심해지고 있는 상황입니다. 아시아를 중심으로 교역, 이동, 그리고 협력이 꾸준히 증가하고 있음에도 불구하고 갈등 요인은 오히려 확대되고 있습니다. 이런 견지에서 서울대학교 아시아연구소는 아시아를 둘러싼 다양한 이슈와 도전 과제에 대한 이론적 연구는 물론 실천 및 정책적 대안을 제시하여 아시아 공동체를 형성하는 데 기여하고자 합니다.

서울대학교 아시아연구소는 이미 시작된 4차 산업혁명에 부응하는 지식의 생산과 공유, 그리고 후속세대 양성에도 책임을 다하고자 합니다. 이를 위해 이론적으로는 학문 간 융합, 교류, 미래 창발적 지식 창출에 힘을 다하며, 실천적으로는 아시아의 교류와 상호작용에 주목하고, 정책적으로는 아시아 지역 정보의 수집과 공유를 통해 적합한 정책 대안을 발굴하는 데 초점을 맞추고자 합니다.

이러한 연구 및 학술 활동 과정의 결실이 서울대학교 아시아연구소총서입니다. 지난 10년의 연구 축적을 토대로 서울대학교 아시아연구소는 국내외 연구자 간 연구 협력을 적극적으로 지원하여, 여기서 양산된 우수한 연구 성과 및 결과물을 지속적으로 발간해 나갈 것입니다. 아시아연구소총서가 아시아의 새로운 미래와 아시아 공동체를 이루어 가는 데 중요한 밑거름이 되기를 기대합니다.

서울대학교 아시아연구소

조영한

연세대학교 영어영문학과를 졸업하고 2007년 미국 노스캐롤라이나 주립대학에서 "Emergence of Individuated Nationalism among Major League Baseball Fans in South Korea"로 박사학위를 취득했다. 싱가포르 국립대학 아시아연구소 연구원을 거쳐 현재 한국외국어대학교 국제지역대학원 한국학과 교수이자 코레아노폰 연구센터장이다. 세계화 시기의 글로벌 스포츠, 민족주의, 동아시아 대중문화, 한국사회의 신자유주의 변동, 인종주의 문제 등에 관심이 있다. 저서로 *Global Sports Fandom in South Korea* (Palgrave)가 있고, 편저로는 *Football in Asia* (Routledge), *Modern Sports in Asia* (Routledge), *Asian Sport Celebrity* (Routledge)가 있다.

조영헌

서울대학교 동양사학과를 졸업하고 중국 사회과학원 역사연구소의 방문학자(2003-2004)와 하버드 대학교 옌칭 연구소의 방문연구원(2004-2006)을 거쳐, 2006년 서울대학교 동양사학과에서 「대운하와 휘주상인」으로 박사학위를 취득했다. 홍익대학교 역사교육과를 거쳐 현재 고려대학교 역사교육과 교수이다. 중국 근세 시대 대운하에서 활동했던 상인의 흥망성쇠가 주된 연구 주제이고, 최근에는 북경 수도론과 동아시아 해양사에 관심이 있다. 저서로 『대운하와 중국 상인: 회양지역 휘주상인 성장사, 1415-1784』(2012년 대한민국학술원 우수학술도서), 『대운하시대 1415-1784: 중국은 왜 해양 진출을 '주저'했는가?』, 『주제로 보는 조선시대 한중관계사』(공저), 『동아시아사 입문』(공저) 등이 있다.